『エクソシスト』創作のきっかけとなった1949年の悪魔憑き事件が起こったとされる家。メリーランド州コテージ・シティ、40番アベニュー3807番地にあるこの家には、かつてロナルド・ハンケラーが住んでいた。悪魔に憑依されていたとされる10代の少年ロナルドが住んでいたのは、2階の窓が見える部屋。ハンケラー一家は、1950年代後半に引っ越した。

撮影：スタン・レヴィン

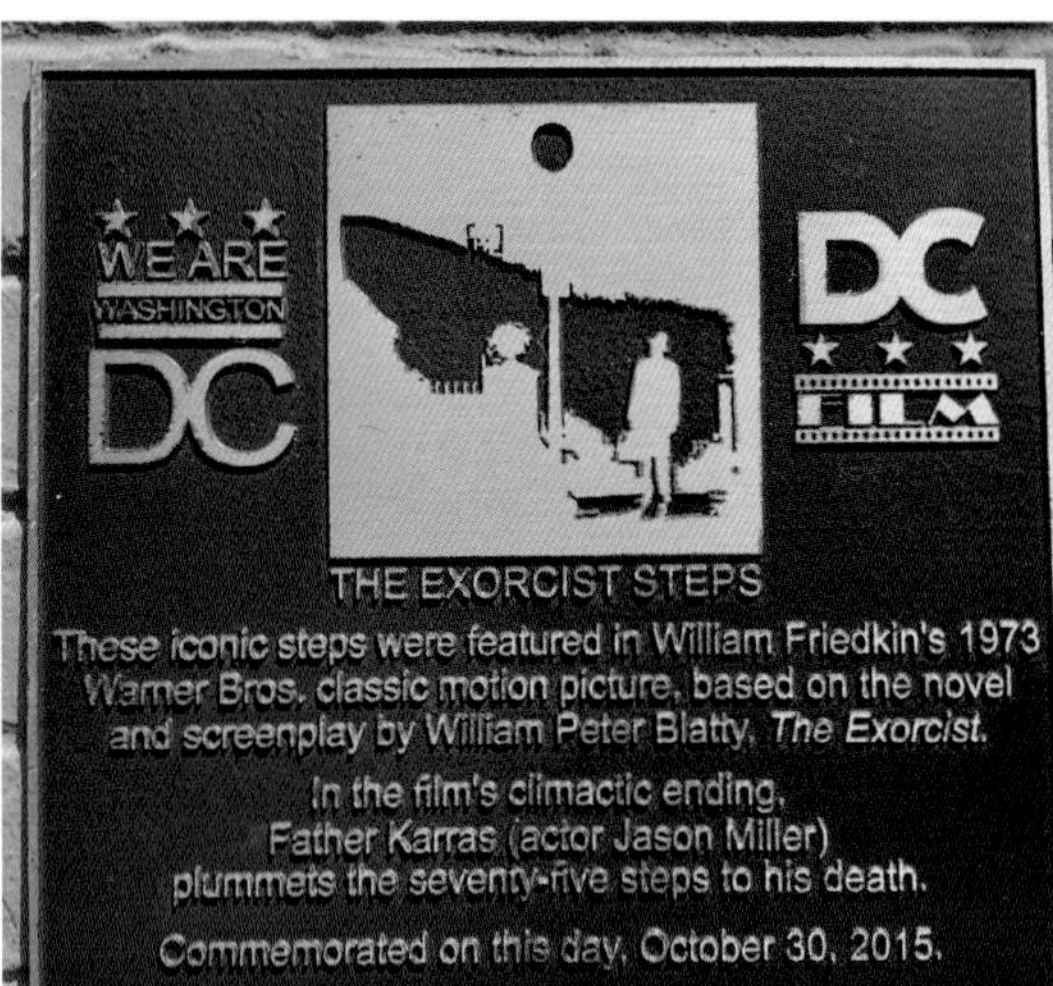

上　メソポタミアの風をつかさどる悪魔、パズズ。リーガン・マクニールに取り憑いたのもこの悪魔である。
提供：大英博物館／ Wikimedia Commons

上段・左　メリーランド州コテージ・シティの町役場。『エクソシスト』誕生のきっかけとなった悪魔憑き事件は、この平和な町を震撼させた。　撮影：スタン・レヴィン

中段・左　ワシントンD. C. 北西地区のプロスペクト通りから見た〝エクソシストの家〟。長い階段の上にある窓からカラス神父が落下するシーンのために、ワーナー・ブラザースの設営クルーは所有者の許可を得て、リーガンの寝室部分を増築した。　撮影：スタン・レヴィン

左　2015年10月30日、ジョージタウンのプロスペクト通りとカナル通りの角に、〝エクソシストの階段〟を記念して銘板が設置された。　撮影：スタン・レヴィン

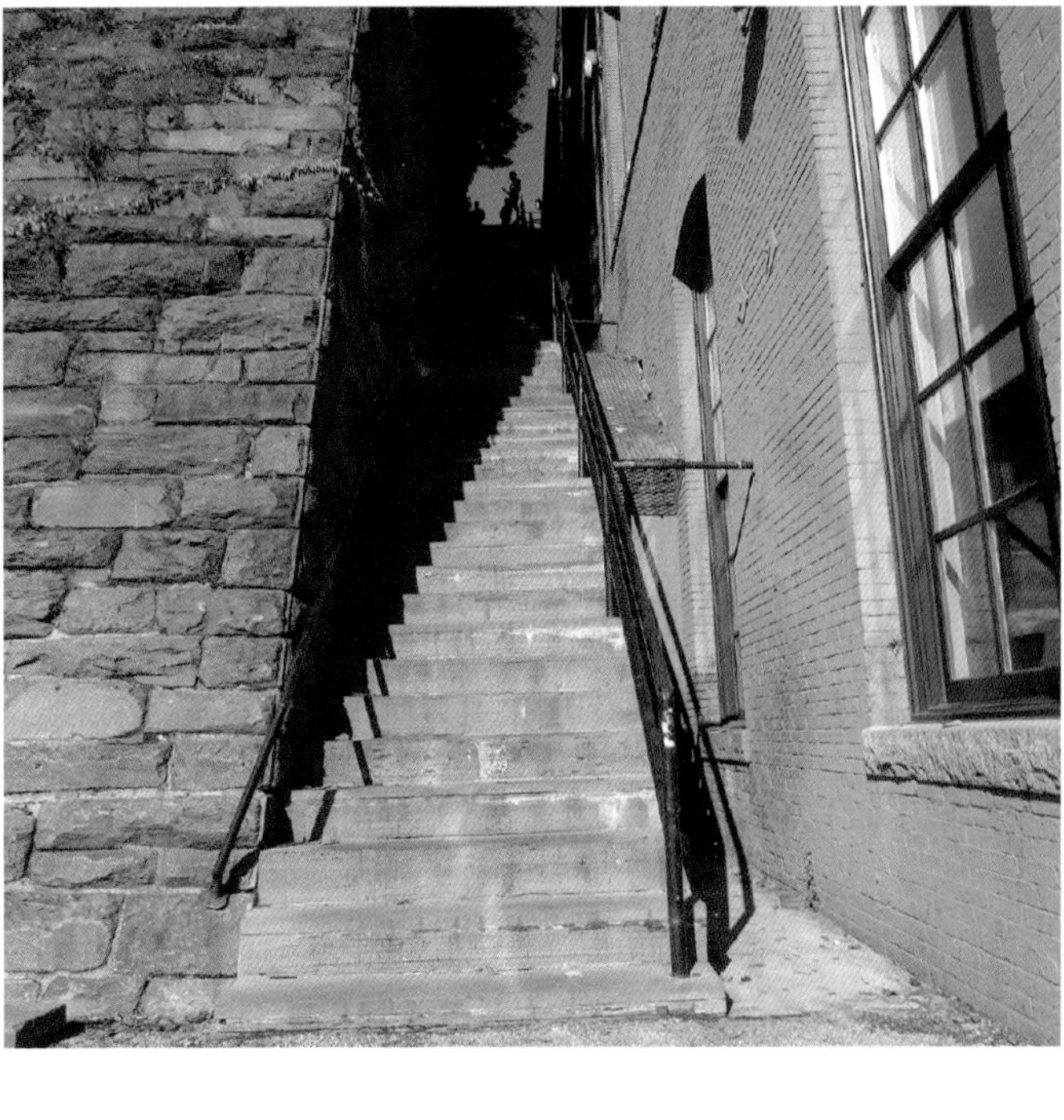

上　ワシントンD. C. 北西地区プロスペクト通り3600番地の横にある〝エクソシストの階段〟を見下ろしたところ。かつては、アルフレッド・ヒッチコックの1935年のスリラー映画『三十九夜』にちなんで〝ヒッチコックの階段〟と呼ばれていたが、1973年に『エクソシスト』に登場して以来、〝エクソシストの階段〟と呼ばれるようになった。

右　カナル・ロードとホワイトハースト・フリーウェイの角から〝エクソシストの階段〟を見上げたところ。

撮影：スタン・レヴィン

『エクソシスト』の制作中、じっと考えこむウィリアム・フリードキン。報道用資料の写真。　提供：N26825／Wikimedia Commons

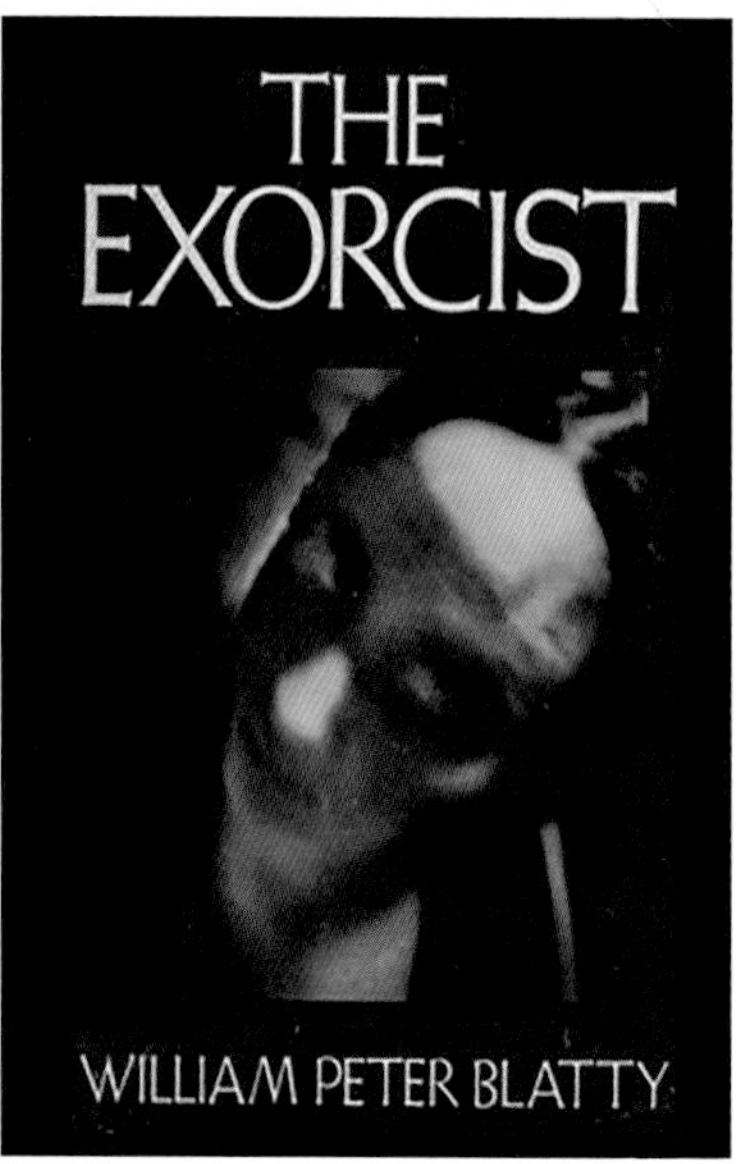

右上　ウィリアム・ピーター・ブラッティの小説「エクソシスト」の表紙。クリス・マクニールのモデルであるとされるシャーリー・マクレーンは、友人のブラッティが娘の写真を撮り、歪めて、この表紙の不気味なイラストに使ったと主張している。　**左上**　『エクソシスト』のオリジナル・ティーザー・ポスター。公開日が間違っていることに注目。実際の公開日は、1973年12月26日だった（25日ではない）。

左　ピエール・テイヤール・ド・シャルダン神父。彼の憑依に関する著作は、ウィリアム・ピーター・ブラッティの参考資料となり、マックス・フォン・シドーの役作りに貢献した。ランケスター・メリン神父を演じるフォン・シドーは、彼そっくりだった。

下　揺れるベッドの上でリンダ・ブレアを落ち着かせようとするエレン・バースティン。『エクソシスト』の宣伝写真のひとつ。

提供：Wikimedia Commons

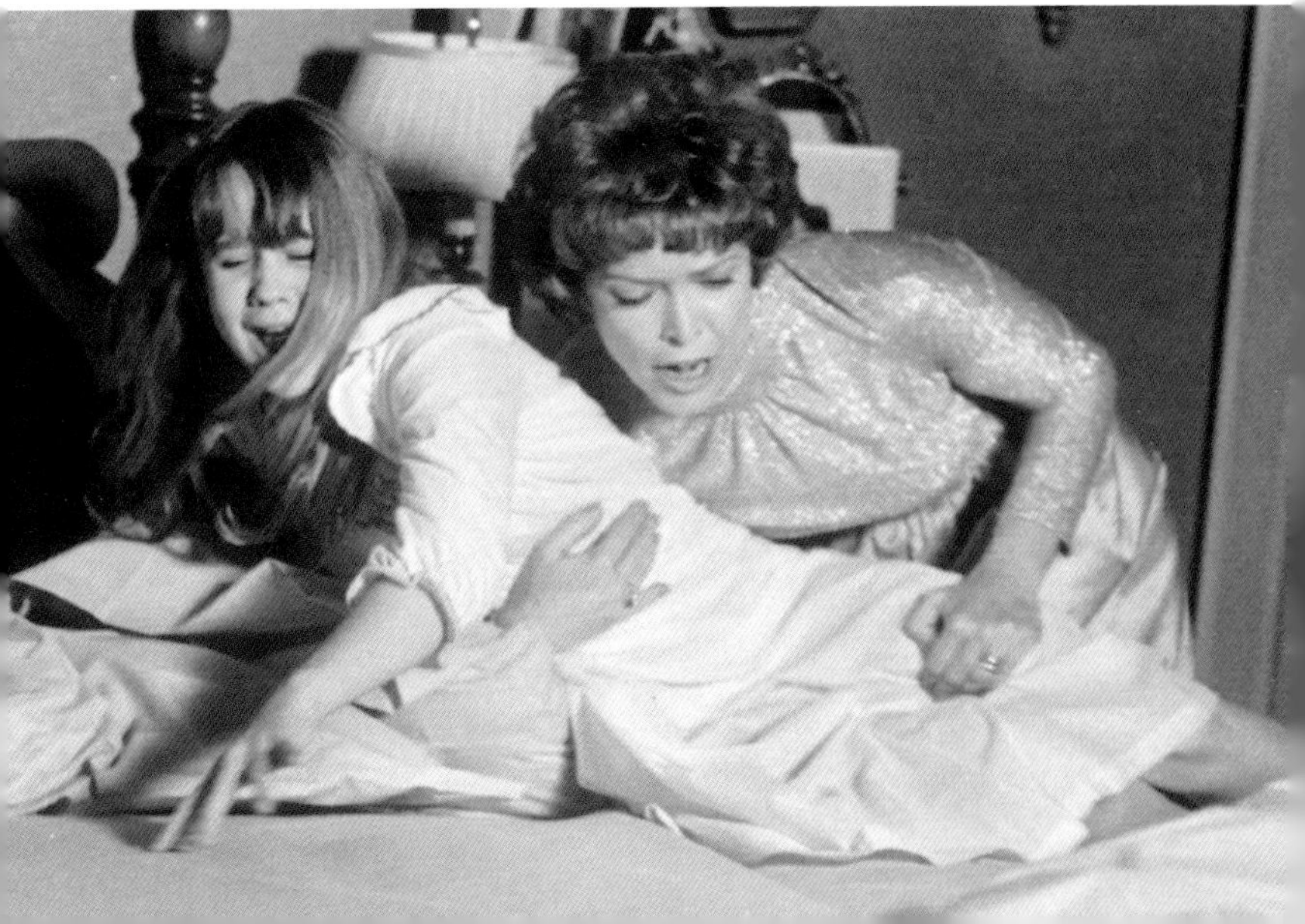

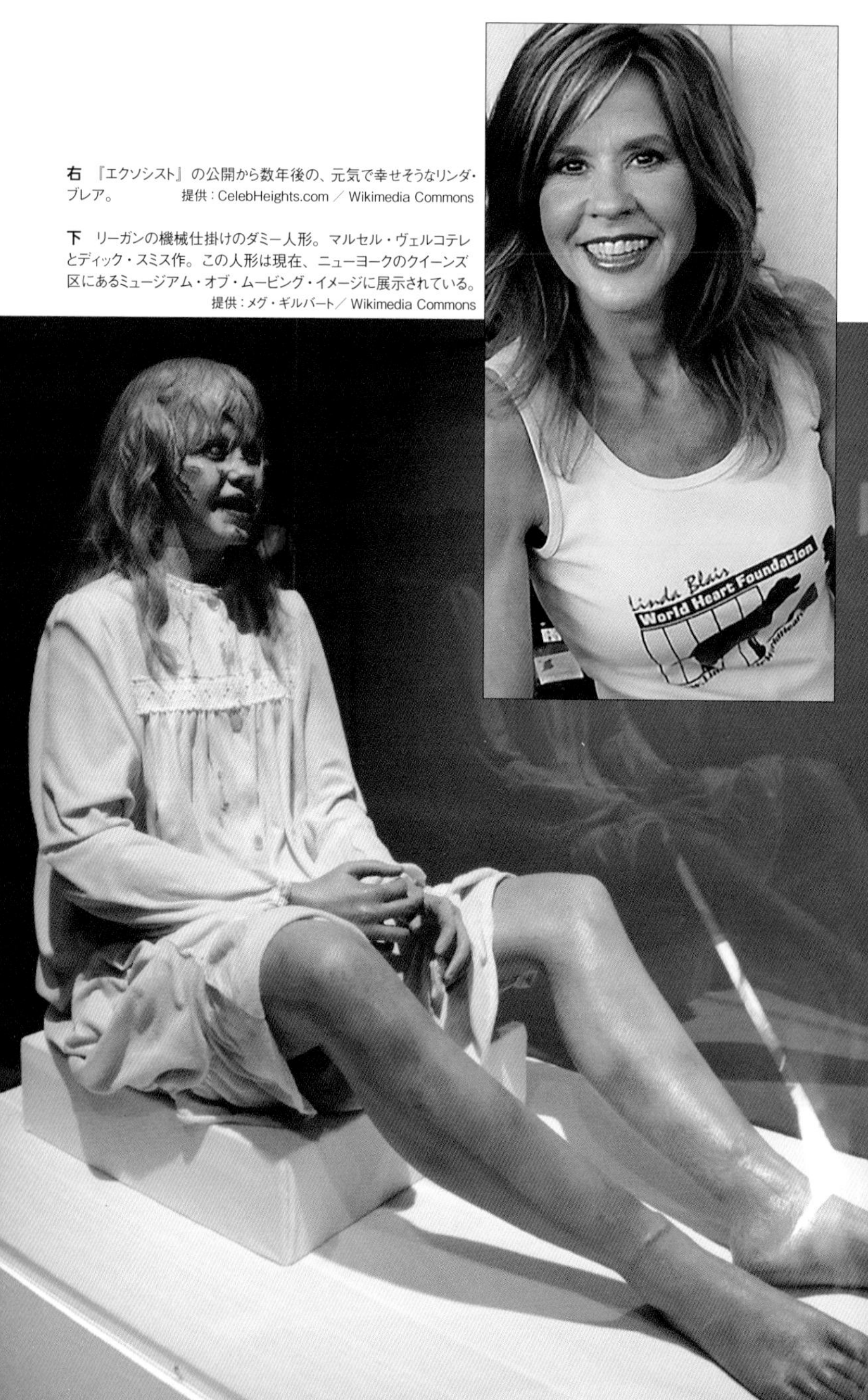

右　『エクソシスト』の公開から数年後の、元気で幸せそうなリンダ・ブレア。　提供：CelebHeights.com ／ Wikimedia Commons

下　リーガンの機械仕掛けのダミー人形。マルセル・ヴェルコテレとディック・スミス作。この人形は現在、ニューヨークのクイーンズ区にあるミュージアム・オブ・ムービング・イメージに展示されている。　提供：メグ・ギルバート／ Wikimedia Commons

上　『エクソシスト2』の監督、ジョン・ブアマン。
提供：ライオネル・アロージ／ Wikimedia Commons

右　『エクソシスト2』DVD 発売時のポスター。

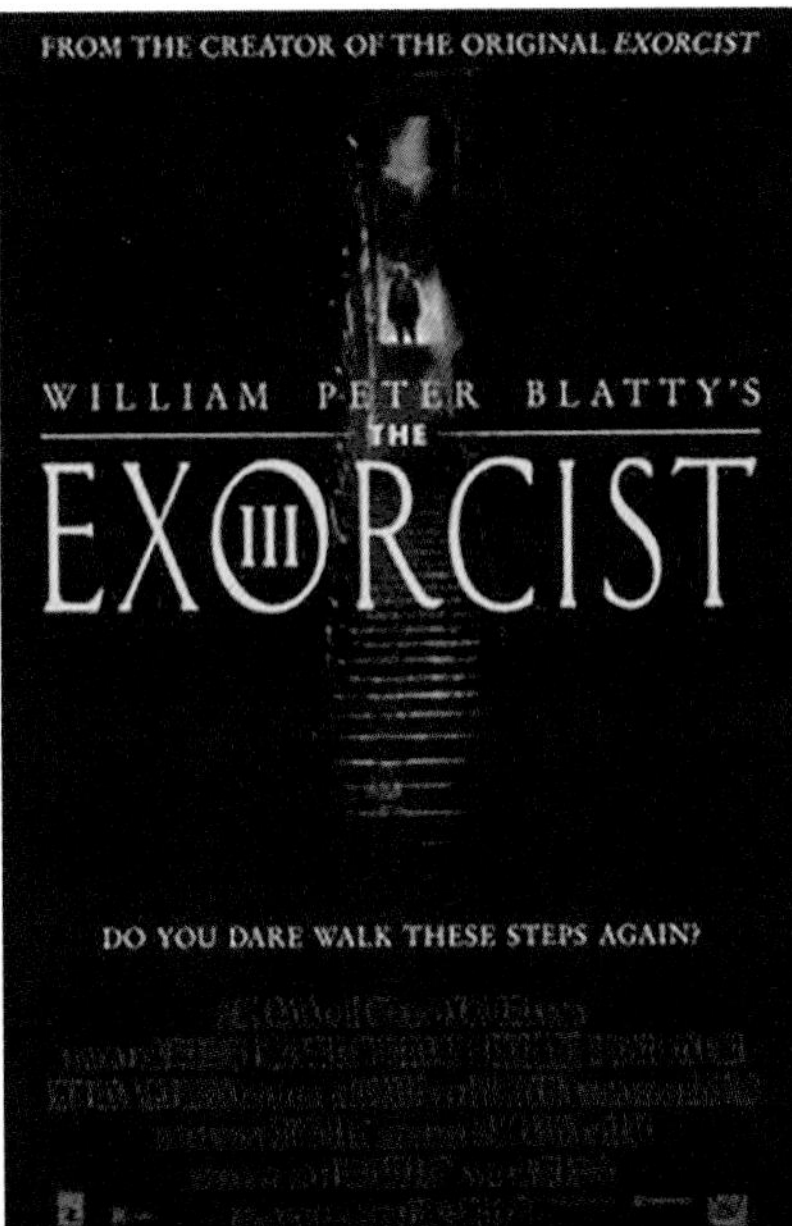

左　『エクソシスト3』全米劇場公開時のポスター。

下　ゆったりと座り、成功を楽しむウィリアム・ピーター・ブラッティ。
提供：ウィリアム・ピーター・ブラッティ／ Wikimedia Commons

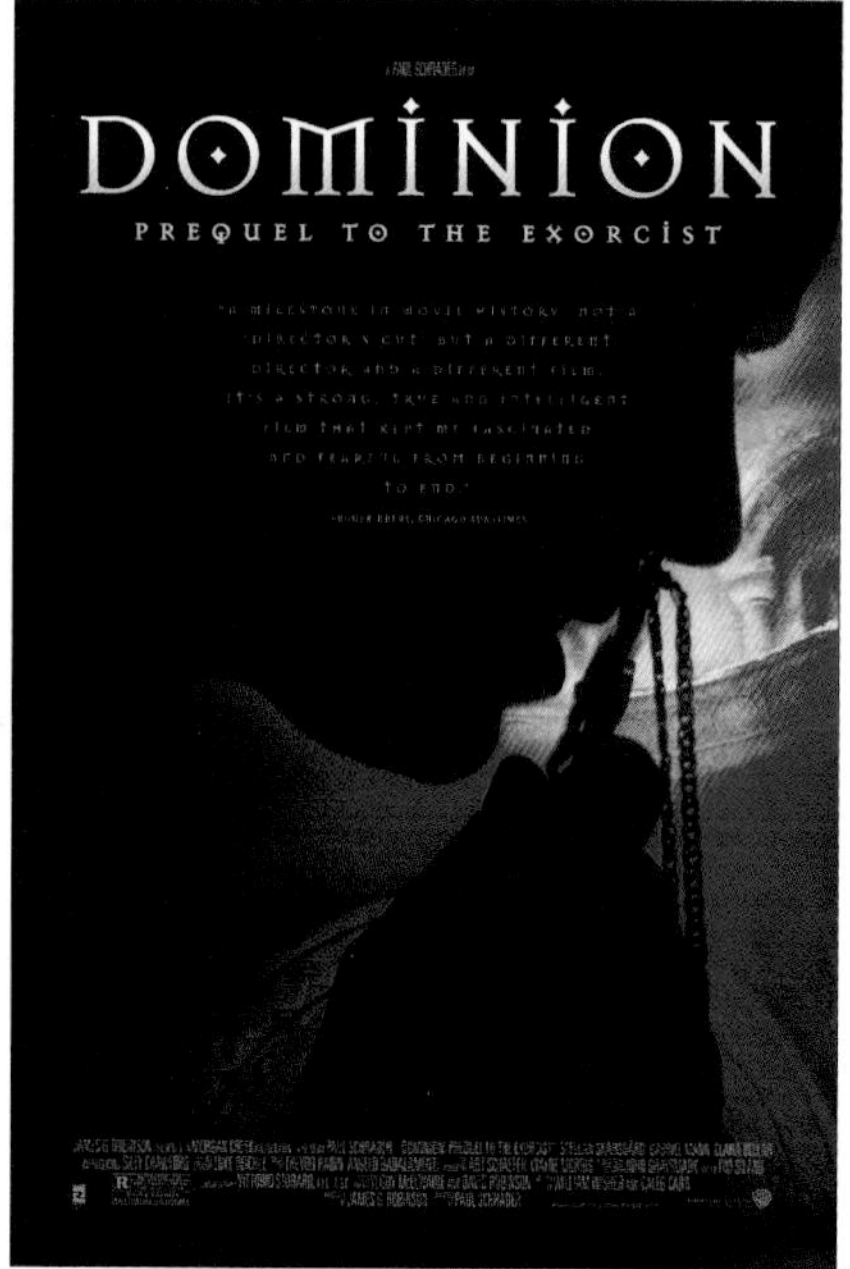

上　『Dominion: Prequel to The Exorcist』のメガホンを取ったポール・シュレイダー監督。
提供：フランク・スクラム・モンクレア・フィルム／ Wikimedia Commons

右　『Dominion: Prequel to The Exorcist』限定公開時のポスター。

上　レニー・ハーリン監督は、ポール・シュレイダーの『Dominion: Prequel to the Exorcist』を撮り直し、『エクソシスト ビギニング』を作った。
提供：ドン・ビジリオーネ／ Wikimedia Commons

左　全米で発売された『エクソシスト ビギニング』DVDジャケット。

「エクソシスト」の遺産

ナット・セガロフ

富永晶子［訳］

THE EXORCIST LEGACY
50 YEARS OF FEAR
by NAT SEGALOFF

TAKESHOBO

献辞

本書を、ウィリアム・フリードキンとウィリアム・ピーター・ブラッティ、
わが友にして同業者のマーク・カーモードに捧げる。

ふたりのウィリアムには、その友情と知恵で創作活動の刺激を与えてくれたことに、
マークには、その学識と情熱、本書を先に書かないでくれたことに感謝をこめて。

目次

凡例

映画作品名は二十かぎ括弧（『』）、書名・テレビはかぎ括弧（「」）で包んだ。ただし発言内では、二十かぎ括弧（『』）を使用している。新聞・雑誌・webなどは山かぎ括弧（〈〉）で包んだ。

邦訳のある文献は原則として邦題名に直し、引用箇所の頁数はやはり邦訳版に直した。

映画題名で日本で公開されているもの（ビデオ・DVD・配信なども含む）はその邦題を、未公開のものは原題のままとした。

本文・原注を問わず、訳者・編集部による補筆は丸括弧（（））で包み割註とした。

題名のあとにきっこう（〔〕）で記した数字は制作年（または公開年）である。

註は、巻末にまとめて掲載とした。

エクソシストと私

ジョン・A・ルッソ

一九九〇年、『エクソシスト』〈一九七三〉はホラーの殿堂入りを果たした。『ナイト・オブ・ザ・リビングデッド』〈一九六八〉も、『サイコ』〈一九六〇〉と『エイリアン』〈一九七九〉——映画史において「これぞホラー映画」と言える四作品だ！——とともに殿堂入りの名誉に浴したため、私は特別ゲストとしてその式典に出席することになった。

この式典で『エクソシスト』の賞を受けたのは、ジェイソン・ミラーだった。『ナイト・オブ・ザ・リビングデッド』の賞は、ラス・ストレイナーと私が受けとることになった（ジョージ・A・ロメロ監督は『ダーク・ハーフ』〈一九九三〉を制作中だったため、出席が叶わなかったのだ）。授賞式のホストはロバート・イングランド。アンソニー・パーキンス、ケイン・ホッダー、ロジャー・コーマン、ジョン・ランディス、ロディ・マクドウォール等がプレゼンターを務めたブラックタイ・イベントである式典には、ハリウッドの〝重鎮〟が顔を揃えていた。ベルベット製のロープの向こう側に詰めかけた人々のなかに友人のトビー・フーパーを見かけた私は、運良く、彼のために入場許可証を手に入れることができた。

スターが勢ぞろいしたこの式典は非常に豪華なイベントであり、間違いなく私のキャリアにとってもハイライトのひとつとなった。とはいえ、もう少しで欠席するところだったのだ。というのも、『ナイト・オブ・ザ・リビングデッド　死霊創世記』〔一九九〇〕をロケ地で共同プロデュースしている最中に招待状を受けとったラス・ストレイナーと私は、ホラー映画の殿堂について聞いたことがなかったから、コロンビア・ピクチャーズが航空券を購入してくれるなら行ってもいいと答えたのだった。コロンビアがこの条件に同意したおかげで式典に出席したわけだが、いまでも心から出席してよかったと思っている。

ウィリアム・ピーター・ブラッティの身の毛もよだつ小説はもちろん出版された当初に読んでいたし、その小説をもとにしたウィリアム・フリードキン監督の名作『エクソシスト』も観ていた。受賞者の面々はビバリーヒルズ・ホテルの美しい客室に宿泊し、車体の長い黒のリムジンで送迎された。私は幸運にも、そこでジェイソン・ミラーと顔を合わせることができた。カラス神父の役でアカデミー賞助演男優賞にノミネートされたジェイソンには、尊敬の念を抱いていた。それに、ふたりともペンシルベニア州にある田舎町――彼はスクラントン、私はクレアトン――出身とあって親近感を持っていただけでなく、同い年でもあり、過酷で要求の厳しいエンターテインメント業界を生き抜く同志のように思ってもいた。

正直に打ち明けると、無神論者の私は、ほかの何百万もの読者や観客と違って、『エクソシスト』の小説も映画もそれほど恐ろしいと感じなかった。とはいえ、どちらの作品でも、悪魔の憑依(ひょうい)と、それが心理的に人々を恐怖に陥れていく過程が絶妙に描かれていることは言うまでもない。人間の体が邪悪な霊に乗っとられることが実際に起こりうるのかどうか私にはわからないが、『エクソシスト』を読んだときも、観たときも、不信感を一時的に押しやり、物語の恐ろしさに引きこまれた。それに、『ナイト・オブ・ザ・リビングデッド』と『バタリアン』〔一九八五〕だけでなく、吸血鬼小説「The Awakening」をもとにして映画『Heartstopper』〔一九八九〕を作り、シリアルキラーの魂が乗り移った女性が登場する〝Intensive Scare〟の脚本を書いた身としては、超常(スーパーナチュラル)・心霊現象というテーマを掘りさげて読者や映画ファンの度肝を抜くのは楽しいことだ。

友人であり同僚のラス・ストレイナーから、初めて『エクソシスト』を観たとき大きな衝撃を受けたこと（「あまりにもショックで、これまで観たどの映画よりもトラウマになっている」と彼はよく話していた）を聞いていた私が、この前書きを書くにあたって、その理由を尋ねると、こんな答えが返ってきた。

「初めてウィリアム・フリードキンの『エクソシスト』を観たときは、まだ娘が生まれて間もなかった。つまり、新米パパだったわけだ。奇妙な偶然により、僕は平日の昼間、ほとんど誰もいない映画館でこの映画を観た。その環境が、怖さに拍車をかけたのかもしれない。

少女リーガンに憑依の徴候が現れはじめたとき、僕の頭には恐ろしい想像が浮かんだ。自分の娘がリーガンのような振る舞いをしはじめたら、親としてどうするだろう――どれほどの無力感を覚えるだろうか、と。自分に起こっていることを上手く説明も制御もできない娘を前にして、見えない〝病〟からわが子を守るためにいったいどんな手が打てるのか？

それ以来、『エクソシスト』を観るたびに、最初に〝自分の娘だったら〟と思ったときの恐怖がフラッシュバックするんだ。その娘はいまや五十歳になったがね」

こうしたラスの反応はおそらく、ブラッティの小説を読み、フリードキンの映画を観て戦慄し、興奮し、自分の身に置き換えて恐怖を覚えた数百万人もの人々が抱いた感情と同じに違いない。『エクソシスト』や『ナイト・オブ・ザ・リビングデッド』といったホラー映画——さらには、同じように真実味のある良質のホラー映画の数々——は、われわれが己の心に巣食う悪魔と対峙するきっかけを作るのだ。

観客の心を大きく揺さぶる映画は、登場人物の経験を通して自身に関して重要なことを教えてくれる。映画のなかで登場人物が大きな危険に直面すれば、その状況に陥った場合の自身の勇気もしくは臆病さを考えるきっかけとなる。自分と子孫が生き残れる確率——その確率が自分の能力如何にかかっていればなおさら——を考えさせられることもあるだろう。毅然として悪に立ち向かうには、悪を理解しなければならない。それこそまさに、リーガンの苦痛と母親の苦悩をわが事のように感じたラス・ストレイナーが体験したことなのだ。リーガンたちがスクリーン上で直面している恐怖が、ラスの想像のなかにリアルな不安を作りだしたのである。

実際、それこそがホラー映画の真の価値だと言えよう。われわれは、ホラー映画がもたらすスリルと恐怖を、悲鳴をあげて楽しみながらも、自分の能力もしくはその欠如を否応なしに考えずにはいられない。ホラー映画を観ることで、人生の意味、心理的な動機、劇場の外で出会う実世界の人々の本質を見抜く力が養われるのである。

数百万年ものあいだ、われわれ人間は、ホラアナグマやワニ、剣歯虎といった捕食動物の獲物だった。つまり、人間の本能には太古の昔から、貪り喰われることへの恐怖が組みこまれている。現代社会では、心の歪んだシリアルキラーの増加により、われわれは見知らぬ者が自分たちをレイプあるいは殺害したがっているのではないかと強い恐怖を抱いている。ホラアナグマや剣歯虎なら、慎重に取り囲んで松明（たいまつ）で撃退するとか、槍（やり）で突いて退治することができる。どんなにわずかであろうと、人間にはチャンスがある。

だが、名もない、目にも見えない、邪悪な意図を持つ霊が相手だったら？　そうした霊は本当に存在するのだろうか？　多くの人々が、存在すると固く信じている。だからこそ、『エクソシスト』の作りだした邪悪な悪魔が、いまだにわれわれを怯（おび）えさせるのだ。このナット・セガロフによる新たな書、「『エクソシスト』の遺産」は、本作のいまなお続く功績を大胆に掘りさげ、その魅力を詳述している。本書が数百万ものファンを大いに楽しませてくれることは、間違いない。

ジョン・A・ルッソは、二〇二三年に五十五周年を迎える、新時代を画したゾンビ・ホラー映画『ナイト・オブ・ザ・リビングデッド』の共同脚本家である。二〇二三年はまた、斉（ひと）しく画期的な、悪魔憑依の映画『エクソシスト』の五十周年記念でもある。

序文　極秘の試写

初めて『エクソシスト』を観たときは、吐くのが通常の反応だとは知らなかった。椅子の下に隠れたり、両目を覆ったり、悲鳴をあげて近くの教会に走りこんだりすることもなかった。なぜかというと、私はその日、招待者以外は立ち入り厳禁の、極秘試写のドア番をしていたからだ。

一九七三年の最大の期待作だった『エクソシスト』は、十二月二十六日水曜日、米国内の二十二の劇場で公開されることが決まっていた。その劇場のひとつが、私が広報部長を担当していたボストンのサック・シアターズ系列のなかでも一番集客数の多い、ふたつのスクリーンを有する《シネマ57》だった。ところが、封切りが水曜日であることが、ボストンの〝オルタナティブ〟週刊紙聞である〈ボストン・フェニックス〉紙と〈リアル・ペーパー〉紙にとっては問題となった。発行日の関係で、映画のレビュー記事の掲載が一週遅れになってしまうのだ。ボストン市場で重要な位置を占める若者に人気の二紙にとって、この遅れは致命的だった。

〈リアル・ペーパー〉紙の映画関連記事の編集者にして主任評論家で、かつて映画制作会社の広報担当だった業界通のスチュワート・バイロンは、なんとか締め切りに間に合わせようと、監督のウィリアム・フリードキンに電報を打ち、前日の先行試写を要求した。評論家としての大胆さも持ち合わせていたバイロンは、映画が一大現象を巻き起こすことは間違いない、街の週刊新聞の締め切りに間に合わせれば絶対に得をする、と力説し、日刊紙の記者たちも、一日余分にあれば、十分に練ったレビューが書けるはずだと付け加えた。

私はのちに知ることになるが、バイロンに負けず劣らず大胆なフリードキンは、その試写に同意した。まもなく、ワーナー・ブラザースのニューイングランド州広報担当であるカール・ファシックと、サック・シアターズの上級副社長のA・アラン・フリードバーグを通して、極秘試写が迅速に手配された。そしてサック・シアターズの広報担当だった私は、評論家を招待し、彼らに絶対極秘であることを通達し、編集者や家族、友人などを決して連れてきてはいけないと指示する役目を担った。

改めて言及させてもらうが、公開日の十二月二十六日の前日はクリスマスだ。

この試写のロジスティクスは、いつもとは違って複雑だった。プロダクションおよびポストプロダクションで遅れが出たため、映画の編集済みネガとサウンド・ミックスが現像所のメトロカラーに届いたのは、通常よりかなり遅かった。メトロカラーは、封切り劇場に上映用プリントを届けるべく夜通し作業を続け、東から西へと第一弾の配達を開始した。クリスマス・イブにサンタクロースが《シネマ57》まで届けてくれていたら、休暇で混雑するボストン・ローガン空港の人混みをかきわけて配達する手間が省け、もっと簡単に事が運んでいたに違いない。

ちょっとやそっとのことでは胸を躍らせないベテラン映画評論家の集団を、クリスマスの朝十時に家族のもとから引き離すことができたのは、『エクソシスト』だけだろう。まあ、家族から離れられるという点こそが魅力だった可能性はある。十二月二十五日、目をぱっちり開いてとは言わないまでも、ノートを手に二十人余りのボストンの新聞記者たちがひとりまたひとりと《シネマ57》にやってきた。上映用プリントがだいぶ遅れて到着したため、映写技師たちには光量やサウンドレベルを調節するために前もって試写を行う時間はなかった。映画の命運を握るわれわれは、場内の明かりが落ち、スクリーンの後ろから冒頭の薄気味悪いサウンドトラックが流れはじめると、少しばかり緊張した。そしてその緊張は、二時間二分のあいだ解けることはなかった。

評論家という職業の醍醐味（だいごみ）は、前評判を聞かずに新作映画を観られることだ（ソーシャルメディアによって〝ネタバレ〟という造語が生まれる何十年も前の時代である）。ツキに恵まれれば、様々な理由（予算、不明瞭さ、内容）によって大勢の人々の目に触れることが難しい名作に世間の注目を集めることもできる。『エクソシスト』の場合は、その真逆だった。世間の映画ファンは、この映画が封切られることをよく知っていた。なかにはベストセラーとなった小説を読んだ人たちもいたし、ほとんどの人々は、ナレーターが故意に淡々と、簡潔に事実[註1]を告げる短い予告編（ティーザー・トレーラー）を目にしていたからだ。

《シネマ57》で公開中の別の映画が上映される十二時半前には客が来るため、私は関係者以外の人々が入ってこないよう劇場の扉を見張っていた。つまり、スクリーンで観ることはできなかったが、面白そうなことが起こりそうな気配がするたびに館内に頭を突っこみ、そのシーンが終わると持ち場に戻ることができた。『エクソシスト』のパワーにあのとき圧倒されなかったのは、そうやってとぎれとぎれに観たせいかもしれない。

やがて試写が終わり、バイロンら評論家一行が、いつものように何を考えているのかわからない表情で出てきた。彼らの考えていることは理解できた。というのも、評論家が何を言おうと、この映画が大ヒットを飛ばすのはわかりきっている。その流れに乗るのか、それとも、王様が裸であることをずばり指摘して冷や水を浴びせ、名を挙げるべきか？　さらに、ここがカトリック教徒の多いボストンであることがレビューに影響を及ぼす可能性もあった。評論家たちはみな無言だった（数年後自分が評論家になったとき初めて、試写後の沈黙は感動を意味するのでなく、同僚に気の利いた文句を盗まれないためだと学んだ）。

翌日、映画が公開され、前評判通りの出来だというレビューが掲載された。作品を小説と比べたレビューもあり、ほぼすべての論評が、罵り言葉とアメリカ映画協会（MPAA）の〝R指定〟に触れていた。

それから、大混乱が起こった。ダウンタウンのワシントン通りにあるサヴォイ映画館の最上階に位置するサック・シアターズの重役オフィスにいた私たちのもとに、《シネマ57》の経営者メリル・フランクスから報告が入ってきたのだ。観客が通路を駆け抜けてロビーに飛びだし、通りに出て――あるいは通りに出るのが間に合わずに――嘔吐（おうと）している、と。[註2]

大勢の群衆を鎮めるため、すぐさま《シネマ57》へ送られた、同社で最も経験豊富な支配人のトム・カウイチェックは、こう語っている。「誰も彼もが嘔吐していた。観客がそんな反応を示すなんて夢にも思わなかったよ。私はぼうっと立ち尽くして、彼らを見つめていた。映画のワンシーンのようだったね。一部の人々は、映画自体ではなく、それを取り巻く混乱によって、すっかり興奮していた」[註3]そのとおり。次の上映回のために行列を作った人々が、映画館から出てくる人々の取り乱した様子を見て、館内の照明が落ちる前から熱狂状態に陥っていたのだ。ふたつのスクリーンを有する《シネマ57》では、ロビーを挟んだスクリーンで『スティング』が前日公開されたのだが、ポール・ニューマンとロバート・レッドフォード主演のこの作品を観に来た人々は、その大混乱を見て大いに困惑したに違いない。[註4] ワーナー・ブラザースの広報担当者、ジョー・ハイアムズから知らされたのだろう、まもなくカール・ファシックから連絡が入った。同様の反応が、『エクソシスト』が公開されたほかの二十一の都市で目撃されている、と。携帯電話もインターネットもツイッター（現X）もなかった時代だというのに、彼らはどうやって、まったく同じ反応を示したのだろうか？　この現象が起こっていることを、公開と同時に、どのようにして知ったのか？

不思議な一大現象が始まったのだ。スチュワート・バイロンでさえ、この映画を観て吐き気を催したとレビューに書いた。

半世紀を経ても、この映画を観た人々による激しいリアクションは収まらない。今日もなお、『エクソシスト』を決して観ようとしない人々が存在する。その種の嫌悪感が存在することはたしかだが、誰かがこの作品を観ていたことは間違いない。一九七三年以来、続編、公式の続編、前日譚（ぜんじつたん）（そのどれも、二バージョンずつある）、テレビシリーズが作られ、新三部作の制作が決まった（一作目は二〇二三年に公開）ばかりか、数えきれないほどの文化的言及がなされ、そのすべてが原典である一九七三年の『エクソシスト』をもとにしている。

本書には、そのすべてが綴（つづ）られている。

私は、映画館の扉を警備した次の週末、ついに『エクソシスト』を通しで観ることができた。チケットがその後数週間完売していたため、館内最後尾の立見席で（無料で）観た。その頃までには、『エクソシスト』の鑑賞は、感情的な経験というよりは頭で考える体験となっていた。事前にウィリアム・ピーター・ブラッティの本を読んでいた私は、彼と監督ウィリアム・フリードキンがどうやってそのすべてをひとつの映画に詰めこめたのか（実は詰めこめなかったこと、カットしたシーンのせいでふたりの友情に一時期ひびが入ったことをあとから知った）と不思議に思った。そして、信仰心を持つ人々が、信仰を持たない人々とは異なる形で取り乱している理由を理解しようともしたし、映画に込められた芸術性と思想が本物であることも見てとった。

多くの人々がどう信じ続けているにせよ、ブラッティとフリードキンは、ホラー映画を作ろうとしていたわけではなかった。もちろん、『エクソシスト』には理屈抜きの恐ろしさがあるが、この映画が持つパワーは、観客の信仰心に触れ、挑み、そして当然ながらそれを深く掘りさげる点にある。これは、ふたりが〝信仰の謎〟と呼ぶ概念と、宗教的探究心を考察する映画なのだ。

本書は、それについても触れている。

公開当時、『エクソシスト』はたんなる映画にすぎなかったが、その後の五十年で伝説となった。

本書には、その過程も記されている。

地獄の業火のなかで誕生してから半世紀を経て、『エクソシスト』は、もはや存在しないハリウッドのシステムから生まれた、ほかに類を見ない作品となった。ウィリアム・フリードキンは、これまで何度も本人が言っているように、「ホラー映画として、人々を震えあがらせようとしたわけではない。善と悪という概念について、じっくり考えさせられる作品を作ろうと思った」のである。この価値ある達成は、いまも変わらない。フリードキンと彼の制作スタッフがその偉大な達成を見事に成し遂げたことを、世界が認めるときがきたのだ。

ナット・セガロフ
二〇二三年、ロサンゼルス

注意――大きな影響を及ぼした名作映画とその産物を考察している本書には、必然的に多くの〝ネタバレ〟が含まれている。

第一章　ふたりのウィリアム

『エクソシスト』は、あらゆる名作のなかで最も誤解されている映画だと言えるかもしれない。多くの国で最も怖いホラー映画の筆頭に挙げられるとはいえ、この作品の制作に関わった人々はみな口を揃えて、これはスピリチュアルなニュアンスを持つミステリー作品だと断言する。史上最恐のホラー映画と呼ばれているにもかかわらず、ホラー映画特有のびくっとするシーンはたったひとつしかない（蝋燭が急に燃えあがる場面）ばかりか、影のなかから突然、何かが飛びだしてくることもない。映画研究家は、本作が当時の社会的および政治的な激変を反映していると評してきたが、作品の原動力となっているのは啓蒙運動以前に遡る古い信仰心であり、サブリミナル画像が含まれているとはいえ、監督自身は良質な物語を伝えることだけを考えて撮ったと主張している。映画の結末についてはいまだ議論が続いており、被害者が誰なのかさえ誤解されたままだ。大半の人々が、本作を十二歳の少女に関する物語だとみなしているが、ウィリアム・ピーター・ブラッティの脚本をタイプし直した秘書は、誰よりも先にその内容を知ると、本人に向かってズバリこう尋ねた。「狙われているのは彼よね？」と。「彼」とはつまり、デミアン・カラス神父のことである。[註1] あらゆる偉大な芸術作品同様、この映画に関しても、人は自分の経験を照らし合わせて解釈する。そして『エクソシスト』には、多くの人々が多種多様な解釈をもたらしてきた。

表面的には、『エクソシスト』は悪魔に取り憑かれた十二歳の少女の話であるが、その下には、人の心を圧倒する、より私的で身近な脅威がある。揺れるベッドや十字架を使った自傷行為、吐きだされる豆のスープや、回転する首を超えたところで、『エクソシスト』をここまで鮮烈な映画にしているものは何か。その感情的な中核は、なんとしてもわが子を守りたいという母親の固い決意であり、より哲学的なレベルでは、われわれ人間には神の創られしこの地を歩く価値があるのか、という問いを投げかけているのだ。

「実に的を射た描写ね」主人公の母親クリス・マクニール役を演じたエレン・バースティンは、この見解に同意し、こう付け加える。「私は未知の存在との対決だと捉えているの。たしかに、母親が娘を守るというテーマも織りこまれている。でも、ジャンルとしては心理ドラマだと思う。ホラー映画だと考えたことは一度もないわ。実際――あなたも知っていると思うけれど、最優秀作品賞にノミネートされたホラー映画は、この作品が初めてだったのよ」

しかし、ホラー・ジャンルの大御所スティーヴン・キングは、母娘の物語は、『エクソシスト』の真のテーマである世代間のギャップに比べると、二次的なものだとみなしている。「映画も原作の小説も、表向きはふたりの神父が思春期前の可憐な少女リーガン・マクニールに憑依した悪魔を祓おうとする姿を描いている」（ちくま文庫・安野玲訳より引用）キングは、「死の舞踏　恐怖についての10章」で、そう書いている。

「だが、じつはこれは社会の激変についての映画――なによりも、六〇年代末から七〇年代初めに起きたあの若者の反乱を描きだそうとする映画なのだ。我が子を失おうとしているのを感じ、苦痛や恐怖に苛まれながら、どうしてそうなるのか理解できずにいる親のための映画といってもいい。またしても『ジキルとハイド』だ。口汚く罵る怪物に豹変して、ベッドに縛りつけられたまま〝キリストにファックさせろ、やつにファックさせろ、ファックさせろ〟というチャーミングな説教をしわがれ声（吹き替えはマーセデス・マッケンブリッジ）で叫ぶ愛らしい少女リーガンの顔の下には〈人狼〉の顔が隠されている。アメリカの大人たちはひとり残らず、この映画の強烈なサブテキスト（ただし宗教的要素は除く）を理解した。リーガン・マクニールのなかに潜む悪魔はウッドストックで〝フィッシュ〟・チアーに熱狂的に反応するはずだと、本能的に察知した」[註2]（ちくま文庫・安野玲訳より引用）

ホラー研究家であり歴史家のデヴィッド・J・スカルは、この洞察を踏まえ、さらに踏みこんで意見を述べている。「『エクソシスト』は悪魔祓いではなく、ベトナム戦争の時代に親が抱いていた罪悪感と責任感の混ざり合った複雑な気持ちを、公に浄化する文化的儀式だった。保守的な見方になるが、口汚く反抗する子どもたちが性格を一変させるドラッグを摂取して暴力的な行動に出た時代、子どもたちが大人の人生を不快にした時代のことだ[註3]」

キングとスカルは、若者の反抗心に関する自分たちの洞察が想像以上に的を射ていたことに驚いたに違いない。この点を裏付ける実際の事件は、次の章で紹介しよう。

評論家の詭弁はさておき、映画を観に来た人々が文化革命の一端を担おうと思っていたかは疑わしい。スリルを求めて映画館を訪れた観客は、クリス・マクニールが娘を必死に救おうとする姿勢に共感し、この映画に熱狂した。その意味においては、『エクソシスト』は、一九七〇年代のヒロインを主役にした多くの映画[註4]のなかでも、女優エレン・バースティンにとってはとりわけ演じがいのあるヒロイン役となったのである。また、主人公が女性だったことにより、観客も性別によってまったく異なる反応を示した。公開当初、映画館から逃げだした客のほとんどが男性で、最後まで残ったのは女性たちだった。いま振り返ってみると、その理由は実に単純明快だ。出産の痛みに耐えられ、自分の具合が悪くても病気のわが子の面倒を見ることができる女性たちには、映画館に留まってリーガン・マクニールを応援する強さがあったのだ。

　母性というテーマは、『エクソシスト』と緊密に結びついている。その理由は、この映画を生みだした作家のウィリアム（ビル）・ピーター・ブラッティと監督のウィリアム（ビリー）・フリードキンというふたりの男性が、それぞれ母親と特別親密な絆を持っていたからである（ウィリアムの短縮形はビルまたはビリーで、そのどちらかで呼ばれることが多い）。

　レイチェル・グリーンとルイス・フリードキン――一九三五年八月二十九日[註5]に生まれた彼の出生証明書によると、母はキエフ出身、父はシカゴ出身――のひとりっ子として産まれたウィリアム・デヴィッド・フリードキンは、常に円満な家庭で育ったと話しているとはいえ、子ども時代のほとんどをシカゴの路上で過ごしたと言っても過言ではない。愛情と尊敬をこめてみんなにレイと呼ばれていた母レイチェルは、十三人兄弟の家庭で育った。ルイスは十二人兄弟の家庭で育ったが、彼とレイチェルが結婚してもうけた子どもは、ひとりだけだった。その結果レイチェルは、目のなか――若い頃に片目を失い、代わりにガラスの眼球を入れていた[註6]――に入れても痛くないほど息子を可愛がった。手術室看護師を務めていたレイチェルは、息子を育てるために仕事を辞め、三人家族にとって錨のような存在となった。一方、移動労働者のルイスは、職に就いては失業することの繰り返しだった。「（父は）人生で、週に五十ドル以上稼いだことがなかった」フリードキンはそう語っている。父親に対する彼の批判的な見解は、『エクソシスト』をはじめとする数々の作品に登場する父親の冷淡な描写に反映されている。[註7]

フリードキン一家が生活保護に頼らざるをえない状況に陥ると、レイチェルは看護師として復職し、ノース・シェリダン・アベニュー四八二六番地の自宅近くにある数軒の病院で働いた。フリードキンは、働ける年齢に達するやいなや、近所のリグレー・フィールド（シカゴ・カブスの本拠地球場）でソーダを売ったり、隣人に頼まれた雑用をこなしたり、おじのシド・グリーンが所有する洋服の安売り店で売り子をしたり、レイチェルの姉妹サラと結婚した別のおじハリー・ラングが経営する酒場で雑用をこなしたりして、家計に貢献した。教室にいるよりも、街で小銭を稼いでいることのほうが多かったフリードキンは、一九五三年一月、同級生から半学期遅れをとり、かろうじて地元のセン高校を卒業した。

フリードキンが生涯、犯罪に関心を抱くきっかけを作ったのは、おじのハリー・ラングだった。ラングはアル・カポネ全盛期のシカゴで、警官として働いていた。フリードキンによると、ラングと彼の相棒ハリー・ミラーはカポネの執行人という異名を持ち、のちに彼の跡を継いだフランク・ニッティから賄賂（わいろ）をもらっていた。ある日、汚職防止を訴える警察署長によってニッティを連行するよう命じられたふたりが、どれほど狼狽（ろうばい）したかを想像してみてほしい。

「ふたりはニッティのオフィスに出向いた」とフリードキンは語る。「常日頃、通っていた場所にね。巷（ちまた）では様々な説が囁（ささや）かれているが、ニッティは本当にそうやって捕まったのさ。彼は丸腰だったが、おじたちは銃を持っていた。おじに八発撃たれても、ニッティは死ななかった！　おじはその後、自分の左手を撃って、ニッティが先に銃を抜いたと主張したんだ」ニッティはこの騒動を生き延びたが、ハリーおじの警官としてのキャリアはそこまでだった。ハリー・ラングが警察を引退してパブを開くと、警官と犯罪者が店に来るようになった。雑用係のフリードキンが、その店にすっかり入り浸るようになったことは言うまでもない。

二十歳になってもまだ若者のような風貌の（後年も実年齢より若く見えた）ウィリアム・フリードキンは、三つ目の夢中になるもの（ひとつ目は犯罪、ふたつ目は女性）を見つけた。マスメディアだ。この場合は、テレビである。シカゴのWGN-TV局の郵便係募集の広告を見た彼はさっそく応募すると、メール室で郵便物を仕分けし、それを各所に配りながらテレビ番組制作のあらゆるノウハウを学んでいった。父の具合が悪くなり、クック郡病院に入院したのはちょうどその頃だった。二週間も経たないうちに、父は息を引き取った――フリードキンがあとから語ったところによると、おそらく死因は癌だった。フリードキンと母親は、この突然の死に大きなショックを受けた。また父の死は経済的にも痛手だった。その後、鋭い知性と洞察力に恵まれたフリードキンは、シカゴの様々なテレビ局を転々としながら、郵便配達人から使い走り、フロアマネージャー、ついにはディレクターへと昇進した。その業務のほとんどがトークショーやスタジオの生放送ニュースだったが、彼はやがて、スタジオの外で撮るチャンスを探しはじめた。賢い独学者のフリードキンは社交好きな特性を発揮し、人々の性格を読みながら、厳しい業界で巧みに世渡りしていった。

「常に、どうやったら自分を成長させられるのかを模索していた」ワードジャズというコンセプトを考案し、オーソン・ウェルズ風の深みのある低い声によりリスナーにラジオの教祖的存在として崇められたケン・ノーディンは、フリードキンについてこう語る。「熱意とやる気に満ちていて、チャンスと見るや飛びついた。彼の強みは、ありあまるエネルギーはもちろんのこと、自分にとってプラスになる人々や状況を見極めて、それを何らかの方法で最大限に役立てるところだった[註8]」フリードキンにとって大きな出世のきっかけとなったのは、WTTW-TV局で働いていた頃、やがて師とみなすようになる〈シカゴ・トリビューン〉紙のコラムニスト、フラン・コフリンと親しくなったときに訪れた。コフリンは、この〝ビリー・ザ・キッド〟を、〈ペーパー〉誌の編集者で刊行者でもあるロイス・ソロモン、〈タイムズ〉誌のミリアム・ロムウェル・セルビー、ブロードキャスターのスタッズ・ターケル、コラムニストで作家のネルソン・オルグレン、弁護士のドナルド・ペイジ・ムーアとエルマー・ガーツ、ジャーナリストのジョン・ジャスティン・スミスとアーヴ・〝カップ〟・カプシネット、時々訪れるコメディアンのレニー・ブルースといったシカゴの知識階級の面々に紹介した。

フリードキンはチャンスが舞いこむたびに転職した。一九六〇年には、特番を委託されてWGN-TV局に戻り、興味を持てそうな題材を求めて街に取材に出た。ソロモン主催のパーティのひとつで、おそらく冤罪(えんざい)でクック郡拘置所に死刑囚として拘留されているポール・クランプに関する話を耳にしたフリードキンは、WGNの上役たちにクランプに関するドキュメンタリーを製作してもいいかと尋ねた。その申し出を拒否されると、ライバル局WBKB-TVのスターリング・〝レッド〟・クインランに話を持ちかけ、取引が成立した。ふたりは、WBKBが七千ドルの予算を確保することと、クランプを擁護する内容でこのドキュメンタリー映画を制作することで同意に達した。クインランは、結論を明白にするかぎり異存はない、とフリードキンに告げた。

フリードキンはWBKBのスタジオ・カメラマンのひとり、ウィルマー・バトラー（のちにビル・バトラー名義で、『JAWS/ジョーズ』〔一九七五〕などの映画で撮影監督を務める〕と組み、当時は最新鋭だった、より軽量の16㎜フィルム用のカメラ機材を試しはじめた。こうしてふたりの若者は、撮影を通して制作テクニックを独学で身に着けていった。その結果完成したのが、一九六二年の『The People vs. Paul Crump』〔日本未公開〕である。

三十一歳のポール・クランプは、一九五三年にリビー、マクニール&リビー社の食肉包装工場に強盗が入り、警備員のセオドア・ズコウスキが殺害された事件で、殺人罪の有罪判決を受け、イリノイ州刑務所で死刑の執行を待っていた。クランプは引き金を引かなかったにもかかわらず、事件の起きた年に電気椅子による処刑を言い渡されたのだった。彼の共同被告人であるデヴィッド・テイラー、ユージーン・テイラー、ハロルド・リギンズ、ハドソン・ティルマンも有罪判決を受けたが、彼らの刑期は様々だった。二年後、イリノイ州最高裁がクランプの有罪判決を撤回したものの、彼は再び裁判にかけられ、またしても死刑を宣告された。

フリードキンとバトラーは、クランプの知り合いにインタビューをし、ついに拘留中のクランプ自身を撮影する許可を得た。フリードキンはまず、クランプがどういう男かを判断するため、撮影前に面会することにした。クランプはまさに理想の題材だった。若くてハンサム、落ち着きがあり、理路整然と話す。しかも、自分に何が起こったかを話している最中、フリードキンに共感を示され、泣きだした。しかし、いったんカメラが回りはじめると、とたんに堅苦しく、よそよそしい態度になった。フィルムが残り少なくなる音を聞いたフリードキンは、彼から無理矢理、感情を引きだすことにした。「嘘をついているんだろう」突然フリードキンに言われて、クランプは呆然(ぼうぜん)とし、唯一の自由への可能性が消えていくことに動揺を隠せなかった。あともう少しだ、と判断したフリードキンは、腕を引き、無防備なクランプの顔に一発パンチを食らわせ——見事、クランプから涙を引きだしたのである。

「もちろん、リスクは承知の上でやったのさ」フリードキンはのちに、カメラなしの面会と、カメラ越しのインタビューを比べて認めた。「当時、彼がマスコミからインタビューを受けることはなかった。忘れ去られた存在だったんだ。私と面と向かって座り、身の上話をするうちに泣きだすのを見て、こう思った。カメラが回っていないときのような生の感情をどうやったら引きだせるだろうか、とね。彼には、唯一の友である私に裏切られたと思わせる必要があったんだ」

その後、またしても難事が発生した。このドキュメンタリーが減刑を求める懇願の役目を果たしはじめると、取材によって、リチャード・A・デイリー市長が取り仕切るシカゴ警察がクランプに自白を強要したことが明らかになったのだ。このシカゴ警察の面々は、のちに一九六八年の民主党全国大会で不名誉にも暴動を起こしたのと同じメンバーだった。スターリング・クインランはリスクを量るため、放送する前に映画関係者やジャーナリストたちにドキュメンタリーを観せた。結局、彼はこのドキュメンタリー映画の放送を取りやめたものの、死刑執行の三十四時間前、クランプはオットー・カーナー・ジュニア知事によって一九九九年の刑に減刑され、処刑は中止された。

その後、クランプは何度も仮釈放を申し入れたが、そのたびに当時の知事であるジェームズ・トンプソンによって申し立てを却下された。トンプソンは、クランプに最初の有罪判決を申し渡した州検察官であり、当時の仮釈放委員会は知事となった彼の言うなりだったのだから、これは驚くには当たらない。一九九三年、ジム・エドガーがイリノイ州知事に選出されてようやく、クランプは仮釈放を許可されたものの、家族への接近禁止命令を破ったためにまもなく刑務所に逆戻りになった。二〇〇二年、ポール・クランプは、チェスター・メンタル・ヘルス・センターで、肺がんのため七十二歳で死去した。

一度も日の目を見ることはなかったものの、フリードキンが初めて制作した映画は、ひとりの男の命を救ったばかりか、一九六二年のサンフランシスコ映画祭でゴールデン・ゲート賞に輝いた。大物プロデューサー、デヴィッド・L・ウォルパーの作品を下しての受賞だった。このときフリードキンの才能を見てとったウォルパーは、ロサンゼルスの自分のもとで働かないかと彼を誘った。フリードキンはウォルパーのために、『The Bold Men』『Pro Football: Mayhem on a Sunday Afternoon』（共に一九六五）、『The Thin Blue Line』（一九六六）という三作のドキュメンタリーを制作したあと、脚本の用意された二本のコメディ『The Pickle Brothers』（一九六六）のパイロット版と「ヒッチコック劇場」の最後の一時間もの、「Off Season」（一九六五）に雇われた。

その頃までには、〝ニュー・ハリウッド〟と呼ばれる若手たちのなかで期待の星となっていたフリードキンは、初となる長編映画で、ポップス・デュオのソニー&シェールを主役に据えた『ソニーとシェールのグッド・タイムス』（コロンビア製作／一九六七）を撮り、続いて『The Night They Raided Minsky's』（ユナイテッド・アーティスツ製作／一九六八）、『誕生パーティー』（パロマー・ピクチャーズ製作／一九六八）、『真夜中のパーティー』（ナショナル・ジェネラル・ピクチャーズ製作／一九七〇）、そしてブレークのきっかけとなった『フレンチ・コネクション』（20世紀フォックス製作／一九七一）を作った。

一九六七年、シカゴに戻らないことがはっきりすると、フリードキンは母親をロサンゼルスに呼び寄せ、彼女のためにビバリーヒルズのウォルデン・ドライブにあるミッキー・ルーニーがかつて住んでいた家を借りた。当時、フリードキンは映画監督ハワード・ホークスの娘キティと同棲(どうせい)していたが、母のレイチェルとも頻繁に顔を合わせていた。「母親には、彼お得意のどんな社交術もマインドゲームも通用しなかった」当時フリードキンのビジネス・マネージャーを務めていたエドガー・グロスは言う。「彼女に対しては、怖くてそんなことを試そうともしなかったね[註9]」

　二年後の一九六九年の冬、ニューヨークで『真夜中のパーティー』を編集中、フリードキンは明け方の四時にグロスから電話を受け、前日の午後ウォルデン・ドライブを散歩中に母親が心臓発作で亡くなったことを知った。まだ六十代前半の若さだった。

「その朝は眠らずに、ずっと泣いていた」フリードキンは回顧録にそう書いている。「自分にとって母がどういう存在だったのか、どれほど大切だったか、どんなに彼女を愛していたかに思いを巡らせた。母は、私のために自分の人生を犠牲にしたんだ」フリードキンは、葬儀なしで彼女を埋葬した。「私が持っている長所はすべて、母から受け継いだものだ。道から外れそうになったときでも、たとえ母がそれを快く思わないとしても、私への愛情は決して変わらないことが心のどこかではわかっていた[註10]」と、彼は吐露している。

　この大雑把な経歴では、ハリウッドで成功を手にするまでの道のりがいかに険しいかは、はっきりしない。売り込みに成功し、映画化の確約を得ても、その後、制作地獄と呼ばれる段階で消えていく企画が無数にあるのだ。一九六七年、まだ新参者だったフリードキンは、ウィリアム・モリスの担当エージェントであるトニー・ファントッツィの指示により、パラマウント・ピクチャーズを訪れた。そこでは、脚本家兼監督のブレイク・エドワーズが、自身の製作する有名なテレビドラマ「ピーター・ガン」

の映画版を作る準備にかかっていた。ハリウッドで大きな成功を収めている映画制作者（代表作は『ペティコート作戦』〔一九五九〕、『酒とバラの日々』〔一九六二〕、『ピンクの豹』〔一九六三〕など）のエドワーズに自信満々で渡された脚本を、フリードキンはその場で読みはじめた。

「ひどい出来だった」フリードキンはそう語る。「ブレイクに何と言ったものかと途方に暮れたよ。『ピーター・ガン』の映画は撮りたかったが、渡された脚本では撮りたくなかった。仕方なくブレイクのところに戻って『この脚本は気に食わない。実際、これまで読んだ何よりもひどいと思う』と伝えた」

エドワーズはフリードキンの意見を辛抱強く聞いてから、机のボタンを押した。「この脚本を書いた男にそう言ってくれ。控室にいるから」

脚本家は入ってくると、フリードキンと握手を交わし、席に座った。

エドワーズはその脚本家に、「彼はきみの脚本を読んだ」と告げて、フリードキンに向かってうなずき、「いま私に言ったことを、彼にそのまま伝えてくれ」と言った。

フリードキンは言われるままに、そうした。「遠慮せず、はっきり言ったんだ。だが、そのあと、（脚本家が）ヒステリックに笑いだして、こう言うじゃないか。『いやあ、きみの言うとおりだよ。最悪の脚本なんだが、ここの連中はみんな、面と向かってそう言う勇気がなかったんだ』とね」

フリードキンがその映画の監督を務めることはできなかったのは言わずもがなだが、彼には友人ができた。その脚本家こそが、ウィリアム・ピーター・ブラッティだった。

「実際にその会話をしたのは、ブレイク・エドワーズのオフィスじゃなく、食堂だった」とブラッティは訂正し、こう付け加えた。「けちょんけちょんに言われたあの瞬間から、僕はビリー・フリードキンの大ファンになった。（テレビシリーズ「ピーター・ガン」の映画版である）『銃口』（一九六七）の脚本を共同執筆したんだが、僕が書いた夢のシークエンスをブレイクがいたく気に入ってね。ところが、ビリーは脚本の一部――シンプルな、その夢のシークエンスに反対だった。さて、ここでひとつ言っておかなければならないのは、ビリーは当時、一作（『ソニーとシェールのグッド・タイムス』）しか撮っていなかった。絶好調のスタートと言えなかったことは、ビリーも同意してくれるだろう。だから、この面接はとてつもなく重要だった。僕は椅子に深く座り、煙草に手を伸ばしながら、こう思った。ビリーは、その夢のシーンがブレイクの大のお気に入りだと知れば、仕方がないと腹をくくって、いいシーンですね、と言うに違いない、とね。だが、この作品を監督できる可能性はほぼないと悟ったビリーは、がんとして譲らなかった。自分の信念に従い――彼はこの仕事を逃した。僕はそれを忘れなかった。

だから、『エクソシスト』の監督を探す段になったとき、僕は、ビリー・フリードキンを監督に考慮することを拒否したワーナー・ブラザースを訴えると脅したんだ。ところが、ワーナーはきっぱり撥ねつけた。そこで弁護士に電話して『ワーナーはそんなことができるのか？　実際にできるのか？』と尋ねた。すると、『できる』と言うじゃないか。そこでワーナーにもう一度電話して、『ザ・トゥナイト・ショー』に出て、野蛮な追いはぎだと名指しで非難するぞ、こっちは確実に勝てる訴訟を起こす準備があると、さらにひどい脅しをかけた。するとワーナー・ブラザースの弁護士たちは、僕の言うとおりだと判断したんだ！　本当はハッタリだったんだが、いまとなっては彼らも、僕の要求をのんだことに満足しているよ」[註11]

ある意味では、そのブラッティの忠誠心により、フリードキンはそれまで持ったことのない兄弟を得たのである。

フリードキンとは違って、ウィリアム・ピーター・ブラッティには兄弟が四人いた。末っ子の彼は、一九二八年に生まれ、両親のメアリー（旧姓モアカッド）とピーターは一九二一年にレバノンから船でニューヨークに到着した移民で、どちらも、とりわけ母親のほうは敬虔（けいけん）なカトリック教徒だった。小さな仕事を転々と渡り歩いていた父親は、ブラッティがまだ幼い頃、家を出ていった。メアリーは自家製のクインスジェリー（果肉のないジャム）を売って、残ったブラッティ家の五人の子どもたちと自分の食い扶持（ぶち）をなんとか稼いだ。物怖（ものお）じしないメアリーは、街を訪れたフランクリン・デラノ・ルーズベルト大統領にお手製のジャムの瓶を贈り、一躍名を売った。この行為はシークレットサービスをぎょっとさせたが、メアリーはニューヨーク・シティの地元でさらに愛されるようになった。

ブラッティが育った環境では、人を騙（だま）すのが日常茶飯事だった。メアリーはバス料金や電車賃を払ったことは一度もなく、毎回、改札口をすり抜けるか、運転手をまごつかせてその隙に乗車した。何か月も家賃を滞納しては、てっきり払ってもらえるものと期待して待ち続けていた大家に追いだされることを繰り返し、数か月ごとに引っ越しをしていた。ジプシーと関わっても、得をするのは常にメアリーのほうだった。そういう暮らしがもたらすサバイバル術、辛抱強さ、アルワカハ（「厚かましさ」のレバノン語）は、静かな声で話す青い目の一家の末っ子、ブラッティにも受け継がれたのである。

メアリーには、まるでレーダーが備わっているようだった。子どもたちの誰かが家を抜けだすと、〝ウィリー（ブラッティ）〟と雑種犬のジンジャーを従えて追跡し、必ず見つけだすことができた。兄のマイクがパラマウント・シアターでチケット売りの仕事をしているのも嗅ぎつけ、ミンスキーのバーレスクに潜りこんでいたエディを見つけたこともある。ブラッティには、母がいったいどうやってみんなの居場所を突き止められるのか、さっぱりわからなかった。おそらく、メアリー自身もわかっていなかったに違いない。メアリーの生活は孤独だった。ブラッティは、長屋の窓から身を乗りだし、自分を置いて出ていった夫が戻ってくるのを待ち続けるかのように窓の外を見下ろす母の姿をいまでも覚えていると言ったことがある。だが、夫が帰ってくることはなかった。「母さんは、ひとりで祈りながら、夢や希望をすべて自分の魂という礼拝堂にしまいこんだ」ブラッティはそう記している[註12]。

メアリーとの生活は、まさに冒険だった。突然どこかに行こうと思いたって、子どもたちを連れ、切符を一枚も買わずに電車に忍びこむこともあった。車掌が検札に来ると、子どもたちをトイレに隠した。当然、車掌はドアを叩いて「切符を見せてください！」と叫ぶ。子どもたちは、母に言われたとおり、じっと黙っている。「なかにいるのはわかっているんだぞ」と車掌が言うと、メアリーが出ていき、「風で切符が飛ばされてしまったんです」と訴えるのだ。夫人が車掌の腕に触れようものなら、すぐさまほかの職員が三人ばかりやってきて、ブラッティ一家を次の駅で降ろす。しかも、夫人にはとくに行き先はなく、たんに電車に乗りたかっただけだったのだから、奇妙としか言いようがない。こうした手口は幼いウィリアム・ブラッティの頭に、人間とは不条理なものであるという真理と、無秩序な世の中で生き延びていく知恵を植えつけた。とはいえ、無秩序の一部は、自ら作りだしたものでもあるのだが。

車掌や大家から逃げる合間に、メアリーはせっせと教会に通った。マンハッタンの三十一丁目には、寛大なことで知られるアッシジの聖フランシス教会があった。〝ジャム〟の売上が足りない日には、子どもたちはそこに連れていかれ、兄たちが無料のサンドイッチにかぶりついた、とブラッティは書いている。「教会では、（市の福祉手続きのように）分厚い申請書に書きこんでくださいとか、お金がないと証明してくださいとか言われることは決してなかったし、答えるのも恥ずかしいことを果てしなく訊かれたうえに、繰り返し確認されることも、延々と待たされ、最終的に母が係の人の腹にパンチを食らわすなんてこともなかった」これも、夫人の常套（じょうとう）手段だった。メアリーは、子どもたちの様子を見にきたソーシャルワーカーを殴ることで有名だったのである。

メアリーには、未来を予見する独特の方法があった。ブラッティがジョージタウン大学の奨学金を獲得したとき、母はただ「知ってるわ」とだけ言った。「奨学金が得られますように、と祈ったんだから。ほかにニュースは？」と。

ブラッティと悪魔祓い（エクソシズム）との初めての出会いは、一九四九年、新約聖書を説いてくれたユージーン・ギャラガー神父がそれについて口にしたときと、その後、近所で執行されたという記事を読んだときだった。当時はほかに多くの問題を抱えていたため、彼はどちらの経験も頭の片隅にしまいこんだ。

ブラッティ夫人は、息子にとって常に絶対的な存在だった。まだ英語もおぼつかない頃、市民権を取得するための審問会で、こう訊かれた。「大統領が在職中に死んだら、代わりを務めるのは誰ですか？」ブラッティ夫人は躊躇（ちゅうちょ）せず、即答した。「大統領の息子よ」審問官ははっはっと笑い、好奇心を浮かべてこう尋ねた。「どうしてアメリカ市民になりたいんですか？」メアリーが「子どものためよ」と答えると、審問官は「合格ですよ、ブラッティ夫人」と言った。

五人兄弟の末っ子のブラッティは、カトリック教徒の多くの家庭の常で、神父になる覚悟はできていた。だが、本人は控えめにこう語っている。「当然ながら、僕が神父になるなんてとうてい無理な話だったし、ばかげてもいた。というのも、僕に神父になる価値があるかは別にして、知り合いの神父たちはみんな毒蛇だったんだから。だが、悪魔に取り憑かれたことを描いた小説を書けば——それを納得するに足る内容にできれば——僕が選ばなかった聖職者という職業を形だけでも成就できるかもしれない、と思った」[註13]自虐的な評価ではあるが、『エクソシスト』はおそらく、テレビで破滅を説教するどの伝道師よりも多くの人々を、教会に戻る気にさせたに違いない。

一九五〇年に卒業してからロサンゼルスに移り住んだブラッティは、作家としての道を歩みはじめた。ブラッティの力強いユーモアのセンスは当時の市場にぴったりで、まもなく彼は、燦々（さんさん）と太陽を浴びてのんびり暮らしてもらおうと、母親のメアリーをカリフォルニアに呼び寄せた。心躍る日々だった。ダニー・ケイのために『現金お断り』（一九六三）を書き終えたブラッティは、ギリシャ劇場で行われる自分の公演を観に来ないかとダニーに誘われた。ブラッティが到着すると、同じボックス席にケイリー・グラントとクリフォード・オデッツがいたという。「ディナー・テーブルで彼らと一緒に座っていたんだが、口ごもるどころか、声もでなかった」

ハリウッドはまだ知らなかったが、ビル・ブラッティが大成功を収めるコメディ作品を書いている頃、世情は変わりつつあった。若者たちの市場、いわゆる〝ニュー・ハリウッド〟が、すぐそこに迫っていたのだ。保守的な映画制作会社にはいまだに陳腐な作品があふれていたが、次第に数を増す〝フラワーチャイルド〟を中心とした観客は、そのほとんどに興味を示さなかった。ハリウッドを創設した大御所（MGMのルイス・B・メイヤー、コロンビアのハリー・コーン、独立系プロデューサーのサミュエル・ゴールドウィン、ワーナー・ブラザースのジャック・L・ワーナー、20世紀フォックスのダリル・F・ザナックなど）

は、既に死去したか、死にかけているか、引退直前で、ウォールストリートは、彼らが残していく空っぽのサウンドステージに不満を持っていた。

幸運にも、ブラッティはうまく流れに乗り、ブレイク・エドワーズとともに一直線にスターダムへと駆けあがっていった。エドワーズと一緒に書いた一九六四年の『暗闇でドッキリ』の脚本は、ドジな警部ジャック・クルーゾー役のピーター・セラーズが主演する『ピンク・パンサー』シリーズの二作目だった。フランスの劇作家マルセル・アシャールの「愚かな女」をもとにベテラン作家のハリー・カーニッツが英語の舞台に作り直したものを、エドワーズとブラッティがピーター・セラーズのために翻案したこの映画は大ヒットとなり、その後の『ピンク・パンサー』映画(ついでに言うと、後続作品のどれにも宝石〝ピンクの豹〟は登場しない)の形式を決めた。

次のプロジェクト、『John Goldfarb, Please Come Home』(一九六五)で、ブラッティは、クリス・マクニールのモデルとなったシャーリー・マクレーンと出会った。この映画はアラブ国家に着陸し、自国に戻る気をなくしたアメリカ人パイロットの笑劇で、マクレーンに加え、ピーター・ユスティノフとリチャード・クレンナが主演を務めた。しかし、より興味深いのは、フレッド・クラークやウィルフレッド・ハイド=ホワイト、ジム・バッカス、スコット・ブレイディ、ハリー・モーガン、リチャード・ディーコン、ジェローム・コーワン、ジェリー・オーバック、ジャッキー・クーガンという優れた性格俳優が脇を固めていたことだ。彼らの配役を担当したのはブラッティだった。こうした俳優たちこそが、監督J・リー・トンプソンからこの映画を救ったのである。一九六一年の『ナバロンの要塞』であっさり成功を手にしたトンプソンは、笑劇のセンスがまったくないことが判明し、七年後、『エクソシスト』の窓から投げだされる監督バーク・デニングスのモデルとなった。

ブラッティの次作は、ウォーレン・ベイティとレスリー・キャロン主演の『のぞき』〔一九六六〕である。あまり知られていないロマンスコメディで、映画そのものよりベイティとキャロンのあいだにロマンスが燃えあがったことで有名になった。キャロンはベイティをフランスの映画監督フランソワ・トリュフォーに紹介した。ベイティは、トリュフォーに脚本家のロバート・ベントンとデヴィッド・ニューマンを紹介され、ふたりが書いた『俺たちに明日はない』〔一九六七〕の脚本に出会うことになるが、それはまた別の話である。

ブラッティは戦いを描いた軽いタッチのコメディ、『地上最大の脱出作戦』〔一九六六〕で再びブレイク・エドワーズと組み、それが、前述のようにウィリアム・フリードキンと知り合うきっかけとなった『銃口』へと繫（つな）がった。ブラッティは、『銃口』のあと、『空かける強盗団』〔ハイ・アヴァーバック監督／一九六九〕と、多くの問題に悩まされた『暁の出撃』〔ブレイク・エドワーズ監督／一九七〇〕〔一九九〇年に英語原題は『Where Were You the Night You Said You Shot Down the Red Baron Von Richthofen?』から『Darling Lili』と短縮された〕の脚本を書いたものの、お得意の洗練されたコメディはドリス・デイと同じ路線であることが明らかになってきたため、彼は「エクソシスト」を書きはじめるべく、ハリウッドに背を向けた。

二年以上もの月日をかけ、映画の撮影に向けて準備を進めるなかで、フリードキンとブラッティは親しくなった。「フリードキンとは、特別な絆を感じた」とブラッティは語る。「彼は母親を熱愛していたし、三年前の母の死に打ちひしがれていた。オフィスで彼の母親の写真を見たことがあるんだが、カラスの母親（バシリキ・マリアロス）役を演じた女性は、フリードキンの母と僕の母を足して二で割ったような外見だった」

当然ながら、『エクソシスト』の母親像は映画全体を通して最も心を打つものとなっている。悲しい目をしたマリアロスに、ブラッティとフリードキンはそれぞれの母の思い出を重ね合わせていたのだ。「カラスの母のアパートのセットに行くと、ビリー（・フリードキン）はまだ来ていなかったが、セット・デコレーターがいた」ブラッティは説明する。「そこで『これはなんだ？ まったくだめだよ』と言ったんだ。あらゆるものがきっちり片付いていたからね。僕の母は晩年、『ふん、どうでもいいよ！』と言って、部屋を散らかしていたんだ。ビリーにそれを伝えに行くと、『いや、彼女はきちっとした性格だと思うよ』という。つまり、『自分の母は、きちっとしていた』ということさ」[註14]

カラスと母との関係も、ふたりと母の関係と驚くほど似ている。カラスは、自分が母を養えないことに大きな罪悪感を覚えていた。のちに、悪魔はその罪悪感を利用して彼を苦しめる。ブラッティもまた、母が晩年をのんびり過ごせるほど早く成功できなかったことを心苦しく思っていた。その気持ちは、ちょうど有名になりはじめた頃に母を失ったフリードキンにもよくわかる。そこで彼は、そうした罪悪感を、母を世話できなかったカラスの苦しみに注ぎこんだ。映画に登場する「ディミー、なぜこんな目に遭わすの？」——最初はカラス夫人、のちに悪魔が繰り返すこの言葉は、作品を通して何よりも胸を引き裂かれるような台詞である。

大勢の人々が、『エクソシスト』は、悪魔とそれを追いだす神父の物語だと主張する。たしかにそうなのだが、そのすべてをまとめている大きな力は、母親の存在なのだ。

「ビリーと僕には、母親と深い絆を持っていたという共通点がある」ブラッティはそう分析する。「ビリーはひとりっ子だし、僕も末っ子だから実質的にはひとりっ子のようなものだ。それに、(僕らの)どちらも、母親の死に計り知れない影響を受けた。はたから見れば、僕の悲しみは神経症的で大げさだと言えるだろうし、ビリーの反応もそれと同じだった。だが、僕らがどれほど深い心理的影響を受けたのかは、他人には決してわからない[註15]」

ジークムント・フロイトがこれを聞いていたら、そのとおりだと微笑むことだろう。

第二章　実際の事件

「エクソシスト」のインスピレーションとなった実際の出来事に関しては、長い年月のあいだに情報が錯綜(さくそう)し、混乱が生じている。そうした混乱の一部はおそらく、個人情報を守る、あるいは謎を作りだすため、もしくはその両方の目的で製作陣が故意にもたらしたものだった。一九七三年に映画が公開された当時、モデルとなった悪魔憑(つ)き事件の被害者は、ワーナー・ブラザースの広報資料どおり、ワシントンD.C.から二十マイルほど北東にある郊外の町、メリーランド州マウントレーニアに住んでいた十四歳の少年とされていた。その後、事件が起こったのはマウントレーニアからおよそ九マイル北西の同州ベセスダとされ、二十五周年記念のDVDで自らこの作品を紹介したウィリアム・フリードキンは、理由は不明だが、ベセスダとマウントレーニアの中間にあるメリーランド州シルヴァー・スプリングだと語っている。[註1]

しかし、作家であり超常現象(パラノーマル)研究者のマーク・オプサスニックは、事件が起こった町がコテージ・シティであることを突きとめ、悪魔に取り憑かれた子どもが、その田舎町の四〇番アベニュー三八〇七番地に住むロナルド・エドウィン・ハンケラーだという説得力のある詳細を提供している（これは、ロナルドの死後まもなく超常現象と称するものを科学的に調査する委員会CSICOPの機関誌である〈スケプティカル・インクワイアラー〉誌が彼の実名を掲載した記事を出す前のことだ）。コテージ・シティは当時、プリンスジョージ郡の、低所得者層すれすれの白人労働者地域だった。初期のヨーロッパ移民にヤローの村と呼ばれていたこの町は、一八一二年の戦争と独立戦争では、主に宿泊地としての役割を担った。[註2]第二次世界大戦後、メリーランド州には郊外の町が次々に誕生したが、そうした開発の波はコテージ・シティ（通り沿いに並ぶバンガローにちなんだ名称）には届かず、やがてこの町は忘れ去られた。

しかし、一九四九年の八月二十日、この町に大きな注目が集まることになる。

その日の〈ワシントン・ポスト〉紙に、マウントレーニアに住む十四歳の少年が「悪魔に取り憑かれたという報告があった」[註3]と、ビル・ブリンクリーによる二段組みの記事が掲載されたのである。「近年の宗教史において、稀にみる驚異的なこの事件で、マウントレーニアに住む十四歳の少年がカトリック教会の神父から悪魔祓いを受けたと、昨日、カトリック教会の関係者が報告した」と、ブリンクリーは書いている。その記事は、悪魔祓いの儀式に関わった神父とプロテスタント教会の牧師の氏名には触れず、医学的および心理学的原因が調べ尽くされたのちに、万策尽きた両親が教会に助けを求めたことを強調していた。「少年は地元のジョージタウン大学病院に運ばれ、そこで症状に関する検査が徹底的に行われたあと、セントルイス大学に移された。どちらも、イエズス会系列の病院である」

その後、この事件に関する記事はひとつも出ていない。この事実は、「ジャーナリズムは、歴史の最初の草稿である」というフィリップ・L・グラハムの発言を想起させる。偶然にも、当時グラハムは、〈ワシントン・ポスト〉紙の所有者であり発行者だった。結局、ブリンクリーが後報を書くことはなかった。[註4]

オプサスニックは、たったひとつの記事だけを手掛かりに、昔ながらの地道な取材手法によって少年の身元を突き止めた。公式な出生記録や洗礼記録、高校の卒業記録や卒業アルバムを片っ端から当たったのである。たとえば、一九五三年に卒業する予定だった生徒のなかで、誰が〝病気〟のため、一年遅れの一九五四年に卒業したのか？　彼はこつこつと調べ、的を絞っていった。当時、ゴンザガ高校の卒業アルバムには卒業生の住所が記載されていたため、オプサスニックはあたりをつけた地域の家を一軒一軒、実際に訪ねた。そしてついに、その少年がロナルド・E・ハンケラーであることを突き止めたのである。[註5]その後、彼は当時コテージ・シティの元消防署長だった八十歳のT・ウェスティン・スコットを捜しあて、少年の身元を確認した。スコットは、ロナルドの非行や母とおばの喧嘩（けんか）など、ハンケラー家が何かというと消防署に電話をかけてきたことを覚えていたのだ。

　当時のクラスメートや隣人たちもまた、ロナルドがその記事に登場する少年であること、ロナルドの態度が反抗的だったことを裏付けた。そのうちのひとり、同じ高校に通っていたボビー・カンターは、ある日の授業中に起こった出来事をオプサスニックに説明した。「ロナルド・ハンケラーは机をがたがた揺らして、何を言われてもやめようとしなかった。だが、あれはただのいたずらで、悪魔の憑依（ひょうい）なんかではなかった。教師を怒らせようと机を揺らしていただけだ。怒り心頭の教師が、ロナルドを家に送り返した。悪魔に憑かれたなんて誰も言わなかったし、机が宙に浮くこともなかった。一度かそこらの、いたずらだったんだ。ロナルドはたんに反抗的な態度をとっていただけなのに、あれよあれよという間に大事（おおごと）になったのさ」

　ロナルド・E・ハンケラーとはどんな少年だったのか？　残っている情報によると、彼は問題児だった。父エドウィンは元カトリック信者で、母のオデル・コッページ・ハンケラーはルーテル教会の熱心な信者だった。同居していたドイツ語を話す祖母も名ばかりのカトリック教徒で、ロナルドにスピリチュアリズム（心霊主義）を教えた〝ハリエット〟とか〝ティリーおばさん〟と呼ばれていたおばは、甥とともにウィジャ盤（日本のコックリさんと似ている欧米で使用される文字盤）に夢中だったという。

　ロナルドが実際に悪魔に取り憑かれていたのかどうかは、推測の域を出ない。学校で嫌われ者だった彼が、サボりたい一心で憑依されたふりをした可能性もある。だが、ロナルドを直接知らないにもかかわらず、彼がサタン（悪魔）そのものではないにせよ悪霊に取り憑かれていたと信じる者たちが実際に存在することはたしかだ。

　問題の出来事は、一九四九年一月十五日に始まり、同年四月十八日まで続いた。当初、大司教は悪魔祓いの許可を出さなかったが、その後、儀式を執り行う神父が日記をつけることを条件に許可している[註6]。様々な時点で、異なる神父が呼ばれた。そのうちのひとり、ウィリアム・ボウダーン神父は日記をつけていた。オプサスニックは、この年配の聖職者を捜しあてた。

「教会としては、何かしら記録として残す必要があったのだろう。そこで、少年の親戚から聞いた話をすべて書きとめた。肌に文字が浮きでてきたのを実際に見たなんて話は、私は信じていないがね」

　そう語るボウダーンに、オプサスニックは尋ねた。「『その少年は途方もないばか力を発揮したんですか？』。（ボウダーンは）『いや。私は一度鼻を殴られたことがある』と答えた。だが、神父たち数人に無理矢理押さえつけられたら、十四歳の少年が抵抗するのは当然ではないだろうか？　そう思いながら、『腕に言葉が浮かびあがってきたとありますが？』と質問すると、『たしかに一度、腕に単語がひとつ見えた』が、口紅で書かれたように見えたという。『ほかの言語や、わけのわからない言葉を喋ったという話は？』と訊くと、『われわれを真似ていたのさ。あの子はただ、ラテン語の祈禱を唱える神父たちをばかにしていただけだ』という答えが返ってきた」

数十年前に書かれた日記とボウダーンの記憶は、なぜこれほど食い違っているのか？　オプサスニックが尋ねると、ボウダーン神父はこう答えた。「当時の私は、彼らの指示に従って行動し、発言していただけだ」

ボウダーンの日記は一九四九年四月二十九日に提出された。イエズス会のレイモンド・S・ビショップ神父はそれを、聖職者公文書館の〝公にしてはならない〟という注意書きとともに、セントルイス大学のコーネリアス修道僧宛てに送った。のちに浮上したその日記に、ボウダーンはハンケラー家の本名を記載していた。[註7]別の記述では、少年は〝R〟と言及されている。

転機が訪れたのは、二月半ばだった。マウントレーニアにある聖ジェームズ・カトリック教会のエドワード・アルバート・ヒューズ神父のもとに、この事件を検討してほしいという依頼が舞いこんだのだ（少年がマウントレーニアにいるとされたのはこのためだ）。彼は一家に神聖な蠟燭と聖水を部屋に置き、特別な祈りを捧げるよう指示し、儀式の最中、部屋のなかで家具などが動いたのを見たとされている。少年は、それまで発したことのない邪悪な声で卑猥かつ冒瀆的な発言をすることもあり、部屋が寒くなった。これを経験したヒューズ神父は、パトリック・A・オボイル枢機卿に、悪魔祓いを実行する許可を求めた。

その後ハンケラー家で起こった出来事は、小説や映画に出てくるほどドラマチックなものではなかった。嘔吐物が噴射されることもなければ、物が浮くとか、首がぐるりと回転することもなかった。しかし、当時そこで起こった出来事に論理的な説明がつかなかったことは確かだ。たとえば、ひっかくような音や、こんこんと叩くような音が壁のなかから聞こえる、椅子が傾き、ベッドが揺れ、少年の体に刻まれた言葉が浮きでる（これは自傷行為だった可能性がある）などの怪奇現象も起こった。三月十五日の日記には、次のように書かれている。

> 少年の腹部には、三本のひっかき傷が平行に走っている。そこから――神とその聖なる母と聖ミカエルの名において――、少年の脚や太腿、腹、背中、胸、顔、喉にもひっかき傷が現れた。傷は非常に痛そうで、赤いみみずばれとなり、彫りこまれたかのように肌の表面に浮きあがっている。皮膚の表面層を貫いている傷はひとつだけ。軽い裂傷のように見え、少し血が滲んでいる。その傷は、左脚に現れた。傷がひとつ現れるたび、Rが痛みにたじろぐ。Rは、傷の一部は棘に引っかかれたときと同じ痛み、それ以外は焼き印を押されたような痛みだと描写した。焼き印の傷のほうが、より痛みが強い。[註8]

母親の宗派であるルーテル教会の信者たちは、少年をカトリック教に丸投げしたわけではなかったようだ。シュルツという牧師が少年を自宅に引き取ったさい、恐ろしい振動と家具が倒れるのを経験している。少年がジョージタウン大学病院に移されたのは、そのあとのことである。

二月二十八日、〝ルイス〟という名前が少年の体に現れた。目撃者が〝セントルイス〟のことかと尋ねると、〝そうだ〟という答えがひっかき傷として体に現れた。その後ロナルドは、大急ぎでセントルイスに近いミズーリ州ノーマンディにいるおばのところに連れていかれた。ベッドがガタガタ揺れる現象はそこでも起こった。この時点で、聖フランシス・ザビエル教会のボウダーン神父が登場する。立ち合いを頼まれたボウダーンは、ノベナ（十七世紀にキリスト教で始まった信心業で、神への祈りを九日間に渡り、連続して行うこと）を読みあげ、少年を祝福し、彼の枕の下に十字架を置いた。大人たちが避難したあと、室内から音が聞こえた。神父たちが再び部屋に入ると、本棚が移動しており、ベンチがひっくり返り、十字架が少年のマットレスから取り除かれていた。こうした現象が実際に起こるのを目撃した者は、ひとりもいなかった。

のちにボウダーンの日記を上司に届ける役を担ったレイモンド・J・ビショップ神父がセントルイスでロナルドに会ったとき、体に浮きでたひっかき傷と、マットレスが動くところを見ている。

三月十六日、ジョセフ・E・リッター大司教が、ボウダーン神父に、ミズーリ州ノーマンディのおばの家で悪魔祓いの儀式を執り行う許可を与えた。ボウダーンが主任悪魔祓い師（エクソシスト）を務め、ウォルター・ハロラン牧師が補佐を、ローレンス・ケニー神父とチャールズ・オハラ神父が立会人を務めることになった。まもなく、ハロラン神父が任務からはずれ、儀式は聖フランシス・ザビエル教会の牧師館に移されたが、これは一時的な措置となる。というのも、少年が激しく暴れたため、やむを得ず儀式の場所がアレクシアンブラザース病院の精神科病棟に変更されたのだ。

日記によると、三月十八日に大きな進展があったようだ。

それから、少年は胃のなかのものを吐きだすかのような、体のすぐそばで両手を下から持ちあげる身振りをした。まるで、腹から喉に悪魔を持ちあげようとするかのように。そして、窓は開いているかと尋ねたあと、勝ち誇ったように機嫌よく言った。「彼が行くぞ、彼が行くぞ……」ついに、「行った」と口にしたとたん、ベッドにぐったりと倒れこみ、完全にリラックスした姿勢になった。何もかも、悪魔が祓われたことを示しているように見えた。以前と同じ状態に戻った少年は、ほっとしているようだった。一家全員がベッドの周りに膝をつき、感謝の祈りを捧げた。母親は、喜びで我を忘れている。戦いの後半はどんな感じだったかと尋ねられ、Rは、目の前に現れた大きな黒い蒸気の雲が視界から消え去った、と答えている。黒いローブをまとい、フードをかぶった白い人物が、その雲のなかを歩み去った、と。

Rはベッドから出てバスローブに袖を通し、とても幸せそうな表情で、神父たちを見送った。午前一時までにはすっかり回復したように見え、一時半頃、聖職者たちが立ち去った。午前二時か、二時を少し回った頃、Rは腹に奇妙な感覚を覚え、その直後、恐怖におののいた声で叫んだ。「あいつが戻ってくる！　戻ってくる！」午前三時十五分にボウダーン神父が呼ばれ、三人の悪魔祓い師（エクソシスト）がさらなる儀式を行うために再度訪れた。明白な進捗は見られず、朝七時半頃、少年は眠りについた。

翌日、少年は再び恐怖と苦痛に苛（さいな）まれていた。

悪魔祓い師（エクソシスト）が、〝プレシピオ〟の祈りを通じて徴候を示すよう告げると、Rは三度か四度ばかり失禁した。自分でコントロールができないように見えた。目を覚ました少年は、尿が焼けつくように熱かったとこぼした。失禁前、Rは腹の痛みに体を折り曲げ、泣きながら目を覚ました。喉も痛いと言っている。

四月一日、ルーテル教会の教えに緩く従いながら育てられてきたロナルド・E・ハンケラーは、洗礼を受けてカトリック教徒になった。その後の数週間、不可解なことに、少年は病院からメリーランド州に戻され（道中、ボウダーン神父を攻撃した）、セントルイスにあるイエズス会静養所に一時滞在したが、自ら溺れようとしたため精神科病棟に連れ戻されて、そこで悪魔祓いの儀式が続行されることとなった。一九四九年四月十七日、復活祭の日曜日、ようやく悪魔祓いが成功したとみなされた。

こうした記述にどこまで真実が含まれているかを判断するのは難しい。どれひとつとして科学的な分析を受けたわけではなく、映像や音声も残っていなければ、事件が起こっている当時やその直後に公式に測定された数値も存在しないのだ。しかし、一九四九年八月二十日、〈ワシントン・ポスト〉紙に掲載されたこの出来事に、ジョージタウン大学の三年生ウィリアム・ピーター・ブラッティは、興味をそそられた（当時、日記の詳細はおろか、この事件に関することは何ひとつ、大司教から明かされていなかった）。

一九五八年、人々に煩わされることなく過去を忘れて暮らすため、ハンケラー一家は家を売り、引っ越しをした。ロナルド自身は、ゴンザガ高校を卒業し、のちにＮＡＳＡに就職している。悪魔憑きの被害者であると気づいた人々にときおり憑依された経験を尋ねられることがあっても、ロナルドはノーコメントを貫いた。引退後はメリーランド州ローレルに移り住み、二〇二〇年五月十日、八十五歳で死去、もしくは天に召された。

一方、きわめて敬虔なブラッティの心、魂、想像力のなかには、ある考えが芽生えていた。彼はのちにこう書いている。「ついに、超越性（人知を超えた存在）の確たる証拠が見つかった。悪魔がいるなら、天使も存在するだろうし、おそらく神と永遠の命も存在するはずだ」

こうして彼は、それに関して執筆する決意を固めたのである。

第三章　小説

ウィリアム・ピーター・ブラッティは、ロナルド・エドウィン・ハンケラーと一度も会ったことがなかったにもかかわらず、見えない絆で固く結ばれることになった。十八年にわたり温めてきたとはいえ、「エクソシスト」の執筆には長い時間がかかったのだが、読み返してみると、いわゆる不完全とされる最初の草稿から、このストーリーを語るのに最も適した形をとっていたことがうかがえる。

小説の形態は一見シンプルだ。彼のコメディ小説とは違って、巧妙な言い回しもなければ、率直かつ効果的な解説の妨げとなる、もったいぶった気どった文章もない。とつとつと事実を語る文体であるからこそ、読者の全身が冷たくなるような、恐ろしいほどの真実味をもたらしている。

シンプルに書くことは、実は非常に難しい。大御所プロデューサーのサミュエル・ゴールドウィンはかつて、「脚本なんてものは、言葉を次から次へと書いていくだけだ」と発言し、劇作家のリリアン・ヘルマンを激怒させたことがある。ヘルマンは、脚本は〝誰かほかの人を雇って書かせるもの〟だとみなしていたゴールドウィンに、こう言い返している。「違うわ、サム。適切な言葉を次から次へと、多すぎることなく書いていくことよ」と。

コメディ作家で名を馳せていたブラッティにとって、この小説は大きなチャレンジだった。素晴らしいユーモアの持ち主は、本能的に物語を面白くしてしまうから、真面目な語り口に切り替えるのは未知の領域となる。ブラッティは、「エクソシスト」がユーモラスであってはならないし、皮肉な調子はなおさら避けねばならないと心得ていた。彼自身が本当に起こっていると信じて書かなければ、読者が信じるわけがない。出版社を説得することもまた、考えただけで気が滅入った。というのも、『暗闇でドッキリ』『John Goldfarb, Please Come Home』〔一九六五〕、『のぞき』『地上最大の脱出作戦』〔一九六六〕、『暁の出撃』などの彼が手掛けてきたコメディ映画の数々は、超常現象を描く作家の経歴として相応しいとはとうてい言えなかったからだ。さらに、ひとつの脚本で数千万ドルを手にする今日の売れっ子脚本家とは違い、かろうじて生活できる程度の稼ぎしかなかった一九六〇年代のブラッティには、前金も必要だった。そういうわけで、一九六一年二月九日、グルーチョ・マルクスのクイズ番組「You Bet Your Life」〔一九五〇～六一〕で、アラブのシークに扮して一万ドル獲得したブラッティ[註1]は、グルーチョに賞金を何に使うのかと尋ねられ、「小説を書く」と答えたのだった。その後、執筆に取りかかるまで七年かかり、「エクソシスト」が生まれたのである。

一九五〇年から一九六三年までのメアリー・マーガレット・リガードとの十三年間に及ぶ結婚生活で、ブラッティはクリスティン、マイケル、メアリー・ジョーという三人の子どもを得た。その後三度再婚し、二〇一七年に死去したときは、ジュリー・ウィトブログトと結婚していた。

小説「エクソシスト」が生まれるまでの道のりは、苦難に満ちていた。出版契約なしに執筆をはじめるのは避けたかったが、自分の映画関係のエージェント――そのうちのひとりが、ノエル・マーシャル[註2]――に、小説の出版契約と前金を取りつけてもらうことはできなかった。誰もが、「コメディに徹したほうがいい。それが得意なんだから」と言い張った。ところが、小説家バートン・ウォールの自宅で開かれた一九六七年の大みそかのパーティで、ブラッティは、バンタム・ブックスの編集長であるマーク・ジャッフェと出会った。編集者のお決まりの話題――作家は常に答える準備ができている――になり、ふたりはブラッティが書いている小説について話をした。ブラッティは、超常現象の話をしても話題を変えないジャッフェの反応を見て、そのまま売り込みをはじめ、やがてジャッフェから小説の梗概(こうがい)を送ってほしいと頼まれた。

しかし、ブラッティは正式な梗概の代わりに、ジャッフェに長い手紙を書いた。「一九四九年の事件に関して、自分が知っていることを詳細にまとめた。当時、ジョージタウンのキャンパスで話題になっていた奇妙な現象も含めてね。たとえば、悪魔祓い師(エクソシスト)とその補佐が、少年のためにゴム製の防水・防風スーツを着せられたという噂(うわさ)や、発作を起こした少年が、かなり遠くの的(まと)――悪魔祓い師(エクソシスト)――まで正確に小便を飛ばす途方もない能力を見せたという報告まで、全部書いた」ブラッティはのちに、その報告が偽りであることを発見したが、違っていたのは細部だけだった。ピンポイントに小便するのではなく、ピンポイントで唾を吐いたのだった。言うまでもなく、浴びる側にとってはどちらにせよ不快だったことに変わりはない。

ブラッティのジャッフェ宛ての書簡には、こんな記述があった。「生きていくなかで、『おい、神様！　あんたが実在すると信じたいし、正しいことをしたいのは山々だが、二万もの宗派、無数の予言者がそれぞれ異なった見解を持っているのが現状だ。だから、本当にいるなら、謎やまやかしは全部終わりにして、エンパイア・ステート・ビルのてっぺんに姿を現してくれ。顔を見せてくれ』と思ったことのない人間など、いないのではないだろうか」

ブラッティにとって、このテーマ（神が存在するかどうか）はストーリー自体よりも重要だったのだが、一方がもう片方を支える必要がある。神が実在するのなら、不可思議な現象を通じてそれを示すのではなく、顔を見せるべきなのだ。ブラッティは嘆くように、こう付け加えている。「だが、神がエンパイア・ステート・ビルのてっぺんに雷や稲妻とともに姿を現したとしても、その現象を目にした者の信心にはなんの影響（少なくとも、長期にわたる影響）も与えないこともわかっている。信仰は、奇跡を見て芽生えるものではなく、〝個人の意志〟に宿るのだから」[註3]

ペーパーバック出版社であるバンタム・ブックスと契約を交わす前に、ジャッフェは前金を共同出資するパートナーを探すべく、様々なハードカバー出版社にブラッティの提案とも言えないような提案を売りこんだ。どの出版社も、コメディ作家に悪魔や神父の本など書けっこないと首を振った。最終的に、ジャッフェはバンタムに前金全額を投資させ（のちにハーパー・アンド・ローが肩代わりする）、ブラッティは小説の執筆準備に取りかかった。

一九六七年六月二十八日、『銃口』が劇場公開された。フリードキンと契約を交わし損ねたブレイク・エドワーズ自身が監督したこの作品は、評論家の注意を引くことはなく、収益の面でも散々な結果に終わり、彼の連勝はそこでストップした。この作品がポシャッたことは、ブラッティにとって、キャリアとは言わないまでも、ジャンルを転向するきっかけとなる。彼は、緑のＩＢＭセレクトリック・タイプライターを購入し、コーヒーとマールボロを大量に買いこんで、真っさらなページと向き合うことにしたのだ。

その後の数年間で、ブラッティは、ウィリアム・キンダーマン警部補（ブラッティが何度も指摘しているように、ピーター・フォーク演じるコロンボ警部のずっと前に生まれたキャラクター）という名の個性あふれる刑事のキャラクター・スケッチなどを含む、様々なアイデアを書き留めていった。一度など、フランク・シードの出版した「Satan（サタン）」という本の余白に、こう書いている。「刑事――精神の閉店セール」何年もあと、これがキンダーマンのキャラクターにぴったりあてはまることが判明した。「小説の主題として憑依という概念が具体化し、固まったのは、たしか一九六三年だったと思う」[註4]

ブラッティは当然ながら、一九四九年に自分の好奇心をかきたてた記事を書いた記者を捜しあてようとした。だが、ビル・ブリンクリーはとっくの昔に〈ワシントン・ポスト〉紙を去っていたばかりか、ブラッティはまったく知らなかったが、ウィリアム・ブリンクリーの名で彼と同じ作家になっていたのである。ジョージタウン大学での聞き込み調査からも、収穫は得られなかった。ブラッティの宗教関連書籍のリサーチにより、「九十パーセント（の憑依）異常が、おそらく詐欺や幻覚、あるいはその両方か、精神分裂病に見られるような精神病症状の誤った解釈、あるいは特定のヒステリーや神経衰弱などの神経症に起因していた」ということが判明した。残念な結果ではあったが、ブラッティが自分の小説のなかで、読者の気をそらす要素として精神医学を利用しようと思いついたのは、この発見のおかげかもしれない。

信頼できるいくつかの事件のひとつに、一九二八年のアイオワ州アーリングでの出来事がある。これは、当時カトリック教会に承認された最後の悪魔祓いだった。カール・ヴォーグル師によって「Begone Satan（悪魔よ、去れ）」と銘打たれたパンフレットにその様子が描写されており、主要人物の写真も掲載されていた。ブラッティは、そのパンフレットのなかの次の描写が頭に焼きついていると語った。「被害者の四十歳の女性が、頭を上にして矢のようにベッドから勢いよく何度も飛びあがった、と書かれていた。寝室のドアよりも高いところまで飛んでは、額がそこに張りついたかのように、空中にぶら下がっていたそうだ。すごい光景だ！　直感的に、これは造り事ではないと感じた」[註5]

まだ一九四九年の事件に関して情報を探していたブラッティは、「イエズス会の地誌」に頼った。ロサンゼルス在住のイエズス会士の友人に、ダメもとでその悪魔祓い師（エクソシスト）の名を尋ねたのである。ブラッティは実際に教えてもらえたことに仰天しながらも、早速、神父本人に手紙を書いた。届いた返事には、その事件を本物の悪魔憑依だったとみなしているものの、関わった者全員が枢機卿（すうききょう）本人から厳しく他言禁止を命じられた、と書かれていた。それを知ったブラッティは、悪魔祓いを事実にとらわれず、小説として自由に描くことができたのである。

ブラッティは「エクソシスト」の執筆を、三か所で行った。作業をはじめたのは一九六九年七月[註6]。最初の執筆場所であるタホ湖のレンタル・キャビンでは、マクニール家でひっかくような奇妙な音がしはじめたのが四月一日なのか十三日なのかを決めるのに六週間もの日々を無駄にした。生活費を稼がねばならないため、彼は一時的に、カルダー・ウィリンガム著の小説『Providence Island』〔一九六九・未邦訳〕をもとにした映画の脚本を書く仕事を引き受けた。ポール・ニューマンが主演を務める予定だったが、制作されずに企画は流れた。その後、小説の執筆作業に戻ったブラッティは、ロサンゼルスにビーチハウスを見つけたものの、カモメの鳴き声と波の音がうるさすぎて集中できなかった。ついに彼は、エンチーノの、ヴェンチュラ・ブールヴァードのすぐ北にあるアンジェラ・ランズベリーのゲストハウスを月七十ドルで借り、それから九か月間、コーヒーをがぶ飲みし、マールボロを一日四箱も吸いながら、想像力の赴くまま執筆作業に没頭した。ブラッティの妻や子どもたちが住む自宅からほど近いこのゲストハウスは、創造作業に打ちこむにはうってつけの環境であった。

ブラッティは粗筋というものをまったく構築しなかった。夜通し書くときはとくに、静寂と闇に包まれ、夢を見ているような状態のなかで、アイデアがあふれ出てきたという。

活発で機知に富んだ母メアリーは、一九六七年、心臓発作で他界していた。ブラッティは母が死ぬ前に、ニューヨークからサン・フェルナンド・ヴァレーの自宅と執筆に使ったゲストハウスの近くに母を呼び寄せていた。母の死に打ちのめされたものの、彼は「エクソシスト」の登場人物であるカラス夫人のなかに母の思いやりや温かさを吹きこむことに慰めを見いだした。同様にブラッティは、母の死により信仰の危機に陥った自分を、作中のカラスに反映させた。

小説の内容は、書き進むにつれて変化していった。ブラッティはもともと、憑依された子どもをジェイミーという名の少年にしていた。悪魔祓(ばら)いをする神父の名は当初トマス神父という名で、貧困から逃れるために神父となった黒人男性の設定だった。トマス（由来は〝疑り深い使徒トマス〟）は、不可解な超常現象をハイチ出身である自身の血筋（ハイチではブードゥー教が信仰されている）と結びつけたが、ブラッティは、そのキャラクターがシドニー・ポワチエそのものになる危険があると気づいた。

ブラッティは、梗概がないにもかかわらず、必要なときには必ず、奇跡のようにアイデアが沸いてくることに驚いたという。「たとえば、バーク・デニングス――当初の予定では、実際に文面に登場するのではなく〝舞台裏〟で登場するキャラだった——が、悪魔に殺されるという案が閃（ひらめ）いたときは、本当にびっくりした。机に向かったまま思わず大声で、『なんてこった、バーク・デニングスは殺されるのか！』[註7]と叫んでしまった」ブラッティの最初のコンセプトで最も重要なのは、悪魔祓いをする神父はどちらも死なず、悩める少年は何が起こったのか最後までわからないことかもしれない。「彼の信仰心を復活——いや、再認識させたのは、人間愛だった。それが、神の顔を目に見える形にしたことは間違いない[註8]」

悪魔の顔、いや、姿もまた、当初は目に見えるという設定だった。ブラッティは、自分がリサーチしたいくつかの悪魔祓いの儀式を継ぎ接（は）ぎして、リーガン・マクニールの憑依を描写した。ベッドの揺れ、体のひっかき傷、凍えるように寒い部屋、膨れあがった舌、ひび割れた天井などがそうである。しかし、リーガンの三六〇度回転する首と比べると、そのどれも色褪（あ）せてしまった（これについては、「第五章　撮影」で詳述する）。

小説をほぼ書き終えた一九七〇年六月頃、ブラッティの自宅で奇妙なことが起こりはじめた。娘のメアリー・ジョーがそこにないはずの物を見たと言いだし、彼女の叫び声で弟のマイケルが夜中に起こされることもあった。そうした幻覚のひとつは、ブラッティが知らないうちに娘のメアリー・ジョーが入手していた母メアリー・ブラッティの本だった。ブラッティはその後も、些細（ささい）ではあるが奇怪な出来事に悩まされながら本を書き終えた。それら不可思議な出来事はいまだ説明がついていない。

一九七〇年の夏が終わる頃、ブラッティは書きあげた原稿をバンタム・ブックスに送った。コピーは何部かとったものの、カーボン紙は保存していなかった（「僕には破滅願望があるんだ」とブラッティはジョークを飛ばしている）。コピーの一部を、クリス・マクニールのキャラクターのモデルとなった隣人、女優のシャーリー・マクレーンのもとに届けた彼は、おそるおそる、クリス役を演じればキャリアを〝復活できる〟と彼女に告げた。幸運にも、ハリウッドでもとりわけ頭がキレて現実的なシャーリー・マクレーンは、ブラッティが何を言わんとしているかをすぐさま理解し、ロッキーロードの菓子を彼のポケットいっぱいに詰めこんで、車へと送りだした。彼はその直後、プロデューサーのルー・グレイドに連絡を取り、自分が脚本と製作を担当して、この小説を映画化したいと告げた。借金の返済に追われていたブラッティは、グレイドが提示した最低限の金額で同意しかけたが、彼がロバート・フライヤーを製作に据えようと考えていることを知って気が変わった。フライヤーの当時の最新作は、大コケしたことで有名な『マイラ　―むかし、マイラは男だった―』（一九七〇）だ。ブラッティはグレイドのオファーを退けたのだが、それと同時に、マクレーンは「エクソシスト」に興味を失い、別のパラノーマル映画、『The Possession of Joel Delaney』（一九七二）の主役を引き受けた。

　ブラッティはまた、ウィリアム・フリードキンにも原稿のコピーを送った。『銃口』で自分が書いた脚本をもとに監督することをきっぱり拒否したフリードキンに、尊敬の念を抱き続けていたのだ。一九七一年の後半、フリードキンは、新作の探偵ものである『フレンチ・コネクション』のプロモーション・ツアーおよび講演で各地を回っていた。ブラッティの原稿を受けとったのはそのツアーのさなかであったため、ある午後、サンフランシスコのホテルで、ディナーの約束まで数時間の暇ができたときに初めて、それを開いた。まもなく、その小説にすっかり夢中になった彼は、ディナーの約束をキャンセルし、最後まで読み終えてからブラッティに電話をかけた。

「ビル、おい、すばらしい小説じゃないか！　あれはいったい何なんだ？」

「ビリー、その本の映画化権をワーナー・ブラザースに売ったんだ。僕が製作と脚本を担当する。この作品を監督しないか？」[註9]ブラッティはそう誘った。

一方、バンタム・ブックスはハードカバー出版社との契約を詰めていた。そのなかで一番興味を示したハーパー・アンド・ローは、二か所修正することを条件に本を買い取ると申し出た。まず、イラクのプロローグを削ること（ブラッティは拒否した）。次に、自分が悪魔に取り憑かれてリーガンを殺すことを恐れたカラスが、取り憑かれていないときに窓から身を投げたことを読者にはっきり示すこと。このシーンは、小説では〝舞台裏〟で起こり、故意に曖昧にしてあった。

「この最後の対決は、小説ではそのままでいいが、映画ではもう少し説明する必要があった」一九九二年、マーク・カーモードのインタビューを受けたジェイソン・ミラーは、そう回想している。「最終的には、即興で演じてみて、どうなるか試すことになった」[註10]ミラーはそれから、カラスなら「俺の体内に入れ」と言うのではないかと説明した。そして、キンダーマンがリーガンを取り調べるために偶然階下に到着したときに、カラスは窓から身を投げるのだ、と。その後、さらにこの案を煮詰めたあと、制作陣は、カラスがいったんは取り憑かれるものの、一瞬だけ憑依から逃れ、自分の身を犠牲にして少女を救うほうがドラマチックなのではないかと気づいた。のちにこのクライマックスは、映画で最も議論を呼ぶシーンとなる。

出版の締め切りが迫るなか、ブラッティはまだ原稿に手を入れていた。ある日、脚本家でありプロデューサーのポール・モナシュのエージェント、ウィリアム・テナントから電話が入った。グレース・メタリアスによる「楡の葉のそよぐ町」〔一九五六〕（ドラマの放送にあわせて『ペイトン・プレイス物語』と改題され、一九七八年に三笠書房から再刊された。ドラマはこの原作に基づきつつ自由にストーリーを展開させたものである）を映画化した『青春物語』（一九五七）をテレビシリーズ（『ペイトン・プレイス物語』（一九六四−六九））として編作し、ヒット作『明日に向って撃て！』（一九六九）の製作を務めたばかりだったモナシュが、「エクソシスト」に目をつけたのだ。モナシュは、ブラッティが脚本と製作を担当し、自分が製作総指揮を担当するという条件で、映画制作会社を探してプロジェクトを始動させるための六か月の猶予期間とともに四十万ドルをブラッティに約束した。これにより、ブラッティはフリードキンに話したとおり、ワーナー・ブラザースとの契約を得たのである。しかし、フリードキンには言わなかったが、モナシュが加えるつもりの変更に関して大きな懸念を抱いていた。

「子どもにこの役を演じさせる方法を見つけられれば、視覚的にインパクトのある作品になると考えた」モナシュは語っている。「また、小説はベストセラーになるだろうと（いう予感もあった）。明らかに、映画の題材にうってつけだし、大ヒット・ホラー映画になる要素がたっぷり詰まっていると思った。それに、小説では埋もれている要素、脚本で浮き彫りにできる要素もあると感じた」[註11]

モナシュの意見は、明らかに少数派だったようだ。ブラッティによると、「原稿はすでに、ちょっとした規模から、超有名どころ、いまにも潰れそうな怪しい独立系の会社も含めて、ここからパナマまでのありとあらゆる映画会社に脚本を見せたが、誰ひとり興味を持たなかった。僕が受けとるのは謄写印刷された断りの返事ばかりだった」

モナシュの反応はほか大勢とは違っていたものの、それが必ずしもブラッティの有利に働いたわけではなかった。ワーナー・ブラザースの別の作品に関わっていたモナシュは、代わりに『エクソシスト』を持ちこみ、即座に契約を結んだのだが、ブラッティには何も言わず、脚本の内容を変えはじめたのだ。当然ながら、それを知ったブラッティは激怒した。

モナシュはこう回想する。「どんな手段を使ったのかは知らないが、ブラッティは私が別の者に宛てたメモを見つけた。そのメモには、脚本の数か所の批判と、一部を変更する必要がある旨が書かれていた」変更の一部には、メリン神父とカラス神父をひとりの人物にして、ジョージタウンから場所を移し、クリス・マクニールが女優ではなく別の職業に就いている設定にして、キンダーマン警部補をもう少し地味なキャラにすることが含まれていた。あるいはモナシュいわく、「ブリジットとバーニー（テレビシリーズ「Bridget Loves Benie」の主要登場人物）っぽさをなくしたかった。ユダヤ人的すぎるこの警部補は、なんとも言えず嘘くさかったから」[註12]

ブラッティが何よりも許せなかったのは、モナシュが心変わりし、四十万ドル出資したこの作品を六十四万一千ドルで売り飛ばしたうえ、何もせずに収益の五パーセントを得ようとしたことだ。[註13]ブラッティは、自分が見つけたメモを「作家に対する侮辱」と呼び、モナシュのワーナー・ブラザースのオフィスでコピーしたそのメモを利用して、彼がそれ以降何ひとつコントロールできないよう手を打ったことを認めている（とはいえ、モナシュの利益の一部は守られた）。こうして、ブラッティのエージェントであるノエル・マーシャルが、モナシュに代わって製作総指揮に就いた。

ブラッティはそれから、ウィリアム・フリードキンを監督に推薦した。ワーナー・ブラザースは、自所で撮影中の『11人のカウボーイ』（一九七二）で子役との仕事に長けていることを証明したマーク・ライデル（『女狐』（一九六七）、のちに『ローズ』（一九七九）と『黄昏』（一九八一）の監督を務めた）とすでに交渉中であったため、この案が気に入らなかった。確証がとれているわけではなく、ブラッティはライデルの名も映画のタイトルも口にしたことはない。[註14] だが、ワーナーがライデルを考慮させるために、ブラッティに『11人のカウボーイ』を見せたことは明らかだろう。ブラッティはこの作品について、「台詞のあいだの間が長くて、あれじゃノベナをすっかり唱えられそうだ」と述べている。ブラッティがかまわずフリードキンを再び推すと、ワーナー・ブラザースはまたしてもその提案を無視し、アーサー・ペンに打診した。しかし、『俺たちに明日はない』と『小さな巨人』〔一九七〇〕を撮ったばかりだったペンは、暴力的な映画を避けたがっていた。自分の作品を作りだすことにこだわっていた（もちろん、『シャイニング』〔一九八〇〕からは違う）スタンリー・キューブリックもまた、この依頼を断り、さらにマイク・ニコルズも、子役の演技如何（いかん）にすべてがかかっている映画は撮りたくないと辞退した。

一九七一年一月に出版された小説のほうも、当初はまったくと言ってよいほど話題にならなかった。ところが、出版社が損金処理をしようとしていた矢先、ブラッティがディック・カヴェットのテレビ番組に急遽（きゅうきょ）、代役ゲストとして呼ばれた。準備が間に合わなかったカヴェットは、ブラッティに一時間好きなように喋（しゃべ）らせ、その翌日から小説が飛ぶように売れはじめた。

ほかの監督同様、フリードキンも、この作品に付きまとう障害を見てとったが、ほかの監督とは違って、彼にはそれらをどう克服すれば良いかがわかっていた。しかし、ワーナー・ブラザースは、相変わらずフリードキンを考慮に入れることすら拒否し続けていた。

それが一変したのは、『フレンチ・コネクション』が公開された一九七一年十月七日のことである。「キリストの力によっておまえに命じる」と言うよりも早く、ワーナー・ブラザースは大慌てでウィリアム・フリードキンを監督に迎え入れた。

補足　小説「エクソシスト」のあらすじ

原作の小説と、それをもとに作られた映画の大きな違いを議論するためには、詳細なあらすじを記す必要がある。

プロローグ　イラク北部

カーキ色の服を着た男（イエズス会の年配の神父ランケスター・メリン）が、イラク北部で考古学発掘作業を率いている。発掘品の目録を書き終えた彼は、魔よけである悪霊パズズの石像を見つけ、古い敵との対決を予感する。[註1]

Ⅰ　発端

①　ワシントンD.C.のジョージタウン。アメリカ合衆国首都の北西部に位置するこのしゃれた地区で、三十六番通りとプロスペクト通りの角にある、急な階段の上の大きな借家[註2]に住む三十二歳の映画スター、クリス・マクニールが、屋根裏から聞こえてくる、何かを叩くような、ひっかくような奇妙な音に起こされる。その日は四月一日[註3]で、クリスには、『スミス都へ行く』のリメ

イク・ミュージカルの撮影があと一週間、残っていた。このリメイク版には、より現代的にするため、大学構内での抗議運動が付け加えられた。監督は、変わり者のバーク・デニングス。クリスは一軒家をまるごと借り、まもなく十二歳になる娘のリーガンと、アシスタントのシャロン・スペンサー、ハウスキーパーのウィリーとカール・エングストロム夫妻と暮らしている。ある晩クリスは、暖房がついているにもかかわらず、リーガンの部屋が凍えるように寒いことにぎょっとする。また別の日には、誰かが部屋の家具を動かしたのか、暗がりで化粧だんすに足をぶつけてしまった。

　朝早く、撮影のために家を出る準備をしながら、クリスはカールに、鼠（ねずみ）がいないかどうか屋根裏を調べるよう頼む。カールはすでに確認したが、鼠がいる様子はないと答える。

　ロケ撮影から徒歩で帰宅途中、クリスは、無精髭（ぶしょうひげ）の目立つ若い神父が別の神父に迎えられるのを見て、イエズス会士も告解をするのだろうかと思いを巡らせる。家に帰ってシャロンと話をしたあと、地下室で粘土細工の鳥を作っているリーガンのところに向かう。ウィジャ盤があることに気づくが、リーガンと一緒にそれで遊ぼうとすると、占い用のプランセット（プランシェットともいう。フランス語で「板」を意味する。心霊研究に用いられる道具の一つ。プランシェットとも言う。フランス語で「板」を意味する。心霊研究に用いられる道具のひとつ）が猛烈な勢いで手から離れた。リーガンは、私たちにやらせてと、ハウディー船長という人物を責めた。バーク・デニングスが酔っぱらって家にやってくる。いつものように横柄な態度だが、どこか憎めない魅力のある男だ。屋根裏の音は続いている。クリスが翌朝、目覚めると、いつのまにか母のベッドに潜りこんでいたリーガンが、ベッドが揺れて眠れないと文句を言った。

②　クリスが見かけた無精髭の神父、デミアン・カラスが、精神病理学会のためにニューヨークを訪れる。地下鉄にいた浮浪者に手持ちの最後の一ドル札を渡したあと、彼はマンハッタンのさびれた地域にある母のアパートへ向かう。カラスは、自分に母を養う甲斐性(かいしょう)がないことを恥じる。母の面倒を見るため、ジョージタウンからニューヨークへ転任したいと大司教に申し入れているのだが、その希望はまだ通っていなかった。その後、彼はミサを捧(ささ)げる。

③　四月十一日。クリスはロサンゼルスの主治医に、リーガンに精神科医を紹介してくれないかと頼む。リーガンは父ハワードが、自分の十二歳の誕生日にお祝いのメッセージを送ってくれなかったときから塞ぎこみ、そわそわと落ち着かない。ウィジャ盤で遊ぶためにハウディー船長という空想の友達を作り、学校での成績も急激に落ちたため、クリスは心配していた。さらに、リーガンのベッドが揺れるという問題もある。ロサンゼルスの主治医が、ワシントンD.C.にいるクライン医師を勧める。クライン医師は診察後、リーガンは運動機能異常亢進(こうしん)症だという診断を下した。リーガンはまた、汚い言葉で罵り、寝室に〝焦げているみたいな臭い〟が漂っていると主張した。

④　クリスが家でパーティを開く。招待客のひとりは、ジョー（ジョセフ）・ダイアー神父だ。ほかにも神父たちがいる。クリスは、ダールグレン礼拝堂で聖母の像を汚すという冒瀆(ぼうとく)行為に及んだ者

がいると知る。ダイアーは宇宙飛行士[註4]に、月に最初に行く伝道師になりたいと冗談を言う。バーク・デニングスがスイス人のカールをナチと呼んで侮辱する。突然、リーガンが部屋に入ってきて、宇宙飛行士に「おまえ、あそこへ行くと死ぬことになる」と言ったかと思うと、絨毯(じゅうたん)に失禁する。パーティのあと、クリスはリーガンを風呂に入れ、寝かしつける。娘の部屋を出たあと、クリスは悲鳴を聞き、寝室へと駆け戻る。ベッドががたがたと激しく揺れ、リーガンはその上で、必死にマットレスにしがみついていた。

II 崖淵

① ニューヨークで、カラス神父が母方のおじたちの立ち合いの元、母を埋葬する。[註5] ジョージタウンの寮に戻ると、ダイアー神父とシーバスリーガルのボトルが彼を待っていた。ふたりは一緒に酒を飲み、ダイアーが酔いつぶれたカラスをベッドに寝かせた。カラスは母の夢を見る。目を覚ました彼は、母が収容されたベルビュー病院の福祉病棟に、おじに呼ばれて行った日のことを思いだす。翌朝、若い神父がカラスに、別の教会も冒瀆行為の被害に遭(あ)ったと告げる。しかし実のところ、その若い神父は、カラスの精神状態を確認するために送られたのだった。[註6] カラスはカウンセラーの役を免じられ、ジョージタウン大学医学部の精神病理学講師の役目を割り当てられる。

② リーガンが、クライン医師の診察を受ける。クラインは、リーガンが無意識に自分で部屋の重たい家具を動かした可能性があると考える。薬が処方され、様々な検査が行われ、仮説が立てら

れた。その後、近所に住むメアリー・ジョー・ペリンが、クリスにオカルト（悪魔学）に関する書物を置いていく。翌日、その書物は消えていた。

③

シャロンは家に数人の医師を呼ぶ。リーガンは体を激しくねじまげ、暴れながら、奇妙な言葉（〝のうぉんまい……のうぉんまい〟）を口にし、「燃えてしまう」、「この男の手を押さえて」と叫んでいる。それから医者を突きとばし、力強い男の声で「この牝豚はおれのものだ」と主張した。医師たちがどうにかリーガンに鎮静剤を注射し、クリスにこれから行う検査について説明する。医師会館内の実験室で、クライン医師はリーガンの脊椎穿刺（せんし）を行い、髄液値が異常なしと診断する。そのとき初めて、彼はクリスに精神科医に診てもらってはどうかと提案する[註7]。ひと晩かふた晩あと、クリスが家に戻ると、リーガンはひとりきりだった。戻ってきたシャロンが、バークが家にいるから大丈夫だと思い、処方箋をもらいに行ったと説明する。だが、バークの姿はどこにもない。その後、クリスはアシスタント・ディレクターから電話を受け、バーク・デニングスがマクニール家の前の急勾配の石段を転げ落ちて死んだことを知る[註8]。翌朝、クリスとシャロンは、リーガンが舌を出し入れさせながら体を後ろ向きにそらせ、蜘蛛（くも）のような動きで階段を下りてくるところを目撃する。リーガンはシャロンの足首を舐（な）めようと、彼女のあとを追いまわす[註9]。

④

四月二十九日[註10]。クライン医師と、催眠術の訓練を受けたサイコセラピストが、リーガンを催眠状態にする。ふたりが、リーガンの体内にいるのは誰かと尋ねると、突然、リーガンから腐ったような臭気が漂い、別の人格が現れて彼女が精神科医の性器を思いきり握りしめた。その後、鎮静剤を打たれたリーガンの別人格が消えたように思われ、医師たちはクリスとさらなる治療について相談する。

ウィリアム・F・キンダーマン警部補がマクニール家にやってくる。クリスは、殺人課と書かれた名刺を持つキンダーマンが、デニングスが死んだ事故を調べていることにすぐに気づく。おしゃべりで愛想の良い警部補だが、切れ者であることは明白だった。映画ファンのキンダーマンは、デニングスが死んだ日の夜、マクニール家を訪れたのではないかと考えていた。クリスはリーガンの具合が悪いことを説明する。キンダーマンは続いて、デニングスが死んだ日に休みをとっていたカールとウィリーについて尋ねる。のちに検視官の報告書から、デニングスの首が完全に後ろ向きになっていたことが明らかになる。キンダーマンは、カールとウィリーについて捜査を進める。ふたりは、デニングスが死んだ——あるいは殺された日、映画を観ていたと説明した。カールに関して調べていたキンダーマンは、数年前、彼がビバリーヒルズの医者のもとで働いていていたときに麻薬を盗んでいたことを突きとめる。しかし、その医者はそれでも、マクニール家の仕事に彼を推薦していた。

⑤

キンダーマン警部補がカラス神父に聞き込みに行く。彼は素知らぬふりで質問を続けるが、実際は、バーク・デニングス殺しが悪魔崇拝に関連しているかどうかを突きとめたいと考えていた。その後、彼は聖母像を売春婦に変えた塗料と、リーガン・マクニールの粘土細工の絵の具が一致することを突きとめる。

ワシントンD. C. の貧困エリアにある安アパートから、カール・エングストロムが涙を流しながら出てくる。

⑥　五月十一日。医師が頑なに精神疾患を否定するため、リーガンは自室に監禁状態になっていた。クリスはリーガンの部屋で、十字架を見つける。カールにそこに置いたのかと尋ねると、彼は否定した。クリスとシャロンはすぐに、家を訪れたキンダーマンは心配している様子だが、この警部補がまだバーク・デニングスの死の捜査を続けていると見抜く。シャロンはその夜、家に恋人を呼んだのか？　キンダーマンはマクニール家を立ち去るとき、クリスのパーティでデニングスに口汚く罵られたカールが彼を殺したに違いないと仄めかす。キンダーマンが去ると、リーガンの寝室から恐ろしい音が聞こえてきた。クリスが急いで娘の様子を見に行くと、リーガンが男の声で喋りながら十字架で自慰行為をしていた。[註11]

III　深淵

①　クリスがひそかにカラスと会い、リーガンに悪魔祓いをしてほしいと頼む。そして、殺人者から告解を聞いたらどうするかと尋ねた。娘がバーク・デニングスを殺したと考えているクリスは、キンダーマン警部補もそう疑っているのではないかと恐れているのだ。カラスは少女が悪魔に取り憑かれたなどとは信じていなかったものの、診察するためにマクニール家を訪れると、

リーガンから自分は悪魔だと告げられた。〝それ〟が、カラスに地下鉄で物乞いをした男の声を真似るのを聞いて、彼は愕然とし、テープに会話を録音することにした。リーガンが嘔吐物を勢いよく彼に吐きかける。

憑依に関してまだ確信を持てないカラスは文献を読むが、それでも、友人のダイアー神父同様、懐疑的だった。カラスは何年も前にアフリカで、数か月費やして少年に憑依した悪魔を祓ったランケスター・メリン神父の功績を読む[註12]。

カラスは再びリーガンを尋ね、つかの間、普通の会話を交わす。その後カラスは死んだ母が地獄で何をしているかを告げられ、苦悩する。マクニール家を出たカラスは、同じく家を出るところだったカールと話す。カールはその後、アパートにひきこもった薬物中毒の娘が住むスラムへと向かう。カールが娘のアパートから出てくると、そこにはキンダーマンが待っていた。

②

クリスは、娘からバーク・デニングス殺しを告白されたことをカラスに打ち明ける。悪魔祓いの許可を得るために大司教に渡す証拠を探していたカラスは、クライン医師と話をする。再びリーガンのもとを訪れたカラスは、リーガンがカールの娘について彼とドイツ語で話しているところを目撃する。その後まもなく、リーガンはフランス語と、学んだことが一度もないラテン語も喋った[註13]。

カラスは、リーガンが話す〝わけのわからぬ言語〟が、「おれは誰でもない」という文章を逆から読んでいることを知る。

シャロンがカラスを呼び、リーガンの胸に彼女の筆跡で浮きでた「助けて」という言葉を見せる。

カラスから報告を受けた大司教が、ランケスター・メリンを呼ぶ。

IV　わが号泣(さけび)の声の御前(みまえ)にいたらんことを……

①　キンダーマン警部補は、デニングス殺しの犯人はカール・エングストロムではないと確信する。デニングスが殺害された時間に、彼は映画館にはいなかったが、娘のエルヴァイラが麻薬を買う金を渡すために彼女のアパートを訪れていたことがわかったのだ。エルヴァイラは父の容疑を晴らすため、真実を明かす[註14]。

マクニール家にタクシーが停まり、年配の男が降りてくる。ランケスター・メリン神父だ。家の二階では、悪魔がたけり狂っている。メリンはカラスに、悪魔祓いの儀式を執り行う手伝いを頼む。カラスがどういう状況なのかを説明しようと申し出ると、メリンからは「聞く必要があるのかね？」という答えが返ってきた。カラスとメリンがリーガンの寝室に入る。リーガン／悪魔は、メリンが来ることを予期していて「今度こそ、おまえの敗(ま)ける番だぞ」と告げる。

儀式が進み、ベッドの揺れや浮揚が起こり、罵り言葉や恐ろしいほど個人的な侮辱が口にされる。カラスがクリスの協力を得て、致死量ぎりぎりの鎮静剤をリーガンに打つ[註15]。

休憩中、カラスは悪魔が人間に取り憑く目的をメリンに尋ねる。メリンは、なぜ神は欠点だらけの人間を愛することができるのかという質問を人間に自問させるためではないかと答える。続いてメリンは、ずっと以前に隣人を愛する望みを失ったことがあるが、神は不可能なことを求めているわけではないと気づいてから考えが変わった、と告げる。いまだ信仰の危機に陥っているカラスは、自分の母親を真似た悪魔に、病に罹った自分をなぜ捨てたのかと尋ねられ、ショックを受ける(「なぜ、こんなことをするんだい、ディミー?」)。

悪魔祓いの儀式が行われている最中、キンダーマンがカラスを訪ね、悪魔崇拝に関する話をする。カラスは、神経質になり、苛立つ。ようやく警部補を追い払い、カラスがリーガンの寝室に戻ると、メリン神父が事切れ、リーガン／悪魔が勝ち誇っていた。階下で待つクリスとシャロンの耳に、大きな物音が聞こえた。カラスが寝室の窓から身を投げ、外の急な階段を転がり落ちる。クリスがリーガンの寝室に駆けこむと、娘に取り憑いていた悪魔は消えていた。クリスは一瞬、娘を抱きしめるのをためらう。階段の下で瀕死のカラスを見つけたダイアー神父が、臨終の秘跡を執り行う。

エピローグ

六月の終わり、マクニール一家はカリフォルニアに戻ることになった。[註16]デニングス殺人事件の調査はキンダーマンが解決したものの、彼は悪魔の憑依という考えに取り憑かれたカラスが殺人を犯した可能性を疑っていた。ダイアー神父が訪ねてくると、クリスはこう告げる。「神父さん。神さまのことでしたら、わたし、あなたのいまのお言葉のように……信仰を持たない女といえましょうね。でも、そこに悪魔の存在がからんできますと——問題が別のものになりますわ。悪魔は昔から、神さまのコマーシャルなんですわ」ダイアーがクリスとリーガンを見送るなか、リーガンは神父の僧服の襟をじっと見つめる。カラスを思いだしているのだろうか？　クリスが神の存在に対して心を開く可能性が仄めかされる。ちょうどマクニール家の車が走り去ったとき、キンダーマンが現れ、カラスに対してとったようなざっくばらんな態度でダイアーに話しかける。[註17]ふたりは映画の話をしながら歩み去る。

第四章『エクソシスト』の制作

多くのアーティスト同様、ウィリアム・ピーター・ブラッティも自作を解釈するのに必ずしも最適な人物とは言えなかった。数百万の人々がホラーだとみなしていたにもかかわらず、ブラッティ自身は「エクソシスト」をホラー・ストーリーだと考えたことは一度もなかったが、この作品が彼自身の言う〝スーパーナチュラルな殺人ミステリー〟になり損ねているのは紛れもない事実である。もちろん、ミステリーに欠かせない、殺人、容疑者、偽の手掛かりは揃っている。また、バーク・デニングスの死亡推定時刻にはリーガンが一緒にいたし、彼が転げ落ちた階段の下で、彼女が粘土細工に使っている絵の具の欠片が発見された。シャロンは交霊術と瞑想にハマっているから、ウィジャ盤はおそらく彼女のものだろう。信仰心を失ったカラス神父が、酔いつぶれて礼拝堂を冒瀆した可能性もある。執事のカールは犯罪歴があり、謎の人物と密会している。そうした要素に加えて、自分こそが悪魔だと主張する、嘘つきの悪霊が登場するのだ。

「エクソシスト」は殺人ミステリーを目指していたが、前評判のせいで、読者全員が本を開く前から犯人が誰なのかを知っていた。そういう状況で、制作陣がそうでないふりをすべきなのか？　一九七一年六月、小説の刊行前に、ウィリアム・フリードキンが二百二十五ページ（当時ほとんどの脚本は九十七〜

百二十ページだった）にわたる脚本の初稿をブラッティから渡されたさいに気づいたのは、まずその点だった。ついに自分が尊敬する監督と組むことができたブラッティは、フリードキンに、小説に忠実ではないという文句とともに脚本を返してよこされ、唖然とした。

実際、ブラッティは途方に暮れた。フリードキンがとりわけ懸念したのは、物語を語る手法として、フラッシュバックや視覚的な素早い挿入カット、ナレーションの調子の変化など、映画特有のトリックが多用されていることだった。小手先の業が多すぎる。これほど現実離れしたストーリーを語るには、直線的な手法を採るべきだ、とフリードキンは説明した。その後、話し合いののち、公開バージョンを予感させる翻案が生まれた。ブラッティにとっては残念なことに、多くのサブプロットが削除されたが、観客はすでに少女が取り憑かれていることを知っているのだから、早く本題に入らないと苛立つに違いないというフリードキンの主張に基づく判断だった。ブラッティが最終的にやむなく認めたように、「さっさと本題に入ったほうがいい」[註1]のだ。撮影用脚本の最終稿は百三十六ページ（ブラッティによると、百三十三ページ）になり、制作中にお決まりの変更が加えられた[註2]。

悪魔のキャラクター構築も、懸念のひとつだった。ブラッティとフリードキンは、悪魔がリーガンを完全に乗っ取り、カラスとメリンと戦いはじめるまでは、彼（それ？）の性格の露出は最小限に抑えることに決めた。完全に取り憑かれて初めて、リーガンは目を覆いたくなるほど野卑な行為に至り、この悪役に信憑性が生まれるのだ。

ふたりはまず、「悪魔は相手の好む姿に身をやつして現れる」というハムレットの概念を徹底的に否定した。ブラッティによる描写が真逆だったのはもちろんのこと、彼が悪魔の見かけを描写するときは常に、リーガンとして書いていたからだ。フリードキンとメイクアップ・アーティストのディック・スミスは、すぐさまこの点に気づいた。彼女の喉が膨れあがる。彼女の顔にひっかき傷がある。彼女の肌に膿疱ができる。彼女の唇がひび割れる。悪魔はリーガンのなかにいるのでなくてはならず、この少女の体を器として使い、あたかもその体を突き破ろうとしているかのように描かなくてはならない。

自分の技術に自信を持っているスミスは、同じく自信に満ちたフリードキンと衝突することもあった。だが、スミスいわく、ふたりとも互いの力量を尊敬していた。「彼は絶対に妥協しない男だったが、あの仕事はとにかく刺激的だった。それまでの集大成ともいうべき仕事ができたのは、彼のおかげだ。メイクアップ・アーティストは、人の顔を変えることに大きなスリルを覚える。ある意味、新たな生き物を創りだしているわけだからね。ほっぺたの赤い、ちっちゃな鼻の愛らしい十二歳の少女を悪魔に変えるのは、とてつもなく難しいと同時に、大きなやりがいを感じる仕事だった[註3]」

スミスが直面した最初の障害は、自身が作りだした限界だった。「テレビ業界でノウハウを学んだものだから、つい安くあげることばかり考えてしまった。『エクソシスト』をやってみて、それがはっきりした。『金がかかりすぎるからだめだ』とビリー・フリードキンの提案をあっさり却下したら、『その判断を下すのはきみの仕事じゃない。費用がかかりすぎるかどうかを決めるのは私の仕事だ』と、ぴしゃりと言われた。彼は常に、やってみるほうを選択した。それで私は、知らず知らずのうちにテレビ流に考えてしまっていることに気づき……映画はまったく別物だと学んだ。いったんそう気づいてからは、より良いものを創りだすためなら、いちばん金がかかる手段であっても予算の心配をせず提案した[註4]」

独自に開発した革新的な手法に従い、フォームラテックス・アプライアンス（フォームラテックス［液状の特殊ゴム素材＝ラテックスをミキサーで攪拌・発泡させた後、オーブンで焼き上げ、柔らかいスポンジ状にした物］製のマスクを小さなパーツに分解する〝オーバーラップ・アプライエンス〟という手法）を大量に作る必要があったため、スミスは自分を師と仰ぐ熱意に満ちた若者、リック・ベイカーを雇うことにした。ベイカーによれば、「フォームラテックス・アプライアンスを使うメイクでは、毎回新しいものが必要なんだ。ディックはひとりでなんでもこなす人で、自宅の地下室で作業をしていた。リンダ（・ブレア）の撮影日が五十日あるとしたら、そのアプライアンスが五十セット近く必要になる。彼は撮影前にそれをすべて作りあげ、準備を整えた。ところが、リンダの撮影の初日、クルーのひとりが『あれ、今日はマスクを着けてるぞ』と言うのを（フリードキンが）聞いて、『マスクっぽく見えすぎる。別のを作ってくれ』と指示を出したんだ。ディックが『〝別の〟とはどういう意味だ？　準備するのに何か月もかかったんだぞ』と言うと、『でも、これじゃ撮影に使えない。マスクみたいだから』という答えが返ってきた」ベイカーは、ディック・スミスの仕事にケチをつけるなんて何様だ、と腹を立てたという。しかし、あとから振り返ってみると、これは正しい判断だった。「僕にとっては、それが幸いした。すでに撮影が始まっていたから……ディックから電話をもらって頼まれたんだ。『リック、悪いが、うちに泊まりこんで、地下の作業場で『エクソシスト』の制作を手伝ってくれないか？』とね。そのおかげで、僕は師であるディックの家に住みこみで、じっくりノウハウを学ぶことができた」[注5]

マックス・フォン・シドーのメイクに関しては、これとは異なる難しさがあったが、スミスには『小さな巨人』といった映画で磨きをかけた、老人に見せる技術があった。「優れたメイクアップは、メイクに見えないメイクアップだ。これに尽きる。マックス・フォン・シドーは当時四十三歳だったが、私は彼を八十歳ぐらいに見せた。マックスは当時そこまで有名ではなかったから、ほとんどの人は彼を知らず、あの外見がメイクアップだと気づかなかった。みんな、彼が年配の俳優だと思ったんだ。あれは素晴らしい出来栄えだったと思う」[註6]スミスはフォン・シドーの髪を白く染め、年をとって見えるメイクアップを顔に施し、ベイカーが両手に肝斑（かんぱん）を描いた。

プラクティカル・エフェクト（アニマトロニクスや特殊メイクなどで実現する特殊効果）もまた、革新的な手法とまではいかなくとも、新奇でなければならない。フリードキンは、悪魔の憑依（ひょうい）が実際に起こって（この世の物理的な理由はどうにもならないが）初めて本物に見えるのだと主張し、自分と同等のプロ意識を持つプラクティカル・エフェクトの天才、マルセル・ヴェルコテレを雇った。一九二五年、フランス人の父とベルギー人の母のもとデトロイトで生まれ、第二次世界大戦に赴いたヴェルコテレは、妻とともにハリウッドに移り住み、戦後の映画ブームのさなか、映画製作会社で仕事を得た。彼はやがてカーチェイスや銃撃戦、建物の爆発で使われる特殊効果に興味を持つようになり、『エクソシスト』に雇われる前の一九七〇年代には、ワーナー・ブラザースですでに『脱出』（一九七二）や『ギャンブラー』（一九七一）といった映画に携わっていた。

「僕と同じように変わり者だった」フリードキンはかつてヴェルコテレについて、「実験主義者であり完璧主義者」だと描写している。一九七二年八月の撮影開始に向けて、ヴェルコテレは熱意あるチームを集め、彼らとともに、ニューヨークの撮影拠点である五十四丁目の撮影所の地下で準備に取りかかった。様々な特殊効果のために彼らが作りあげた機械装置のなかには、多様な動きに対応する三つのベッドがあった。リーガンの寝室に造られた、空気圧式ウィールが八つ付いたベッドは、地震で揺れているように揺らすことができた。また、ベッドの上のリーガンを激しく揺さぶる装置も作られた。「私が悪魔だとしたら、ベッドの上で彼女を転げ回させる」ヴェルコテレがそう言うと、「ビリー（・フリードキン）は、『よし、やってみてくれ』と答えた」。リーガンのぐるりと回転する首の模型をディック・スミスと一緒に作ったのもヴェルコテレだった。模型が完成すると、彼らは試しに〝彼女の首〟を助手席の窓から外に向け、マンハッタンをドライブした。周囲の運転手が窓越しにそれに気づくと、彼らはその首をぐるっと回し、運転手がぎょっとするのを見守った。[註7]

　フリードキンが『フレンチ・コネクション』でタッグを組んだオーウェン・ロイズマンが撮影監督に選ばれたのは自然の成り行きだった。照明技術とシネマ・ベリテ（ドキュメンタリー風の制作手法）に長けているだけでなく、洗練されたスタイルを得意とするロイズマンは、ポリオに罹ってやむなく野球選手の夢をあきらめたあと、フォックス・ムービートーン・ニュースのカメラマンだった父親の影響で映画の虜になった。その後、ニューヨークでコマーシャルを撮るようになり、未公開でお蔵入りとなった『Stop!』（一九七〇）という長編映画を撮ったのち、『フレンチ・コネクション』の制作準備をしていたプロデューサーのフィリップ・ダントニの目に留まった。アカデミー賞作品賞を獲得した同作品で撮影賞にノミネートされると、ロイズマンのその後のキャリアは保証された。

　プロダクション・マネージャー兼第一ADのテレンス・A・ドネリーもまた、長編映画に関わった経験はないに等しかった。クレジットなしで『The Subject Was Roses』（一九六八）と『真夜中のカーボーイ』に携わったドネリーは、その後『去年の夏』（一九六九）、『The People Next Door』（一九七〇）、『フレンチ・コネクション』でようやくクレジットを得た。『フレンチ・コネクション』でフリードキンと仕事をした彼は、『エクソシスト』をスムーズに進めるのにうってつけの人材だった。

そのチームに欠けているお馴染みの顔ぶれが、編集技師のジェリー（ジェラルド）・グリーンバーグである。フリードキンは、『フレンチ・コネクション』の大胆な編集によりアカデミー賞を獲ったグリーンバーグに、じきじきに『エクソシスト』の編集を頼んだ。あとは、グリーンバーグが製作補佐のデヴィッド・サルヴェンに電話をかけ、契約を成立させればいいだけだった。しかし、何度か連絡したあともサルヴェンから返事がなかったため、グリーンバーグはあきらめ、『ハーレム愚連隊』（一九七二）の仕事を引き受けた。これを聞いたフリードキンはかんかんに怒り、サルヴェンが電話の返事をしなかったというグリーンバーグの説明には耳を貸さなかった。裏切られたと思いこんだフリードキンは、『フレンチ・コネクション』で脚本スーパーバイザーを務めたニック・スバロの提案[註8]を受け入れ、編集技師としてジョーダン・レオンドポウロスを雇った。これは、奇妙な選択だったと言わざるをえない。というのも、レオンドポウロスには、それまで長編映画の編集クレジットがひとつもなかったからである。[註9]グリーンバーグはその後、素晴らしいキャリアを築いた（二〇一七年に死去）が、以後フリードキンとタッグを組むことはなかった。サルヴェンとフリードキンは、さらに五作の映画で組んだ（サルヴェンは一九九一年にこの世を去った）。

蓋を開けてみると、レオンドポウロスの編集の腕では、この映画の進行に支障が出ることが判明した（彼は最終的に、〝スーパーバイジング・フィルム・エディター〟というクレジットを得ている）。そこでフリードキンは、エヴァン・A・ロットマン、ノーマン・ゲイ（病院のレントゲンのシークエンス）、バド・スミス（イラクのシークエンス）に加え、マイケル・ゴールドマン、ロス・レヴィ、ジョナサン・ポンテル、クレイグ・マッケイというアシスタント・エディター・チームを追加で引き入れた。

しかし、ハリウッドとニューヨークで雇われた大勢のクルーも、観客がスクリーンに登場する俳優に好感を持たなければなんの意味もない。『エクソシスト』では、緻密な演技が必要とされるだけでなく、それぞれのキャストには非現実的な物語に信憑性を与えるという大きな責任がのしかかっていた。つまり、必要なのはスターではなく、演技力のある役者だった。

映画の制作が発表されるやいなや、ウィリアム・フリードキンは突然、みんなの〝親友〟となった。衣装係のドン・フェルドや、衣装デザイナーのボブ・マッキーとレイ・アガーヤンのエージェント兼マネージャーのフィリス・ラブ、プロダクション・デザイナーのリチャード・シルバート、『フレンチ・コネクション』に携わったエキストラから仕事をくれという申し入れが相次ぎ、聖職者や平信徒からは顧問になりたいと依頼が殺到した。パティー・デュークのエージェント、ウィリアム・ハーシャンはなんと、デュークがリーガンを演じたら面白いのではないかと提案した（デュークは当時二十五歳で、リーガンは十一歳の設定だった）。フリードキンは、そうした志願者ひとりひとりに、秘書のジュディ・ゴールドを通して丁重な断りの手紙を送った[註10]。

エキストラの配役を担当したルー（ルイス）・ディジャイモは、広範囲に網を広げた。テレンス・ドネリーの脚本には、カラス夫人が住むスラム街の〝背景〟や、〝ヒッチコックの階段〟と呼ばれたマクニール家の前の階段下、ジョージタウンの通りに必要なエキストラの数がきっちり記されていた。地下鉄のホームレス役にぴったりのヴィンス・ラッセル（「神父、年取った信者を助けろ」）を見いだしたのも、ディジャイモである。キャスティング担当のネッサ・ハイアムズとジュリエット・テイラーは、一九七二年四月、面接を受ける予定の脇役のリストをワーナー・ブラザースのニューヨーク・オフィスに送った。シャロン役候補の女優には、ジル・クレイバーグ、スーザン・サランドン、ゲイル・ストリックランド、ダイアン・キートン、キャサリン・ウォーカーが含まれていた。フリードキンがキティ・ウィンを見て彼女を配役することに決めたのは、バシリキ・マリアロスに会い、カラス夫人役に決定したのと同じ、七月十四日だった。[註11]

キャスティングに関しては、数年後に予期せぬ影響をもたらした決断があった。ニューヨーク大学医療センターで撮影された動脈造影図と気脳図が関わるシーンには、同大学の放射線科教授ノーマン・E・チェイスの厚意により、教授のチーム・メンバーが登場するが、そのなかにポール・ベイトソンが含まれていたのである。[註12]

本作の〝心〟が苦しむ娘への母の愛であるなら、その〝魂〟は、悪魔の標的となったデミアン・カラス神父だろう。フリードキンによると、ポール・ニューマンからジャック・ニコルソンまで、ハリウッドのありとあらゆる男性スターがこの役を演じたがったという。だが、彼とブラッティが望んでいたのは、演技のできる本物の神父だった。そして彼らが見つけた悩める男は、自分のなかの悪魔を演技に注ぎこんだ。

「フリードキンが、ブロードウェイの私の芝居を見に来たんだ」一九七二年の戯曲『That Championship Season』（のちに『栄光の季節』〔一九八二〕として映画化された）でピューリッツァー賞を受賞したジェイソン・ミラーは語る。「だから、『さては、僕に芝居を書いてほしいんでしょう?』と訊（き）くと、『いや、違う』という返事。『じゃあ、どういうわけで?』と尋ねると、『カラス神父役のスクリーンテストを受けてほしい』と言うじゃないか。思わず『なんですって?』と訊きなおしてしまったよ[註13]」

「結果は驚くばかり」フリードキンはそのスクリーンテストを回想して、こう語っている。「とにかくカメラ映えした」

撮影当時三十三歳だったミラーは、イエズス会士の教育を受けていたばかりか、フリードキンが求めていた繊細な感受性を備えていた。英語学と演劇を学んだミラーは、自らを俳優ではなく脚本家とみなしていたが、その後まもなく、この肩書は一変することになる。

とはいえ、ふたりの初回の打ち合わせは散々だった。ミラーがシェリー・ネザーランド・ホテルのスイートに行くと、インフルエンザに罹って体調が最悪のフリードキンのそばには大量の薬が散らばっていた。フリードキンはようやく自分が麻薬中毒でないとミラーを説得したが、ミラーはおそらく自分の芝居が評論家や世間に称賛されていたことで頭がいっぱいだったのだろう、終始、上の空だった。それだけではない、自分より背の低い男の腕にもたれかかるなんて考えられないと、エレン・バースティンがミラーとの共演を拒否したのである。フリードキンは粘ったが、もうひとつ障害があった。実はすでに、ステイシー・キーチをカラス役に抜擢していたのだ。フリードキンは、「違約金を払って、契約を破棄してくれ」と言ってワーナー・ブラザースを唖然とさせ、ミラーとの契約を成立させた[註14]。

エレン・バースティンのキャスティングもすんなりとはいかなかった。ワーナー・ブラザースが渋ったためもあるが、彼女自身も、自分がこの役を演じられるとは思わなかったのだ。バースティンは、『北回帰線』〔一九七〇〕と『Alex in Wonderland』〔一九七〇〕に出演後、『ラスト・ショー』〔一九七一〕のオスカーにノミネートされた演技で注目を浴びた女優だった。ダンサーとモデルとしてキャリアをスタートさせたバースティンは、一九五七年にブロードウェイ・デビューを果たしたのち、ニューヨークで撮影されていたテレビの仕事で地道にキャリアを積む傍ら、一九六七年に俳優養成所アクターズ・スタジオに加わり、リー・ストラスバーグの指導を受けた。バースティンは、クリス・マクニールとして徹底した役作りを行ったが、スターではなかった。そして、ワーナー・ブラザースが求めていたのは、有名スターだった。フリードキンはそれにはかまわず、頑なにバースティンを推し、彼女にたくさんの情報を与えた。

「まず、小説を読んだの」映画芸術科学アカデミーのサミュエル・ゴールドウィン劇場における、フリードキンが司会を務めた『エクソシスト』四十五周年試写会で、バースティンは聴衆に向かって説明している。「フリードキンさん、覚えているかしら。撮影開始までまだかなり時間があったから、いろいろな絵を見せるために、私をメトロポリタン美術館に連れていってくれたのよ。一緒に音楽を演奏したこともあった。（マクニール家にメリンが到着するショットで）使われたマグリットの作品も含めて、写真もたくさん見せてくれた。[註15] 実際の憑依や悪魔祓いに関するリサーチ文献も見せてくれた。多くの情報や背景、知識をもらえたから、リハーサルが始まる頃には準備万端だった。本当にありがとう」

それにもかかわらず、フリードキンは撮影が始まって初めて、リハーサルではわからなかったことに気づいた。「非常によくリハーサルされ、そのまま舞台で演じられるくらい完璧だった。だが、撮影現場でカメラを回しはじめると、まるで演劇のようだった。みんなが役柄にはまりすぎていて、のびやかさがなかったんだ。リハーサルそのままに、ロボットみたいに演じていたので、私は指示を出した。『これまでのことは全部忘れてくれ。リハーサルは頭から消し去って、自分の言葉でシーンを演じてほしい。自分の演じる役柄はすでに知り尽くしているだろう？　だから、何も考えず、心の赴くままに演じてくれ[註16]』と。映画でわれわれが目にするのは脚本どおりのシーンではあるが、あたかも初めて起こっているかのように演じられている。

十七歳でカトリック教徒ではなくなったバースティンは、憑依に関して客観的に分析したという。「この憑依が実際に起こったことはわかっているの。例の少年の事件に関しては資料を読んだし、歴史も知っている。『エクソシスト』のユダヤ版で、もう少し古い『ディブック　二つの世界のはざまで[註17]』（ディブックは、悪霊という意味）という素晴らしい演劇もあったわ。それに、霊の憑依に関する古い書物もたくさんある。知ったかぶりをするつもりはないけれど、この世には、私たち人間には計り知れないことが存在するのはわかっている。〝真実はひとつ〟だと主張する信念体系に固執するつもりもない……どんな可能性も否定はしないわ[註18]」

それでも、完璧主義の彼女は、ある台詞だけはどうしても口にすることができなかった。ダイアー神父との最後のシーンで、娘のリーガンとともにワシントンD.C.を去る支度をしているシーンで口にされる、「私は悪魔がいると信じます」という台詞である。あまりにも説教臭く聞こえるため、バースティンはそれを口にすることを断固として拒否した。小説のなかのクリスの台詞も同じくらい断定的ではあったのだが、実際に口にされた言葉を聞いたブラッティも、彼女の意見に同意した。「あのシーンは、ショーストッパー（一般的には〝ショーが一時中断されてしまうほど〟に拍手喝さいが起こる名演奏、名演技）だった。本来の意味でなく、悪い意味でね[註19]」しかし、ダイアーが差しだした聖ヨセフのメダルを受けとるときに口にされるこの台詞は、クリスが神を受け入れる可能性があることを示すために必要だったことは確かである。映画（ディレクターズ・カット版）

には、ダイアー神父がクリスにメダルを返しながら言う「お持ちなさい」という台詞のみが残された。

　バースティンにとって最も難しかったのは、デミアン・カラスにリーガンの悪魔祓いを依頼するシーンだった。歩道橋の上のこのシーンは、ふたり以外に誰もいないことを強調するため、望遠レンズで撮影された。クリスは最初、さりげなさを装うが、最後には自分を抑えながらも切羽詰まった調子を滲(にじ)ませる。これは、三つ以上の目的を一度に達成する名演技となった。「あの日のことははっきり覚えているわ」当時アカデミー賞助演賞にノミネートされた経験があったバースティンは、そう回想している。「脚本の『実は私の娘なのです(It's my daughter)』という台詞を、『私の可愛い娘なのです(It's my little girl)(字幕では『実は私の娘なのです』のまま)』と変えたの。何年もあとビル・ブラッティに会ったとき、『あの台詞はずっと気に入っていて、心から誇りに思っていた。ところが、あるときリサーチをしながら元の脚本を見たら、僕が書いた台詞じゃなかったことがわかった！　あの台詞は僕が書いたんじゃない、きみが書いたんだ！』と言われたの。とっさに出てきたのよ、わかるでしょう?　自分の子どもが危地に陥っていたら、たとえそれが大の男でも、自分にとっては〝可愛い息子〟なのよ。あの台詞がごく自然に出てきたの」

　驚いたことに、バースティンはのちにその演技を、サウンド・スタジオで再現しなければならなかった。そのシーンに切迫感と親密さを求めていたフリードキンが、車の騒音が入っているロケ地での収録音声を使わないことに決め、静寂のなかにふたりの声が響くようにしたいと主張したのだ。多くの俳優が、この〝アフレコ(重ね録り)〟と呼ばれる手法で演技を再現することを嫌がるが、バースティンにとっては仕事の一部にすぎなかった。「そのときの気持ちに戻って演技をすることは可能だもの」

マックス・フォン・シドーには、役作りの点で珍しい利点があった。一九二六年に北京原人の発見に貢献した、考古学の専門知識を持つイエズス会のピエール・テイヤール・ド・シャルダン神父にそっくりだったのだ。ダーウィン説支持者（宗教的教理に従わない）であるシャルダンがランケスター・メリンのモデルになったのは、彼が神父だったからではなく、その学術的知識による。「私の役作りには、プロテスタントとして育てられたことが影響を及ぼしたと言えるだろうね」フォン・シドーは語る。「私にとって、悪魔は決して恐ろしいものではなかった。悪魔という概念を知らずに育ったから。子どもの頃に読んだスカンジナビアの寓話のなかでは、悪魔はばかげた存在で、常に負け犬だ。もちろん、私が演じる神父が（悪魔を）信じているという事実は心得ていたし、テイヤール・ド・シャルダンがモデルになっていることも知っていた[注20]」

イングマール・ベルイマンの数々の映画により国際的な評価を得たフォン・シドーは、当時、ほかの監督が撮る映画に出演しはじめたばかりだった。そうした作品には『偉大な生涯の物語』〔ジョージ・スティーヴンス監督／一九六五〕と『ハワイ』〔ジョージ・ロイ・ヒル監督／一九六六〕が含まれていたものの、米国では、彼は当時さほど知られていなかった。しかし、この映画ではその点と、彼の厳粛な、聖人のような外見が有利に働いた。不利になったのは、彼がキリスト教徒ではなかったことである。これが、悪魔祓いのシーンを演じる障害となった。一九九四年のアメリカン・フィルム・インスティチュートのセミナーで、フリードキンは、フォン・シドーが「なんじ、汚れたる悪霊よ。去れ！」という台詞で突っかかったと語っている。そのシーンがどうしてもうまくいかないが、フォン・シドー自身もフリードキンもその原因がわからなかった。すると、フォン・シドーが「もしかしたら、心から信じていないことが原因かもしれない。信じていないんだ。私はキリスト教徒ではないから、キリストを信じていない」と言った。

「マックス、きみは『偉大な生涯の物語』でキリストを演じたじゃないか」フリードキンが驚いて言うと、フォン・シドーは「たしかにイエスを演じたが、私は彼をキリスト教徒としてではなく、ひとりの人間として演じたんだ。私が演じた男は、キリスト教の創設者ではなかった」と答えた。その解決策となったのは、フォン・シドーの比類なき演技力のアンチテーゼである――彼は、内側からではなく、外側から演じたのだ。双方にとってがっかりする結果ではあったが、そのシーンの撮影は無事終わった。

イギリス人の映画監督J・リー・トンプソンがモデルのヘボ監督、バーク・デニングス(一時は、トンプソン自身が候補に挙げられた)を大胆に演じたのは、アビー座とも呼ばれるアイルランド国立劇場で活躍したジャック・マッゴーランである。孤独なデニングスは、優しさに飢えていた――リーガンは、彼が母に対して好意を抱いているのだと誤解した――ために殺される。そして彼が殺害されたことにより、キンダーマン警部補がマクニール家を訪れる。人物像を確立するシーンがほとんどないにもかかわらず、マッゴーランはデニングスの登場シーンすべてで観客の記憶に残る演技を見せた。

『哀しみの街かど』(一九七一)で、アル・パチーノの相手役として麻薬中毒者の演技を絶賛されたキティ・ウィンは、クリス・マクニールのアシスタント兼秘書シャロン・スペンサーに抜擢された。小説のなかで、シャロンは瞑想に魅せられ、マクニール家に神秘主義を持ちこんだ怪しい人物として描かれている。偽の手掛かりであることがあまりにもあからさまだったため、彼女の背景はほぼすべて脚本から削除されたものの、それらの一部は四年後の『エクソシスト2』で浮上する。常にその演技力で高い評価を受けていたが、キティ・ウィンの出演作は一話完結のドラマが多く、『エクソシスト』は、彼女にとって数少ない長編映画のひとつとなった。ジャック・マッゴーラン同様、彼女はフリードキンの回顧録に登場しない。

キャスティングに関する最も幸運な決断は、リー・J・コッブをキンダーマン警部補役に配役したことだろう。キンダーマンは、不可解なバーク・デニングスの殺害事件を解決に導く幸運に恵まれた、警官である。ブロードウェイで上演されたアーサー・ミラーの戯曲『セールスマンの死』のウイリー・ローマン役で有名になり、赤狩りのさなかに元共産党員の名前を挙げ、非難を受けたことで知られるコッブは、偶然、サンフェルナンド・バレー劇場で芝居を観ながら役者探しをしていたブラッティとフリードキンから数列離れた席に座っていた。その芝居からこの映画に抜擢された者はひとりもいなかったが、ブラッティもフリードキンも、コッブこそがキンダーマンに適役だとすぐさま見てとった。

当然ながら、最も重要な役柄はリーガンである。マイク・ニコルズが制作を辞退したのは、無名の子役の才能に成功がかかっている映画を撮りたくない、というのが理由だった。[註21]リーガン役選びの難しさを理解していたフリードキンとブラッティは、思いきって、それを運命の手にゆだねた。

「ハリウッドの子役は避けたかった」ブラッティはこれまで何度も、そう語っている。「子役じゃない子を探していた」キャスティング・ディレクターのジュリエット・テイラーはこの条件を心に留め、片っ端から探しはじめた。

「全国から、数千人の十二、三歳の少女がオーディション・テープを送ってきた」フリードキンは、映画芸術アカデミーでの四十五周年記念試写会で、そう語っている。「何百ものビデオテープを観たし、少なくとも百人は面接した。様々な理由から、十二歳か十三歳の女の子を使うのは無理かもしれないとあきらめかけたよ。この演技で子どもにどんな悪影響が出るかという懸念も、もちろんあった。ついに、ワーナー・ブラザースのオフィスで頭を抱えて、幼く見える十五、六歳の子を使うしかないと観念しかけていたとき……アシスタントがブザーを鳴らして『エレノア・ブレアという女性がいらしています。面会の予約はありませんが、娘さんを連れてきています。お会いになります?』と言うじゃないか。そこで、会ってみよう、と答えたんだ」

ニューヨークでモデルやコマーシャルの仕事をしていたその娘には、エージェントがいたが、どういうわけか、この役に応募したのはエージェントではなく、母親だった。ブレア母娘がフリードキンのオフィスに入ってくる頃には、テイラーがすでにその子を入念に吟味し、オーディションで読む一ページ分の台詞も渡していた。その後起こったことについては、長い年月のあいだに、いくつか異なるバージョンが生まれている。

「そこにある台詞は、思いつくかぎり最悪の言葉ばかりだった」と、リンダ・ブレアは回想している。「『母さんになんて言えばいいの?』と途方に暮れたのを覚えてるわ。だから、母には内緒にすることにしたの」[註22]

十三歳（映画公開後まもなく十五歳になった）という若さだったが、リンダは珍しいくらい大人びていた。「カトリック教徒として育ったわけではなかったし、悪魔のことも知らなかったから、それが安全装置の役目を果たしてくれたの。私がこの役に選ばれた理由は、おそらく、あれが私にとって怪物じゃなかったからだと思う」リンダはまた、演じたことはすべてその場で忘れ、家でくよくよ思い悩まないよう訓練を受けていた。

フリードキンは即座に決断した。「リンダ・ブレアが入ってきたとたん、この子だ、とわかった。直感でわかったんだ。エレン・バースティンとリンダ・ブレアをこの映画にもたらしてくれたのは、映画の神様だと信じているよ」

自己紹介の次の部分は、より厄介だった。リンダに、『エクソシスト』の小説について知っているか尋ねたんだ。すると、「はい、読みました」と言われた。

「あの本を読んだの？」

「はい」

「どういう話だった？」

「悪魔に取り憑かれた女の子の話で、その子は悪いことをいっぱいします」

「たとえばどんな？」

「母親の顔をぶったり、寝室の窓から男を突き落としたり、十字架で自慰をします」

フリードキンは回顧録のなかで、こう締めくくっている。

母親を見ると、彼女は娘が特別な存在だと気づいているようだった。リンダはまったく動じていなかった。そこで私は、「それがどういう意味かわかってる？」と尋ねた。

「それって？」

「自慰だよ」

「オナニー、でしょ？」リンダは躊躇（ちゅうちょ）せず、少し笑いながら言った。母親の顔をもう一度見たが、まったく動じていない。

「したことがあるのかな？」

「ええ。あなたもあるでしょ？」と言い返された。

〝リーガンを見つけたぞ[註23]〟私はそう確信した。


面白い逸話だが、これはリンダ・ブレアのオーディションで起こったことではない。一九七四年、フリードキンがピーター・トラヴァースとステファニー・リーフに語ったように、これは「可愛くて、かなりおませな七歳の少女」をオーディションしたときの出来事だった。彼は、その幼い女の子を使わないことに決めた[註24]。真実は、リンダの記憶にあるように、「私は当時、自慰なんて知らなかった。何年かあとまで、見当もつかなかった[註25]」のだ。

しかし、リンダのオーディションはまだ終わっていなかった。リンダは「それから、（フリードキンに言われて）演技をしたの。ソファの上で苦痛に身をよじるとか。恥ずかしかったわ。でも彼は、私が精神的にどれほど安定しているかを見定めようとしていた。そして、私がとても安定していることを見てとった。私は公立の学校に通ったし、プロテスタントよ。プロテスタントの教えには悪魔が登場しないから、私にとって悪魔はフランケンシュタインみたいな架空のキャラクターにすぎなかった。本物じゃなかったの」

リンダは、毎日四時間にわたるメイクの最中、ディック・スミスにも同じことを話したという。スミスの記憶ではこうだ。「ある日、あの子に尋ねたんだ。『リンダ、ああいう台詞を口にしなきゃいけないことをどう感じている？』とね。するとあの子は、『あら、あれは私じゃなくてリーガンよ』と言うんだ。あの恐ろしいキャラクターと言葉遣いから、きっぱり自分を切り離していた[註26]」

リンダは未成年（一九五九年一月二十二日生まれだったため、法律上は〝小児〟）だったため、エレノア・ブレアとワーナー・ブラザースは、彼女が十分精神的に安定していて、この過酷な役柄を演じられることを法廷で証明しなければならなかった。一九七二年の八月二十四日に開催された最初の聴聞会で、判事は同じ弁護士が契約者（ワーナー・ブラザースとブレア）双方を担当していることに異議を唱えたが、最終的には雇用許可を出した。こうして十三歳のリンダ・ブレアは、週給千四百ドルで、十一歳のリーガン・マクニール役を演じることになった。

リハーサル中にリンダとすっかり意気投合し、その後も親しい関係を保ったエレン・バースティンは、彼女が若いながらもしっかりとした少女だったと語る。「あの子のことは心から気にかけていたし、それはビリー（・フリードキン）も同じだったはずよ。撮影中、記憶に残っているのは、リンダがメイクアップ用の椅子に三時間も座りながら、後ろのテレビに映る子ども向けのアニメを鏡で観ていた光景ね。怪物に変身しているのに、子ども向けのアニメを観ていたのよ！[註27]」

マックス・フォン・シドーは、リンダの無邪気さと、おぞましい台詞との対比に、ぎょっとしたという。リーガンがメリンに、母親を冒瀆しろ（もっとどぎつい表現が使われた）とけしかける最初のテイクで、フォン・シドーはその台詞が実際に口にされるのを聞いて愕然とした。出演者のなかで最も冷静沈着な俳優が、目の前で繰り広げられる場面に動揺したのである。これは、のちに観客が示す反応の予兆となるような、確かな手応えを感じさせる出来事だった。

それにもかかわらず、世間では、リンダがこの役を演じたことで精神的なダメージを負ったという噂がしつこく囁かれてきた。しかし、これは根も葉もないでたらめである。実際、彼女はフリードキンと実の母親だけでなく、エレン・バースティンにも守られていた。

「エレンはまるで本当の母親のように接していた」フリードキンはそう語っている。「実の母親も素晴らしかったが、セットではエレンが母親役を務めていた。リンダがあれほど素晴らしい演技をしたのは、エレンが良き相談相手となり、彼女を温かく包んで、自分が女優として培ってきた知識をありったけ分け与えたからだよ」[註28] リハーサルでは堅苦しさが抜けなかったが、リンダはバースティンとの演技を通して、しだいにリラックスしていった。「内容は理解していたが、どれほど下劣で下品なのか、本当のところは理解していなかった。リンダはすべてゲームだと思っていたから、私もそのふりをした」[註29]

脇役のキャスティングのさいも、この映画に何をもたらせるか、何ができるのかが注意深く考慮された。このふたつは、まったく異なる意味を持つ。根っからのドキュメンタリー監督のフリードキンは、叙階された本物の神父であるウィリアム・オマリーとトマス・バーミンガムを、ダイアー神父と大学の学長（カラスの上司の司祭）候補に挙げた。聖職者役に本物の神父を起用することに関して、ブラッティは「役者では絶対に、それっぽい雰囲気が出せないから」と説明している。神父役に本物の司祭を使えることに心躍らせたフリードキンは、ウィリアム・オマリーを貸しだしてくれたことを、ジョン・J・

マクドナルド師に、熱烈に感謝した。[註30]オマリーは、ダイアー神父とカラスが黙って失敬したスコッチのボトルをあおるシーンで、その実力を証明してみせた。ジェイソン・ミラーとともに、メソッド演技などそっちのけで、ひたすら酒を飲んだのである。席を外していたフリードキンが、リハーサルの行われていたオフィスに戻ってみると、ふたりはすっかり酔っぱらっていた。戻ってきたフリードキンはそんなふたりを見て、「カメラがあればよかったのに」[註31]と嘆いた。

主要な配役が決定すると、プリプロダクション作業は、ロケ地の決定、セットの設営、そのほか映画制作に関わる無数の詳細へと移った。本作品の制作は、極秘で勧められていた。報道されるのはほぼ規制された内容のみで、制作陣は準備作業に没頭することができた。

しかし、ひとつ例外があった。小説の売上が上々であることを見てとったバンタム・ブックスが映画およびポップカルチャー担当のシニア・エディター、ナンシー・ハーディンを通して、フリードキンとブラッティに魅力的なオファーを申し出たのだ。「この映画が作られた過程を本にしたい」と。

当時のバンタム・ブックスは、〝インスタント本〟を生みだす会社という評判だった。最新の話題を取りあげ、大衆の熱が冷めるまえに一気に売り上げる手法である。「バンタム・ブックスは、作品が話題に上っているうちに、利用しようとしたのよ」ハーディンはそう語る。「それほど頻繁に使う手法じゃないけれど、あの小説は大当たりだったし、まもなく作られる映画も成功確実とみなされていたから、バンタム・ブックスは全力でそれを利用しようとしたわけ[註32]」

最初の交渉は、フリードキンと行われた。ハーディンは、全米監督協会が刊行する〈アクション〉誌用に彼が『フレンチ・コネクション』に関して書いたような、制作の裏話を要求した。フリードキンは、「手当たり次第に」記録しておくと答えた。まだ撮影中とあって、大変な並行作業になるだろう。[註33]しかし、その二か月後、ハーディンは、フリードキンのエージェントであるウィリアム・モリス・エージェンシーのトニー・ファントッツィに、クラウン・ブックス／ニュー・アメリカン・ライブラリーがメイキング本を出すので、この企画を打ち切る、と手紙を出した。「でも私は、より広い読者層に訴えるような、シカゴ時代の回顧録を含むフリードキンの監督業全般に関する本を手がけたいと思っていたのよ」[註34]

映画が公開され、莫大な興行収益をもたらすと、ハーディンは再度本を出そうと決意し、今度はブラッティに話を持ちかけた。ブラッティは、本からスクリーンへと変貌を遂げる長い道程のなかで、自分の作品がいかにズタズタにされたかを語るチャンスに飛びついた。その後の半年間、一九七三年十二月から一九七四年六月の発売日まで、ハーディンはニューヨークとロサンゼルスを往復し、ブラッティを執筆者、映画の製作総指揮を執ったノエル・マーシャルをサポーターとして、このプロジェクトを監修した。

「彼はとてもチャーミングで、人を自在に動かすことに長けていた。企画の原動力となったの」ハーディンは、マーシャルについてそう語った。当時、マーシャルは女優のティッピ・ヘドレンと結婚していて、ロサンゼルス郊外の野生動物保護農場で彼女と一緒に暮らしていた。[註35]彼が実際にこの映画で果たした役割は曖昧だ（ブラッティは回顧録で彼の名に触れていない）が、ハーディンは、「とにかく、やる気満々だった。寝る間も惜しんでいたわ。確認のためにしょっちゅう電話がかかってきた。自分のチームにいてほしいと思うような、頼りになる人材だった」ブラッティはというと、小説に関する記憶を探

プロデューサーのノエル・マーシャル。カリフォルニアの牧場で妻ティッピ・ヘドレンとともに育てた動物のうちの一匹とくつろいで（？）いる。 提供：ナンシー・ハーディン

り、映画になるまでのつらい道程を思いだそうとしていた。「手取り足取りの作業になったわ。大仕事だったたから。私たちに頼りっきりだった」

その結果として書きあがった「William Peter Blatty on the Exorcist: From Novel to Film」には、（およそ）一万五千語の前書きと四千語の後書き、ブラッティの脚本の初稿（フリードキンが却下したバージョン）、完成版の映画の脚本が収録された。また、「本書の編集者であるナンシー・ハーディンの才能と知性に心からの感謝を捧げたい」という献辞も入っている。

だが、それはまだ先の話だ。一九七二年の夏、小説は売れ続けていた。あとは、フリードキンとブラッティが、膨れあがっていく期待に応える映画を作りだすのみである。

補足　映画『エクソシスト』のあらすじ

注釈：小説同様、一九七三年のオリジナル映画の詳細概要は、続編や前日譚を語るうえで役立つはずである。

イラク北部のニーナワーで、イエズス会の神父であり考古学者のランケスター・メリン神父（マックス・フォン・シドー）が歴史的な発掘作業を監督している。そこで彼は、一五〇〇年代に作られた聖ヨセフのメダルを見せられる。西暦紀元前の遺跡を掘り起こしている現場から、なぜこのメダルが発見されたのか？　さらに興味深いのは、そのメダルと一緒に、悪魔パズズの小像が砂のなかに埋まっていたことだ。[註1]西暦紀元前の発掘現場で、異教とキリスト教両方のシンボルがなぜ同じ場所にあったのか？　博物館館長のオフィスでメリンがイラクを発つ準備をしていると、壁時計が突然止まった。メリンは「する事があるのでな」と館長に告げる。最後にもう一度発掘現場に戻った彼は、パズズの巨大な像と対峙する。その近くで、二匹の犬が吠えながら争っていた。

夜が明けたばかりの、ワシントンD.C.の洒落た地域ジョージタウンでは、女優のクリス・マクニール（エレン・バースティン）が、ロケ撮影中である大学構内の抗議運動に関する映画『Crash Course（クラッシュ・コース)』の脚本を読んでいる。しかし、十一歳の娘リーガン(リンダ・ブレア)の寝室から不定期に聞こえてくる奇妙なラップ音に集中を遮られる。その朝、彼女は執事のカール(ルドルフ・シュンドラー)に、屋根裏に鼠がいないか確認しておくよう頼み、仕事に出かける。

ジョージタウン大学のロケ撮影現場で、クリスは監督のバーク・デニングス(ジャック・マッゴーラン)にきっぱりと、ひどいシーンだと告げる。すぐそばにプロデューサー(ウィリアム・ピーター・ブラッティ)が立っている。その日の夕方、家に戻る途中で、クリスは思い悩んだ様子の司祭、デミアン・カラス神父(ジェイソン・ミラー)が、別の神父と熱心に話しこんでいるのを見かける。神父の身振りからは、彼が悩んでいることがうかがえた。ハロウィーンが近いとあって、お化けのコスチュームを着た若者たちの一団も見かける。

ニューヨーク・シティで、カラス神父が、年老いた母が住むヘルズ・キッチンの散らかったアパートに到着する。カラス夫人(バシリキ・マリアロス)の負傷した脚の包帯を替えながら、デミアンはひとり暮らしをやめてほしいと懇願するが、彼女はここが自分の家だとその提案を撥ねつける。夫人は息子の様子から、彼が心を悩ませていることに気づく。

ワシントンD.C.では、クリスがウイジャ盤を見つけ、リーガンになぜそれを使っているのかと尋ねる。リーガンは、〝ハウディー船長〟と一緒に遊んでいるのだと答えた。クリスがウイジャ盤の三角形のプランセットに触れようとすると、それはまるで生きているかのように彼女の手から勢いよく離れた。その週の日曜日はリーガンの誕生日だ。彼女はローマにいる父親を恋しがっている。

その夜、カラスと彼の上司のトマス・バーミンガム師(本人)は大学構内のパブでビールを飲む。神父たちの相談係を務める精神科医のカラス自身も、思い悩んでいた。彼はバーミンガムに、「信仰さえ消えた」と漏らす。

月曜の朝、クリスが目を覚ますと、同じベッドにリーガンが寝ていた。リーガンは「ベッドが揺れるのよ。とても眠れないわ」と訴える。

同じ朝、ジョージタウン大学構内にあるダールグレン礼拝堂で、祭壇の準備をしに来た神父が、処女マリア像が冒瀆されていることに気づき、ぎょっとして息をのむ。

ある午後、ニューヨークのベルビュー病院の福祉病棟で、カラスとおじ（ティトス・ヴァンディス）が、脚の怪我で入院中のカラスの母を訪ねる。夫人は「ディミー、なぜこんな目に遭わすの？ なぜ？」と自分を入院させた息子を責める。その後、医者でありながら母に必要な世話を与えられないことを恥じたカラスが、ジムで怒りを鎮めようとする。

クリス・マクニールのジョージタウンの家では、カクテル・パーティが行われている。いつものように酔っぱらったバーク・デニングスが、カールがスイス人であることを侮辱し、彼をナチと呼ぶ。ダイアー神父（イエズス会のウィリアム・オマリー神父）はクリスに尋ねられ、彼女が見たのはカラス神父だと答え、母親を亡くしたばかりだと付け加える。それから、ピアノを弾いてパーティを盛りあげていると、突然リーガンが部屋に入ってきて、落ち着き払った様子でゲストのひとり（打ち上げを間近に控えた宇宙飛行士）に「宇宙で死ぬわ」[註2]と告げ、絨毯に失禁する。

パーティのあと、クリスに風呂に入れてもらったリーガンが、母に「私、どうしちゃったの？」と尋ねる。クリスは神経症だとなだめ、処方された薬を飲めば治ると言って聞かせる。[註3]

リーガンをベッドに寝かしつけたあと、突然、娘の寝室から悲鳴が聞こえ、部屋に駆け戻ったクリスは、ベッドが激しく揺れているのを見て咄嗟にマットレスに飛びのるが、揺れは収まらなかった。

夜、イエズス会の住居で、ダイアー神父がカラス神父に、「盗んだ」上等のスコッチ・ウィスキーを飲ませる。カラスは自分が母のそばにいられなかったことを悔やんでいた。

クリスが相談した医者たちは、リーガンの病の診断を下せずにいた。動脈造影をしても、結論は導きだせなかった。ある午後、クリスの秘書シャロン・スペンサー（キティ・ウィン）が、マクニール家に医者たちを呼ぶ。リーガンがひきつけを起こしているのだ。医師たちが到着すると、動かないベッドの上で、リーガンが激しく跳ねている。喉がバスケットボールのように腫れあがったリーガンが、医者を殴り、背骨の底から出てくるような低い嗄れ声で「どけ！　おれの雌ブタだ！」と叫ぶ。

医者の数がさらに増え、新たな検査も次々に行うが、なんの結論も出ず、クリスはいっそう不安を募らせていく。ある夜クリスが帰宅すると、リーガンが寝ている寝室の窓が開き、氷のように冷たい空気が吹きこんでいた。薬局から戻ってきたシャロンを、なぜリーガンをひとりで置いて出ていったのかと問い詰めると、彼女は、バーク・デニングスに留守を頼んだのだが、帰ったに違いない、と答える。その直後、アシスタント・ディレクターがやってきて、デニングスが死んだことをクリスに告げる。マクニール家の外の長い石段を転げ落ち、首の骨を折ったのだ。

催眠術をかけられたリーガンは、ハウディー船長が体のなかにいると明かす。尋ねられたハウディー船長／リーガンは、答える代わりに、催眠術をかけた医者の股間をわし摑みにし、苦痛にもだえる彼を床に押し倒した。

翌朝、ウィリアム・キンダーマン警部補（リー・J・コッブ）が、デニングスの死の初動捜査として、魔術について論文を書いたデミアン・カラス神父に話を聞きに行く（のちにクリスのもとも訪れる）。キンダーマンは、礼拝堂の冒瀆行為とデニングの死に方（首が完全に真後ろにねじれていた）からして、悪魔崇拝者の仕業でないかとにらみ、神父たちの相談役であるカラスには、精神に異常をきたした神父に犯人の心当たりがあるのではと考えたのだ。カラスは何も知らないと突っぱねるが、彼とキンダーマンのあいだに友情が芽生える。

リーガンのひどい暴力的行為により、医者は自分たちにできることはもう何もないと確信する。精神疾患を却下したひとりの医者が、宗教的な理由ではなく、心理的な効果を得るために悪魔祓いをしてはどうかと気取った口調で提案する。クリスは、精神医学と宗教の両方を学んだカラス神父を推薦された。クリスはリーガンの枕の下に十字架を見つける。カールを問いただすと、彼は置いていないと答えた。

突然、リーガンの部屋から悲鳴が聞こえ、クリスは部屋に駆けこむ。リーガンは、口汚く罵りながら、その十字架で自分の性器を傷つけていた。クリスが助けに駆け寄ると、重い化粧だんすがひとりでに床を滑り、行く手を塞ぐ。リーガンが首を真後ろに回し、デニングスの声で毒づいた。

憔悴したクリスと会ったカラスは、教会が悪魔祓いを許可することは滅多にないが、憑依の証拠を集めるためリーガンと面会することに同意する。

その後、カラスとリーガンは何度か顔を合わせる。しだいに衰弱し、恐ろしい容姿に変貌していくリーガンは、とても十二歳とは思えないほどの言い回しでカラスをからかう。リーガンは自分が悪魔だと名乗った。偽の聖水（偽物だと彼女は知らない）を振りかけられると、リーガンはもだえながら、複数の声（マーセデス・マッケンブリッジ）といくつかの言語で喋った。クリスは、バーク・デニングスを殺したのはおそらくリーガンだとカラスに明かす。ようやくカラスは悪魔祓いを試みることに同意した。だが、経験が足りないカラスがひとりで儀式を執り行うことはできないため、バーミンガム神父は隠居しているメリン神父を呼びだす。やがて年配のメリン神父が、悪魔が自分を待ち受けているマクニール家に到着した。

メリンとカラスはさっそく悪魔祓いの儀式にかかる。メリンは慣れた様子で儀式を進める。祈禱を繰り返すにつれ、リーガンのベッドが揺れ、点滴スタンドが床に倒れ、天井と扉に大きなひびが入り、吐く息が白くなるほど部屋のなかが寒くなった。悪魔祓いは、カラスとメリンの心と体に大きな負担をかける。

リーガンの部屋のすぐ外の踊り場で、ふたりの神父はひと息つく。[註4] その後、悪魔はカラスの母の声で「ディミー、なぜ私をこんな目に？」と泣きつく。カラスが取り乱すと、メリンは彼に部屋を出るよう命じた。

やがて、メリンが儀式に戻る。カラスがややあって部屋に入ると、メリンは心臓発作を起こして倒れていた。手かせ足かせから自由になったリーガンが、ベッドの上にうずくまり、にんまりと笑っている。メリンの蘇生に失敗したカラスは、リーガンに駆け寄り、彼女を殴りつけながら、「おれの体内に入れ！　おれの体内に入ってみろ！」とけしかける。

リーガンのなかにいた悪魔が即座にカラスに取り憑いた。カラスは少女の首を絞めようと両手を伸ばすが、一瞬だけ自分を取り戻す。彼は悪魔を押しやり――その隙をついて窓ガラスを破って外に飛びだすと、階段を転げ落ちていった。そのときちょうど、キンダーマンがマクニール家に到着する。

通行人が階段の下に横たわるカラスを取り囲む。ダイアー神父は群衆を押しのけて友のかたわらにひざまずき、臨終の秘跡を行う。

数日後、回復して何も覚えていないリーガンが、ダイアー神父に別れを告げる。クリスはダイアーに、カラスが首につけていた聖ヨセフのメダルを渡す。マクニール家の車が空港に向かって走りだすと、ダイアーは友が息絶えた急勾配の階段を見下ろしてから、向きを変え、歩み去る。[註5]

第五章　撮影（地獄を目指して）

『エクソシスト』の本編撮影は、一九七二年八月十四日、ニューヨークのウェルフェア島（現在のルーズベルト島）にあるゴールドウォーター記念病院で開始された。カラス神父が、福祉病棟に入院している老いた母――自分の在宅治療では効果がなかった――を見舞うシーンだ。神父として清貧の誓いを立てたために母を養えなかったことで、カラスは深い罪悪感に苛（さいな）まれている。ダイアー神父を演じたイエズス会の司祭であるウィリアム・オマリーが、撮影が始まる前に祝福の祈りを捧（ささ）げた。トマス・バーミンガム神父も後日、フォックス（ＣＥＣＯ）スタジオでの撮影初日に祝福を祈願している。祝福の祈りの効能に関しては、まったく効果がなかったという見方もできれば、九か月というめったにないほど長い撮影中に生じた事故の数をぐんと減らす役に立ったという見方もできるだろう。イエズス会のジョン・ニコラ師は、全般的な技術顧問を務めるとともに、クレジットされてはいないものの、神父役でつかの間スクリーンに登場している。

ウィリアム・フリードキンは、ロサンゼルスの狭い撮影所内ではなく、ニューヨークとワシントンＤ．Ｃ．でロケ撮影を行うべきだと強く主張した。「ジョージタウンのタウンハウスで起こる出来事を撮影するのに、毎朝、山を見ながら撮影所に通うなんてごめんだった」彼はそう説明した。「エレン・バースティンやほかの出演者にも、そうしてほしくなかった。都会で暮らす人間になりきってもらいたかったんだ」

しかし、マンハッタンに場所を移したのは、より実際的な理由からだ。当時、カリフォルニア州の労働法によると、未成年は一日四時間しか働くことができなかった。ディック・スミスがリンダ・ブレアに悪魔のメイクをするだけでも二時間かかり、取り除くのに一時間かかる――義務教育を受ける時間も忘れてはならない――ことを考えると、演じる時間はごくわずかしか残らない。一方、ニューヨークの児童労働法はだいぶ緩やかだったから、リンダはまとまった時間を撮影に費やすことができたのだ。

セットの設営に関しては、マクニール家の内装すべてが、西五十四丁目四百五十番地にあるCECOスタジオ（もとフォックス・ムービートン・スタジオで、現在はカメラマートになっている）の可動式の壁の内部に造られた。〝憑依〟が起こる寝室を凍えるような寒さにするため、このセットはすっぽり覆われ、五万ドルという高価な冷房装置によってキンキンに冷やされた。苛立たしいことに、時々この冷房は建物のスプリンクラーを作動させ、セットを水浸しにしたのだが、廊下からリーガンの部屋に入った俳優の息が突如真っ白になるという素晴らしいエフェクトを達成できたのは、この冷房装置のおかげだった（今日であれば、ポストプロダクションで白い息を追加するだけでいい。『タイタニック』や、前日譚『エクソシスト ビギニング』では、その手法が使われた）。その凍えるように寒い部屋で――リンダ・ブレアはベッドのなかで電気毛布にくるまれていた――何時間も撮影が続くと、どうしても室温が上がり、再び完全に冷やすのにセットを密封しなければならない。それには長い時間がかかるため、本来なら一日に八～十二回、カメラ配置を変えて撮影したいところを、二、三回しか変えることができなかった。

ワシントンD．C．のジョージタウンに位置する、映画の撮影に使用された〝エクソシストの家〟は、いまだ個人宅だが、巡礼に訪れる観光客や『エクソシスト』のファンは後を絶たない。ただ、５０年前とは外観が変わってしまったことに、ファンはみながっかりする（撮影時には、リーガンの寝室を左側の階段の上に配置するために増築工事が行われ、その後、原形に戻された）。　撮影：スタン・レヴィン

脚本が要求する様々なエフェクトを実現するため、リーガンの寝室は、独自の別世界でなくてはならなかった。しかし、プロダクション・デザイナーのジョン・ロバート・ロイド――フリードキンの前作『The Night They Raided Minsky's』〔一九六八〕と『真夜中のパーティー』に携わった――は、フリードキンとマルセル・ヴェルコテレが予定していた、カメラに映らない場所に大掛かりなプラクティカル・エフェクト用のスペースが必要であることを知らずにこのセットを造ったらしく、セットのお披露目は散々な結果に終わった。

「ビリー（・フリードキン）が、ジョン・ロイドの造ったセットに入ってきたときのことはよく覚えている」アシスタント・ディレクターのテレンス・A・ドネリーは言う。「映画のプロダクション・デザイナーとしてジョン・ロイドを使わないと決断したのは、おそらくあのときだろう。ビリーは怒り狂って……ジョン・ロイドにつかみかかったんだ。僕は、そこまでひどくないセットだと思ったがね。なかなかうまく作動したし、（代わりのセットを造ったデザイナーのビル・）マレイが（のちに）セットを完成するのに参考にした見取り図は、ジョン・ロイドが最初に描いたものとほぼ同じだったんだから。ビリーは撮影準備が整っていなかったから、撮影をはじめるのを遅らせたかっただけじゃないかな。一緒に組んだ六作の映画では、ビリーの準備が万全でなかったり、彼に確信がなかったり、俳優たちが絶妙なニュアンスを表現しきれていなかったりすると、必ず、何かしら問題が生じたものだった。撮影を遅らせるための理由をひねりだしているように感じた[註1]」

そして実際に、撮影は遅延した。マレイが新たなプロダクション・デザイナーに、ジェリー・ウンダーリッチがセット・デコレーターに任命され、六週間が無駄になったのだ。ふたりはともに、フリードキンの要請どおりにマクニール家の内装を造りなおした。プロダクション・デザイナーとしてスクリーンでクレジットを独占したのは、マレイ（彼の初クレジット）だった。

この新チームは多くの装置を設置した。窓が閉まっていてもカーテンがはためくように、窓枠にはいくつもの小さな空気穴が取り付けられた。ベッドは壁の裏側に設置された片持ち梁（ばり）の装置で持ちあげられる仕組み。高いヘッドボードが壁のスリットを隠していた。恐怖におののく少女が不可思議にも飛び跳ねるマットレスには、偽の底が取り付けられ、リンダを前後に激しく揺さぶることができた。これを使って、リンダが空中に飛びあがったように見せることもできた。リンダ自身の背中にも、成形された支持具が取り付けられた。あるとき、それがはずれて、この装置でリンダが怪我をしたこともあった。滑っていく家具をカメラがローアングルで捉えられるよう、床は隠されたケーブルによって持ちあがる仕組みになっていた。このセットが完成し、ようやく、すべての撮影準備が整った。

それから、ある日曜の朝、すべてが焼け落ちた。当時、撮影所には夜間の警備員しかおらず、彼は無事逃げだすことができたが、二十万ドルかかった装置を造りなおすはめになったのである。そのあいだ全員の給料が支払われ続けたため、制作とはまったく関係のないところで費用がぐんと跳ね上がった。

映画で最も称賛されている特殊効果は、撮影時、最も厄介であることが判明した。豆のスープのシーンである。脚本には二種類の放出パターンが描かれていた。憑依されたリーガンがカラス神父を近くにおびき寄せるシーンでは、豆スープが勢いよく噴出される。一方、メリン神父が聖職者としての務めを果たす悪魔祓いのシーンでは、リーガンがどろどろと緑のスープを吐きだし続ける。

ひとつ目のシーンでは、特殊メイクの専門家ディック・スミスが、機械装置の天才マルセル・ヴェルコテレと組み、リンダの口のなかに細いチューブを通す器具を造った。口を開けても見えないそのチューブが、中身を外に噴出させる仕組みになっていた。フリードキンの合図に従い、リンダ・ブレアが身を乗りだして口を開けると、技術者が生暖かい豆のスープを噴出させたのだが、この特殊効果はうまくいかなかった。ぴゅっと効果的に吹きだすのではなく、振られたソーダ缶のように、緑の液体があらゆる方向に飛び散ってしまったのだ。完成した映画に登場する、一直線に噴出される緑の嘔吐物（おうとぶつ）はポストプロダクションで追加されたもので、この映画で唯一使われた視覚効果となった。

しかし、この器具は、ふたつ目のシーンにぴったりだった。悪魔祓いの儀式の最中、メリン神父が祝福の祈りを唱えるなか、リーガンの口から緑の嘔吐物が際限なく流れでるシーンである。この場面では、人間の口に入りきらないほど大量の嘔吐物が、途切れなくあふれでてこなければならなかった。「十六か、十七テイク撮ったところで、女優が窒息しそうになった」と、フリードキンはそう軽口を叩いたことがある。

実際、「悪魔祓いの最中、横向きに出る緑の嘔吐物[註2]」と呼ばれたこのふたつ目のシーン——編集技師の記録によると、フィルムの長さは約五・二メートルと八フレーム（コマ）分——では、リンダのスタントダブルであるアイリーン・ディーツの映像が使われている。

リンダとフリードキンは深い信頼関係を築き、前者は常に後者を師と仰いでいた[註3]のだが、なんの根拠もなしに囁（ささや）かれる噂（うわさ）を止めることはできなかった。その噂とは、十三歳のリンダが撮影中に〝憑依〟され、心理的トラウマを負った、というものである。映画制作の遅々としたプロセスを理解している者であれば、この推測がいかにばかばかしいかはわかるのだが、こうした噂によって人々の不健全な好奇心がかきたてられたこともたしかだ。また、リンダと映画にとっては、こうしたゴシップがアカデミー賞の選考プロセスの最中、不利に働いた。フリードキンは、この噂を広めた者たちを名誉棄損で訴えることも考えた。[註4] 映画が世界中でヒットを飛ばすと、ワーナー・ブラザースはその根も葉もない噂を鎮めるため、また、リンダがいかに冷静で落ち着いているかを証明するために、彼女を全米宣伝ツアーに送りだした。

『エクソシスト』には、緑の嘔吐物のほかに三つ、特筆すべき特殊効果がある。リーガンの体がベッドの上に浮かぶシーンと、三六〇度回転する首、議論を巻き起こした十字架の自傷行為である。

ひとつ目はワイヤーを使って達成されたのだが、当時フリードキンはそれを認めることを頑として拒否し、磁石や磁場、はては奇術を使った可能性を仄めかすことさえあった。現在のＤＶＤとブルーレイでは、ワイヤーがデジタルで取り除かれているが、35㎜もしくは16㎜のオリジナルのポジフィルム――1.33：1というフルフレーム・アスペクト比――で見ると、リンダのハーネスからセットの天井スリットに伸びているワイヤーがはっきり見える（劇場スクリーンでは、投影機の開口プレートに隠れて見えない）。[註5]

さらに素晴らしいのは、三六〇度ぐるりと回る首のトリックだ。実際に首をぐるりと回せばリーガンは即死することになる。キンダーマン警部補が報告したように、バーク・デニングスの死因も、その首のねじれだった。[註6] ブラッティはこのエフェクトに反対した。「このシーンが最初に撮影されたとき、リーガンの首は三六〇度、一気に回った。ビリー・フリードキンには、実際にそうなったら首がねじ切れるだろうし、いくら超常現象でも物理的に不可能なことは起こらないと言ったんだ。その後、首が周るシーンは編集室で修正されたんだが[註7]、エフェクトのせいで、頭がぐるっと一周回っているような印象を与える。ワーナー・ブラザースのお偉方のひとりは、おそらくディナー・パーティか何かで僕から聞いたんだろう……一気に首が一周するショットが存在したが、僕のせいでそれが編集されたことを[註8]知って、かんかんに怒っていた。ばかばかしい話だがね。

僕はいまだに、あれはやりすぎだった、現実離れしすぎていたと思っているが、観客には大ウケしたから、またしても自分が間抜けだったと自ら証明するはめになった。それだけじゃない、実は根拠となる実際の出来事も存在する。憑依された人々は、様々なヒステリー症状のなかでもとりわけ、アクロバットとは違う、そうした奇妙な体のよじれを見せたという医療記録がいくつも残っているんだ。体が後ろに倒れて頭がかかとに触れたり、とかね。憑依――憑依もどき――と、ヒステリー症状の違いは何かというと、この場合、憑依された人間が自らの意志ではなく痛みに悲鳴をあげながら、こうした行為に及ぶことだ[註9]」

三つ目のエフェクトは、かの有名な十字架のシーンである。小説の執筆中、ブラッティが苦労したのは、超常現象や心霊現象の類(たぐい)をいっさい信じていなかったクリスが、「呪医」と呼ぶ者を頼らざるをえないほど戦慄する光景とは何かを思いつくことだった。悩みに悩んだ末、ブラッティは、十字架で自傷する娘を目撃したことだと決定した。

観客のなかには、少女が十字架を使って自慰行為をしていると思った人々もいたが、実際は、自分を傷つけ――刺し――ていたのだ。リンダ・ブレアはこう語っている。「箱と、カロのコーンシロップと赤い食品着色料がついたスポンジが脚のあいだに置かれたの。私はただ十字架をその箱に押しつけただけよ」

小柄な女優アイリーン・ディーツ（当時二十九歳）は、完成版の映画の数ショットに登場するだけでなく、ディック・スミスがメイクアップを試す実験台にもなった。映画が大ヒットを記録すると、誰が誰のために何をしたか混乱が生じ、広報係にとっては法律上の悪夢となった。ニュースの見出しが評論家と観客の注目を集めるたび、フリードキンは苛立った。彼は超自然現象（スーパーナチュラル）という幻影を保っておきたかったからだ。現実から遊離しつつ観ている人に不信感を抱かせない、ぎりぎりのラインを保つ必要があった。詳細について尋ねる勇気があった者に対して、フリードキンは、〝フェルト・フォーラム・スピーチ〟と名付けられた回答をした。

私はニューヨークのフェルト・フォーラムで、奇術やオカルト・フェスティバルで活躍する偉大なるマジシャン、リチャルディを見た。彼は〝究極の幻〟と自身が呼ぶトリックを行った。そのトリックとは、手術室のセットから女性を担架で運びだし、「鋸（のこぎり）で半分に切り裂くぞ」と宣言する。そして、巨大な太い丸太を出し、電気鋸で試し切りをする。ガリガリ！　ブーン！　鋸は丸太を一気に切り裂き、真っ二つにした。それから彼は、女性を運んでくる。鋸を彼女に下ろしていき、血しぶきがステージや聴衆に飛び散り、死臭が漂う。

観客は「なんてこった！　ジーザス・クライスト！」と叫ぶ。私はすごいと感心する。ニューヨークのフェルト・フォーラムのさなか大勢の観客が座った目の前で、女性の内臓が飛び散ったステージを、明るい照明が照らしだす。私はたじろぐ。誰もがたじろいでいる。全員が、「くそ！」

と毒づいている。
そこに偉大なるリチャルディが登場し、こう告げる。「レディース・アンド・ジェントルマン、疑いを抱いている人もいるのではないだろうか。ステージの両側に来て、残った死体を見てみるといい」と。そこで全員が二列になり、舞台に上がっていった。私も舞台に上がり、おそるおそる近づくと、女性の体が変色している。死人のように真っ白だ。内臓も飛びでている。死臭とフォルムアルデヒドの臭いもする。
だが、もっと近づいてよく見てみると、何かがおかしい。はっきり何とは言えないが、そのとき周囲から「ああ、本当に死んでいるわけじゃない」とつぶやく声が聞こえた。観客が全員、座席に戻り、偉大なるリチャルディが舞台に戻ってくる。「そのとおり。彼女は本当に死んでいるわけではない。毎晩、演技のたびに殺していたんじゃ、いくらアシスタントがいても足りないからね。あなた方に尋ねたい質問はこれだけだ。幻は成功したのか？　本物だと納得したのか？」その問いに、客はスタンディング・オベーションで応えた。さて、前置きが長くなったが、私が尋ねたい質問もそれだ。「成功したのか？」とね。なぜ、どんなふうにやったのかは関係ない。うまくいったのか？　映画制作者が観客に問いかけたい質問は、それだけだ。[註10]
そこまでドラマチックではないが、それ以外にもいくつか興味深い出来事が起こった。あるとき、三千マイル離れたバーバンクにいるワーナー・ブラザースの重役たちに一杯食わそうという話になった。「メリン神父の到着後にマクニール家で起こる出来事の撮影が入っていた月曜日の、前の週の金曜日だった」ブラッティは思いだし笑いをしながらそう語った。「ビリー（・フリードキン）と私は、夕食をとっていた。ワインを飲みながら、『マックス・フォン・シドーが玄関に現れて帽子をとり、〝マクニール夫人、メリン神父です〟と言う代わりに、衣装デザイナーのジョー・フレットウェルが現れて、南部訛り（なま）でそう言ったら笑えるんじゃないか？』と提案すると、ビリーが、『いや、グルーチョ・マルクスのほうがいい』と言う。だから『グルーチョはちょうどニューヨークに来てる。友だちだから、ちょうどいい。ほんとにやるか？』と尋ねた（ブラッティは、グルーチョのクイズ番組「You Bet Your Life」に出演したあと、彼と連絡をとり続けていた）」フリードキンが乗り気になり、火曜日にニューヨークを離れる予定になっていたグルーチョも、月曜日なら、とその悪魔祓いの神父を演じることに同意した。ブラッティによると、「予定では、借家の戸口に現れるだけでなく、帽子をとってグルーチョ・マルクスであることがわかるように顔を見せることになっていた。ジェイソン・ミラーがグルーチョをリーガンの部屋に連れていくと、ベッドに縛られた悪魔、アイリーン・ディーツが待機している」という段取りだった。「そして、彼女が十文字の罵り言葉を叫んだところで、天井からアヒルが下りてくることになっていた」

そのギャグが撮影されることはなかった――ブラッティによると、フリードキンが「その月曜日に心因性の病気になったから」――が、この逸話は、ブラッティが死去するまで、ふたりが非常に親しい間柄であり続けたことを示している。ふたりは、ワーナー・ブラザースのエージェントを追い払うため、別のジョークも実行した。こちらはプリプロダクションのミーティング中の出来事で、〝サラダ・ドレッシング物語〟と呼ばれている。

製作に関わる保守的な予算担当者が、〝アメリカの夜〟[註11]で撮影するのかとビリーに尋ね、彼をうんざりさせた。

その質問の何かが、ビリーの逆鱗に触れたんだ。ビリーは、「いいや、窓を黒く塗るだけだ」と答えてから、僕の目を見た。だから、その男が次の質問をしたとき、僕は口をはさんだ。「待ってくれ。その前に、僕が何を言いたいかわかっているだろ、ビリー?」と。

「ああ、あれのことだろ」

「そう、あれさ。サラダ・ドレッシングだ」僕はそれから、ビリーと予算削減をめぐって言い争いをした。プロデューサーとして、ケータリングのランチではヴィネグレットソースか、グリーン・ゴッデスしか使ってはいけないと主張したが、ビリーはクルーに、クリーミーなイタリアン・ドレシングとヴィネグレット、グリーン・ゴッデスにブルー・チーズも食べさせたがった。ビリーと僕は、激しい口論をはじめたんだ。その口論はお偉方に報告された。彼らは、多くの恐ろしい事態が起こるなかで、僕らのような意志の強い人間がこんな些細なことで仲たがいするとは、とぎょっとした。ブラッティとフリードキンが喧嘩をするとは！　彼らはサラダ・ドレッシングをめぐる言い争いを必死に調停しようとしたのさ。まったく、重役が僕らの精神状態をどう考えているのかよくわかるじゃないか！　それから、こんなこともあった。最初のデイリー（一日分のラフな撮影映像）が届けられた。ビリーが、秋の木の葉が散っていく様子を撮った映像だった。ワーナーの第一声は、「たったいま、クソ木の葉が舞う様子を三時間も見る羽目になった」[註12]だった。

『エクソシスト』の制作中に起こったとされる、議論を巻き起こして当然の逸話には、こんなものもあった。フリードキンが俳優を仰天させるため、しょっちゅう拳銃を発砲させていた、と。多くの監督が、俳優が演技に入りこめるような環境を整えるが、通常はこれに拳銃の発砲は含まれない。しかし、俳優が本業ではない出演者に対しては、追加の工夫が必要なこともある。だからといって拳銃の使用が正当化できるわけではないが、少なくとも説明にはなる。フリードキンのこの癖は、ジェイソン・ミラーを苛立たせた。ミラーは、トリックなしで演じさせてくれと監督に告げたことを覚えている。マックス・フォン・シドーは、より実際的な手段に出た。セットに入り、全員に挨拶したあと、毎回オーウェン・ロイズマンに、「今日は、ビリーはどこに銃を隠してる？」[註13]と訊いたのだ。

　ウィリアム・オマリー神父は、神父としての経験は豊富だが、俳優としては新米だったから、追加の刺激が必要だった。本作の宣伝・広報を担当したハワード・ニューマンによると、ダイアー神父としてカラス神父に臨終の秘跡を行う難しいシーンを演じたのは、ロケ撮影の五十一日目の夜遅くで、ジョージタウンは凍てつくような寒さだったという。ニューマンは、制作の裏話を綴った「The Exorcist: The Strange Story Behind the Film」のなかで、フリードキンは自分が望む演技をオマリーから引きだすことができず、ついに彼を横に呼び寄せたと語っている。

　「私を信頼しているか？」フリードキンの質問に神父がうなずくと、彼は少し離れた場所にいるサウンド係とカメラマンのところへ行き、何やら耳打ちした。それからオマリーのそばに戻り、数秒間小声で何か言ったかと思うと、神父にもう一度、自分を信頼しているかと尋ねた。神父は、監督が何を考えているのかわからぬまま、もちろんだと答えた。

フリードキンがサウンド係にうなずいて合図し、サウンド係が「スピード」と言い、カメラマンが「回っている」と言った。その直後、フリードキンが飛びかかり、オマリーの顔をベルトで打ちつけた。仰天した神父は、カラスに向き直って、そのシーンを演じた。震える声で、カラスに最後の罪の赦しを与えたのだ。手は震え、目には涙がたまっていた。カラスが息絶えると、オマリーは抑えきれずにすすり泣きながら、その血だらけの死体に身を投げだした。「カット！」満足したフリードキンはそう叫ぶなり震える神父のもとに駆け寄って、彼を両腕で抱えあげ、自分が彼を殴った場所にキスした。[註14]

オマリーに暴力を振るうこの手法は、何年も前にポール・クランプから望ましい反応を引きだすために使ったのと同じやり方だった。しかし、何十年ものあいだ、人々はこの行為を誤解し続けていた。良い映画を作るためなら手段を厭わないというフリードキンの気風を示しているだけでなく、ユダヤ人がカトリック教の神父を懲らしめたかったという隠された意図があったのではないか、と。しかし結果的には、素晴らしいシーンに仕上がっているうえ、オマリーはその後のインタビューで、フリードキンのことはとっくに許していると語っている。

アシスタント・ディレクターのテレンス・A・ドネリーは、悪魔がクリスを叩き、部屋の壁際まで吹き飛ばすシーンのスタントが失敗したとき、現場にいた。「（エレンは）リグを着け、クッションとなるパッドもたくさんつけていた。セットにはスタント・コーディネーターの類（たぐい）はいなかった。なぜかという問いには、私は答えられないな。いまだったら、ああいうショットの撮影には、安全係やらスタント・コーディネーターやらが同席しなければ大変なことになるだろう。だが、はっきり言ってあの時代は、そういった余分な対策はストレスになるだけだと思われていた。当然ながら、エレンもあのシーンの撮影には十分関わっていたよ。どうやって撮るかという話し合いにも加わった。専用に作られたパッドにも、マルセル（・ヴェルコテレ）が造った牽引（けんいん）リグにも満足していたようだった。そのリグが文字どおり、彼女の体を引っ張ってカメラから遠ざけ、壁と、ドレッサーか家具の側面に体を打ちつけることになっていたんだ。すべて段取りどおりに進み、私の記憶が正しければ、たったの二テイクで終わったと思う。撮影前、エレンは不安を感じていたし、みんなも同じだった。だが、エレン自身が声高に異議を唱えたということはなかった。ビリーときちんと話し合ったわけではないと思うが、たいしたスタントではなかったんだ」[註15]

その後エレン・バーステインは、このスタントで背中を痛め、慢性的な痛みを抱えることになったと主張した。「何年も苦しめられたわ」彼女は現状をそう語っている。「でも、この十年か十二年ぐらいは、調子がいいの。マッサージや治療や何かをいろいろ試したおかげで、ようやく痛みから解放された」[註16]

本国での撮影が終了すると、次はメリン神父が悪魔パズズの像と対峙（たいじ）するイラク北部のプロローグ・シーンが控えていた。『エクソシスト2』とは違い、『エクソシスト』の制作者たちは、〝パズズ〟という名を台詞に含めないという賢明な決断を下した。実際、リーガンに憑依した悪魔がパズズであると断言してもいない。もちろん、様々な大きさの像という形で登場するその悪魔が、リーガンに取り憑いた悪霊であることを仄めかしてはいるのだが。

「このプロローグは、避けられない邪悪ほど恐ろしいものはないことを示している」ブラッティは、出版社がもともとこのプロローグ部分を削除しようとしたことに触れながら、そう説明する。削ろうとしたのは、ワーナー・ブラザースも同様――予算の都合――だったが、フリードキンとブラッティが頑として譲らなかったおかげで、制作陣はイラクへと発った。プロダクション・マネージャーのウィリアム・カプランは、政情が不安定ではあるものの歴史的に価値あるロケ地へと飛び、ハリウッドから来る一行のために撮影準備に取りかかった。ワーナー・ブラザースの〝ロケ地アクセス〟用小切手が不渡りになり、カプランがイラク政府の〝客人〟となるハプニングによって多少の遅れが生じたものの、問題はすぐに解決した。

「ウィリアム・カプランは、悪魔の像のために犠牲を払った男として、イラクで伝説の存在となった」フリードキンは上機嫌で、そう説明している。「イラクの人々は、われわれが悪魔崇拝者の集団だと思いこみ、すっかり怯えていたんだ！」そう思いこんだ理由は、ロサンゼルスからイラクに空輸されたはずのパズズの像の巨大なプロップが行方不明になり、カプランが追跡したためである。その像はなぜかシンガポール（原文ママ。実際は香港）に送られていた。「三メートル四方の木箱に梱包されていたんだ。そんな大きな荷物が、いったいどうやったら失くなるんだ？」フリードキンはそう首をかしげた。

イラクのシークエンスで撮影監督を務めたビリー・ウィリアムズは、その像を見つけた経緯を次のように回想している。ウィリアムズは一九七三年三月にフリードキン一行とイラクで落ち合うことになっていたのだが、「あまりにも多くのことが予定どおりにいかず、スケジュールがだいぶ遅れていたため、実際にイラクに出発したのは八月だった。撮影に不可欠なその像が行方不明になり、誰ひとり、どこにあるのかを知らなかった。一九七三年はイラクで革命があったあとだったから、国際電話はできなかった。プロダクション・マネージャーのデヴィッド・アンダーソンは、国際電話をするため電車でバグダッドに行き、そこからベイルートに飛んで、国際電話で問い合わせ、その像が香港にあることが判明した。どうやら途中で積み替えるのを忘れたらしい。数日後、像がイラクに届き、われわれはあのシーンを撮影した。悪魔祓いに関する映画で悪魔が姿をくらますなんて、びっくり仰天の出来事じゃないか」[註17]

イラクで、〝悪魔崇拝者の集団〟こと制作陣は、フリードキンいわく〝モノホン〟のヤジーディ宗派の会合に招かれた。

「非常に感じの良い連中だった」彼はそう説明している。とはいえ、「なんとも奇妙な慣習があった」という。「たとえば、アラブ語の〝悪魔〟が〝ｓｈ（シ）〟という音で始まるから、その音で始まる単語は絶対使わない、とかね。つまり、いたずらに悪魔の名前を口にしない！　その音で始まる言葉を故意に自分たちの前で口にした者は、殺す必要があるんだ」

フリードキンは、その会合について、こう語っている。「ホメイニみたいな髭（ひげ）に蠅（はえ）がたくさんたかった老人がいた。われわれはその部屋に座ることになったが、周囲の人たちに〝蠅を払わないように〟と警告された。そこらじゅう蠅だらけだった。〝絶対に払ってはいけない。そんなことをしたら彼に恥をかかせることになる〟と言われた。つまり、彼に会いたいなら、自制心が必要ってわけだ」

イラクでの観光が、撮影の苦難とちょうど良いバランスになった。メリンがパズズと向き合うシーンを撮影した砂漠の気温は摂氏四十九度近くに達した。リーガンの凍てつくように寒い寝室からイラクの砂漠という極端な気温差に対応するため、ディック・スミスは、フォン・シドーのメイクアップが溶けないよう、配合を調整する必要があった。また、撮影は午前中、気温が上がる前しか行えず、夜明けとともに開始される撮影に向け、フォン・シドーは午前二時半からメイクアップをはじめなくてはならなかった。

さらに、メリンがパズズの像と対峙している頃、二匹の犬に思いどおりの演技をさせるという問題が生じた。「パズズの頭部の上を旋回するハゲタカのショットを撮ろうとしていた」とフリードキンは回想している。「毎朝、撮影時には、生の肉を持っていって、パズズの像の横に置いた。ところが、ハゲタカは一羽も現れない。二頭の犬に喧嘩(けんか)をさせるときも、三日間犬を飢えさせてから、カメラを回し、肉を投げた。ところが、二頭は飛びだしてきたものの、臭いを嗅いで立ち去ってしまった。肉を食べたことがなかったんだ。犬が食べていたのはパンだった。ベジタリアンだったんだよ」

その後、イラク政府内の対立する分派間で、『エクソシスト』の撮影を脅かす激しい戦い(ドッグファイト)が起こった。「国状は非常に不安定だった」フリードキンは説明する。「(サイード・)アフマド・ハサン・アル＝バクル大統領がポーランドでの会合で国外に出た隙に、国家内務治安長官であるナジーム・カッザールが国を乗っ取ろうとした。バグダッド空港に四十人からなる暗殺部隊を準備し、大統領を暗殺しようとしたんだ。しかし、大統領の乗った飛行機が四時間遅れた。暗殺部隊は空港の数か所で、いくつかのグループに分かれて大統領の帰りを待っていたが、罠(わな)だと思ってパニックを起こし、次々に投降しはじめた。この遅延は罠ではなかった。アル＝バクル大統領はたんに予定を遅らせ、滞在を延ばしただけだった。だが、彼らが投降したあと、カッザールが、撮影現場の近くで待機していたことが判明した。現地のわれわれの案内役がやってきて、『今日は一歩も外に出てはいけない』と言われたよ。

二日ほど、何が問題なのか私にはわからなかった。われわれを自宅軟禁のような状態にしておいて、彼らは現状を把握しようとしていたんだな。イラクは四十人の暗殺者を引き立て、一日、裁判に費やした。たった一日で全員が裁判にかけられ、翌日、絞首刑に処された。わずか二日で、すべてが終わったんだ」[註18]

イラクのシークエンスが映画にもたらしたパワーと美しさは、どれほど素晴らしいかは何度言っても足りない。そのパワーと美しさをそのまま捉えるのは、撮影監督ビリー・ウィリアムズの仕事だった。

「まず考古学の発掘シーンを撮る場所を探そうと、監督と長いこと偵察に出たんだが、使えそうなところがなかなか見つからなかった。それから、三千年ほど前に使われていたインドからの古い貿易ルート沿いにあるハトラと呼ばれる町（ニーナワー東部にある）を見つけた。そこではちょうど、発掘が行われ、太陽の神を祀る寺院が建て直されているところだった。イラクの人々は、最初の建物が建てられたときに使われた採石場から切りだした石で欠けた部分を補い、その寺院を建て直していた。そこでわれわれは、そのハトラをロケ地に決めた。

そこにはカメラに捉えたい興味深いものがたくさんあった」と、ウィリアムズは続ける。「大勢の商人や客で賑わう、陽光が幾筋も射しこんでいる地下市場もそのひとつだった。スークと呼ばれるその地下市場を、マックス・フォン・シドーが歩くシーンがあった。コントラストがかなり強く、明かりは光線しかなかったから、絞り値はだいたいF22——その頃はまだASA100ストックを使っていた——にしたと思ったな。砂塵（さじん）が光のなかに浮かびあがり、美しい光景だった。そこで私は、白いカードを何枚か地面に置き、陽射しを反射させた。前景には、商人が作業をしている様子が見えるように、電球をひとつ置いた。それからFストップの値を、2ストップあるいは2.5ストップ下げ、F3.5で撮影すると、意図した通りに撮れた。素晴らしい雰囲気を捉えられて、心からほっとしたよ[註19]」

　イラクでの撮影後、制作陣はポストプロダクションに入った。編集が行われたのは、ニューヨーク・シティのワーナー・ブラザースのオフィス・ビル——なんとアドレスは五番街の六六六番地——で、編集技師はバド・スミスが務めた。〝『エクソシスト』の呪い〟を信じている人々にとってはまさにどんぴしゃりの住所である（六六六は悪魔の数字と言われている）。

補足　『エクソシスト』の呪い

『エクソシスト』は、制作開始以来ずっと、呪われた映画だと言われてきた。撮影中とその後に起こった不自然なほど多くの事故や死、様々なトラブルは、その事実を証明しているように思われる。そうした逸話が、悪魔――かほかの何か――が完成を邪魔したかったのだという噂を焚きつけたことは間違いない。

それと同時に、ハリウッドやメディアがその種の報道を流し続け、『エクソシスト』の宣伝担当者も、呪われた映画という概念をかき消す努力をほぼまったくと言っていいほどしなかった。制作から数十年を経たいま、大きな疑問は、そうした事実の「いったいどこまでが本当だったのか？」である。

その答えは簡単。「すべて本当だった」

それより、こう問いかけるべきだろう。「呪いだったのか、それとも統計的にありうることだったのか？」

『エクソシスト』は、自ら宣伝材料を作りだした映画である。また、ホラー映画のご多分にもれず、迷信と宗教、サドマゾキズムがたっぷり盛りこまれていたことで、様々な噂の温床となった。制作の進行を邪魔した主要な出来事の一部は、次のとおりである。

●ニューヨーク、マンハッタンの五十四丁目にあるCECOスタジオに設営されたマクニール家の内装セットが、焼け落ちた（百十一頁参照）。

●ジェイソン・ミラーの五歳の息子ジョーダンが、砂浜を訪れたさいにオートバイに轢かれ、重傷を負った（その後、回復した）。

●ジャック・マッゴーランが、自分のシーンの撮影をすませた二週間後、急逝した。

●マックス・フォン・シドーの兄弟が、映画の制作が行われている最中、スウェーデンで亡くなった。

●リンダ・ブレアの祖父が、プロダクション中に死去した。

●照明係が、セット内の事故で足の指をひとつ失った。

●映画の予算が、五百万ドルから二倍以上に跳ね上がった。

●リンダ・ブレアのペットの鼠が死んだ。

●エレン・バースティンが、過酷なスタントで背中を痛めた（百二十頁参照）。

●リムジン・ドライバーの娘が、映画の内容を知ったあと、そこにないはずの神聖な物が見えると言いだし、精神病院に入った。

●神父たちが埋葬されているブロンクスのフォーダム大学の墓地が荒らされ、複数の墓石が真っ二つに割れた。

●イラクを去るとき、ウィリアム・フリードキンとクルーは、指導者たちへのクーデター（失敗に終わった）により、何時間も空港に足止めされた。飛行機で発ったあと初めて、自分たちがいた空港ラウンジにクーデターの一環[註1]として政府の閣僚を殺害するための爆弾が仕掛けられていたことが判明した。

「あの映画には、強い負のエネルギーが満ちていたわ！」ウィリアム・ブラッティのカリフォルニア州の隣人で、クリス・マクニールのモデルになったとされる、オスカー女優シャーリー・マクレーンはそう語る。「もちろん、私がクリス・マクニールに決まっているでしょ！　ビルは、小説のなかで私の執事と家政婦だったフランス人夫婦を使ったし、J・リー・トンプソンを監督のモデルにした。それに、私が初めて参加した交霊会は、彼が私の家で主催したものなのよ」

シャーリーは苛立ちの滲む声で続けた。「それにね、〝エクソシスト〟の表紙の絵は、私の娘のサチ（ステファニー・サチコ・パーカー）ではないと彼は言い張っているけれど、本当はあの子なのよ。彼がサチの写真を撮って、加工したの。サチはよく友だちにあの表紙のことを訊かれていたわ」ブラッティは、この説を何度も否定している。

マクレーン／マクニールの比較は、それだけではない。「ビリー（・フリードキン）が私を訪ねてきたの。ちょうどパンケーキを作っているところだった。彼は、私の動きを観察していた。エレン・バースティンに役作りの助言をするためよ[註2]」

偶然にも、クリス役に抜擢されたエレン・バースティンは、キャラクター分析をしているうちに、シャーリー・マクレーンにたどり着いたという。「ビル・ブラッティがシャーリーの知り合いだと知る前のことよ。役作りをはじめて、こう思ったの。クリス・マクニールはどういうタイプの女優なのかしら？　生い立ちは？　演技の勉強はしたのかしら、とね。それから、『いいえ、おそらく元ダンサーで、ブロードウェイの舞台で認められて映画の世界に入ったに違いない。たしかシャーリーのキャリアもそうやってスタートしたはず』と思ったの」

バースティンのキャリアもまた、同じように始まった。ふたりの女優はやがて、当時どちらも滞在していたマリブで初めて顔を合わせた。「マリブでもとりわけ有名なレストランで、ディナーの約束をしたの」バースティンは続ける。「私たちは注目の的になってしまって、ほとんど食べられなかった。でも、そのときわかったの。シャーリーはクリス・マクニールが自分の役だと思っていたのよ。私が彼女から『あの役を盗んだ』とはっきり言われたわ。でも、ビル・ブラッティはシャーリーをあの役に配役するつもりは一度もなかった。彼女のために書いた役ではなかったと思うの。シャーリーは、ビル・ブラッティが自分をモデルにしたと思いこんでいたようだったけれど」

バースティンとマクレーンには、もうひとつ共通点がある。ふたりとも、非常にスピリチュアルな女性なのだ。ここで浮上するのが、長いこと議論の的になっている、『エクソシスト』の呪いの問題である。マクレーンの言う〝負のエネルギー〟という概念は、映画の様々な遅れや説明のつかない出来事に端を発している。その一部は、避けられなかったとしても、予期することはできたかもしれない。画期的なエフェクトの数々――この映画のために発明され、現在では業界の標準となっている――には、高度なリサーチと、現場での実験が必要とされたからだ。だが、そのほかの出来事はどうだろうか？

『エクソシスト』は呪われているのか？　タブロイド紙の記者やインターネットのカルト信者たちは、そう信じたがっている。

「いや、私は呪いなんて信じていない」そう語るのは、『エクソシスト』で第一ADを務め、五十以上の映画に携わったベテラン、テレンス・A・ドネリーである。「私はいつも、十五、六か月制作期間のある映画にはある程度、異常な出来事が付き物だから、と説明してきた。異常な出来事はいろいろあったよ。火事もあった。マックス・フォン・シドーがジョージタウンの家を訪れるシーンを撮影したその夜、彼の兄弟がストックホルムで亡くなったし、ジャック・マッゴーランは役を演じた二週間後に急逝した。たしかに、いろいろあったが、確率の法則で納得がいく。肩越しにびくびく振り返るほど怯えたことは一度もない。パズズの行方不明の像が香港に行ってしまったこともあった。『うわ、気味が悪いな』と言う連中もいるだろうね。たしかに奇妙ではあったが、呪いではなかった」

　バースティンの見方は異なる。「その言葉（呪い）を使うかどうかはともかく」バースティンはそう前置きしてから、説得力に満ちた見解を述べている。「ビリー（・フリードキン）と一緒に四十五周年記念の試写に出席したとき、質問コーナーがあったの。撮影中に起こったたくさんの奇妙な出来事について訊かれた彼は、こう答えた。『すべて真実ではない。でっちあげだよ』と。私はショックを受けて、『本当？　じゃあ、私たちは別のセットにいたのね。だって、ものすごく奇妙なことがたくさん起こったもの』と言ったの。現場に重苦しいエネルギーが漂っていたことは確かよ。少し大げさかもしれないけれど、邪悪な力と呼ぶ人々もいるかもしれない。そういうエネルギー場にちょっかいを出せば、何かしら起こって当然よ。そして多くの出来事が起こった。その全部がでっちあげじゃないわ。大げさに騒ぎすぎた出来事ももちろんあったけれど、実際にあの週末、誰もいないセットが燃えあがったのよ。

　この映画の出演が決まったあと、私はスピリチュアル・リトリート（瞑想や呼吸法によって精神性を高める合宿）に参加して、これから自分がすることをインストラクターに報告したの。そうしたら、彼は、『自分を守らなければならない。そういう負のエネルギーを遠ざけておくための祈りをいくつか教えよう』と言って、私にテープを作ってくれた。そのテープとテープレコーダーを楽屋に持ちこんだけれど――まだ撮影が始まる前よ――三日も経たないうちに両方とも盗まれてしまった。ビリーに話すと、彼は『そうか、警備員を雇う必要があるな』と言って、撮影所が無人になる夜のあいだだけ警備員を雇った。若い黒人のね。ところが、その警備員は警官に間違って射殺されてしまった。二週間、いえ、十日もしないうちに。警官が呼ばれた犯罪現場が、ちょうど彼の住んでいる家だったの。家を出て、ポケットのなかの鍵に手を伸ばした彼を見て、警官は銃を抜くつもりだと誤解し、彼を撃ち殺したのよ。

呪いだと信じたがっている人々もいるわ。ビリーは最初、すべて心理学的に説明がつくと主張した。心霊現象だとはまったく思っていなかったのよ。それから、制作をはじめて間もなくある出来事が起こった。そのあと、楽屋を出ていくビリーが『バーミンガム神父にセットを祝福してもらおう』と言っていたのを聞いたわ」彼はそのとおりにした。

『エクソシスト』の呪いが実際に存在したとすれば、それは、大胆にもこの名作に挑戦を仕掛けた後継作品にも影響を与えた。第一作目の功績を引き継ごうとした『エクソシスト2』、『エクソシスト3』、『エクソシスト　ビギニング』の三作には、大量の撮り直しと編集のやり直しが必要で、当初の予算を数百万ドルも超過したにもかかわらず、興行的には大失敗し、映画評論家にもこっぴどくけなされた。二〇二三年十月から公開される新三部作（第一作『エクソシスト 信じる者』は、二〇二三年十月六日に全米およびヨーロッパ諸国で公開された）が同様の運命に見舞われるのかどうかはまだわからない。

第六章　悪魔は細部に宿る

ハリウッドでは、昔から〝映画は、デイリー（未編集の映像）ほど完成度が高くなることも、ファースト・カットほどひどい出来になることもない〟と言われている（ハリウッドにはそうした古い諺がたっぷり存在する）。ウィリアム・フリードキンとウィリアム・ピーター・ブラッティが撮った『エクソシスト』は素晴らしい出来だったから、この格言の後半はあてはまらない。ふたりは、自分たちが何を求めているかわかっていた。問題は、どうすればそれを作りあげられるか、だった。

本編撮影を終了し、ニューヨークの編集室に戻ったフリードキンは、疲れきった制作陣とは裏腹に、エネルギーに満ちあふれていた。複雑な編集プロセスを心待ちにする一方で、彼はこの映画におけるポストプロダクションで最も厄介な問題の解決策を模索しはじめた。その問題とは、悪魔の声である。

「悪魔をシャーリー・テンプルみたいにはできない」ブラッティはそう釘を指した。「ほんとだよ。違うという人間は、自分をごまかしているんだ」制作中、セットで信憑性を保つための監修を担当していたジョン・ニコラ神父――十字架のシーンと教会を冒瀆する場面に異議を唱えた――が、悪魔祓いの儀式の最中、悪魔がおとなしすぎると助言した[註1]。

ブラッティによれば、「ある日、ビリー（・フリードキン）が突然こう言った。『明日、例のシーンをやる。思いつくかぎり卑猥でおぞましい台詞を頼む』と。僕は、こうやって──片端をつまんで、脚本のページを手渡した[註2]」興味深いことに、ブラッティはこう続けている。「（テレビ・バージョンで）アフレコされるか、別の言い回しに変更せざるをえなかった卑猥な言葉の大半は、エレン・バースティンが演じたクリスに関わる台詞だった。変更した台詞の約七十五パーセントが、悪魔の台詞ではなく彼女の台詞だったんだよ。正直に言うと、僕は（テレビ・バージョン用の）新しい罵り言葉のほうが気に入っている。ほら、ビリーはリンダ・ブレアがまだ幼かったから、即興で卑猥な言葉を口にするよう指示したんだ。より自然に演じられるようにね。だから、悪魔祓いのシーンでは、小学生のリンダが思いつく類の罵り言葉が飛びだすのではないかと恐れていた。正直、こっちが恥ずかしくなるような台詞だったから、（テレビ用に）変更できるチャンスがもらえて本当に嬉しかった[註3]」

いくら口汚い台詞にしたとしても、悪魔の声には、別の俳優を使わねばならないことは明らかだった。そうでなければ、ブラッティの言うとおり、悪霊ではなく、小学生の女の子が卑猥な言葉を喋っているように聞こえてしまう。

『エクソシスト』のサウンドトラックのミックス作業は、ハリウッドにあるポストプロダクション会社、Ｔｏｄｄ-ＡＯで行われることになった。監修はロバート・〝バズ〟・ニュードスン。彼はこの仕事により、のちにアカデミー賞音響賞を受賞した。一九七三年当時、様々な台詞や音楽、エフェクトをミックスする作業には、まだデジタル・オーディオ技術が使われていなかったため、フリードキンはハリウッドの人材に限定せず、過去にしたように、地元シカゴの旧友に助けを求めた。

「録音された音源を聞き、その時々で、憑依の恐ろしさを助長するようなサウンドに置き換えようとした」そう説明するのは、WGN-TVで同僚として働いていた頃からのフリードキンの友人、ケン・ノーディンである。すでにコマーシャル・プロデューサーとして成功を収め、声優として高い評価を受けていた彼は、「リンダ・ブレアの声をいじって歪(ゆが)めようと、特殊な装置を持ちこんだ」という。「サウンドに関する私の知識の大半は、ケンから学んだことだ」フリードキンはそう認めている。「だから、最初に彼に助けを求めた。費用を気にせず、どんどん実験してもらった。ケンはコンピューターを使って役者の声や動物の鳴き声をミックスし、悪魔の声の歪みを作りだそうとしていた。あるとき、ケンがテープを聞かせてくれた。だが、どうがんばっても、ケン・ノーディンが悪魔の声で喋っているようにしか聞こえなかった。それではまずい。悪魔を真似(まね)て話すその声は、はっきり言って滑稽だったが、それを聞いたおかげで、自然のものではない音を使わねばならないと気づいた。男の声でも女の声でもなく、この世のものではないような音をね。だが、〝この世のものではない〟音とは、実際はどんな音なのか?」

ノーディンによると、自分の作りだしたサウンドが却下されたことを知ったのは、「いっさい使わないから」という理由でワーナー・ブラザースが請求書の支払いを拒否したときだったという。そこで、彼は裁判を起こした。その五年後、たったひとつの大きな犠牲とともに、裁判は和解に持ちこまれた。その犠牲とは、ノーディンとフリードキンの友情である。「ワーナーとの関係上、ビル(・フリードキン)は、私に対して宣誓供述を行わねばならなかった」ノーディンは言う。「われわれには、声紋やなんかの専門家がいたが――最終的にあれは私の人生において、いっそ悪魔祓い師(エクソシスト)を頼んで、私の身に降りかかったこの邪悪を祓ってもらいたくなるような経験だった[註4]」

フリードキンは、悪魔の声を作りだす方法に関しては、どんな提案にもオープンだった。とはいえ、彼がチームの誰にも言わなかったことがひとつある。彼には、チームが作りだした素材を比較する対象があったのだ。編集技師のクレイグ・マッケイによると、ある日、フリードキンは、彼と、ふたりの有能なオーディオ専門家ドク・シーゲルとロン・ネイグルを脇に呼び、『実は、ここに本物の悪魔祓いを録音したテープがある。[註5]どうやって入手したかは秘密だが、この音を創りだす方法を見つけてほしい。しかも、テープで聞こえるのとまったく同じ音をね』と言うじゃないか。だから私は『了解!』と答えた。しかも、彼はその作業に参加したがった。(フリードキンは)作業に直接関わりたがるタイプだったんだ。それはそうと、われわれは作業をはじめ、どうやったらその悪魔の声を作りだせるかを探った。(アフレコすることは)決まっていたから。ビリーからは、テープに関しては絶対に他言無用だと言われた。まあ、いま喋ってるけどね[註6]」

デジタル技術で音を操作できる前の時代とあって、オーディオ専門家たちはアナログのトリックを駆使した。「ピッチ(音の高さ)を下げた台詞を、変換器を通した中国製のシンバルの上で流したこともあった」マッケイは説明する。ドク・シーゲルは、オーディオ・エフェクトを作りだす天才だった。

フリードキンは最終的に、ラジオ・ドラマでの素晴らしい演技が記憶に残っていたオスカー女優のマーセデス・マッケンブリッジを頼った。アソシエイト・プロデューサーのデヴィッド・サルヴェンは、声もキャリアも〝地獄〟を経験ずみのマッケンブリッジが、テキサスで上演されている舞台『ヴァージニア・ウルフなんかこわくない』に出ていることを突きとめた。

「彼女がオフィスに入ってきた瞬間、決まりだと思った」フリードキンは語っている。

マッケンブリッジは、悪魔の声をアフレコ中に虐待を経験したと主張した。彼女は役作りとして、煙草を大量に吸い、生卵と果汁たっぷりのりんごを食べ、シーツで両手を縛ってくれとまで要求した。そのすべてが、悪魔に憑依されたリーガン・マクニールと同じ苦しみを味わうためだった。

「酒を飲むのは、彼女のアイデアだった」フリードキンは、彼女が回復中のアルコール中毒者だったと説明する。「飲ませてくれと頼まれたんだ。アルコールは、彼女にはトラウマだった。また、椅子に両手を縛りつけてくれと言うから、言われたとおりにした。マッケンブリッジはなんでも試す気じゅうぶんだったから、あらゆることを試したよ。彼女は全身全霊で撮影に臨み、素晴らしい演技を披露した」

マッケンブリッジがアフレコしたリンダ・ブレアの台詞に加え、フリードキン、ニュードスン、音響クルーは、屠殺場（とさつじょう）に連れていかれる豚の金切り声、逆回転で再生した声、様々なマイクを通した音を収録し、それらを組み合わせたトラックを様々な度合いでひずませた。ときには、フリードキンが自分の声を使ったこともあった。

一九七三年十二月二十六日という変更不可能な公開日が着々と近づくなか、フリードキンは悪魔祓いのリールを完成させるため、やむなくＴｏｄｄ‐ＡＯ以外の場所に助けを求めた。

「『エクソシスト』のリール一一は、とんでもないリールだった。スケジュールが遅れに遅れていたから、以前『フレンチ・コネクション』で組んだ20世紀フォックスのテッド（セオドア）・ソダーバーグらに、それを持ちこんだ。フォックスでミックス作業をするだけで、一か月かかったよ。朝フォックスに二時間寄り、午後には急いでＴｏｄｄ‐ＡＯに向かったんだ。そうやって行ったり来たりしながら、一日二十時間は作業に費やした[註7]」

次なる問題はサウンドトラックだった。フリードキンの第一希望は、オーソン・ウェルズやアルフレッド・ヒッチコックの名作スコアを担当した気難しい作曲家、バーナード・ハーマンだった。英国在住のハーマンは『エクソシスト』のラフ・カットを観るため、そして監督に会うために、ロサンゼルスにやってきた。

「『市民ケーン』を凌ぐスコアを書いてほしい」ある説によると、フリードキンはそう頼んだと言われている。

「それなら、『市民ケーン』を凌ぐ映画を作るべきだったな」ハーマンはそう答えて、ロンドンに戻った。

製作総指揮のノエル・マーシャルは次に、『暴力脱獄』(一九六七)や『ブリット』(一九六八)、テレビシリーズ「スパイ大作戦」(一九六六〜七三)のサウンドトラックによってハリウッドで名を挙げたアルゼンチン人のピアニスト／作曲家、ラロ・シフリンを勧めた。フリードキンは、シフリンがディジー・ガレスピーと共演した十五年ほど前、彼と顔を合わせていた。そこでふたりはスコアについて話し合い、フリードキンいわく、「首の後ろに冷たい手を当てられたような」独特の雰囲気を持つ、音数の少ない曲調で同意に至った。シフリンはさっそく、作曲に取りかかった。

「ラロが来て、われわれは小さな映写室に入った」再びフリードキンと組んで編集を担当したバド・スミスは、そう語る。ふたりが組むのは、六十年代前半、デヴィッド・L・ウォルパーのドキュメンタリーを作って以来だった。「ラロは、テーマ曲として自分が思い描いている曲の構想をビリーに聞かせた。ビリーは、『それじゃ、なんだかわからない。とにかく録音してくれ』と言った」そこで、録音作業が手配された。「するると、彼は百十人編成のオーケストラがブラジル音楽を演奏するスコアを録音しはじめた」スミスは言う。「ビリーはレコーディングをその場で中断させた。私はそのまま続行したほうがいいと、ビリーを説得しようとした。私たちが使わなくても、ワーナー・ブラザースがほかの映画に使えると思ったんだ。どうせお金は払うんだし。

彼はとにかくその曲が気に入らなかった」スミスはそう言って、フリードキンの言葉を引用する。「『あのクソみたいな音楽は、絶対におれの映画には使わない！』と言ったかと思うと、サウンド・ロール（オープンリール・テープ）をつかみ、Ｔｏｄｄ‐ＡＯの前の通りに出ていって、駐車場に投げ捨てたんだ。『このクソ音楽に相応しいのは、ここだ！』と言ってね。誓って言うが、本当に起こったことだよ」

スミスはのちに、シフリンが録音した短いトラックのごく一部をマクニール家のパーティ・シーンに入れようとしたが、フリードキンに反対された。シフリンのスコアに対するフリードキンの反応には、嫌悪と、裏切られたという悔しさが滲んでいたという。「ガンガンうるさくて、おどろおどろしくて、音が多くて、アクセント、アクセント、さらにアクセント、アクセントの連続だった」フリードキンは説明する。「アクセントは嫌いなんだ。あれは私にとってもつらい出来事だったが、あのスコアを自分の映画で使うくらいなら、死ぬまで毎日〈ロサンゼルス・タイムズ〉の見出しでラロ・シフリンにけなされるほうがましだった」

結局、フリードキンは既存音楽の使用許可を得ることに決めた。こうして、「ツァラトゥストラはかく語りき」が、〝『２００１年宇宙の旅』（一九六八）といえばこの曲〟と認識されているように、マイク・オールドフィールドの「チューブラー・ベルズ」が『エクソシスト』の同義語となったのである。

フリードキンは、「ブラームスの子守歌」のような無垢さを備えていると同時に、そこまで有名ではなく、使い古されてもいないテーマ曲を求めていた。マイク・オールドフィールドの「チューブラー・ベルズ」を見つけたのは、アメリカでの商業リリースを願ってワーナー・ブラザースの音楽部門に送られてきた何百ものオーディション用レコーディングを聴いていたときだった。ヴァージン・グループから送られてきたこの電子音楽は、フリードキンの希望どおりだったばかりか、映画を観た人々の好みにもぴたりとあてはまり、一九九二年までに全世界で千六百万枚もの売上を記録した。[註8]

『エクソシスト』は視覚的にも、サウンドトラック同様か、それ以上に革新的であるが、どこまでが意図的でどこまでが偶然の産物か、またどこまでが学術的な自己陶酔であるのかは、常に議論の的となっている。本作のとりわけ独創的な分析のなかで、ティム・ルーカスとマーク・カーモード[註9]は、それを〝ピンクの薔薇〟——非常にあからさまなために、人々がシンボリズムとして飛びつく——理論と呼んだ。ルーカスとカーモードの言うとおり、ウィルソン・ブライアン・キイは、一九七七年に刊行された冗長な著書「メディア・セックス」[註10]のなかで、『エクソシスト』に〝ピンクの薔薇〟が何度も登場すると書いている。まず、壁の時計が止まるイラクのシーンで、ティーポットの模様として描かれている。リーガンが絨毯に失禁するとき、クリス・マクニールが持っているのもピンクの薔薇だ。それから、カラスの母親のアパートにも登場する。しかし、数々の映画研究家が誇らしげに定義するこうした主張は、アーティストがあきれて目を回す類の詭弁にすぎない。

〈ビデオ・ウォッチドッグ〉[註11]誌の発行者および編集者として、一九八〇年以前（スラッシャーと呼ばれるサブジャンルがホラー・ジャンルを占拠する前）のホラー映画に関する専門家とされるティム・ルーカスは、映画制作者によるシンボリズムの使用に関して、より寛大な見解を示している。「私は多くの監督や脚本家と知り合いだから、建前とは違い、ときに意識的に取り入れている場合もあることはわかっている。たいていは、シンボリズムの使用は無意識なんだが、だからといって、それがアイデアに含まれていなかったということにはならない。脚本には、脳と同じくらい心が関わってくる。そして、脳が眠っているときに心に従って書くこともある。いちばん重要なのは、小説にも映画にも、読者や観客、視聴者の数と同じくらい多くの解釈が存在することだ。われわれは、自分の経験や精神的な重荷を含めた自分自身を映画に投影させる。映画を観たときに示すそれぞれの反応は、その後コーヒーを飲みながら感想を口にし合うだけでは知りえないほど、ひとりひとり異なるものだ。映画の内容を深読みしすぎることは可能だろうか？　それは視点によって異なる。たとえば、楽しい時間を過ごすためだけに映画を観る人々もいる。彼らにとっては、映画は映画館で楽しんでおしまいなわけだが、たいていの場合、その種の人々は自身の心を深く掘りさげて考えることはない。私は自分が『エクソシスト』――や、それほどの名作ではない数々の映画――を、たんなる娯楽としか捉えない人間ではなくてよかったと思う」[註12]

　キイは続いて、『エクソシスト』に登場するハウディー船長（アイリーン・ディーツのメイクテスト映像）の一フレーム（コマ）もしくは二フレームのフラッシュ・フレーム（一瞬、別の映像を閃かせること）、パズズや聖ヨセフのメダルの短い挿入ショットなど、明確な意味を持たないが感情を伝えるために加えられたサブリミナル画像について解析している。キイが〝サブリミナル〟という間違った定義を使っていることは、ここでは重要ではない。〝サブリミナル〟というのは本来、人間が意識的に認識しないものを意味するが、一秒間二十四フレームのうち、一もしくは二フレームの画像であれば、観た者はすぐに気づく。〝サブリミナル〟という表現はまた、映画のスクリーンに「コーラを飲め」とか「キャメル（煙草）を買え」と促すメッセージを観客が気づかないようにほんの一瞬挿入する、一九四〇年代に流行った人を惑わす広告キャンペーンを彷彿させる。このサブリミナル映像を観た人々は、宣伝されたものを即座に欲するとさされていた。しかし、二十四分の一秒の画像では見た者がすぐ気づくため、人の目や脳が認識しない速さで言葉を閃かせるには、タキストスコープ（瞬間露出器）と呼ばれる投影機を使った。この宣伝キャンペーンが売上に実際に貢献したかを示す確固たる証拠は存在しないが、今日も同じ手法が市場調査で使われている。とはいえ、保守的な一九五〇年代に、テレビの宣伝では使用を禁止された。

〝サブリミナル〟よりもっと的確な言葉は、〝フラッシュ・フレーム〟だろう。この種の素早い挿入は、映画界では昔から使われてきた。アルフレッド・ヒッチコックの『白い恐怖』（一九四五年／ハル・C・カーン編集）で挿入された拳銃自殺の前のふたつの赤いフレーム。シドニー・ルメットの『質屋』（一九六四／ラルフ・ローゼンブラム編集）で使われた強制収容所の短いカット。マイク・ニコルズの『卒業』（一九六七年／サム・オスティーン編集）に登場する、一瞬閃くロビンソン夫人の胸と太腿の画像。そして、この手法が現代映画で使われるきっかけになったと高く評価されている、アラン・レネの『二十四時間の情事』（一九五九年／ジャスミン・シャスネ、アンリ・コルピ、アンヌ・サロート編集）のフラッシュ・フレーム・カットなどが、その有名な例として挙げられる。ルーカスとカーモードは、キイの危うい主張に同意こそしていないが、フリードキンと編集技師たちが何度もわかりやすい画像を挿入したことには言及している。

「ウィリアム・フリードキンは長いこと、『エクソシスト』に〝ハウディー船長〟としてアイリーン・

ディーツのサブリミナル画像が挿入されていることなどまったく知らないと、断固として否定してきた」二〇〇七年十月八日、ティム・ルーカスは、『エクソシスト』のフラッシュ・フレームとイングマール・ベルイマンの『仮面／ペルソナ』（一九六六）のそれとを比較するブログ記事に、そう記している。「しかし、映画がホームビデオとなり、事情通が自在に映像を操作できるようになると、否定のしようがなくなった（興味をそそられた映画歴史家のために指摘しておくと、映画の前半で、リンダ・ブレア演じるリーガンは、内なる声／空想上の友を〝ハウディー船長〟と呼んでいるが、彼の名はその後二度と登場せず、悪魔の憑依に関連して言及されることもない。実を言うと、〈ビデオ・ウォッチドッグ〉第六号で、その顔が〝ハウディー船長〟のものであると最初に認識したのは私だ。その後、人々がこの名前を使いだしたのは私が指摘したからだと誇りに思っている）。マーク・カーモードのＢＦＩモダン・クラシックス・シリーズの第一刷の表紙に、（その画像が）掲載されている。映画に登場する顔はベルイマンの悪魔とそっくりで、青白い鬼のようだ」

この重要な点を、ルーカスはさらに掘りさげている。「『エクソシスト』がこれほどまでの人気作となったのは、フリードキンがメインストリーム映画で前例を見ないサブリミナル画像と独創的なサウンドを使ったことに加え、ワーナー・ブラザースの驚くほど効果的な広告キャンペーンによるものだったと、私は心から信じている。一九七四年に初めてこの映画に関して友人たちと議論したとき、私はカラスの夢のなかの場面でサブリミナル画像が見えたかと尋ねた。悪魔の顔が見えるのだと言っても、冗談だと信じてもらえなかった。ビデオテープが発売されると、私はテレビ画面で画像を一時停止し（横縞なしの画像をキャプチャするため、何度も何度も、やり直した！）、知り合いにその場面を見せた。〈ビデオ・ウォッチドッグ〉第六号でインタビューに応じてくれたディック・スミスに尋ねると、彼でさえぽかんとしていた。そこで私はスクリーンキャプチャの写真を送った。彼は〝鋭い目を持っている〟と褒めてくれたよ。ディックはそれを見て初めて、アイリーン・ディーツに実験的メイクを施したことを思いだしたそうだ。特別なときのために、あの画像を〝ビリー（・フリードキン）がとっておいたに違いない〟と言っていた。私はハウディー船長の画像と、この映画の初期のスポット広告に隠された似たような画像を印刷し、『エクソシスト』特集に載せた。おそらくあの特集は、その画像が初めて紙面上に掲載された記事だったと思う。私はそれまで、あの画像が掲載されたのを一度も見たことがなかったが、われわれが取りあげたあと、同人誌（ファンジン）の表紙やコンサート・ポスターなど至るところに掲載されはじめた。いまはＨＤだから、はっきりその顔が見える[註13]」

ルーカスが言及するそうした画像には、聖ヨセフのメダル[註14]も含まれている。どういうわけかイラクで発見され、酔いつぶれたカラスの夢に登場し、カラス夫人の首、最後にはカラスの首からかかっていた、あの謎のメダルである。ルーカスの見解では、映画のクライマックスでカラスが悪魔に自分の体内に入るようけしかけたとき、リーガンにそのメダルを引きちぎられて初めて、憑依に対して無防備になるのだという。その推論をもとにすると、聖ヨセフのメダルは悪魔に対して、いわゆる吸血鬼に対するニンニクのような役割を果たしているのではないかと考えたくなるところだ。とはいえ、ダイアー神父が同じメダルを最後にクリスに渡すことによって、彼女がキリストを受け入れる準備ができていることと、さらにはカラスが生き続けていることを示唆しようというのは、ブラッティのアイデアだった。このアイデアは、一九九八年にブラッティが意図したとおりのシーンが復元されるまで二十五年間、フリードキンの心にひっかかっていた。

『エクソシスト』を彩る追加画像のひとつに、リーガンの首がぐるりと回るシーンで、そのダミーの後ろに現れる悪魔（ディーツ）の顔がある。ルーカスとカーモードがディック・スミスから聞いたところによると、この画像は映画に質感を加えるためだけでなく、生気のない模型を生きている人間の顔に見せるためにオプティカル効果の先駆者リンウッド・ダンが作りだしたものだった。ダンの名前は、クレジットされていない。カーモードは、こちらも噴出する嘔吐物と同様のオプティカル効果だと主張するが、厳密に言うと、ないものを作りだすマットショット技法ではなく、たんなる二重撮影にすぎない。

　フリードキンは、複雑なサウンド作業が始まるずっと前に、最初に決められた千二百万ドルの予算を使いきっていたため、ワーナー・ブラザースの重役連中はぴりぴりしていた。それまでは『フレンチ・コネクション』で獲得したアカデミー賞がいわゆる〝防火壁〟代わりになっていたのだが、いまや重役たちは『エクソシスト』を完成させるのにどこまで予算をオーバーするつもりなのかを知りたがっていた。彼らがあまりにうるさくせっつくのでフリードキンは、ワーナーと話をすることさえ拒否した。ここで登場するのが、アシスタント・エディターのクレイグ・マッケイである。

「僕は当時、とにかく若かった」マッケイは回想する。「ある日、フリードキンにこう言われた。『このカットをワーナー・ブラザースに持っていき、重役連中に観せてくれ』と。そして僕は、ファイバーケース[注15]を全部持って飛行機でワーナー・ブラザースに向かい、試写室で上映の準備をしながら待った。みな、僕の到着を知っていた。それから、重役全員が試写室に入ってきた。僕にも誰にもひと言も声をかけず押し黙ったまま入ってきて、次々に腰を下ろしたんだ。ロボットみたいに機械的にね。それから、ワーナーの部長であるテッド・アシュリーが、『やあ、私はテッド・アシュリーだ。きみは？』と言うんで、『クレイグ・マッケイです』と名乗った。彼は『そうか』とだけ言って、スーツを着た連中のほうを見て、『こちらはマッケイ君だ。ウィリアム・フリードキンの代理で、「エクソシスト」のカットを観せに来た』と告げた。

彼が腰を下ろすと、照明が落ち、映画が始まった。最後まで観終わったあと明かりがついたが、たっぷり三分ばかり誰も何も言わなかった。ひと言も発せず、僕らは静まり返った部屋に座っていた。それから、ようやくテッド・アシュリーが立ちあがり、僕を指さして、僕の目を見据えて、こう言った。『ビリー・フリードキンに、裁量権を与える、なんでも好きなようにしていいと伝えるんだ』と。『はい』と答えると、全員が部屋を出ていった。

そこで、ニューヨークのビリーに電話すると、『なんだって?』と訊かれた。『裁量権を与える、映画を完成させるためになんでも好きなようにしていい、と言っていました』と答えると、ビリーは『そりゃよかった。あいつらみんなクソッタレだ』と言ったんだ」

フリードキンが(ワーナー・ブラザースの重役ジョン・キャリーと相談の上)、ウィリアム・ピーター・ブラッティにその後二十五年間文句を言われ続けることになるシーンの削除をはじめたのは、このときだった。

最初は第一AD、その後プロダクション・マネージャーとしてフリードキンと六作の映画で組んだテレンス・A・ドネリーは、フリードキンとブラッティのパートナーシップに関して、次のような見解を述べている。「ビル・ブラッティは非常に気のいい男で、素晴らしい才能を持った作家だったと思う。彼とビリー(・フリードキン)は、仕事の面ではうまくいっていたが、私が思うに、実際のところ、そこまで親しくはなかったのではないかな。外側からはわからなかったが、ふたりとも注意深く距離を保っているように見えた。だがブラッティは、プロデューサーらしい振る舞いはしていなかった。ひょっとすると、われわれの大半同様、彼もビリーのことが死ぬほど怖かったのかもしれない。ビリーの邪魔をしたくなかったのかもしれないな。ブラッティはどちらかと言うと、のんびり構えるタイプだったから」[註16]

　ボクシング・デイと呼ばれる十二月二十六日の公開日が迫るにつれ、編集室では、監督のフリードキンと脚本家およびプロデューサーのブラッティとの不仲が囁かれるようになった。「ある日ワーナー・ブラザースに、ポストプロダクションに関わるのを禁止された」ブラッティはそう認めている。「最初はラロ（・シフリン）、次は僕だったのさ！」

　しかし、クレイグ・マッケイによると、「編集室でブラッティを見たことは一度もない。ビリーのオフィスで見かけたのは一日だけだった」という。彼は出入り禁止になったのか？「いや、私の知っている限りではそんなことはなかった。ビリーが（そう）ブラッティに言った可能性はあるが」セットへの出入りを禁止されたというブラッティの主張を握りつぶしてくれと依頼されたデヴィッド・サルヴェンは、ポストプロダクションに入っているからセットなどない、と説明した。「ビリーはたんに、ブラッティに自分の周りをうろうろしてもらいたくないと言っただけだ」サルヴェンはそう説明している。[註17]

　公式な報道に飢えていたマスコミにとって、この噂は恰好のネタになった。まず、〈ハリウッド・リポーター〉誌が、フリードキンによってセットに立入禁止にされたブラッティがクレジットをめぐって彼とワーナー・ブラザースを訴えていると報じた。その翌日、フリードキンは、ワーナー・ブラザースに対するブラッティの訴訟は、「収益配分率を増やすためだ」と説明した。ああ言ったこう言ったの戦いに勝ったことに満足せず、フリードキンはビジネス・マネージャーのエドガー・グロスと弁護士のジェラルド・リプスキーに、発言の撤回を要求するよう頼んだ。一九七四年一月、映画が特大ヒットを飛ばすと、こうした訴訟の噂はすべて消え去った。[註18]

実際には、ああ言ったこう言ったの争いがあったにもかかわらず、ブラッティとフリードキンはどちらも、いざこざが起こったことを否定した。「肝炎で寝込んでいたから」と、ブラッティは語っている。「僕を出禁にする必要なんてなかった。とはいっても、歓迎されてなかったのは事実だ。ビリーはファースト・カットを観せてくれた。素晴らしかったよ。まさに名作だった」それから、彼は（一九八八年のインタビューで）茶目っ気たっぷりに、「観客も含めて、僕らがあとで観たバージョンじゃなかったけどね」と付け加えている。

いくつかブラッティが抱いていた懸念のひとつが、憑依の標的を明白にすることだった。小説では、信仰の危機に瀕するカラスが犠牲者に思われる。しかし、映画では削除されたが、悪魔がメリンに対して言う「今度こそおまえが敗ける番だ」という十二年前のアフリカでの対決に言及した台詞は、メリンが標的であることを示していた。また、エレン・バースティンによる〝悪魔のコマーシャル〟シーンでは、別の問題が生じた。ブラッティとフリードキンは、バースティンに信仰心がないために、彼女の台詞が白々しく聞こえるのだと判断した。この問題は結局、解決されることはなかった。

しかし、最大の相違は、なぜ悪魔がここまで激しく攻撃してくるのかをメリンとカラスが話し合う、〝階段の話し合い〟と呼ばれるシーンだった。ブラッティは、映画の宗教的な側面を残すには、この場面が欠かせないと主張した。「あれが、たんなる芸術面の決断だったとしたら」ブラッティは、こう問いかける。「なぜ、（フリードキンは）、物語の構造に大きな空白を作ることを選んだのか？」フリードキンの答えは、より直接的だった。「私はカトリック教会のコマーシャルを作るつもりはない」と。小説に出てくる、〝悪魔は昔から、神様のコマーシャル〟というクリス・マクニールの発言を考慮すると、この答えは実に皮肉である。

『エクソシスト』のファースト・カットは、二時間二十分だった。商業的に都合の良い二時間以内に収めたくてたまらないフリードキンは、前述のように、いくつかのシーンを削除し、上映時間を短縮することにした。ブラッティはそれが不満だった。「（ワーナーは、）その二十分を削除したら、僕がかんかんに怒るとわかっていた」ブラッティは、怒り心頭の口調で語った。「僕が観たのも、承認したのも、ファースト・カットだけだった。問題を避けるために、誰かがそう仕向けたのは明らかだ」

ブラッティは、小説と映画の脚本両方を執筆した目的が、人類がいかに信仰心によって絶望を克服できるかを示すことであるという主張を維持し続けている。憑依という題材を使った理由は、悪魔が少女をどれだけ苦しめられるかを示すためではなく、邪悪な力が少女の周囲にいる人々の頭に神への猜疑心を植えつける可能性があると警告するためだった。

「重要なのは、われわれを自らの人間性に絶望させ、獣のように醜いわれわれ人間が神の愛に値しないのではないかと思わせることだったんだ」ブラッティは何度もそう語っている。ブラッティはその映画の道徳的中核――フリードキンが削除した長い台詞のなかに含まれていた――が、猥褻な言葉にさらされて呆然とした観客に、映画を観たあと〝なぜだ？〟と自問させていたはずだと信じていた。

「真に比類なき傑作となる可能性を秘めていたこの映画が、よくできたスリラー映画になってしまったのはそのせいだ」当時、ブラッティはそう語っていた。この議論は、フリードキンとブラッティが撮影用の脚本を練りあげていたときから始まり、その後数十年間続いた。しかし、ブラッティが観たバージョンでは、該当シーンは映画に含まれていた。それなのになぜ、フリードキンは、ブラッティが素晴らしいと感じていたロング・バージョンを、商業的な都合を優先して縮めたのか?

ブラッティの答えはこうだ。「ビリー（・フリードキン）には、あの映画がヒットするという確信がなかった。観客は物語に夢中になるか、この手の映画ではストーリーなどどうでもいいと思うかのどちらかで、その二十分がなくなっても気づかない、というのが彼の言い分だった」

ふたりはその後何年も、カラス神父の聖ヨセフのメダルが関わるクリス・マクニールとダイアー神父の最後の会話をめぐって、意見を戦わせた。カラスが自分の命を犠牲にしてリーガンを救う前に、彼女が引きちぎったメダルである。ブラッティは、クリスにこのメダルを持っていてもらいたいと思った。フリードキンはそれを却下し、クリスがダイアーにメダルを渡すよう変更した。

「ビル（・ブラッティ）は間違っていると思う」フリードキンは頑なに主張する。「映画にはリズムというものがあり、あのシーンはそのリズムから外れていた。作家のメッセージだったから、私は脚本にあるとおりあの場面を撮ったが、セットでもしっくりこなかったし、最終的に出来の悪いシーンだと判断した。俳優たちにどう伝えればいいかわからなかったから、削除したのさ」

さらにもうひとつ、障害が立ちはだかった。広告である。人々がのちに『エクソシスト』はたんなるホラー映画だと主張するようになったのと同じように、一九七三年のワーナー・ブラザースの広報部も同様の見方をしていたのだが、フリードキンたちは彼らにたんなるホラー映画ではないことをわかってもらわねばならなかった。リーガンの寝室の窓から射す光のなか、街灯の下にメリンが立つポスターは現在、世界的に有名になっているが、これはワーナー・ブラザースの第一候補ではなかった。フリードキンは何年もあと、次のように回想している。「ニューヨークの近代美術館で、ルネ・マグリットの〝光の帝国〟という作品を見たんだ。非常にシンプルで、空の上半分が昼間、下半分が夜の闇のなか街灯に照らされた家である以外は写実的な風景画だった。その絵が頭にあってね。実際、あのポスターでも、マグリットの絵と似た家を選んだんだ。空は昼間にしなかったが、街灯を設置し、窓から一筋の光が射すようにした。適切な光の配置にするのに、一昼夜かかったよ。それから、翌日の晩を撮影に費やした。ワーナーが選んだ宣伝ポスターは、血だらけの十字架を握る少女の手に、「神よ、彼女をお助け下さい」という文句が入ったひどいものだった。あの宣伝ポスターを見せられたときは、部屋にいる全員の首を絞めたくなったね。実際、制止されたくらいだ。それから、『このポスターは使えない。まず、これは安っぽいホラー映画の宣伝ポスターだ。それに、神という言葉を広告で使うことはできない。映画の客引きに神を使うなんて言語道断だ』と言ったんだ[註19]」

　こうした出来事を経て、『エクソシスト』は一九七三年のクリスマスの翌日、劇場公開された。誰もがヒット作になるとは思っていたが……まさか歴史を変えることになるとは、誰ひとり予測していなかった。

補足　本物らしさへのこだわり

監督のウィリアム・フリードキンが、オプティカル効果を使うことなく、すべてをカメラの前で実際に行うというリアルさにこだわった理由は、それが彼独特のドキュメンタリー手法であるからというだけではない。観客に五感を通して認識させるためである。オプティカル効果が使われた場合、完璧に仕上がっていたとしても、人間の目と脳は騙されていることを悟る。見ているものが理屈に合わないとあればなおさらで、観た者は何かがおかしいかはわからなくとも、何かがおかしいと感じる。これが、現代のCGIを多用した映画を観て、ときとして感情的に満足を得られない理由だ。コンピューターで生成された映像に完璧なものはない――いや、もしくはそうした映像は完璧すぎるのかもしれない。フリードキンと制作陣の最大のチャレンジは、観客が不信感を抱くのを阻止することにあった。

そして彼らは、真実を語ることでそれを成し遂げた。

フリードキンは、リアリズムを達成しようと固く決意していた。「この映画を監督することになったとき、私はあらゆる技巧を捨てようと決めた。観客には、カメラの存在をまったく意識してほしくなかった。オーウェン・ロイズマンは、ドラマチックでありながらも実に自然な照明技術を使っている。『エクソシスト』は、これが本当に起こっていると信じる監督（と作家）によって作られている。われわれは本気だった。風変わりな出来事、奇妙な行動ばかりだが、われわれは本物だと信じている、そういう姿勢でこの映画を作ったんだ[注1]」

結果的に、カメラの前で起こったすべてのことが、実際に起こった。ベッドは実際に揺れたし、リーガンは本当に浮いた。家具は実際に動いたし、ドアや壁も本当にひび割れた。もちろん、それが起こったのは悪魔の憑依のせいではないが、起こったことに変わりはない――すべて、プラクティカル・エフェクトやメイクアップによって、実際に起こったのである。

リアルに見える理由は、フリードキンが〝ファースト・ジェネレーション〟ルックを要求したためである。どういうことかと言うと、オプティカル効果や多重露出は一切使わず、現像所での合成・編集もまったく行わずに、すべてオリジナル・ネガに収めた映像のみを使用しているのだ[注2]。

「私はオプティカル効果で、ああいうシーンを作りだす方法をひとつも知らなかった」当時を振り返ってフリードキンはそう語った。「いまなら簡単だよ。現代のテクノロジーを使えば、タイタニックが本当に沈んでいるように見せられる。だがあの時代に、オプティカル効果でベッドがガタガタ揺れていると信じさせることはできなかった。だから、セットで実際に動かす必要があったんだ。まさしく試行錯誤の連続だったよ[注3]」

視覚的な本物らしさは、おそらくオリジナル・ネガから焼き付けられたと思われる先行試写用のプリントにもあてはまる。その解像度の高い鮮明な映像は、ある意味ではＨＤができる前のＨＤクオリティであり、観客はそのリアルさを本能的に感じとったのである。

ほとんど注目を集めなかったが、ここで、もうひとつ特筆すべきことがある。それは、フリードキンが、少なくとも映画の初回上映用プリントの一部に、磁気音声サウンドトラックを使ったことだ。当時、一般的な35㎜フィルムは〝アカデミー・カーブ[註4]（映画館での標準音声周波数特性）〟を使ったオプティカル・サウンドトラックを採用しており、これによって周波数はおよそ80ヘルツから8キロヘルツまで、ダイナミック・レンジは50から60デシベルに限られていた。

磁気トラックはすでに、劇場上映のステレオ音声において、より優れた特性を持つこと（家で録音したテープと七八回転レコードにおけるクオリティの違いに似ている）で知られていた。磁気トラックは、ワイドスクリーンによるロードショー全盛期だった一九五〇年代から一九六〇年代に広く使われていたが、一九七〇年代初期には廃（すた）れていた。『エクソシスト』の一部のフィルムにモノラル磁気トラックを使うというフリードキンの決断により、周波数の幅が50ヘルツから10～12キロヘルツまでとなり、ダイナミック・レンジも15デシベルほどアップした。そのおかげで、囁き声や轟（とどろ）くような悪魔の声が背景音から浮きあがるようにくっきりと聞こえるばかりか、パンチのあるボリュームを出すことができた。モノラルだったから、観客はその声を立体的に聞いたわけではない。だが、それを感じた。

「『エクソシスト』のサウンドはすべて〝アフレコ〟された[註5]」二〇一六年に、フリードキンはニューヨークフィルムアカデミーで語った。「悪魔の声だけじゃなく、台詞のすべてがアフレコだった。ものすごく小さな声で囁いてほしいセリフがあったが、当時は、マイクが（エアコンの音まで）拾ってしまった。『エクソシスト』では、完全なる静寂が必要だった[註6]」それを達成するには、背景音がほとんど聞こえない磁気トラックを使うしかなかった。

『エクソシスト』が公開されたのは、一九七三年の終わり、ドルビーとデジタル・オーディオが一般的となる以前であった。したがって、そのはっきりしたサウンドと音域幅、さらには映像の真摯さによって達成された驚くほどの本物らしさが、自分たちが観ている作品の裏に隠された秘密を知らない観客には斬新に感じられたのである。

補足　カラスの死

デミアン・カラスがリーガンの寝室の窓から身を投げ、〝ヒッチコックの階段〟の下で息絶えるエンディングほど、この映画で論争を呼び、誤解されているシーンはない。ウィリアム・ピーター・ブラッティは彼の行動を描写するさい常に、〝彼の命を奪う〟ではなく〝自分の命を与える〟と、そして〝自殺〟ではなく〝自己犠牲〟という言葉を選ぶようにしてきた。ブラッティは、「センター18」でも、このテーマをより具体的に扱っている。しかし、まず小説「エクソシスト」で、その後映画のなかで彼が描いた、カラスが窓から身を投げるシーンは、一九七一年以来ずっと不要な憶測の的となってきた。しかも、哲学的な理由ではなく、はっきりさせたいという理由からである。

小説では、カラスが窓から身を投げるのは、いわゆる〝舞台裏〟つまり、クリスとシャロンが階下で待っているときに起こる。

「何をする？　それをこわされてたまるか！　そんな真似はさせんぞ！　きさまは、おれといっしょに……」

物の激しく砕ける響き、ガラスの割れる音。クリスは脅(おび)えて、グラスをひっくり返した。そし

> て、次の瞬間、彼女とシャロンは書斎をとび出し、階段を駆けあがっていった。リーガンの寝室のドアをひらくと、鎧戸の板が窓からひきもがれて、床に散乱していた。そして、窓！　ガラスがのこらず砕けとんでいた！
>
> （創元推理文庫・宇野利泰訳より引用）

ブラッティは、二〇一一年に発売された小説『エクソシスト』の四十周年記念版〔未邦訳〕に、カラスが悪魔に「おれに取り憑け！」と挑む一節を付け加えることで、何が起こったのかに関するすべての疑問を消し去ろうとしたと語っている。

> 次の瞬間、カラスが上半身を直立させ、顔をのけぞらせて天井を見上げると、痙攣しながら背を丸め、前を見た。引きつった顔を激しい憎悪と怒りに歪め、まるで目に見えないものを押し戻そうとするかのように断続的に体を痙攣させながら、大きな手を、悲鳴をあげるリーガン・マクニールの喉元へと伸ばしていく。

このバージョンであれば、映画の場面に繋がる。ブラッティが最初からそのように書いていれば、疑問など生じなかったかもしれない。脚本には次のように書かれている。

> 悪魔――カラスの体に憑依した――が、リーガンを殺そうと動く。しかし、カラスは一瞬だけ自分を取り戻して窓に向かい、蝶番から鎧戸を引きちぎって、外へと飛びだした。[註1]

このシーンは脚本どおりに撮影されなかったが、何を言わんとしているかは明白だ。カラスが悪魔に、「おれを連れていけ。おれの体内に入れ」と告げた直後、彼の顔が〝ハウディー船長〟の表情を真似、リーガンの首を絞めようと身を乗りだす。明らかに悪魔の憑依を逃れたリーガンが、彼の前の床の上で身を縮める。しかし、カラスが不意に体を起こすと、いつもの表情が一瞬戻り、彼は窓から身を投げる。

映画のすべてのバージョンで、自分の命を犠牲にしたときの彼は悪魔に取り憑かれていなかったことがはっきりと示されている。それでも十分ではなかったらしく、五十年ものあいだ、映画を観た人々は次の質問を問いかけ続けている。

● 悪魔はどこへ行ったのか?
● 悪魔はカラスに数秒で乗り移れたのに、なぜリーガンに憑依するのに何週間もかかったのか?
● なぜ悪魔は再びリーガンに取り憑かなかったのか?
● 悪魔の標的が常にカラスだったのだとしたら、カラスの死により悪魔の計画は達成されたのではないか?
● どちらかが「私の体内に入れ」と悪魔に命じればよかっただけなのに、なぜメリンとカラスは、わざわざ仰々しい悪魔祓いの儀式をリーガンに施したのか?

その答えは、そもそも悪魔の憑依を信じるかどうかにかかっている。

最初の問いの答えは、悪魔がどんな世界に住んでいるにせよ、そこに戻った、である。

二番目の問いの答えは、ブラッティが言っているように、リーガンの憑依は、周囲にいる人々に人間の価値と神の存在を疑わせるためのものだったから、時間がかかればかかるほどよかった。

二番目の問いから派生している三つ目の問いの答えは、悪魔がリーガンに再び取り憑けない理由はないが、カラスが死んだいま、その必要はない。「実は、小説のなかで彼らも同じ質問をしている」とマーク・カーモードは語っている。「カラスはメリンにずばり、『悪霊を追い出しても、また舞いもどってくることはありませんか?　どうやってそれを防ぎます?』と尋ね、メリンはその問いに、『わからんよ。わしにはわからん。しかし、そんなことが起こるとは思えんな。ありえんことだ、絶対に』と答えているんだ」

四つ目の疑問の答えは、カラスが自己犠牲により悪魔の計画を挫いた、である。これはのちに、ブラッティの小説「Legion」（未邦訳）と彼が自ら監督した映画『エクソシスト3』の主要なプロットポイント（主人公に行動を起こさせ、ストーリーを異なる方向へ転換させる出来事）となる。

五つ目の問いの答えは三つ目とほぼ同じだが、そんなことを言ったら、長編映画がひどく短い映画になってしまう。

非常に単純に思えるにもかかわらず、エンディングが人々を混乱させる理由は、『エクソシスト』が長年のあいだに、数えきれないほどたくさんの人々によって鑑賞されているからなのかもしれない。しかし、悪魔の憑依を信じるとしても、じっくり見れば、彼が悪魔によって殺されたという見方は成り立たず、理屈に合わないことがわかる。ティム・ルーカスは、マーク・カーモードと共著した一九九一年の論説で、この点を詳しく掘りさげている。「(カラスのなかに)入ったとき、悪魔の顔が閃く。カラスは悪魔を体内に抱えたまま窓から身を投げるのだが、その後生じる疑問は、この映画が名作とされる所以のひとつである。この映画は、議論を断ち切るのではなく、自由な議論を歓迎している。私の解釈は、たんに私がそう考えるというだけのことだ。われわれの存在するこの次元で肉体と霊体が統合されていても、切り離すことは可能だと私は思う。カラスは本当に、霊体を自分の体内に閉じこめ、その体を殺すことで霊体を殺せると信じていたのだろうか？　リーガンは、悪魔に乗っ取られたとはいえ、実際に悪魔になったのではないと私は思う。悪魔はリーガンのなかに住み、彼女を利用していたのだ。それと同様に、カラスは自らの命を犠牲にしたが、悪魔はおそらく真の目的を達成し、別の場所に移動したのだと私は考えている。カラスが死に、階段の下で地上の罪を赦されると、リーガンは安全になった。悪魔はリーガンを必要としてもいなければ、欲してもいなかった。なぜなら、リーガンはカラスに到達するための手段であり、メリンはそのおまけだったからだ。しかし、カラスは、少女を救うという究極の善行を果たし、さらには自らの苦悩を終わらせた」

ブラッティは自分の考えを変えていない。「ビリー(・フリードキン)と僕は、編集で完璧に示したんだ。善が悪に勝った、と。その少女へのカラスの愛により悪魔の呪文が一瞬解け、彼は窓から飛びだした。あと数秒遅れていれば、悪魔に再び取り憑かれてリーガンを殺していただろうから、あれは彼があの子を救うための唯一の行動だった。映画を観た少なくとも半数の人々が、それを理解できず、悪が善に勝った、気の滅入る結末だと感じた。だから、直感的にも感情的にも気分が高揚するように、最後のシーンにメダルを登場させ、ハッピーエンドだとわかるような音楽を付けたのさ[註2]」

マーク・カーモードも、ブラッティの苛立ちに同調する。「ビル・ブラッティが、たしか重役のひとりとディナーか何かをともにしたあと、私にいかにも彼らしい口調でこう言ったのを覚えている。『僕らは、自分たちがいかに素晴らしい働きをしたかを祝っていた。〝でも、ひとつだけ――悪魔がカラスを窓から放り投げたと観客が誤解していることだけが気になっているんです〟と言うと、重役に〝え？違うのか？〟と驚かれた』と。ビルは『違いますよ！　そうじゃありません！　違うんです！』と一生懸命否定したそうだ。ずいぶんもどかしく思っただろうね」

カラスの死は自己犠牲ではなく自殺だと捉えている者もいるが、ブラッティはきっぱりとそれを否定している。「ひとりの男が、見知らぬ者のために命を投げだした。彼は、自分が説く教えを自らの身をもって示した。キリストのような善行だ。彼は自分の命より、自らの信念を貫くことを優先したんだ[註3]」

フリードキンは、自身の最も有名な作品『エクソシスト』に関する真実を語った、アレクサンダー・O・フィリップ制作の二〇一九年の名ドキュメンタリー、「ウィリアム・フリードキン：リープ・オブ・フェイス」〈日本劇場未公開。配信サイトJAIHOにて二〇二二年一月二十一日から三月二十一日まで期間限定で配信公開〉で、この問題をさらに混乱させるような発言をしている。対談形式のこのドキュメンタリーのため、二〇一八年の初めに行われた三日間にわたるインタビューに加え、その翌年、さらに三日間の追加インタビューと録音に応えたフリードキンは、『エクソシスト』の〝良心〟であるウィリアム・ピーター・ブラッティが二〇一七年に故人となったからか、より饒舌に語っている。五十年にわたる経験やフィードバック、熟考を統合した彼の見解は、こうだ。

「まず、私は、キャラクターが悪魔に自分に入れと命令できるなんて不可能に思える。悪魔は、自分のやりたいように振る舞うはずだ。あのシーンを分析してみると、悪魔はカラスが入れと言ったから彼のなかに入った。彼は少女を殴りつけていた。あれは邪悪な行いだ……そして一瞬、彼の形相が変化し、悪魔のような顔になって、自分の手が少女の首を絞めようと伸びていくところを見る。これはおそらく悪魔の衝動だろう。それから、(彼の形相が)もとに戻る。悪魔は彼のなかにいない。そして、ブラッティの明確な要求どおり……カラスはカラスに戻る。私だったら、カラスの悪魔の形相をそのままにしておいただろうが、ブラッティは『いや、カラスの表情に戻って、〝だめだ〟と言わせないといけない。彼が自分の意志で決断を下したと示さなければ。そうでなければ、悪魔が勝ってしまう』と言い張った。

とはいえ、なぜああいう展開になったのか、私にはよくわからない。どうして悪魔はカラスに注意を向け、少女の元を去って彼のなかに入ったのか？　だがそれから、少女への憑依はすべて、カラスの弱さと信仰心を失う可能性に向けられたものだったという結論に行きついた。カラスは悪魔に乗っ取られた最後の瞬間に、信仰を取り戻したことを示そうとしているのか？　ブラッティは、そう示したがっていたが……『エクソシスト』に弱点があるとすれば、そこじゃないだろうか……もちろん、映画を観た数百万の人々にとっては問題ではなかったようだが[註4]」

自称『エクソシスト』おたくのマーク・カーモードはこう打ち明ける。「どこが理解できないのか、私にはよくわからない。実に明快だと思う。ビリー(・フリードキン)はわかりにくいと言ったが、私にはどうして理解できないのか、さっぱりわからない。詰まるところ、こういうことだ。カラスが部屋に入ってきて、事切れたメリンを見つける。映画では、リーガンがベッドの上に座って、くすくす笑っている。カラスは彼女をつかみ、こぶしで殴りながら、悪魔に『おれの体内に入れ、入ってみろ』と告げる。それから、彼女の憑依されていない顔が映り、のけぞる彼が映って体を戻したときには取り憑かれている。憑依されたカラスが両手を伸ばしリーガンを絞め殺そうとするが、カラスが悪魔を抑えこみ、『だめだ！』と叫び、窓から身を投げる。彼のなかには悪魔がいて、彼は実際、悪のパワーと戦っているんだ。彼は体内に悪魔を閉じこめている。悪魔はリーガンの体を出て彼の体に入ったが、彼はそれに打ち勝ち、悪魔とともに窓の外に飛びだす。悪魔がなぜ彼から飛びだしてリーガンのなかに戻らないのかという問いに関してだが、悪魔というのは、祓われたあとは戻ってこないものだ。これのどこが曖昧なんだね？[註5]」

第七章　地獄のような大混乱

『エクソシスト』の制作陣のあいだで内輪揉め（も）があったとしても、それは一般の人々のあいだで起こったことに比べれば物の数ではなかった。公開初日である一九七三年十二月二十六日、人々は『エクソシスト』を観るため、凍えるような寒さのなか、何ブロックにもわたり、長く蛇行する行列を作った。[註1]

とはいえ、公開初日を待たずにすんだ者たちもいた。業界内にコネを持つ者には、重役であろうと案内係であろうと、それぞれに興味深い逸話がある。ホラー映画研究者として名高いティム・ルーカスは、「初めて観たのは、とんでもない状況のもとだった」と回想している。彼は当時十七歳で、地元のエンターテインメント誌である〈クイーンズ・ジェスター〉誌で映画欄の編集を担当していた。「シンシナティの少し北、スプリングデールにあるショーケース・シネマの興行主が、一九七三年十二月二十四日の午後に電話をかけてきて、フィルムが届いたからと、世界のどこよりも一日早い真夜中の特別試写会に招待してくれた。ワーナー・ブラザースが厳しく制限していたから、この映画の宣伝画像はまったく目にしていなかった。数分遅れて映画館に入ると、発掘を手伝っていたイラク人が、見つけたメダルをメリン神父に渡すシーンだった。湾曲した大きなスクリーンに、迫力のあるサウンドシステム、館内はほぼガラガラで、僕らはみな間隔をあけて座った。あれは間違いなく最高の映画鑑賞体験だったよ」

公開前に観ることのできたほかの少数の人々同様、彼らは、その後どういう事態が起こるかをまったく予想していなかった。翌十二月二十六日、全米各地で、映画のチケットが飛ぶように売れていった。

それと同時に、嘔吐現象が始まった。

長い列に並んでいるあいだにすっかり興奮し、ヒステリー状態に陥った観客は、『エクソシスト』の持つパワーに焚きつけられ、ジェットコースターのようなこの作品を貪るように楽しんだ。そして、本物のジェットコースター同様、吐き気に襲われる者たちもいた。だが驚いたことに、観客が嘔吐するのは憑依のシーンでなかった。

「ニューヨーク・シティの最初のマスコミ試写で、僕は映画館の一番後ろ、観客の最後尾に立っていた」自分はなぜ人々が映画を観て気持ち悪くなるのかを「知る唯一の人物」だと、ブラッティは苦笑いしながら主張した。「すると、前の方に座っていた若い女性が途中で席を立ち、通路を駆けあがってきて、僕とすれ違った。ふらつきながら、『ああ、神様。なんてひどい……』と言うのが聞こえた。僕は『これはまずい。映画が気に食わなかったに違いない』と思った。そして念のため、彼女が席を立ったのがどのシーンか、印をつけておいた。それは、誰もが気分が悪くなるシーンで、僕も同じ箇所でいつも目をそらしてしまう。リーガンの動脈造影検査のシーン、針が彼女の首に刺さって血が噴きでる場面だよ。毎回、あのシーンだった[註2]」

ボストンの映画館で案内係を務めていたマイケル・フィンランの主張は、ブラッティのものとは食い違っている。「吐き気に襲われる人の九十八パーセントは男だった」彼の主張する性別と割合は、ワーナーの報道と似通っている。[註3] 観客が『エクソシスト』を観て嘔吐する一方で、映画会社や制作陣は莫大な利益を上げていた。すると突然、それまで無名だったふたりの人物が、自分たちの功績を主張しはじめた。ひとり目は、〈ニューヨーク・タイムズ〉誌のチャールズ・ハイガムとの熱のこもったインタビューで、同意していたスクリーン・クレジットの約束を反故にされたとフリードキンを批判したマーセデス・マッケンブリッジである。フリードキンは、マッケンブリッジの契約にはクレジットについては言及されていなかったと述べ、個人的には載せたかったがワーナー・ブラザースに拒否されたと言い返した。この問題は、その後の上映用プリントに、〝&マーセデス・マッケンブリッジ〟と加えることで、和解に達した。

それから、リンダ・ブレアのカメラテスト用の代役を務めたアイリーン・ディーツが、人気番組「マイク・ダグラス・ショー」で、悪魔の憑依シーンを演じたのはブレアではなく自分だと発言した。[註4] ワーナー・ブラザースとフリードキンはその主張に猛烈に異議を唱え、編集技師のバド・スミスに、ディーツがブレアの代わりを演じたショットを数えるよう要求した。「一三三フレームだった」これは、長さにして約六秒である。[註5]

「アイリーン・ディーツは、実験的に試した一部のアクロバティックな動きを担当したが、そのシーンは映画では使われていない」フリードキンがここで言及しているのは、おそらく〝蜘蛛歩き〟だろう。「自分が何をやったのかは、わかっている」ディーツはそう言い返す。「憑依のシーンは全部、私が演じたの」その後、彼女はスクリーン・アクターズ・ギルド（映画俳優組合）に、自ら〝口止め条項〟と呼ぶ秘密保持契約を無効にするよう申し立て、「〝身代わりをはるかに超えた〟私の演技に関してギルドから助言をもらいたい」[註6]と申請した。

ディーツとフリードキンの争いは、その後エスカレートした。ディーツは、キャリアを終わらせてやるとフリードキンに脅されたと非難した。リンダ・ブレアと映画を守るため、フリードキンは、一九七四年の初め、自分のオフィスでアイリーン・ディーツとその夫と緊迫した話し合いを持ったあと、ワーナー・ブラザースを通して公式声明を発表した。[註7]「ほかに言いようがない。ディーツさんの主張はまったくもって真実ではない。まず、いかなるときも、いかなる形でも私は彼女を脅してはいないし、彼女がこの先二度とこの業界で働けないようになる、と発言した事実は存在しない……アソシエイト・プロデューサーのデヴィッド・サルヴェンと製作総指揮のノエル・マーシャルの立ち合いのもと、私が彼女とそのマネージャーの夫に言ったことを、ここでもう一度繰り返す。ディーツさんもご存じのように、キャストとクルー全員が彼女の主張が間違っていることを証明できるばかりか、ワーナーとリンダ・ブレアの代理人は、彼女がリンダ・ブレアの功績を横取りしようとした事実を映画俳優組合に知らせるつもりだ。私がそう告げると、彼女はそれに対しては回答しなかった。彼女の夫は、私に声を荒らげさせよう、脅迫させようと挑発してきたが、私はそのどちらもしていない。そして話し合いは終了した」ワーナー・ブラザースは、ジェイソン・ミラー、ディック・スミス、マルセル・ヴェルコテレからも、該当シーンの演技を担当したのはリンダ・ブレアのみだという証言を得た。

一九七四年三月一日、フリードキンの弁護士ジェラルド・リプスキーが、この論争を仲裁するよう映画俳優組合に申し立てた。[註8]三月四日の反論で、ディーツは、「リンダ・ブレアがデビュー作で見せた才能や演技力を過小評価するつもりはなかった」とし、アカデミー賞の投票が近づくなか、「仲裁となれば、よけい宣伝効果が増すだけだ」と述べている。

二週間後、リプスキーは、映画の制作に協力してくれたことをディーツに感謝する文面を映画業界誌などに載せれば、彼女の「怒りを鎮める役に立つかもしれない」とフリードキンに提案した。結局、フリードキンは何もしないことを選んだが、リンダ・ブレアには、ディーツの主張に自分で抗議してはどうかと提案している。[註9]

ディーツのＩＭＤｂの映画リストには、『エクソシスト』後に演じた数十の役柄が掲載され、企画中およびポストプロダクション中の作品は（この本を執筆している時点で）二十以上もある。彼女の簡潔な経歴には、『エクソシスト』でリーガンに憑依した悪魔を演じたことが、言葉を選んで書かれている。フリードキンによると、「リンダ・ブレアがオスカーを獲れなかった」のは、ディーツの主張のせいだった。

悪名高い噴出する嘔吐物のシーンに関しては、ワーナー・ブラザースの弁護士たちが、リーガンが豆スープを吐きだすショットで前のめりになって吐くふりをしたのは、ブレアだったたと暴露した。この場面には、のちにマットショット技法で緑の液体が加えられた。これは、『エクソシスト』で唯一の、オプティカル効果ショットである（ほかはすべて、ディゾルブや二重写しで、マットショットではない）。このシーンのフレーム分析も、同様の事実を明らかにしている。それにもかかわらず、二〇一二年、ディーツは「Exorcising My Demons: An Actress' Journey to The Exorcist and Beyond」（ダニエル・ルービエーと共著）を出版し、「リーガンが吐いているシーンは、私が演じた。吐いたあとのリーガンは、リンダである」という非難も含め、一九七四年と同じ主張を繰り返した。彼女はまた、フリードキンが人々を驚かせようと何度も銃を発砲し、繰り返しテイクをやり直しさせ、俳優を苛立たせるためにセットに腐った肉を隠し、十字架のシーンに関しては適切な解剖学の知識がなかったことを述べている。「リンダ・ブレアはまだ十二歳だったから、十字架の自慰シーンやカラス神父との殴り合いなどのシーンを撮影するのは不可能だった。一九七〇年代だったのだからなおさら。だから、そういうシーンは私が演じた」[註10]

マッケンブリッジおよびディーツとの論争とは別に、映画業界のなかでは、『エクソシスト』に反対する組織化した運動も存在した。正統派ハリウッド映画の名監督ジョージ・キューカーは、『エクソシスト』がどの映画団体からも高評価を受けないよう手を尽くそうと決意を固めていた。このキューカーの怒りに駆られた主張を聞いた者たちは、彼が『エクソシスト』を「忌まわしい」映画と呼び、「これがアカデミー賞をとったら、ハリウッドは終わりだ」と発言していたと語っている。

キューカーは、『エクソシスト』が公開される前年に、『Travels with My Aunt』（一九七二・日本未公開）を監督したが、こちらは興行成績が振るわなかった。ハリウッドでは、アカデミー賞の投票権者（選考委員）たちが、真っ二つに分かれているという噂が流れた。映画芸術科学アカデミー理事会が、一九七四年の授与式では、特殊効果賞のアカデミー賞に値する作品がないと判断したことも、当時の状況が穏やかでなかったことを示している。トム・グライス監督は、キューカーが『エクソシスト』をけなした選考委員会で、フリードキンの映画を擁護した。複数の情報源によると、『エクソシスト』は特殊効果の票を獲得したが、最終的に賞の授与を取りやめ、その年の同カテゴリー自体を廃止する決断がなされたという。

アカデミー賞の外国語映画賞（現在は国際長編映画賞）にノミネートされた監督のための全米監督協会主催の昼食会で、キューカーに挨拶されたフリードキンは、彼が突然、自分が『エクソシスト』の悪口を言っているという噂はでたらめだと言いだしたのを覚えている。フリードキンは、キューカーがそもそも、その噂について口にしたことに仰天した。「私のところに来て、猛烈な勢いでその噂を否定しはじめたんだ。もうひとつ覚えているのは、私が最有力候補だった全米監督協会賞で、『スティング』を監督したジョージ・ロイ・ヒルの授賞が発表されたとき、会長のロバート・アルドリッチがステージ上で、独善的にうなずきながら手を叩いていたことだ。同じ仕草をしている者が大勢いた。アルドリッチもしかり、ステージの周りでも、同じようにうなずいている男たちがいた。ある意味、安堵の吐息をついていたんだ。あの瞬間、一部の者たちが団結して私の映画に投票しないよう取り計らったのだと感じた」

ウィリアム・ピーター・ブラッティもまた、フリードキンのこの逸話に、同じくらい奇妙な事実を付け加えている。「関連性はないかもしれないが」ブラッティは彼独特の、すべてが謎めいて聞こえるような口調で、そう打ち明けた。「ビリー・フリードキン以外で、『エクソシスト』を監督したいと僕に連絡を入れる、あるいは僕と顔を合わせた監督は、ボブ（ロバート）・アルドリッチだけだった」

それを覚えていた者もいたが、忘れてしまった者もいた。『エクソシスト』はゴールデングローブ賞の七部門でノミネートされ、四部門で受賞を果たし、アカデミー賞ではなんと十部門でのノミネーションが発表された。一九七四年四月二日、ゴールデングローブ賞に投票したハリウッド外国人記者協会と、当時三千人いたアカデミー賞選考委員との違いが明らかになった。バズ・クヌードスンとクリス・

ニューマンが音響賞を、ウィリアム・ピーター・ブラッティが脚本賞を受賞した以外はすべて、『スティング』がアカデミー賞をさらったのである。

評論家（のちに音楽プロデューサーとなり、ブルース・スプリングスティーンを発掘した）ジョン・ランドーは、アカデミー賞授賞式のテレビ放送後、ＮＢＣの「トゥモロー・ショー」で、フリードキンの態度が映画の評価に悪影響を与えたという意見を述べた。「これも私の直観にすぎないし、間違っている可能性もあるが、私には、フリードキン氏自身が受賞の妨げになったように思える。映画そのものとは別に、インタビューや態度などを通して不快感を与えたのではないだろうか」と。

オスカーを逃したあとも、フリードキンはとくに態度を変えることはなかった。ハリウッドの規範によると、その必要もなかった。『エクソシスト』は、史上最高の興行成績を上げた映画の仲間入りを果たしたのだ。その栄誉あるグループに属する映画で、Ｒ指定の作品はごくわずかである。『エクソシスト』はその後も何度か劇場で再公開され、ホームビデオも数バージョン、リリースされたが、『スティング』は大半の人々の記憶にとどまることはなかった。映画ファンのあいだでは、『エクソシスト』のインパクト抜群の台詞が流行り、夕食会で豆スープが出れば、誰かしらが必ずこの映画に関するジョークを口にした。千二百万ドルの予算で制作された『エクソシスト』は、最終集計時点で二億三千万ドルから四億四千百万ドル（情報源によって異なる）の興行成績を記録したとされている。

ウィリアム・フリードキンは、時の経過とともにこの映画に影響を受け、心を動かされた。カトリックの聖体拝領式に出席した彼はひどく感動し、聖体を受けとっている。ブラッティは恐怖におののきながら、カトリック教徒でないばかりか洗礼も受けずに聖体を受けとるとは言語道断だ、と彼に告げた。その後長いこと、神のご加護を受け入れたと語るフリードキンの発言が様々な場所で引用され、二〇一六年五月一日にはついにイタリアに飛び、実際に悪魔祓いを行うガブリエーレ・アモルト神父に付き添った。その後の十月、〈ヴァニティ・フェア〉誌の取材を受けたフリードキンは、儀式の詳細を一九七三年の映画と同じくらい細かく記している。とはいえ、この記事は映画とは違い、ルポルタージュ形式だった。のちの二〇一八年、彼はこの〝巡礼〟に関する『悪魔とアモルト神父―現代のエクソシスト―』と名づけたドキュメンタリー映画を製作している。

ウィリアム・ピーター・ブラッティの宗教的・霊的な旅は、それよりもずっと一貫していた。熱意と思いやりに満ち、思慮深い彼は、イエズス会の学識とコメディの感性、旧世界の魅力を複雑に組み合わせた人物だった。ブラッティは、のびやかな雰囲気のなかで行われた信仰の謎に関するインタビューで、撮影が不可能であることはわかっていたが、『エクソシスト』に付け加えたいと長いあいだ思い続けている別のエンディングがある、と語っている。

「長いこと〈フリードキンには〉、『映画にエピローグを入れなかったのは失敗だった。小説は、あのエピローグのおかげで、読者はハッピーエンドと感じることができた。ほら、カラスはある意味では生き続けていたんだから』と言い続けていた。『ビリー、あの映画を観た人はみんな、暗い結末だと思ったんだよ。カラスの最後の行動が自己犠牲だとは気づかず、悪魔が彼を殺したと誤解したせいだ。きみのせいでもないし、僕のせいでもない、あのときのショットがそう見えただけだが、階段のてっぺんに立ったオマリー神父が自分の人生が終わったかのように世界を見わたしているあの光景には、絶望しか感じなかった！』とね。

すると、（フリードキンは）『別のエンディングを作るべきだな』と言って、カラスが微笑みながら〝ヒッチコックの階段〟を上ってくるというアイデアを提案してきた。だが、観ているわれわれには、彼がカラスなのかそうでないのかは、わからないようにしよう、と。僕は『よし。そのアイデアを発展させてみるよ』と答え、カラスは死んでいないというテーマに沿って、六ページにわたるエピローグを書いた。数年後、引退したダイアー神父が聖アンドリュー・オン・ハドソン（ニューヨーク州のイエズス会修練院）で朝早く読書をしていると、ジョギングをしていた男が入ってきて、ダイアー神父のすぐ横に腰かける。やや無骨なタイプのその男は、読書中のダイアーが静寂を必要としていることなどまったく無視して、彼に話しかける。そして話しているうちに――内容は、悪に関してだ――、少しずつ、彼の声が変わっていく。そしてついに、その声がデミアン・カラスのものだとわかるんだ！　それから、僕ら観客には見えない誰かを探すかのようにその男を見るダイアーを映し――僕らは、その男がデミアン・カラスだと確信する。その男が『僕がわからないのか、ジョー？』と言うと、突然、彼の視線がこちらに動き、それから上を見る――頭も上を向きはじめる。その最中もずっと、どこからともなく『僕らは光だ、ジョー』という声が聞こえている。頭上では、昼間の空にまばゆい白い光が無数に見える。そこらじゅうにね。それが、僕が書いたエピローグだった。あの瞬間を思いだすと、いまでも感無量になる。忘れもしない、キャノン・ドライブにあった僕の自宅の映写室だった。ビリーはこのエピローグを読んだあと、僕が書いた草稿を持っていた手を横に垂らし、こう言った。『ああ、神よ。もうすでに重みを感じる』とね。そどういう意味かと言うと、彼はこのシーンを監督することを即座に悟った。撮るつもりだったんだ。そして、このシーンをわかりやすく描くことの重要さ、あらゆる仕事、決断の重みを感じていたんだよ。

それから、僕らはそのエピローグの撮影に向けて動きだした。ところが、ビリーによると、彼はワーナー・ブラザースに行き――彼らに説得されて心変わりした。ワーナーの連中は、その撮影には四十万ドルかかると言って、ジョン・キャリーか誰か、あるいは重役全員が、『いいか。成功したものをいじってはいけない』とやんわり拒否したんだ。

一年後、再リリースが決まったときも、僕らは新たなエンディングについて話し合った。だが、ビリーはワーナーに説得されたに違いない。ヒッチコックの映画にだってたくさん欠点があるが、撮り直しはされなかった、と逃げ腰だった。ワーナーの誰かさんは、最初はエピローグを付け加える案に賛成したんだ。だが、ラフ・カットを観て、ダイアー神父が階段のてっぺんから見下ろす場面で、『これがエンディングだ』と言った。僕は、コレクターのためだけでもいいから、ＶＨＳバージョンでオリジナルの完全版としてまとめたい、と何度も何度も頼んだ[註11]」

ブラッティの希望は応えられることになるのだが、その実現には数十年の歳月と、まったく異なる〝冒険〟が必要とされた。

補足　X - ソシスト

『エクソシスト』が編集されている頃、合衆国最高裁判所で行われた《ミラー対カリフォルニア州》裁判で、かつてポッター・スチュワート判事が〝見ればわかる〟と言った基準を定義するため、〝コミュニティ基準〟という曖昧な根拠をもとに、猥褻（わいせつ）に関する判決が下された。[註1] 一九七三年六月二十一日のその判決では、米憲法修正第一条は猥褻を擁護しない、とされた。猥褻は次の三つの基準によって定義された。

①一般人は、その作品が主に猥褻な興味をそそると判断するか？
②その作品は、州立法で明白に禁止されている事柄を描写しているか？
③その作品は、全体的に見て、真面目な文学的、芸術的、政治的または科学的価値を欠いているか？

理論的には、ある作品を猥褻とみなすためにはこの三つの基準すべてを満たす必要があるが、その事実も、各地で映画館に対して反対運動が起こるのを止める役には立たなかった。ワーナー・ブラザースは、予想される反対運動に対して身構えた。一部の興行主、具体的にはボストンとワシントンD．C．

の興行主が、『エクソシスト』を成人映画（X指定）に指定し、十七歳以下の客の入館を制限する（チェックするのを忘れなければ）ことで、論争に発展するのを回避しようとした。映画会社に対する反対運動を未然に防ぐため、ウィリアム・フリードキンたちは、議会の猥褻に関する小委員会で、最高裁判所の判定により芸術表現に恐ろしい影響が出るに違いないと主張し、「MGMが四〇年代に抱えていたよりも大勢の才能ある人材が、刑務所にぶちこまれることになる」と証言した。

彼らには懸念するに足る理由があった。一九六八年、米国映画協会の会長ジャック・ヴァレンティが、映画界の自己検閲プログラムを、親や映画館主に内容を警告する評価システムに緩和したのだ。その後まもなく、『肉体の悪魔』と『時計じかけのオレンジ』[註2]（どちらも一九七一）というワーナー・ブラザース製作の二作が、成人映画だと自己申請した。つまり、十七歳以下の子どもはこの二作を観ることができなくなったのである。『エクソシスト』も同じような目に遭うのだろうか？[註3]

最悪の事態を恐れたワーナー・ブラザースは、米国映画協会の映画分類基準審査委員会に、ミックス作業前のラフな編集バージョンを見せた。委員会は十月三日、「上品に仕上がっている」と判決を下し、何ひとつカットを要求せず、R指定での公開を許可した。つまり、「十七歳未満の未成年者も、親か保護者が同伴すれば入場できる」ことになったのだ。ワーナー側には、ニューヨークの精神医学者であるアーロン・スターン博士がいた。スターン博士が映画会社に協力したと言うのは公平ではないだろうが、一九七四年に精神科医を引退したあとも、彼はハリウッドで、映画会社のために喜んでレイティング基準に関するコンサルタントを務めた。[註4]

それにもかかわらず、一部の興行主はミラー裁判を考慮に入れ、最初の公開時には『エクソシスト』

を成人向けに設定した。勝手にシーンをカットした者もいると言われており、ワーナー・ブラザースは初回劇場独占公開後、郊外の映画館で公開するときには、〝アンカット（未編集）〟バージョンであると宣伝しなければならなかった。もちろん、今日では、ストリーミング配信やホームビデオにより、すべての年齢層が視聴可能である。

補足　ウォレン夫人の公言

一九七四年初め、ボストンで公開されて間もなく、興行主のサック・シアターズは、マサチューセッツ連邦司法長官により、『エクソシスト』がその「猥褻（わいせつ）さと冒瀆（ぼうとく）行為で、未成年者の道徳を堕落させた」[註1]罪で起訴された。ここで言及される未成年者とは、マサチューセッツ州ブロックトンに住む、リタ・ウォレン夫人の娘を指している。若いテレサをこのR指定の映画に伴ったウォレン夫人が、同州の時代遅れのブルー・ロー（十七世紀以降にアメリカおよびカナダで戒律を厳格に守るために作られた様々な法律）に従って即座に上映禁止にするとまではいかなくとも、論争を引き起こすつもりだったことは火を見るよりも明らかだ。

ムッソリーニ時代にイタリアで生まれたウォレン夫人は、ナチの兵士たちと遭遇したさい、抵抗するための信仰心を神から得たと言われている。一九四七年、戦争花嫁としてアメリカに移住した彼女の結婚生活は長くは続かなかったが、宗教への献身はその後も変わらなかった。ウォレン夫人が初めて人々の注目を集めたのは、一九七〇年代、マサチューセッツ州の公立校に再び祈禱（きとう）の慣習を取り戻そうとしたときだった。

しかし、いったいなぜ、リタ・ウォレンは未成年の娘を『エクソシスト』に連れていったのか？　その糾弾が本物であったのだとすれば、なぜ夫人は子どもを危険にさらした罪で起訴されなかったのか？

当然ながら、ウォレン夫人の糾弾は、アメリカで最も話題になっている映画――ＭＰＡＡのレイティングシステムを拡大解釈した映画――の名声に便乗して見出しを独占することを狙ったスタンドプレーに過ぎなかった。明白な憲法修正第一条を根拠に前任の裁判官が主張を却下すると、自らをユース・オブ・アメリカ社と呼ぶ非営利団体の会長ウォレン夫人と、リー神父と少人数のサポーターたちは、新任のジョセフ・Ｒ・ノラン裁判官が起訴状を発行しなければ裁判所で暴動を起こす、と脅した。

一九七四年二月二十七日水曜日に、セオドア・グリン裁判官の前で行われた聴聞会は、すぐに終わった。サック・シアターズに対するすべての告発は却下され、評論家たちはマサチューセッツ州が四旬節の初日にウォレン夫人を見捨てたことを悦に入って指摘した。

しかし、撲滅運動に精を出す狂信者たちは、それくらいでは沈黙しなかった。一九八〇年代、ウォレンは活動の拠点をワシントンＤ．Ｃ．に移し、キャピトル・ヒルでのデモ――そのうちの二十回ほどでは、逮捕もされた――を行い、〝ジーザス・レディ〟と呼ばれるようになった。彼女は常にキリストの実物大のマネキンを持ち歩き、観光客のためにマネキンの横で喜んでポーズを取った。

二〇二〇年九月一日、ウォレン夫人は、ずいぶん昔に『エクソシスト』を観せた娘テレサ・ペピンを残し、九十二歳で死去した。

古めかしいマサチューセッツ州のブルー・ローはその後もしばらく有効であったが、二〇〇三年十一月二十六日、当時の州知事ミット・ロムニーが無効とする書類に署名した。

第八章　再考に次ぐ再考

現在、『エクソシスト』には四バージョンある。ひとつ目は、オリジナルの劇場公開版（一九七三年）、ふたつ目は『特別篇（Special Edition）』（一九九八年）、それから『エクソシスト ディレクターズ・カット版（The Version You've Never Seen）』（二〇〇〇年）、そして『エクステンデッド・ディレクターズ・カット版（Extended Director's Cut）』（二〇一〇年）である。五十周年を記念して発売される本書の刊行までに、４Ｋ版として五つ目が出ているかもしれない（二〇二三年十一月二十一日にディレクターズ・カット版&オリジナル劇場版〈４ＫＵＨＤ&ブルーレイセット〉が発売された）。それはともかく、本物の『エクソシスト』はどれなのか？　その答えを議論するには、ホームビデオ市場の重要性だけでなく、監督と作家の友情、双方にとって最も有名なこの作品をめぐる、その後のふたりの複雑な関係に触れる必要がある。

一九八〇年に全米テレビネットワークでデビューを飾った翌年の一九八一年、『エクソシスト』がＶＨＳとベータマックスの両媒体でリリースされた当時、ホームビデオ市場はすでに長いこと主要な補助収益源となっていた。ビデオテープとレーザーディスクに収録されているのはすべて、一九七三年のオリジナル劇場公開版だが、テレビ版では、十字架の自傷シーンや、ダールグレン礼拝堂の処女マリア像への冒瀆（ぼうとく）行為（念のため、制作中に別のバージョンが撮影されていた）の内容を変える等の編集が必要とされた。ウィリアム・ピーター・ブラッティがジョージタウン大学の使用特別許可を得たおかげで、礼拝堂での撮影が可能になったのだが、クルーはこのシーンの撮影に大きな抵抗があったという。「私はアイルランド系のカトリック教徒だ」と、アシスタント・ディレクターのテレンス・A・ドネリーは言う。「十六年間カトリックの教えを学んできた身として、あのシーンを撮りながら、こりゃヤバいと思った」[註1]

『エクソシスト』のテレビ放映権を買い取るさい、CBSプログラム・プラクティス部門が悪魔の台詞をトーンダウンしてほしいと編集作業を要求したのは、驚くにはあたらない。CBSの副社長アリス・E・ヘンダーソンは、一九七九年十二月六日、変更を要求する二ページ半の手紙をウィリアム・フリードキンに送り、多くの〝ファック〟〝クライストセイク〟〝ガッデム〟〝ジーザス〟に加え、大流行した「カラスのお袋は地獄の淫売だ」を削除するほか、リーガンが絨毯に失禁するショット（オーディオのみが使われた）、動脈造影検査のすべての血液、十字架の自傷シーンのほぼ全体の削除と、「ふたつ目の嘔吐ショットの削除」を監督に要求した。制作中、代わりの場面を撮っていなかったため、こうした変更は編集とアフレコで対応された。[註2]フリードキンは、マーセデス・マッケンブリッジに依頼するのではなく、自分の声で、「カラスのお袋は地獄で朽ちてる」と「黙れ、このオカマ」という台詞を録音した（当時〝オカマ〟は、テレビでは侮辱とみなされていなかったようだ）。こうした削除により、映画の長さが一二二分から一一七分五〇秒に短縮された。

それ以外の部分は、復刻版でもリバイバル作品として上映されたときも、二十五年間、『エクソシスト』は『エクソシスト』のままであり続けた。

ジョージタウン大学のホワイト・グレイヴナー・ホール。ワーナー・ブラザースがこの大学ホールを映画のロケ撮影に使用できたのは、ウィリアム・ピーター・ブラッティの母校だったからである。
提供：ダデロット／Wikimedia Commons

ところが、一九九五年、DVDテクノロジーの導入とともに状況が一変した。よりクリアな映像とデジタル・オーディオにアップグレードされたのと同時に、収録時間の延長によって、長い映画でも再生速度を早めたり、VHSやレーザーディスクを二枚組にしたりせずに、一枚のディスクに収録できるようになったのである。また、制作の裏側を追うドキュメンタリー映像やビデオ・エッセイ、インタビュー、解説など特典コンテンツも収録できるようになった。[註3]

さらに、DVDの誕生により、作品を再訪し、映画会社が様々な理由（上映時間、ヌードシーンの有無、市場調査グループの干渉など）で公開時に削除した映像を復元することも可能になった。一九九〇年代に入ると、より上映時間の長い、とりわけレイティング評価なしの〝ディレクターズ・カット版〟DV

Dが、人気を博すようになる。またDVDの発売は、同じ映画の異なるバージョンをふたつ同時に市場に出してはいけないという米国映画協会の規定には抵触しなかった。

しかし、ディレクターズ・カット版は、映画研究家や制作者のあいだで、いまだ議論の的になっている。正確に言うと、どのバージョンが歴史的に見て正当とみなされるのか？

「映画は、生まれたときの状態、たったひとつのバージョンのみであるべきだ」ロバート・アルトマンは主張する。「だが興味深いことに、多くの場合、異なるバージョンのほうが質がよくなる。『アラビアのロレンス』〔一九六二〕では、たしかに追加シーンがプラスに働いた。だが、それはすべて後知恵にすぎない。作っている最中は、あとから付け足すことなど考えてもいないし、『いつか、このシーンを元に戻そう』と保存することもない。最初の出来が勝負なんだ[註4]」

マーティン・スコセッシ――『ニューヨーク・ニューヨーク』〔一九七七〕は、映画会社により一部削除されたが、のちに復元された――も、同じような見解を口にしている。「なぜ映像を追加したいのか？そんなことをしたら、最初に定めたリズムが台無しになるじゃないか。一流の監督が、一流の映画を公開したあと、復刻版ディレクターズ・カット、もしくはディレクターズ・カット、もしくは追加映像入りのディレクターズ・カットを出すことに、なんの意味があるのか？　ちなみに、この三つはすべて異なるものだ」とはいえ、スコセッシは戻ってやり直したいという欲求に同情的だ。「映画を仕上げている最中には、目まぐるしい忙しさに振り回され、間違った削除や編集を行うこともある。あるいは、パニックを起こすとか、不安に駆られた映画会社にプレッシャーをかけられることもある。

だが、われわれは犠牲を払い、正しい道だと信じて映画を完成させるわけだ。当然ながら、その後、

『もう一度編集し直して、リリースしよう。たぶん、あのバージョンのほうがよかったから』と思うこともあるだろう」それでも、彼はこう警告する。「あえて言わせてもらえば、付け加えたからといって、必ずしもよくなるわけではない[註5]」

とはいえ、特定の映画の熱烈なファンは、最初に夢中になった作品をもっともっと、と求める。たとえば、ジェームズ・キャメロンの『エイリアン2』（一九八六）、『アビス』（一九八九）、『ターミネーター2』（一九九一）や、ピーター・ジャクソンの『ロード・オブ・ザ・リング』三部作（二〇〇一・二〇〇二・二〇〇三）、リドリー・スコットの『ブレードランナー』（一九八二）などのディレクターズ・カット版――〝拡張版（エクステンデッド・バージョン）〟と呼ぶべきかもしれない――はみな、こうした追加映像がプラスに作用した。しかし、スティーヴン・スピルバーグの『１９４１』（一九七九）のように、必ずしも増やせばよくなるというわけではなく、たんに長くなっただけという結果に終わることもあるのだ。[註6]

『エクソシスト』はどうか。

厳密に言うと、一九七三年の『エクソシスト』こそがディレクターズ・カット版である。『フレンチ・コネクション』でアカデミー賞を獲得したばかりのウィリアム・フリードキンは、プロデューサーのウィリアム・ピーター・ブラッティとは息の合ったコンビだったこともあり、ＭＰＡＡのレイティングなどの理由でワーナー・ブラザースが公開前に加えようとした修正の試みを却下できるほどの力を持っていた。しかし、明確なビジョンを持っていたフリードキンでさえ、緊迫感に満ちたポストプロダクション作業中の提案に、ごく稀（まれ）に逡巡（しゅんじゅん）することもあった。

「『エクソシスト』のオリジナル版の編集では、ビル・ブラッティと私の意見が一致しなかった」

二〇一八年、ウィリアム・フリードキンは映画芸術科学アカデミーの試写会に集まった人々にそう説明している。[註7]「そのオリジナル版から、私が十二分以上にわたる複数のシーンを削除した理由はふたつある。まず、当時ワーナー・ブラザースの製作部でトップだったジョン・キャリー[註8]に、ワークプリント[註9]（ネガフィルムを現像したポジフィルムで、編集に使われるフィルムのリール。作業プリント）を見せると、改善すべき点を指摘されたんだ。「くどい場面がある。削ったほうがいい」と言われた。ジョンのことは尊敬していたが、その場では、本当に頭にきたよ。彼はそのとき観ただけだが、私は一年以上もこの映画に関わっていたし、アカデミー賞監督だという自負もあった。それなのに私の映画をどう変えるか指図するとは何様のつもりだ？　そう思ったわけだ。だが、自宅に戻り、彼の提案をひとつひとつ、じっくり検討してみた。その翌日、編集室に直行し、指摘されたとおりの変更や削除を行ってみると、ずっとよくなったように思えたので、これでいく、と決めた」

劇場で公開するのはそのワークプリントだと思いこんでいたウィリアム・ピーター・ブラッティは、この決断に不満だった。そして、その不満を何十年ものあいだ抱き続けることになった。

「何十年も、ずっとだ」と、フリードキンは繰り返す。「ブラッティは私の決断に腹を立てていた。長いこと口をきいてもらえなかったほどだ。口を開いたと思えば、『ビリー（・フリードキン）、きみは映画の心であり魂である部分を削ってしまった』と責められた。だから私は、こう返した。『ビル、それはい、、勝ち惜しみだぞ。映画は大成功を収め、その後もヒットを続けている。きみだって大成功を収め、名声も手に入れたはずだ。それなのに、私が間違っていたと言うのか？』と。それから何年も経ち——

一九七四年（実際は一九七三年）の公開から長い年月を経て、二〇〇〇年になる頃には、ブラッティと私の友情は復活していた。ある日彼が電話をかけてきて、『ビル、もう一度、きみが削った映像を観ないか？　ワーナー・ブラザースの倉庫の編集機器で一緒に観よう。フィルムの状態を確認して、それを復元できるか、新たなバージョンで編集できるか、試してみないか？』と言うんだ。だから、ビルのためにそうすることにした。私はビル・ブラッティのことが好きだし、彼を尊敬している。それに、私が手掛けたなかで最良の題材をくれた、この作品の原作者だ。だから私は、いいよ、と答え、彼と一緒にワーナー・ブラザースに行き、削除された場面をすべて観た。リーガンが階段を逆さに降りるシーンも観た。公開当時は、セットが明るすぎてケーブルが丸見えだったから、使えなかったシーンだ」[註10]

この企画には、その二年前、もうひとり関わっていた。フリードキンの友人で、著名な英国人映画評論家のマーク・カーモードである。カーモードとニック・フリーランド・ジョーンズ監督は、『エクソシスト』公開二十五周年記念となる一九九八年にBBCで放映されるドキュメンタリー、『The Fear of God: 25 Years of The Exorcist』の製作が決定すると、フリードキンに失われた映像を探しだす許可を求めた。同時にフリードキンはワーナー・ブラザースに、商業的に実行可能で予算を出す準備があるのなら、拡張バージョンを作ってもいいと知らせた。バーバンクで何度か会議が開かれたあと、カーモードらは米カンザス州の岩塩坑内にあるワーナー・ブラザースの保管庫を訪れ、削除された映像のほとんどを見つけることができたが、それに付随するオーディオは失われたか、ばらばらになっていることが判明した。

「ワークプリントの映像の大半は、それとマッチするネガが見つからなかった」フリードキンは映画芸術科学アカデミーの試写会で、そう語っている。「しかし、傷や染みがあるワークプリントは新しい作品にするうえで使わないことにした。真新しいプリントに、傷のある映像を入れたくなかった。そうした場面のひとつが、ヴァージニア州のアーリントン墓地だ。ワシントン滞在中、クリスが娘のリーガンと一緒に有名な場所を観光する。無名兵士の墓に行き、セレモニーを見守るこのシーンは、リーガンが母親に問いかける『人はどうして死ぬの?』という台詞のためだけに撮った。とてもいい場面だ。様々な戦いで命を落としたアメリカ人兵士を悼む式典で、少女は死を理解できないとはいえ、その意味を考える。結局この場面は、サウンドトラックが見つからず、入れられなかった」

フリードキンが映画を再訪する許可を出したもうひとつの理由は、当時、ウィリアム・ピーター・ブラッティが三時間の『エクソシスト』テレビ・ミニシリーズの執筆に同意したという噂が流れていたからだった。そのシリーズには、カールの娘に関する詳細や、劇場公開版に入らずブラッティが悔しく思っていた宗教哲学など、小説のすべてが含まれることになっていた。もちろん、テレビでは過激な言葉遣いや暴力は控えねばならないが、思想はそのまま残すことができる。その思想こそ、まさにイエズス会士ブラッティが、映画に残してくれとフリードキンに熱心に頼みこんだ部分だった。[註11]

ここで特筆すべきは、〝蜘蛛歩き〟である。二〇〇〇年に発売されたディレクターズ・カット版には、寝室から出てきたリーガンが蜘蛛のように両手両足を曲げ、逆向きブリッジで階段を下りてくる、かの有名な〝蜘蛛歩き〟シーンが含まれていた。この〝蜘蛛歩き〟を演じたのは誰だったのか? 長いこと、この問題のシーンを演じたのは、精神科医の股間をつかむシーンや、寝間着に十字架を突っこむシーン、パズズを背景に後ろから照らされて宙を掻くシーンなど、ブレアの顔が映らない憑依ショットに登場するアイリーン・ディーツ（リンダ・ブレアのメイク用代役）だとされていた。また、テスト映像にはハウディー船長として白塗りのメイクを施されたディーツが映っている。しかし、『エクソシスト』おたくのカーモードが、ドキュメンタリー『The Fear of God』で〝蜘蛛歩き〟の映像を流し、パンドラの箱を開けるまで、このシーンはすっかり忘れ去られていた。

「〝蜘蛛歩き〟をした人物はふたりいる。また、〝蜘蛛歩き〟のバージョンはひとつではない」カーモードは、そう考察する。「〝蜘蛛歩き〟を演じたひとりはリンダ・ヘイガーで、もうひとりはアン・マイルズである。私の説では、こうだ。リンダ・ヘイガーは、〝蜘蛛歩き〟用のリグを作ったマルセル・ヴェルコテレと作業をしていたから、おそらく彼女が階段を下りてくるところも撮影されたのだろう。それから数年後、アン・マイルズなる人物がＢＦＩを通して私に電話をかけてきて、『〝蜘蛛歩き〟をしたのは私よ。コントーション（体を極度に曲げたり捻じる曲芸の一種）をしている私の写真を何枚か送る』と言った。『エクソシスト ディレクターズ・カット版』の〝蜘蛛歩き〟のシーンで、開いた口から血を流しているリーガンは、彼女だと思う。たしか彼女は、『あれは私の歯よ』みたいなことを言っていたからね。しかし、私の記憶が正しいとするならば、彼女はリグを使わなかったとも話していた。さて、ここではっきりさせておきたいのは、知ってのとおり、〝蜘蛛歩き〟のバージョンはひとつ以上存在する。ほら、『The Fear of God』で見せたバージョンでは、彼女が階段を下りてきて、ぐるっと反転してリグからはずれ、四つん這(ば)いになるのだから。別のバージョンは、もっとずっと短い、（ディレクターズ・カット版に）入っているものだ。私のリサーチから導きだした結論では、リンダ・ヘイガーとアン・マイルズの両方が〝蜘蛛歩き〟を演じたのは事実だが、完成版に入っているのがそのどちらなのかは不明だ。ひょっとすると、ふたりの演技を合わせているのかもしれないが、わからない。われわれが『The Fear of God』で使ったバージョンでワイヤーが見えることだけは、はっきりしている。つまり、そのバージョンで演じたのがどちらにしろ、ワイヤーを使って演技をした人物ということになる。ふたりのうちひとりは、マルセル・ヴェルコテレのリグを使っている。あれは絶対にアイリーン・ディーツではなかった。彼女は、あのシーンとはまったく関係がない。したがって、スクリーンに実際に映っているのは、リンダ・ヘイガーとアン・マイルズというふたりの役者だ。われわれが『The Fear of God』で使った〝失われたシーン〟はすべて、ビル・ブラッティと私がワーナー・ブラザースの保管庫から（苦労して）探しだしたビデオテープのテイクの複製を利用し、ニック・ジョーンズと私自身がBBCの編集者ジャン・ビーズとともに一から再構築したものだ。

最も難しかったのは、サウンドを見つけることだった。バーバンクの倉庫で埃をかぶっていた大量の巨大な段ボール箱のなかを何日もかきまわして、ようやく見つけたものもある。ニックとジャンと私は、それからブラッティの脚本をもとにシーンの再構築をはじめたのだが、当然ながら、われわれの編集は、たんなるデモとして造られたものだ――バド・スミスあるいはジョーダン・レオンドポウロスの編集とは違う。〝蜘蛛歩き〟が（ドキュメンタリーで）不自然に見えるのは、そのせいだろう――〝蜘蛛歩き〟シーンの全テイクにアクセスできなかったわれわれにとっては、あれが限界だった。あのショットを長めに使えば、からくりが一目瞭然で、じっくり見るのに耐えられるような映像はとても構築できなかったんだからね[註12]」

このシーンの再構築は、それ自体が冒険だった。一九九八年の一月、当時、配給部長だったバリー・リアドンと話し合うため、また発見した資料を映写するために、カーモードは自費でイギリスからカリフォルニア州バーバンクにあるワーナー・ブラザース社へと飛んだ。前述のように、発見された映像のほとんどが、故意にMOS（無音）で撮影されるか、シンク・トラック（撮影時に収録された音声）が行方不明あるいは使用不可能だった。たとえば、ダイアー神父とキンダーマンの〝カサブランカ〟風のエピローグでは、ふたりの会話がほぼ街の車のエンジン音にかき消されていたが、アフレコはされていなかった。しかしこのとき、長いこと探し求められていたお宝映像が見つかった。一度も編集されず、ラッシュ（撮影状態確認のための、音声の入っていない未編集プリント）のまま放置されていた〝蜘蛛歩き〟の映像である。カーモードによれば、そこにはなんと、ディック・スミス作の長い舌をひらめかせてキティ・ウィンの踵を舐めようとする逆向きでないリンダ・ブレアが登場する前に、天井の〝蜘蛛歩き〟用リグからぶら下がるスタント・パフォーマーのショットが含まれていた。

　この新たに発見された映像を、自分が予定していた一九九八年の再リリースまでに満足のいくクオリティに仕上げられないと判断したフリードキンは、カーモードに、『The Fear of God』で使ってもいいと許可をだした。フリードキンはのちに、二十五周年記念版リリースのため、いくつかの異なるテイクからこのシークエンスを自身で再構築し、サウンドも付けた。

　概して、ディレクターズ・カット版のDVDとブルーレイには、追加映像と新たなオプティカル効果という、二種類の追加要素が収録されている。このどちらも、多くの点で映画を変えていることはたしかだ。[註13]

　追加映像のなかでもとくに重要な四点は、次のとおりである。

①病院での、リーガンの最初の検査。劇場版では、この検査についてはクリスが娘に「お医者様が言ったでしょ。ただの神経症よ」と言及しているだけだが、この追加映像のおかげで、観客はリーガンが実際に苛立ち、無礼な振る舞いをする検査シーンを観ることができる。
②〝蜘蛛歩き〟シークエンス。
③悪魔祓いの儀式の合間に、階段で休憩するメリン神父が、悪魔は人間のように野蛮な生物をなぜ神が愛せるのかをわれわれに自問させようとしている、とカラス神父に説明するシーン。
④クリスがカラス神父の聖ヨセフのメダルをダイアー神父に返し、その後キンダーマン警部補と神父がともに歩み去るエンディング・シーン。

新しいバージョンに追加されたオプティカル効果は、次のとおりである。

①リーガンの寝室の窓に、カラス夫人の顔が重ね焼きされた。
②白い顔の悪魔（〝ハウディー船長〟）が、リーガンの寝室の壁に閃く。これは、ディック・スミスがアイリーン・ディーツにメイクを施したテスト映像である。
③悪魔パズズの追加フラッシュ・フレーム。

追加された映像とオプティカル効果の影響はきわめて大きい。前者は映画の意味をより強調し、明確にした。一方、後者は、映画の持つパワーを弱めている。

最も議論を呼んだ追加シーンが、〝蜘蛛歩き〟であることは間違いない。これが劇場公開版から削除されたのには、もっともな理由があった。まず、二〇〇〇年のDVDエディション用に撮影されたフリードキンとの対談でブラッティが述べているように、デニングスの死の直後に〝蜘蛛歩き〟のシーンを入れると、衝撃的なシーンが連続してしまう。ブラッティは、脚本が悪かったことを認めている。フリードキンはブラッティの告白に満足しつつ、どちらにしろ、エレン・バースティンとキティ・ウィンの適切な反応をカメラに収めることができなかったから、シーンを構築するに足る映像がなかったと付け加えている。しかし、ふたりとも、より重要な点を見逃している。それは、逆向きで階段を駆けおりてくるリーガンを見れば、娘が取り憑かれている、あるいは少なくとも医療の力ではどうにもならない事態が起こっていることが一目瞭然なことだ。したがって、クリスは即座に医者通いをやめ、悪魔祓いを依頼したに違いない。つまり、〝公開から二週間も経たないうちに、観客はひとり残らずリーガンが悪魔に取り憑かれていると知っていたから、緊迫感を高めても無意味だ〟というフリードキンの主張を裏付けることになる。[註14]

撮影監督オーウェン・ロイズマンには、より現実的な理由があった。「〝蜘蛛歩き〟のシーンの撮影には本当に苦労した。あの姿勢をとって動くだけでも大変なことだ。言うまでもなく、あの演技を達成できたのは補助ワイヤーで吊るしたおかげだが、そのワイヤーが映っていたせいで映像がお蔵入りになった。二〇〇〇年にこのシーンを追加するにあたっては、ワイヤーを簡単にCGで消すことができたので、ビリーはこの場面を入れることにした」[註15]

ティム・ルーカスは、〝蜘蛛歩き〟が物語の流れを乱しているという意見に同意する。「あの時点であれほど衝撃的な変化を遂げるのは、早すぎる。カラスが部屋に入ると、リーガンの様相ががらりと変わっている場面がある。〝蜘蛛歩き〟を入れるなら、そのシーンの直前にして、彼女の状態が悪化していること、拘束が難しくなっていることを示すべきだ。該当シーンが今どこに挿入されているのかは知らないが、私は総合的に考えて、あのショットを入れることに反対だ。特殊効果があからさますぎる。ほら、階段を下りてくるリーガンの動きが機械的すぎるし、最後に逆向きのまま口から血を垂らして金切り声をあげるなんて、やりすぎだよ。あの段階では早すぎるんだ。その次に起こる衝撃的な出来事の効果が薄れてしまう[註16]」

フリードキンがオリジナル・カットから削除し、ブラッティが復元できたことを喜んだ最も重要なシーンは、カラス神父とメリン神父が悪魔祓いの儀式の休憩中、階段で会話をする場面だ。「なぜあんないい子が選ばれた？」カラスがそう尋ねる。まったく意味が通らない、と。

メリンは、ため息をつく。「われわれを絶望させるためだ。自分がまるで獣のようで、心が醜く――神の愛に値しないと思わせてな」

この台詞は、ブラッティにとっては、映画の真意を要約している。だがフリードキンは、映画のテーマは明言せず、示唆するにとどめておくのがベストだと考えた。ブラッティとフリードキンは、そのシーンを撮っている最中のセットでも議論を戦わせたという。

「悪魔の目的は、われわれを絶望させることだ」ブラッティは強調する。「人間は獣のように野卑で下劣な存在で、心が醜いと思い知らすためなのだ――あまりにも醜い存在だから、仮に神が存在するとしても、人を愛することなどありえない、とね。僕にとって、この会話はとても重要だった。なぜか？

この台詞があれば、観客ひとりひとりが、残酷な場面を見て喜ぶ自分を否定せずにすむからだ。この台詞は、緑の嘔吐物が噴きだすとか、そういう恐ろしいことを全部、説明しているんだ」

結局、フリードキンが考えを変えたことにより、このシーンは復元された。「私は当時、この場面で語られる台詞の内容は、全編で表現されていると感じた。だがビル（・ブラッティ）は常に、それを台詞として言葉にする必要があると思っていた。私は『ビル、このシーンは入れられないよ。作品全体がそれを示唆しているも同然なんだから』と言ったんだ。今回、このシーンを入れたのは、彼のためだ。当時もいまも、彼には大きな借りがある。ビルは作品の生みの親だ。彼が創りだし、私に託した。年をとるにつれ、私も少し謙虚になり、こう思うようになった。彼が望んでいた映画を作るべきだ、と」[註17]

フリードキンは続ける。「二十五年間、ビル・ブラッティは、私が削除した十二分間についてずっと不満を言い続けていた。私はビル・ブラッティを愛している。彼は（二〇一七年に）亡くなった。彼のことは大好きだったし、彼がこの映画に心から満足してほしいと思った。だから、カリフォルニアに来るよう頼んだ。われわれは一緒にワーナー・ブラザースに行き、私が削除した映像を観た。ムヴィオラ（編集の際の閲覧装置）で一緒に観たあと、私は彼の肩に腕を回し、こう言ったんだ。『なあ、ビル。やっときみの言わんとしていることが理解できたよ』と。そして、削除した十二分を付け加えた。ワーナーはこれをディレクターズ・カットと呼びたがったが、これはディレクターズ・カットじゃない。これこそが、私がビル・ブラッティに見せたオリジナル・カットなんだ」[註18]

フリードキンはその十二分間を追加している最中、別の変更も加えた。「ほかに、サブリミナル効果のある画像も追加で入れた。それから削除した最終シーンも付け加えた。キンダーマン警部とダイアー神父の会話だ。家族が去ったあと、ふたりは家の外で言葉を交わす――」

ブラッティはそれに関して、こう語っている。「――だが、キンダーマンを演ずるリー・J・コッブの台詞の音声を完全には復元できなかった。彼は『これが（美しい）友情の始まりだ』と言うんだ。あの台詞を入れられなくて残念だが、ほかの音声はほとんど使うことができた。それに、カラスが生き続けるんだ。今でもふたりの友情は生きてるんだ！」

ブラッティが削除されたことを長年嘆いてきた会話のシーンを復元するにあたり、著者である彼の意志を尊重するというのは、尊敬に値する理由である。しかし、オプティカル効果の追加は、まったくの別問題だ。先ほど述べたように、『エクソシスト』がこれほど力強い作品となった秘密は、ドキュメンタリーのような真実味と、素晴らしいサウンドトラックにある。非常につかみどころのない手法とはいえ、その効果は抜群だった。『エクソシスト』が作られた当時、ハリウッドではまったくＣＧＩが使われていなかった。別の要素を重ねるのに、当時主流だったオプティカル・プリンターを使用していたら、映像のクオリティが損なわれていたに違いない。悪魔の憑依エフェクトを撮影する唯一の方法は、カメラの前で実際にそれを起こすしかなかったのである。ディック・スミスの素晴らしいメイクアップ技術と、マルセル・ヴェルコテレの手に成る見事な装置を通してそれを実現したことにより、オーウェン・ロイズマンの映像は〝ファースト・ジェネレーション（合成なしのオリジナル・ネガ）〟の画質の高さを維持することができた。観た人々は、それを知っていたかどうかは別にして、直感的にそれを感じた。オリジナル版は、カメラの前で起こったことをそのまま見せた作品であり、あらゆる要素が真実味に満ちていた。すべて、オプティカル効果ではなく、緻密な計算の上で作りあげられたプラクティカル・エフェクトのなせる業である。ところが、オプティカル効果で壁に悪魔の顔を加え、フラッシュ・フレームを追加したことで、『エクソシスト』は典型的なホラー映画になってしまった。ひょっとするとフリードキンは、刺激に慣れすぎた現代の映画ファンのために、退屈な（?）場面に面白みを加えようと思ったのかもしれないが、その小細工はプラスの効果を挙げるどころかマイナスに働いた。

　こうした変更に対する批判には、ティム・ルーカスも同意している。「下品だし、笑える。悪い意味でね。オリジナルの微妙さや控えめなところを台無しにしてしまった」

　エレン・バースティンも同意見だ。「オリジナル、そのままの形が気に入っている。どこが変更されたのかを細かく確認していないけれど……新しいバージョンをきちんと観たのは、何年もあと、ハリウッドの四十五周年記念試写だった。私はオリジナルが好き。あのままで満足だった。改良は必要なかったわ」

『ウィリアム・フリードキン：リープ・オブ・フェイス』のために熱のこもったインタビューを何度か行ううち、フリードキンをよく知るようになったアレクサンダー・O・フィリップは、改良版が「ブラッティ寄りだと思う」と語っている。「ビリー（・フリードキン）は、劇場公開版に入らなかったが、ブラッティが重要だとみなしているシーンを復元しようと考えていた。そして作業に夢中になるうち、よくあることだが、少しずついじりはじめ、いくつか追加修正を行ったんだ。われわれが観て、不必要だと感じる追加要素もあるかもしれない。その意味では、きみに賛成だよ。だがビリーははっきりと、この企画が莫大な収益を上げることになるとも言っていた。その申し出に、誰がノーと言える？」[註19]

『エクソシスト』の研究家マーク・カーモードは、もう少し寛大な意見を持っている。「まず最初に言っておきたいのは、これがディレクターズ・カットではないことだ。あえて言うなら、ライターズ・カットだろう」カーモードは、追加された視覚的効果に不満はないという。「些細な変更箇所はなかなかうまくいっていると思う。フリードキンはオリジナル映像をいじったわけだが、大きく変えたわけではない」壁に現れる悪魔の顔についてそう語ったあと、こう付け加えた。「それから、（寝室の）窓に映るカラスの母親の顔。あれが議論を巻き起こしているのは知っている。ほかにも、ちょっとした挿入がいくつかあるね。しかし、正直言って、私にはとくに気にならない。オリジナルのままで完璧だと常に思ってきたが、フリードキンは誰もがするであろうことをしただけさ。『ここをこうしてみたらどうなるかな……？』と、変更を加えたにすぎない。節度を保ったところは、流石だと思う。ビル・ブラッティにこう言われたことがある。『素晴らしい映画だと思うが、なぜうまくいったのかがわからないところが不安だ。よくできているのはわかっている。心のどこかでは――小説のすべてを入れたかったと思っているんだが、何かひとつでも変えたら、せっかくうまくいっているものが台無しになるんじゃないかと恐れている自分もいる』と」

うまくいっているものをいじるリスクの例を挙げてみよう。『ピカソ・天才の秘密』（アンリ＝ジョルジュ・クルーゾー監督／一九五六／リバイバル時に「ミステリアス・ピカソ　天才の秘密」と改題）というユニークな映画がある。どこがユニークかというと、フランス政府が国宝だと宣言した唯一の映画なのだ。そのなかで、スペイン出身の有名画家パブロ・ピカソは、カメラを前にしてリアルタイムで二十の絵画を描いていく。クルーゾーは透明なスクリーンの片側にピカソを立たせ、もう片側にカメラを設置して、筆が形を与えていく様子を克明に捉えている。くらくらするほど魅力的な場面だった。天才的な技巧を持つピカソは、たとえば、カーブする線を一筆描くだけで、女性が前かがみになっている姿を彷彿させることができた。ピカソが詳細を描くにつれ、全体像が見えてくる。

しかしまもなく、厄介なことに、ある事実が明らかになる。ピカソが手を加えすぎている、と。ミニマリズムで十分なところを、線や点、短くねじれる線といった詳細を足していくうちに、最初のインスピレーションに込められていた迸る熱情がかき消されてしまった。二十世紀最高の画家が、なぜ、やめどきを知らなかったのか？[註20] 同様に、なぜ、フリードキンもやめどきがわからなかったのか？

何度も言うように、『エクソシストディレクターズ・カット版』は、リリースされた当時に謳われた意味の〝ディレクターズ・カット〟ではない。『エクソシスト』の〝ディレクターズ・カット（監督が自らの希望通りに編集したバージョン）〟は、劇場公開版だ。あえて言えば、『エクソシストディレクターズ・カット版』は、テクノロジーによって自分のビジョンを完全に実現できるようになってからジョージ・ルーカスが作った『スター・ウォーズ』の特別篇同様（映画ファンはこの決断が果たして賢かったのかどうかを、それ以来、議論し続けている）、フリードキンがオリジナルを再考したバージョンなのだ。[註21]

そもそもフリードキンは、なぜ該当シーンを削除したのか？　彼はその理由を、映画監督——オスカーを獲得したばかりとはいえ——が陥りがちな思いこみだ、としている。「ファースト・カットは二時間十五分だった。率直に言うと、私は長すぎることが気にかかっていた。頭と心は楽しめるかもしれないが、長すぎて尻が痛くなるんじゃないかと思ったんだ！　あのときは、ヒットすることを知らなかったから！」[註22]

それから、フリードキンは誰に尋ねるともなく、こう言った。「削除したシーンをすべて残していたら、あの映画はヒットしただろうか？　その答えは誰にもわからない。この映画は、どのバージョンにせよ、公開されるたびに素晴らしい興行収入を上げたし、もちろんＤＶＤの売れ行きも好調だ。私が思うに、ブルーレイは文句なしに最高の映像記録媒体だ。自宅でもじゅうぶん映画を楽しめる。ブルーレイ版の映像を観ていると、これまで聞こえなかった、あるいは入っていたことさえ知らなかった微妙なサウンド・エフェクトまで聞こえる。現在の高品質のデジタル音声では、自然に入った小さな音や、かすかなノイズ——私ですら忘れていたサウンドが聞こえるんだ。

そういうわけで、たくさんのバージョンが存在するわけだが、私もブラッティと同じく、最も完全なバージョンは、二〇〇〇年の『エクソシスト ディレクターズ・カット版』だという考え方に落ち着きつつある」[註23]

ここでもうひとつ、重要な補足を付け加えよう。ジョージ・ルーカスが何度も変更したことに加え、長いこと最初の劇場公開版が入手不可能だったためにファンが長年文句を言い続けてきた『スター・ウォーズ』三部作とは違い、オリジナルの『エクソシスト』は、様々なホームビデオ・テクノロジー媒体で何度もリリースされており、アクセス不可能になったことは一度もない。

「誰かが映画を作るとする。それはその人の作品であり、その人のビジョンであるから、変更を加える権利もその人にある。私はそう思っている」カーモードは熱く語る。「なぜなら、私は脚本通りに作られた映画が必ずしも最高のバージョンではないと思っているからだ。『エクソシスト』と『エクソシスト ディレクターズ・カット版』の興味深い点は、このふたつがどちらも熱烈に受け入れられ、並行して存在していることだ。この二作は、まったく異なる映画なんだよ。何がすごいかというと、ささやかな変更が映画の印象をがらりと変えている。この新しいバージョンに関して言えば、私は、異なっているが改悪ではないと思う。どこが異なっているかというと、『ディレクターズ・カット版』では、息を吸うゆとりができ、それを感じられる——おかしな表現だが、映画の人間性を感じることができる。ささやかな追加シーンのおかげで、映画がほっと息をついているような気がする。映画のなかに引きずりこまれるのではなく、登場人物と実際に一緒に過ごしているような感じがするんだ。これはオリジナルへの批判ではないよ。私はいまでも、オリジナルの『エクソシスト』が史上最高の映画だと思っている」

補足　『エクソシスト　ディレクターズ・カット版』

『エクソシスト ディレクターズ・カット版』は、二〇〇〇年九月二十二日に一部の劇場で公開され（日本では二〇〇〇年十一月二十三日公開）、二〇〇〇年十二月二十六日にホームビデオとして発売された。このディレクターズ・カット版には、一九七三年十二月二十六日に公開された劇場公開版から削除されたおよそ十二分の映像が追加され、新たなCGオプティカル効果も追加された。二〇一一年十月十一日には、『エクステンデッド・ディレクターズ・カット版』がホームビデオとして発売された。このバージョンは、パズズの画像が削除された以外、最初の『エクソシスト ディレクターズ・カット版』とほぼ同じである。

①『ディレクターズ・カット版』は、ジョージタウンにあるマクニール家のエスタブリッシング・ショットで幕を開ける。カメラが右にパンして通りを捉え、不気味なサウンドトラックとともに街並みが映しだされる。

解説――イラク・シークエンスの前にこのショットを入れることで、まだ誰の住まいかはわからないマクニール家が強調されている。また、イラクのシーンと並行させることによって、大司教がメリン神父を隠居生活から呼び寄せるまで明確になるべきではない繫がりが示唆されている。皮肉にも、制作初期のワーナー・ブラザースのメモにあった「物語はジョージタウンで起こるのに、なぜイラクのシーンがあるのか?」という疑問がもっともであったことが証明される結果となった。

② リーガンの十二歳の誕生日に、ローマにいる父親と話をさせようと国際電話をかけたクリスの、「どうなってるの、二十分も待っているのよ」という交換手への台詞から罵り言葉が削除された。

③ リーガンが病院で受けた最初の検査シーンが追加された。そのなかでリーガンは検査を嫌がり、クライン医師たちに暴言を吐く。のちにクリスが「ただの神経症よ」とリーガンを慰めるときに言及しているのは、この検査とその後の診断である。

解説――ささやかな継続性の問題が生じてはいるが、最初の検査シーンを削除する決断は賢明だった。なぜなら、監督のフリードキンたちが指摘したように、観客はリーガンが悪魔に憑依されていることをすでに知っているわけで、その事実を明らかにするのを遅らせても意味がないからだ。

④ クリスがロケ撮影から戻り、家のなかを歩きまわるシーンで、新バージョンでは壁に悪魔の顔が閃く(エクステンデッド・ディレクターズ・カット版には登場しない)。

解説――前述のように、このオプティカル効果によってドキュメンタリーらしさが損なわれているばかりか、いかにもホラー映画を思わせる演出のせいで、真実味も失われている。

⑤ クリスがバーク・デニングスの死を知ったあと、〝蜘蛛歩き〟シーンが追加された。本来はこのシーンの最後で、リーガンがシャロンを玄関まで追いかけ、黒く膨れた舌で彼女の足を舐めることになっていたが、その映像は使えないと判断された（ブルーレイの特典映像には収録されている）。

解説――すでに書いたように、フリードキンとブラッティはこのシークエンスが、物語の流れを妨げることを認識していた。このシーンを削除した一番の理由は、そんな娘の姿を見れば、クリスは即座にこれ以上医者に見せても無駄だと悟るはずだ、というものだった。

⑥ 催眠術をかけようとする精神科医の股間をつかむ前の数フレーム、リーガンの顔がサブリミナル映像によって悪魔（アイリーン・ディーツ）に変貌する。

⑦ ミサに行く前、カラス神父は言語学研究所でリーガンが喋(しゃべ)っているテープを聞く。

⑧ 悪魔祓いの儀式を執り行うためにリーガンの寝室に入る前、メリン神父はクリスに、リーガンのミドルネーム（〝テリーサ（テレサ）〟）を尋ねる。マザー・テレサへの暗示だろうか？　彼はその少し前、酒を勧められたときに「幸い、意志は弱くてね」と言う。この台詞は、『エクソシストビギニング』でも使われている。

⑨メリン神父とカラス神父が、リーガンの寝室の外の階段で交わす、悪魔がなぜ人々に憑依するのかを説明する重要な会話が復元された。

⑩カラス神父が窓から身を投げて死ぬ直前、カラスの母の顔がリーガンの寝室の窓に重ね焼きされた。

⑪リーガンを絞め殺すまいと苦しむ憑依されたカラスと、憑依されていないカラスのジャンプ・カット（「おれの体内に入れ、クソ！　おれの体内に入ってみろ」）が、ＣＧＩモーフィング技術を使って、やや滑らかにされた。

⑫映画の最後で、クリスとリーガンが空港に行く準備をしているとき、ダイアー神父がカラスの聖ヨセフのメダルをクリスに返す。これは、彼女に神を信じる心の準備ができていると彼がわかっていることを示唆している。

⑬最後にダイアー神父とキンダーマン警部補が、並んで歩み去る。ロケ地で録音されたこの〝カサブランカ〟風のやりとり（キンダーマンがダイアーに、「これが（美しい）友情の始まりだ」と告げる台詞）は、ラフなプロダクション・オーディオのみしか残されていなかった。リー・Ｊ・コッブもウィリアム・オマリー神父も、ポストプロダクションでアフレコをしていなかったため、この台詞の音声の復元は断念された。

解説――最後のコーダ部分を削除したほうがいい、とフリードキンに告げたジョン・キャリーの判断は正しかった。フリードキンがカーモードに言ったように、「ダイアーとキンダーマンの会話はうまくいかない。ふたりのあいだには、それまでなんの交流もなかったわけだから、あのシーンにはまったく重みがない」のだ。カーモードは、「フリードキンにとっては、ダイアーがカラスの転落した階段を見下ろすシーンが映画のエンディングだったんだ」と語っている。しかし、このシーンがないと、キンダーマンとダイアーは一度も顔を合わせなかったことになり、『エクソシスト３』でふたりが親しい友である根拠が失われる。

⑭ オリジナルのモノラル・サウンドトラックがステレオにリミックスされた。

⑮ クリスとリーガンがワシントンD.C.市内を観光し、アーリントン国立墓地にやってくる追加シークエンスは、復元できなかった。

解説――編集用オーディオが存在せず復元できなかったが、最初に削除した理由は正しい。「ママ、人間はどうして死ななきゃならないの？」というリーガンの台詞を入れるためだけにしては、このシーンは長すぎる。

第九章　『エクソシスト2』

『エクソシスト2』が失敗作となることは、初めから決まっていたようなものだった。とはいえ、様々な問題に見舞われつつも一九七七年に公開されて以来ずっと、監督のジョン・ブアマンは、ウィリアム・フリードキン[註1]を含め多くの人々が史上最悪の映画と呼ぶ作品を制作した責任を負い続けている。『エクソシスト2』は、多々ある〝史上最悪〟の映画の上位に位置するかもしれないが、実際のところは、パニックボタンを押す者がいなかったためにハリウッドのシステムが暴走した一例なのだ。

名目上、『エクソシスト2』は、悪を題材にした最も有名な映画の続編であるという不運に見舞われた、善を哲学的に考察した作品である。最初の計画どおりに『異端者（注：英語の正式タイトルは『Exorcist II: The Heretic（エクソシスト2：異端者）』）』というシンプルなタイトルにしていれば、前作との比較は避けられたのかもしれない。しかし、そうはならず、結果的に比較も避けられなかった。もちろん、この映画を擁護する者もいる。たとえば、マーティン・スコセッシは、『エクソシスト2』を『エクソシスト』よりも高く評価している。「『エクソシスト』は好きだよ。カトリック教徒の罪悪感を抱える私にとっては衝撃的だったし、とにかく怖い映画だったから。だが、『エクソシスト2』はそれを超えている。たとえブアマンがテーマを最大限に表現することに失敗しているにせよ、映画そのものは、もっと評価されていいはずだ[註2]」

しかし、評論家も観客も『エクソシスト2』に強い拒絶反応を見せた。作中の台詞を引用すると、〝『エクソシスト2』はパズズの翼に触れた〟のである。『エクソシスト2』は皮肉のなか生まれ、混乱のなか制作され、懸念のなか公開された。何よりの悲劇は、一作目の『エクソシスト』が存在しなかったとしても、ほぼ確実に失敗作に終わっていたという点だ。

『エクソシスト』の予期せぬ特大ヒット（最初の公開時、およそ二億ドル近くの収益を挙げた[註3]）のあと、続編の制作は当然の結果だった。しかし、一九七〇年代前半の当時、続編としてリリースされた作品がオリジナルの収益を上回ることは決してなかった[註4]。そのため、ワーナー・ブラザースは、わずかな予算で続編を作りたがった。まず最初に思いついたのは、一九七三年の傑作のアウトテイク（完成版で使われなかったシーンやショットを指す）を使い、説得できるかぎりのオリジナル・キャストを採用するアイデアだった。しかし、それには許可を得なければならない。

ウィリアム・ピーター・ブラッティは、『エクソシスト2』の失敗は自分のせいだとジョークを飛ばしていたものだが、現実的に彼がその失敗を予測することは不可能だった。映画制作会社がメディア複合企業となり、著作権取得事業に参入する以前、脚本家、とくに有能なエージェントが付いた脚本家が自作の著作権を保持するのは、珍しいことではなかった。ベストセラーになった小説とプロダクション・パートナーであるホヤ・プロダクションズ[註5]のおかげでワーナー・ブラザースと著作権分離の同意に達していたブラッティは、すべての続編における決断権を握っていた。当初、ブラッティとフリードキンは、大ヒット作のアンコールを制作しないかと持ちかけられたが、ふたりはこの申し出を断り、フリードキンはオリジナル映画の収益分配に不満であることを付け加え、続編には製作としてなら携わってもいいが監督はしない、と告げた。[註6] ブラッティは訴えると脅したものの、〝めまいがするような大金〟と引き換えに、ワーナーに続編の制作を許可した。彼はのちに顔を赤らめて、こう語っている。「リチャード・バートンの『前にもここに（来たことがある）。あのときは――悪魔の翼で』という台詞は、どんな大金をもらっても割りが合わない」[註7]

　ワーナー・ブラザースの親会社であるワーナー・コミュニケーションズのフランク・ウェルズ社長は、ブラッティとの取引を成立させ、このプロジェクトをワーナー・ブラザースの会長であるジョン・キャリーに託した。キャリーはその後、一度も映画を製作した経験がないリチャード・レデラーをプロデューサーに抜擢した。これは、計算ずくの経営判断だった。業界で最も才能ある宣伝およびマーケティング部長のひとりとしてワーナーで活躍していたレデラーが、これ以上昇進できる望みのないワーナーを辞めて別の制作会社に移ろうとしているという噂が流れていたのだ。レデラーは、ヴァージニア州立大学を卒業後、第二次世界大戦で陸軍の暗号解読者を務め、その後、コロンビア・ピクチャーズの宣伝／広報部に入社した。一九五〇年、ワーナー・ブラザースに移ったあと、彼は国内だけでなく海外も含めた宣伝および広報を担当する副部長にまで昇りつめた。マーケティングの天才とみなされていた（一九六六年のセブン・アーツ、また一九六九年のキニー・インターナショナルとの合併を生き延びた強者でもある）レデラーは、『俺たちに明日はない』、『ワイルドバンチ』（一九六九）、『マイ・フェア・レディ』（一九六四）、そして『エクソシスト』における大成功を収めた宣伝キャンペーンを取り仕切った。また一九七二年には、ジョン・ミリアス（『地獄の黙示録』（一九七九）の脚本家）が、『ロイ・ビーン』

（一九七二）の脚本を記録破りの大ヒット作に発展させる手助けもしている。しかし、一九七〇年代半ばになると、レデラーはもっと青い芝生に移りたいとうずうずしていた（やがて、映画制作会社のアメリカン・ゾーエトロープ、その後オライオン・ピクチャーズの宣伝広報部長となる）。そこで一九七六年、ワーナー・ブラザースは、彼を手放すまいとプロデューサーに任命し、当時一番の期待作を彼に託すことにした。[註8]『エクソシスト』の続編であれば、どんな作品でも集客できるというワーナー・ブラザースの思い込みは、実に傲慢だった。レデラーいわく、当初彼らは「三百万ドルという低予算による、一作目の焼き直し」を望んでいたという。「映画作りへのアプローチ方法としては斜に構えていたと言わざるをえないが、それが始まりだった」[註9]当時のストーリー案は、マクニール家の悪魔祓いと、それを執行したふたりの神父の死の調査を別の神父にさせる、というものだった。しかし、ブラッティとフリードキンが参加を辞退すると、ジョン・キャリーは、五十歳の劇作家ウィリアム・グッドハートを脚本家に抜擢した。十年前に一作、舞台（『Generation』）の製作を担当し、その後それをもとに映画の脚本（『ゼネレーション』）[註10]を書いた当時五十五歳の劇作家グッドハートは、二ページの概略を提出した。それをある程度気に入ったキャリーが、ジョン・ブアマンに電話を入れたのである。

グッドハートは、ピエール・テイヤール・ド・シャルダンのスピリチュアルで革新的な著作に大きな影響を受けていた。ブアマンは知性に訴えかけるその思想に匹敵する視覚的な表現方法を、グッドハートは語り口を見つける必要があった。ふたりは、アフリカにロケ地探し（業界用語では〝偵察〟）に出かけ、ブアマンは自国アイルランドで撮影と編集を行うのを楽しみにしていた。

ブアマンは『エクソシスト』をよく知っていた。実際、彼はこの作品の〝敵〟だったのだ。一九七一年、ジョン・キャリーは、ブラッティ自身がフリードキンを望んでいることを知らなかったのか、知っていても無視することにしたのか、彼の小説をブアマンに送り、監督をやらないかと持ちかけた。ブアマンは「複数の娘を持つ父親として、あの小説は、子どもを拷問する物語だと感じ」、嫌悪感を覚えたという。[註11]それにもかかわらず、彼はなぜか、その続編の監督を引き受けた。

「ジョン・ブアマンは、この映画を作ることが嫌で仕方がなかったんだと思う。恥じていたのよ」続編の主演を務めた女優ルイーズ・フレッチャーは説明する。「あらゆる手段を使って、一作目を想起させる要素すべてを消し去ろうと必死だった。スタートした時点から、すでにツーストライクで追いつめられ、自分がとんでもない負け犬になるに違いないと感じていたの。監督としてギャラはたくさんもらったけれど、彼にとっては、それが唯一の勝利だった」[註12]

『エクソシスト』の研究家マーク・カーモードも同意する。「ブアマンは、『エクソシスト』によるダメージを修復してやるという意気込みとともに監督を引き受けた。そもそも、『エクソシスト』が修復を必要とするダメージをもたらしたと考えるなんて、喧嘩を売っているも同然だ。それだけじゃない。ジョン・ブアマンは、『エクソシスト』を監督しないかという申し出を断ったばかりか、『作りたくないだけじゃなく、ほかの誰にも作らせたくない』と発言したことは、しっかりと記録に残っている。つまり、この続編は、オリジナルの映画が存在すべきではなかったと思っている人物によって作られているのだ。そんな人間に、作品をめちゃめちゃにし、『あれはたんなるホラー映画だった』などと言う権利は一切ない」

まもなく、ブアマンとグッドハートの関係は悪化した。ブアマンは、グッドハートが自分のアイデアに反対だと気づいたのだ。そのため、グッドハートが一九七五年十二月二十二日に一二一ページに渡る脚本の第三稿を提出したあと、ふたりのパートナーシップは解消された。この時点で、ブアマンは映画監督のロスポ・パレンバーグに連絡を入れた。パレンバーグはブアマンとともに脚本を書き直したものの、スクリーンで唯一クレジット表記されたのは、グッドハートである。

グッドハートの脚本は、善と悪の相互依存を唱えてカトリック教会の教理に疑問を投げかけたランケスター・メリンの弟子、フィリップ・ラモント神父という異端者の物語であったため、この映画には当初、『異端者』というタイトルが付けられた。哲学的な見地からすると、この作品はオリジナルとは異なるビジョンをもとにしていたのだから、続編であることにこだわらず、独自の路線を掘りさげていくべきだったのだ。当時の続編映画には、数字ではなく別の名称が付けられ、映画ファンに続編であることを知らせるのは宣伝部の仕事だった。映画のタイトルに番号が頻繁に使われるようになったのは、一九七四年の『ゴッドファーザー PART II』の頃からだ。『異端者』はちょうどそのあいだの時期にはさまってしまった。一九七五年十一月十一日付の業界ニュースで、この作品は『エクソシスト PART II 異端者[註14]（Exorcist Part II: The Heretic）』と呼ばれた[註13]。三日後、『エクソシスト PART II 異端者』となり、その三か月後には、『異端者：エクソシスト2[註15]（The Heretic: Exorcist2）』と変更され、その年の秋にようやく、『エクソシスト2：異端者[註16]（Exorcist II: The Heretic）』（邦題は『エクソシスト2』）に落ち着いたのである。

このアイデンティティ・クライシスは、監督たちにも影響を与えた。初めてジョン・キャリーに声をかけられたのは自分だというブアマンの主張にもかかわらず、一九七五年六月十一日、〈ハリウッド・

リポーター〉誌は、主任編集技師のサム・オスティーン（『卒業』、『ローズマリーの赤ちゃん』〔一九六八〕、『チャイナタウン』〔一九七四〕）が続編の監督に任命されたと報じ、一九七五年の九月二十四日には〈バラエティ〉誌も同様の旨を報じた。問題は、誰もオスティーンと実際に契約を交わしていなかったことだ。一九七五年十一月十一日、〈バラエティ〉誌は、ジョン・ブアマンが監督を務めると発表した。一九七五年十一月七日付の〈バラエティ〉誌の記事によると、撮影開始日は一九七六年の一月三日、予算は「第一作目の一千二百万ドルと比べて大幅に少ない」八百万ドルとなっていた。[註17]

脚本の初期の数バージョンは、キンダーマン警部補がバーク・デニングスの死の捜査を続けているシーンで幕を開けるが、この警部補を演じた俳優のリー・J・コッブが一九七六年二月十一日に死去したため、この案は断念せざるをえなかった。ほかのオリジナル・キャストも、なかなかつかまらなかった。『アリスの恋』〔一九七四〕でアカデミー賞主演女優賞を獲得したエレン・バースティンは、一九七五年には大物女優となっていた。ジェイソン・ミラー、ジャック・マッゴーラン、マックス・フォン・シドーが演じた役柄は全員『エクソシスト』で死んでいる（マッゴーラン本人も急逝した）。生きているのはリーガン（リンダ・ブレア）、ダイアー神父（ウィリアム・オマリー神父）、シャロン（キティ・ウィン）のみ。ワーナー・ブラザースは、リンダ・ブレアがリーガン・マクニールとして登場することを発表した。[註18] ブアマンとワーナー・ブラザースの予期せぬヒット作『脱出』で主演を務めたジョン・ヴォイトが、同月、同名の神父を演じると発表されたが、[註19] ブアマンとの見解の相違により出演が取りやめになった。[註20] 四月には、クリストファー・ウォーケン、[註21] 続いてデヴィッド・キャラダインとジョージ・シーガルが考慮された。ある時点では、性別を変更する話し合いが行われ、アン＝マーグレットとジェーン・フォンダ（オリジナルの『エクソシスト』の出演を、「金儲け目的の駄作」とけなして断ったことで有名）も考慮された。[註22] ダイアー神父に関しては、ウィリアム・オマリー神父はすでに本業に戻っていた。そして四月下旬、リチャード・バートンがキャストに加わった。[註23]

バートンのキャスティングは重要な意味を持つ。というのも、それまでの十年間、興行的に振るわない作品への出演――当時の妻エリザベス・テイラーとの共演作もあれば、そうでないものもあった――が重なり、銀幕スターとしてのキャリアに傷がついていたからである。彼が一九七四年に撮影をはじめた『Jackpot』は、予算が底を突き、完成にこぎつけられなかった。一九七五年の夏には、業界で彼とテイラーは〝ロビー・アトラクション〟と呼ばれていた。映画館のロビーでポスターを見たファンが誰だか気づいても、お金を払ってその作品を観ることはない、そういう類の映画スターである。アルコール中毒の治療のため療養所に入った（当時、ウォッカボトルを一日二本空けていた）バートンは、ヴォルフ・フォルマーという名のドイツ人歯科医から、イスラエルで『Abakarov』という映画を撮らないかと奇妙な申し出を受け、それに同意した。バートンとはすでに離婚し、同じく仕事に飢えていたテイラーが彼との共演でカムバックを果たすことに同意すると、タブロイド紙が一気に沸き返った。結局、この企画は実現に至らなかったが、その過程でバートンは男として、また俳優としての自信を取り戻し、テイラーと再婚した。[註24] ふたりにとって二度目の結婚だったこの婚姻生活は九か月続いた。ワーナー・ブラザースにとっては、バートンを『エクソシスト2』に配役する理由としては、この宣伝効果だけでじゅうぶんだった。その後、一九七七年には、バートンは再びブロードウェイの舞台に戻り、彼が主演を務めた映画『エクウス』は、同年公開された『エクソシスト2』をはるかに上回る成功を収めた。

前述のとおり、一九七五年十一月十一日にジョン・ブアマンが公式に監督として発表され[註25]、その後、キャストが発表された。リンダ・ブレアとリチャード・バートンに加え、『カッコーの巣の上で』〔一九七五〕でアカデミー賞主演女優賞を獲得したばかりのルイーズ・フレッチャーが、脚本には男性として書かれていた精神科医のジーン・タスキン博士役に決まった。[註26]女性の医師にすることでストーリーに深みが生まれ、〝信仰と理性〟だけでなく〝男性と女性〟という対比も生まれた。「私はセットに行き、自分の演技をしただけよ」フレッチャーは、そう語る。「衣装以外は何も変えなかった」（一九七六年の三月十六日付の第七稿まで、タスキン役にはクリス・サランドンが考慮されていたが、ブアマンは彼が内省的すぎると判断した）

続編の価値を上げるには、オリジナル・キャストが欠かせない。そこで、キティ・ウィンが、クリス・マクニールのアシスタント、シャロン・スペンサーを再び演じることになった。ブアマンに口説き落とされてキャストに加わったマックス・フォン・シドーは、回想シーンに登場することが決まった。『エクソシスト』後もフォン・シドーと交友を続けていたブラッティは、『エクソシスト2』の撮影が長引くなか、このスウェーデン人スターに電話を入れた。「当時、僕はロサンゼルスに住んでいた。どこかでマックスとばったり会ったので、『マックス、日曜日に夕食に来ないか』と誘うと、『わかった。撮影の最終日だから、行けると思う』という返事だった。それから、日曜日の昼間、マックスから『ビル（・ブラッティ）、夕食には行けそうにない。撮影が長引きそうだ。スウェーデンに戻る飛行機にも間に合うかどうか』と電話が入った。『それは残念だな。楽しみにしてたのに』

『私もだよ』

『マックス、切る前に、ひとつ訊きたいことがある。ほら、あのシーンだ』――僕はそう言って、読んでいた脚本にあったシーンを描写した。聖人のような若い頃のメリン神父が35㎜のカメラで論文用の撮影をする傍らで、十五歳の少年がイナゴに貪り喰われるシーンだ。脚本によると、その少年（コクモ）は苦痛の悲鳴をあげているんだが、聖人のようなメリン神父はかまわず撮影している。『マックス、あのシーンは、まだあるのか――』と訊きかけたとき、マックスが早口で言った。

『ビル、やるしかなかったんだ。やりたくはなかった。決してやりたくはなかったんだが、家族のことを考えてやむなく引き受けた。ものすごい大金をオファーされたんだ。すまない。すまない』

僕はこう答えた。『つまり、あのシーンはまだあるんだね』

マックスが悲し気に答えた。『あるとも』

それからもうひとつ、面白い話があるんだ」ブラッティは、うきうきした口調で続けた。「本当の話さ。とにかく笑えるんだ。実は、ある噂を聞いてね。あくまでも噂だよ。撮影陣がワーナー・ブラザースのバックロット（映画撮影所の近くにある野外撮影用の場所）でイナゴのシーンを撮るために、小さな檻に入った数十万匹のイナゴを輸入する、とね。だから、ワーナーの友だちに訊いてみた。『本当なのか？』と。すると、『ビル、ビル、ビル、ビル……この業界で長いきみなら、デマや噂、それがごちゃ混ぜになった作り話が腐るほどあるのは知ってるはずだ。それが、びっくりなんだ。用意されたのは、イナゴじゃなくてヒトリガだった。蛾にスプレーを吹きつけて、イナゴに見せかけたんだよ。イナゴよりずっと安くあがるという理由でね』と言われた。これは本当の話だ！[註27]」

一月の撮影開始日が三月に、それから五月に変更され、脚本の書き直しも続いた。「彼らは一度書き直し、二度書き直し、結局、五回書き直したの」と、リンダ・ブレアは言う。「私たちが最初に作ろうとした映画が作られることはなかった。指示を出す人が多すぎて、映画に悪影響が出たのよ。出来上がったのは、私たちが作ることに同意した映画じゃなかったわ。みんながっかりしていた」[註28]一九七六年五月十二日にウィリアム・グッドハートとロスポ・パレンバーグによる百ページの草稿が配られ、その後、七月二十六日付で、ブアマンやパレンバーグへの言及はまったくなしで、グッドハートの署名のみが入った百二ページの〝最終〟稿が出来上がった。

「たくさんの修正がなされるあいだずっと、ロスポ(・パレンバーグ)が関わっていたのよ」フレッチャーは、そう回想する。「でも、まるっきり新しい脚本というわけではなかった。何度も同じ台詞を繰り返す場面をうまく演じられなかったことを覚えているわ。でも、最終的にパズズと口にするのは一度だけですんだの」

ブアマンがこの企画に惹かれたのは、偉大なる善が偉大なる悪を引き寄せること、人類の次の進化の段階は、世界の思考をひとつにまとめて神格を作りだすことだという、自身とグッドハートが抱いていた信念だった。この概念は、もともとテイヤール・ド・シャルダンのものだったが、一九五三年のSF作家アーサー・C・クラークによる傑作小説「幼年期の終わり」によって、より一般的に知られるようになった。具体的には、ド・シャルダンは、人類が進化の次段階に入る直前で、この進化により霊的に神に近づくことができると考えていたために、当時、教会の反対を受け、異端者とみなされていた(メリンとラモントのように)。クラークは、著書(『2001年宇宙の旅』のインスピレーションのひとつとなった)

のなかで、異星人の〝オーバーロード（上帝）〟が地球に降りたち、人類を進化の次段階へと導くが、それによって人類の個性が犠牲になる、と書いている。上帝たちが悪魔のような見かけであることが明らかになると、クラークは、人間には天地創造以降のあらゆる光景を蓄える〝遺伝子記憶〟があると仮定する。この記憶には天国から悪魔が追放された光景も含まれるが、それらの光景が混沌としているため、善と悪のあいだに障害ができ、人類が新たな形態で生き延びるためには統合されなければならないのだ、と。

ブアマンはこの概念にすっかり夢中になり、精神科医や催眠術師、ＥＳＰ（テレパシーや予知、透視）の専門家ほか様々なコンサルタントを次々に雇い、キャストと引き合わせた。また、病院やクリニックを訪問することもあった。ブアマンは、エキストラに本物を使うよう要求し、タスキン医師の病棟の撮影ではわざわざ本物の障碍児を雇ったばかりか、アフリカのシーンでは、アフリカ系アメリカ人ではなく生粋のアフリカ人を使うよう主張した。

撮影は当初、一九七五年の十一月にスタートし、一九七六年の二月に終了する予定だった。しかし、脚本の準備が整わなかったため、ワーナーの製作主任であるジョン・キャリーの地位を引き継いだガイ・マッケルウェインが四月に延期した。『エクソシスト２』の撮影がバーバンク・スタジオで実際に始まったのは、一九七六年の五月二十四日だった。最初のシーンは、タスキン博士が診療室で、人工内耳インプラントと思われる機器により、耳の聞こえない少女の治療を行う場面である。ただでさえ喜ばしいシーンだが、両親ともに聴覚障碍者のフレッチャーにとって、このシーンは特別な意味を持っていた。「ジョン・ブアマンが両親のことを知っていたのは間違いないわ。話し合ったこともあったかもしれない」フレッチャーは説明する。「ええ、たしか、そういうシーンを入れてはどうかと話し合った。素晴らしい経験になったわ。それに、私が演じた役も、とてもよかった」

その後、撮影陣はニュージャージー州ニューアークのペンシルベニア駅とニューヨーク・シティに場所を移し、六週間のロケ撮影に入った。

最初は、東アフリカで長いロケ撮影が行われるはずだったため、クルーは全員ワクチンを接種したのだが、どういう理由かは明らかではないものの、ブアマンだけがワクチンを接種しなかった（これがのちに問題になる）。タイトな予算により、アフリカの滞在が不可能だと判明すると、ワーナー・ブラザースの十六番サウンドステージにエチオピアのジェプティ村が造られ、ミニチュア模型と、アルバート・ウィットロックの素晴らしいマットアートで拡大された。第二班の監督を務めるロスポ・パレンバーグは実際にアフリカに行き、背景プレートと、イナゴの悪魔パズズとともに飛ぶプロセス・ショット用の空中シークエンスを撮影した。

制作時における次の妥協は、結果的に吉と出た。ニューヨーク・シティにあるガレリア・アパートメントが撮影許可を取り消したため、制作チームはリーガンのペントハウスを、マンハッタンの五番街にあるワーナー・コミュニケーションズの高層ビルの最上階に造ったのだ。これにより、デザインを一からコントロールでき、プロダクション・デザイナーのリチャード・マクドナルド、美術監督のジャック・T・コリス、セット・デコレーターのジョン・P・オースティンは、広々としていると同時に、鏡によって閉じこめられているような感覚に陥る空間を作りだした。リーガンがパズズと一緒に自由に飛べなくてはならないというブアマンの構想に従い、めまいがするほどオープンな住まいとなった。

オリジナル同様、リンダ・ブレアの年齢(当時十七歳)により、カリフォルニア州の児童労働法が適用された。しかし、第一作目とは違い、制作陣はニューヨークに逃げてそれを避けることはできず、リンダはカリフォルニア州にいるあいだは一日八時間しか撮影できなかったため、予算が百万ドルかさんだ。[註29]

制作が始まってから二週間経った頃、プロデューサーのリチャード・レデラーに開胸手術が必要となり、四週間の遅れが出た。また、胸の痛みを訴えた夫(映画プロデューサー)ジェリー・ビックの付き添いでルイーズ・フレッチャーが撮影を抜けなくてはならず、キティ・ウィンの胆嚢炎でも撮影は遅れ、その後ルイーズ・フレッチャーも同じ胆嚢炎に罹った。こうして一か月の遅れが生じたあと、ユタ州グレンキャニオンのダムとミード湖をアフリカの乾燥地に仕立てる旅から戻ったワクチン未接種の監督ブアマンが、空気感染真菌症である峡谷熱(コクシジオイデス症)にかかった。

「ジョン・ブアマンは、エチオピアをエチオピアらしく見せるためにクルーがどこからか持ちこんだ土が気に入らなかったの」ルイーズ・フレッチャーは説明する。「ブアマンが色について文句を言うたびに、スタッフは別の場所から様々な土壌を持ってきた。ようやく決まった土壌がまき散らされると――ブアマンは峡谷熱に罹った。峡谷熱は生命の維持に必要な臓器を攻撃する病気で、死に至る可能性もあるのよ。ブアマンはUCLA医療センターに長いこと入院し、何か月も経ってようやく回復して戻ってきた。私たちはそれから、必死に撮影したわ」彼女はこう付け加えている。「その間の給料をもらえた人はいなかった」

ブアマンの病により、パレンバーグは、ジョン・キャリー(ワーナー・ブラザースに戻ってきた)とどもに、リーガン（パズズに再び取り憑かれた）とラモント神父との最後の対決を描く映画のエンディングを熟考し直すことができた。撮影は、八月九日に再開された。

リチャード・マクドナルドがブアマンの構想に沿って造りだしたプロダクション・デザインは、撮影監督ウィリアム・A・フレイカーにとっては頭痛の種だった。とくに、ガラスの仕切りを多用したタスキン博士のクリニックは迷路のようで、それぞれのガラスを、照明やカメラ・クルーが映らない角度に設定する必要があった。フレイカーは重圧で胃がやられると、胃薬（マーロックス）の瓶をカメラからぶら下げ、アシスタントはそれが空にならないように気を配った。張りめぐらされたガラスと可変抵抗器で調節されたまばゆい照明は、患者のプライバシーなどまったく考慮していないかのように見えたが、デザインとしては素晴らしかった。様々な限界はあったものの、このセットが映画にファンタジー風の非現実的な雰囲気を加味したことは間違いない。しかしそのために、オリジナルで評価されたドキュメンタリー風タッチからはいっそう離れることになった。

最後の三週間は、プロスペクト通りにある、『エクソシスト』で有名になった家の破壊に費やされた。ワシントンD.C.のジョージタウンが、『エクソシスト』で使われた家の使用を拒否すると、ブアマンの指示で、サウンドステージ内にマクニール家の外観全体と、〝ヒッチコックの階段〟の最上部、タクシーが突き抜ける鉄の門、合図とともに裂けて崩れ落ちる家が造られた。[註30] リチャード・バートンは遅くとも十一月一日までにカナダで行われる映画版『エクウス』の撮影に入る予定だったため、プレッシャーが高まるなかでの撮影だった。一九七六年十一月五日に本編撮影が終了したとき、予算は千四百万ドルにまで膨れあがっていた。[註31] 編集作業は、ワーナー・ブラザースの目の届かない、はるか遠くのアイルランドのブアマンの自宅で開始された。一九七七年六月十三日の公開予定日に先立ち、一九七七年二月にプリントを完成させるという非現実的な目標は、当然ながら、とうの昔にまったく不可能であることがはっきりしていた。[註32]

このふたつの日付の間に起こったことは、『エクソシスト２』の伝説の一部となっている。というのも、ワーナーは、先行試写が行われる前から、すでに一部撮り直すことに決めていたのだ。彼らは、これが失敗作だとわかっていた。ワーナーの国内広報部長であるジョー・ハイアムズに映画の進行状況を尋ねたブラッティは、「とても美しい」と言われた。ブラッティは、「ビジュアルを褒めることしかできないとしたら、その映画には問題がある」と語った。[註33]

一九七六年五月二十日、撮影が始まる前の記者会見で、リチャード・バートン（ルイーズ・フレッチャー、リンダ・ブレア、マックス・フォン・シドーも出席した）は、この企画に百パーセントの献身を誓った。「金のためにやっているわけではない」彼は、ひねくれた記者がひしめく部屋に向かって言った。「私は無神論者だが、年をとるに従い、様々な形で悪魔が思考を蝕（むしば）んでくるものだ。心霊体験は一度だけ経験したが、それをきみたちに説明するには四時間かかる」と。一方、皮肉屋のフォン・シドーは、「カリフォルニアには、スウェーデンよりも大勢の悪魔信奉者がいる。わが母国のスウェーデン人は、ひどく懐疑的だから」[註34]と発言している。

バートンとの共演を楽しみにしていたリンダ・ブレアは現実的だった。「悪魔のメイクをつけたくなかった理由はふたつあった」ブレアは、メイキング本のなかでバーバラ・パレンバーグに語っている。「まず、皮膚の細胞が死んだら嫌だから。最初の映画では、そうならなくてラッキーだったわ。それに、いまは私の立場が変わったから、つけなくてすむことはわかっていた。ジョン・ブアマンとビリー・フリードキンはふたりとも天才だと思う。ジョンはより視覚的で、演技自体にはそれほど興味がないんだけれど、私は演技の面でアドバイスをもらうのが好きなの。ビリーは私にとって最初の先生だから、また彼の映画に出演したいわ」[註35]

ワーナー・ブラザースの尽力もむなしく、六月十七日に北米七二五の劇場で公開された最初の週末、『エクソシスト2』の興行収益はわずか五百八十万ドルと振るわなかった。[註36] ワーナーの社長テリー・セメルは、その成績は同社で公開された一五〇の映画を上回ったと語っている。[註37]

しかし、レビューが掲載され、観客の否定的な反応が知れ渡ると、興行収益は六十パーセントも減少した。最悪のレビューはおそらく、ある興行主による「『エクソシスト2』には二列、必要だ。一列はチケットを売る列、もうひとつは返金の列」という発言だろう。

初期に失望した観客のなかには、ウィリアム・ピーター・ブラッティが含まれていた。

「ジョン・ブアマンと会ったことはない。映画館に足を運ぶまで、映像はまったく観ていなかった」と語るブラッティは、映画を観たあと、「史上最悪の映画」と呼び、目をきらめかせながら付け加えた。

「それ以降、ひどい映画は多々作られたが、あれを超える映画はまだない。ある友人が脚本を違法コピーし（て僕に送ってき）たんだ。それを読んで、目を疑ったよ。リチャード・レデラーに電話をかけ、『どこで手に入れたかは訊かないでほしい。でも、脚本のコピーと思われる原稿を入手した』と言って一部を読んだ。『こんな台詞があるんだが……』とね。すると、きみが持っているのは最終稿だと返事がきた。僕はとんでもない恐怖に襲われた。『まさか、これを撮影する気じゃないだろうな』そう言ったときのリチャードの答えはいまでもはっきり覚えてる。『彼ら（とは映画会社の連中全員を指す）は、これが最高傑作だと思ってる』彼はそう言ったんだ」

「公開初日に、ワシントンＤ．Ｃ．で観たんだ」ブラッティは続ける。「脚本の下線を引いた台詞に達すると、僕は妻を見て言った。『ここで客は出ていき、二度と戻ってこない』と。すると、そのとおりのことが起こった。リーガン・マクニールにヘルメットをかぶせるシーンだった。それまで僕の隣で観ていた人たちは、なんとか忍び笑いをこらえ、出ていきたい気持ちを抑えていた。白けた雰囲気には違いなかったが、ヘルメットのシーンになると、とうとう耐えかねて、みんな一斉に出ていった」[註38]

（現像所ですでに一部を観ていた）ウィリアム・フリードキンは、シカゴ国際映画祭の聴衆に、にやにや笑いながら、極秘のテスト上映会で観客が示した反応を話して聞かせた。

「ワーナーのお偉方たちが、でかいリムジンでパサデナに到着した。すっかりめかしこみ、満員で人々を追い返している映画館に向かった。劇場に入る前、彼らはリムジンの運転手たちに、『二時間二十分か、もう少し長くかかる。ブロックのはずれで待っていてくれ』と伝えた。そのブロックのはずれには、ファストフード店がいくつかあった……重役連中は、いちばん後ろの列に座った。映画が始まって十分後、男性の観客がひとり立ちあがり、周囲を見わたして言った。『このクソみたいな映画を作った連中が、このなかにいるはずだ！』と。すると別の誰かが『どこだ？　どこにいるんだ？』と叫んだ。十人ばかりが立ちあがり、『全員、後ろの席に座ってるぞ！』と言った。重役連中はそそくさと立ちあがり、映画館から走りでた。だが、外に出ても、車はない。リムジンは全部、マクドナルドに行ってしまったからね。重役連中は怒った観客に追いかけられ、通りを走って逃げた。それが『エクソシスト

2』を最初に観た客の反応だった[註39]」

ホラー・ジャンルの権威であるティム・ルーカスは、次のように説明している。「続編は、金儲けのチャンスだとみなされていた。前夜祭の試写で観たとき、観客は、私が笑いたいと思うよりもずっと前に嘲笑しはじめた。まるで、わざと映画を台無しにするために雇われたかのように。良い映画とは言わないが、知り合いのなかには、あの映画に敬意を持つ人や、異なるバージョンを観たがった者もいる。私は彼らの意見は正当だと思っている。ただ、私の意見とは異なるだけだ。彼らの経験は私の経験とは違う」

二〇一二年三月四日、ウェブサイト〈Money Into Light[註40]〉で、ジョン・C・カーとポール・ローランズは、観客が嫌悪を催した台詞をいくつか挙げている。パズズ（一作目では、この名は一度も口にされていない）という単語を何度も繰り返し登場させたことと、「（おまえは）パズズの翼に触れた」、「パズズが来たら、ヒョウを吐いてやろう」などのフレーズである。その台詞に耐えられた観客も、タスキン博士のオフィスでリーガンと自閉症のサンドラ・ファラー（ダナ・プラトー、クレジットなし）が交わした無神経なやりとりには、心底うんざりした。

サンドラ「あなたはどこが悪いの？」
リーガン「悪魔に憑かれたの。安心して。昔のことよ」

公開後の最初の週末が終わらぬうちに、ワーナー・ブラザースは興行主に新しい上映用プリントを送ることを知らせた。[註41] ブアマンは当初、アイルランドから電話で削除指示を伝えると提案したが、その後、ロサンゼルスに戻って編集することに決めた。[註42] 実は、最初は編集に反対だったが、ロサンゼルスの学生街ウェストウッドビレッジのブルーイン劇場が、暴徒と化したＵＣＬＡの学生に破壊された様子をワーナー・ブラザースに見せられたあと、気が変わり、まず映画を観客と一緒に観ることに同意したのだ。そして、観客が笑った場面はすべて削除した。そうした削除シーンの一部は、のちにホームビデオとして発売された最終版に収録されたものもあったが、戻されなかったシーンもある。改訂されたのは、ラモント神父（リチャード・バートン）が、南アフリカで失敗に終わった悪魔祓いがいかにトラウマになっているかを説明するプロローグ、ジャロス枢機卿（ポール・ヘンリード）とラモントの、メリンが突然堕落したという会話、自動車事故の被害者がタスキン博士に助けを求めるシーンだ。また、リーガン（リンダ・ブレア）が学校でタップ・ダンスを練習している奇妙なシーンも、ラモントが夕食の休憩を取ったバス運転手を叱責するシーンも削除された。こうして、六月十七日の公開日のあと、三分間短縮されたバージョンが全米で上映されることが発表された。[註43]

故意にひどい映画を作ろうとするはずがないと人々は言うが、制作陣はいったい何を考えていたのか？

「映画では、悪の本質が掘りさげられている」ブアマンは言う。「善が悪と争うという概念でね。そして、善が悪を排斥する助けとなるのだが、多くの人々が拒否反応を示した原因はそこにあるかもしれない。ほら、ファンは前作と似た作品を求めていたから、今回の映画のテーマが邪悪ではなく善だということが気に入らなかった。多くの意味で、この映画は大きな失敗作であり、『エクソシスト』の続編としてではなく独立した作品として理解を得るまでに長い時間がかかった。私にとっても非常につらい経験だったことは間違いない。この映画を良い作品にしようと多大な努力をし、重要なメッセージを込めることができたと感じていたからね。だが、観客はこの作品を拒絶した」[註44]

たしかにブアマンの作品はひと癖あり、何度か観るうちに良さがわかる類（たぐい）の映画が多い。最初の長編映画『殺しの分け前／ポイント・ブランク』（一九六七）では、復讐（ふくしゅう）ジャンルの既存概念をひっくり返し、時という試練（と一九九九年に制作されたリメイクの『ペイバック』）に耐えられる暴力アート映画を作りあげた。一九七二年の『脱出』――ワーナー・ブラザースのお気に入り監督となったのは、間違いなくこの映画の意外なヒットに起因している――は、知的な緊迫感と絶妙な暴力を描いた逸品である。第二次世界大戦に関する郷愁の念に満ちた『戦場の小さな天使たち』（一九八七）は、おそらく彼の映画のなかで最もとっつきやすい。一方、『ジェネラル 天国は血の匂い』（一九九八）は、犯罪者のキャラクター分析を徹底的に行った作品である。とはいえ、彼の映画の品質にはばらつきがある。一九八一年の『エクスカリバー』はカルト的な人気を博したとはいえ、アーサー王伝説の支離滅裂な改作であり、世界滅亡後を描いた一九七四年のSF長編映画『未来惑星ザルドス』は、様式的にも演出的にも駄作で、『エメラルド・フォレスト』（一九八五）は、目の付けどころはいいが、構想がない。それから、この『エクソシスト2』がある。

視覚的な表現を重視するブアマンは、俳優の演技に関わることはほとんどなかった。当然、ベテランのリチャード・バートン（撮影が長引くにつれ、再びアルコールに溺れるようになった）は彼の指示を必要としてはいなかったが、ブアマンのほうにも、とくに意見はなかった。ルイーズ・フレッチャーは、次のように明かす。「私が知るかぎり、演技に関する指示はなかった。気に入らないことがあれば、そう言ったけれど、それもほとんどなかったわ。事前に話し合い、役者がやるべきことを把握していると判断したら、あとは自由にさせていた。私の場合もそう。だから、彼との仕事にまったく問題はなかった。一度か二度、もっと感情的に演じてほしいと指示されたことはあったけれど、彼ははっきり言うタイプだから、ちっとも問題ではなかったし、別の監督だったらよかったと思ったことも一度もなかった。のびのびと演じることができたの。苛立ちを抱えるようなこともなかった。ただ、『いったい、この映画はいつ終わるの？』とは思ったけど」

詰まるところ、ブアマンには偉大なビジョンがあったが、それを実現する基本的な映画制作技術が欠如していたのである。

「カトリック教徒か、ユダヤ人の監督がこのテーマを取りあげていたら、型にはまりすぎた選択だったろうが」ブラッティはそう分析している。「プロテスタントの監督にしたために、さらなる問題が生じることになった。彼は超常現象と不可能の違いを理解していなかったのさ」[註45]

『エクソシスト2』の中核には、大いなる善が大いなる悪を惹きつけ、また前者が後者に打ち勝つという楽観的な信念がある。したがって、この続編のリーガンは、話しかけるだけで自閉症の子供を治癒するという素晴らしい能力を有しているがために、四年前に取り憑かれた悪魔パズズ（アフリカでコクモに取り憑いた悪魔でもある）を引き寄せてしまうのだ。

この構想が『エクソシスト2』にとって命とりになった可能性はある、とマーク・カーモードは説明している。「『エクソシスト2』は『エクソシスト』に泥を塗った。どうやって？ 答えは簡単だ。『エクソシスト』では、少女が悪魔に取り憑かれた。小説で、カラス神父がメリン神父に〝人間（あの子）に取り憑く目的は何にあるのでしょう？　その狙いは〟と問いかける。するとメリン神父は、〝悪霊の目標は、取り憑く犠牲者にあるのではなく、われわれ……われわれ観察者が狙いなんだ〟と答える。その後、前日譚（ぜんじつたん）であり続編でもあるこの『エクソシスト2』ができた。アフリカでは、若いメリン神父が悪魔祓いの儀式をするのだが、悪魔の標的は実に特定されている……大いなる善である人々、悪魔パズズが標的とせざるをえない善人たちだとね。最初はアフリカにいる少年、その後はリーガン・マクニールだ。そう、リーガンはこの新たなスーパー種族（〝新しい人〟）のひとりであり、悪霊の狙いはリーガンなんだ。これでは意味が通らないどころか、オリジナルの『エクソシスト』と真っ向から矛盾している[註46]」

パズズに関して言えば――この〝パズズ〟いう名を口にすることこそが問題だった！――、リチャード・バートンの明瞭な発音で語られると、ひどくぎこちないばかりか、うんざりするほど繰り返し、口にされるのだ。さらに、いくつかのプロット・デバイスがとどめの一撃を加えている。脳波をシンクロさせ、別の人の夢のなかに入りこめる（『エルム街の悪夢』〔一九八四〕が作られる七年前だった）『バック・ロジャース』の古い小道具のようなヘルメットと、リンダ・ブレアとは似ても似つかない取り憑かれたリーガン（カレン・ナップが演じた）、アフリカのサバンナ上空でイナゴの尻を眺めて飛ぶシーンである。こうした場面のばかばかしさに、観客も笑いをこらえきれなかった。

リンダ・ブレアによると、ブアマンは当初、キャスト全員を催眠術にかけたがっていた[註47]。そして、ウィリアム・バウマン博士とヘンリー・プロコップ博士というふたりの催眠術の専門家を顧問に雇ったが、キャストはこの提案をとんでもないと一蹴した。また、再び雇われたディック・スミスによる長く苦しい悪魔の特殊メイク作業をブレアが拒否したため、カレン・ナップが代わりに悪魔に取り憑かれたリーガンを演じることになった。古くから映画用の装置として使われている〝幽霊ガラス〟を使った回想シーンで、ナップはほかの登場人物たちと同じ画面に登場する。特定の角度でガラスを設置すると、カメラがガラスを通したセットと本来のセット両方を同時に捉えることができる。ひとつのショット内で役者たちの演技を〝溶け合わせる〟にはコツが必要だったが、画質を損なうことなく、オプティカル効果のような結果が得られるのが最大の利点だった。

シャウト！ファクトリー社から発売されるブルーレイの企画コンサルタントを務めたスコット・マイケル・ボスコ[注48]は、解説のなかで知的な表現とともにこの映画を擁護したが、その内容はしばしば、ブアマンの解説とは矛盾していた。ボスコは、抑えた配色、精神が繫（つな）がったことを示す点滅する照明と鏡の重要性、音楽とサウンド・エフェクトの巧みな使用などに関して、説得力のある所見を述べている。最も決定的な要素は、大人になったコクモとラモントの遭遇、シンクロナイザーの使用、ジョージタウンでのエンディングなどが別次元の出来事として起こる点だ。ボスコは、それらすべてが、本作をデザインし作りあげるなかで、ブアマンが場当たり的ではなく緻密に計画した証拠だと説明している。とはいえ、観客がそれらに気づかなかったと嘆き、シンボルが曖昧すぎて、その繫がりがわかりにくかったのではないかと語っている。これらが意味するのは——それが映画の敗因でもあるのだが——、ブアマンの意図がどうあれ、彼には自分のビジョンを人々が理解できるように表現する能力が欠けていた事実である。実生活同様、映画でも、微妙に表現したい場合は明白に示さねばならないのだ[注49]。

オシツオサレツ（『ドリトル先生』シリーズに登場する双頭の怪物）に似たデスクライト風のシンクロナイザーは、ブアマンがそもそもウィリアム・グッドハートの脚本を撮りたいと思った理由のひとつだった。「グッドハートの脚本を読み終わったとき」彼は、制作時にこう語っている。「手に汗が滲み、その概念が恐ろしくなると同時に、大きな刺激を受けた。とくに、思考の世界に秘められた可能性を探るというアイデアにね。この数年間、ＥＳＰ――思考伝達の分野で多くのリサーチが行われてきた。われわれの脚本に書かれていたのは、このリサーチを論理的に展開した延長線上にある現象であり、実際に行われているシンクロ催眠という実験と酷似していた。精神科医と司祭のどちらも、それぞれ自分たちなりに、善と悪ふたつの勢力に取り憑かれたひとりの少女を気にかけている。その二大勢力が彼女のなかで葛藤しているんだ」[註50]あまりに気恥ずかしい表現で、これでユリ・ゲラーさえ揃えば自らの風刺作品になるところだ、と思ったら、なんと、あるシーンのテレビ画面に本人が登場するではないか。[註51]

ブアマンは、テイヤール・ド・シャルダンが想定したように、新時代に進化を遂げていく世界では善と悪が共存しうるという楽観的な信念を持っていた。『エクソシスト2』でその思想の表現に失敗した要因は、表題を真面目に捉えすぎたことではなく、観客をその思想に引きこまなかったことだ。オリジナルの『エクソシスト』があれほど人々を惹きつけたのは、それがドキュメンタリー・スタイルで描かれていたからであり、ウィリアム・フリードキンが、演技から超常現象のエフェクトまで、あらゆる非現実的な瞬間をリアルに見せることに力を尽くしたからである。ジョン・ブアマンは『エクソシスト2』を様式化して描くことで、非現実的なストーリーをさらに現実から剥離させてしまった。そのため、映像としては美しいが、現実味が失われることとなった。結果的に、戦争やウォーターゲート事件、数々の暗殺事件、自己中心主義によって皮肉な見解を抱くようになった当時の映画ファンは、このニューエイジ（二〇世紀後半に現れた自己意識運動であり、宗教的・疑似宗教的な潮流）的で支離滅裂な映画に拒否反応を示したのである。

「なぜわれわれは、怖い映画を観たがるのか？」ブアマンは、制作中に考察している。「ホラー映画を観ることで、何かが解放されるからではないだろうか。心に深く根付いた恐怖、最も恐ろしい悪夢が、映画を観て震えあがることで浄化されるのかもしれない。しかし、われわれがいま作っている映画には、それ以上の効果があると思う。なぜなら、この作品のホラーと緊迫感と恐れと恐怖には、人類をより良い存在に高める可能性が秘められているのだから[註52]」

リンダ・ブレアは、次のように語っている。「みんなが、続編は大ヒット作になると思っていたわ。『エクソシスト』のほうは、成功するかどうか誰もわからずに公開され、一大現象を引き起こした。映画ファンが（『エクソシスト2』のなかに）楽しめる部分を見つけられたなら、嬉しいわ。でも、楽しめる要素が見つけられなかったのも理解できる。書いたのも、作ったのも私じゃない。私は俳優としてベストを尽くしただけ。結局のところ、私たちにできるのはそれだけなの[註53]」

振り返ってみると、野心はあったが技能はなかったということだろう。興味深い前提はあったが、伝え方があまりにも不適切かつ不十分であったために、自らの風刺作品となってしまった。しかし、『エクソシスト2』の最大の過ちは、四年前の『エクソシスト』を観た人々が抱いていた期待を裏切ったことである。皮肉なのは、人々が望んでいたものをどう与えればいいか、この映画をどう売りこめばいいか承知していた人物がいたとすれば、それは広報担当からプロデューサーに転向したリチャード・レデラーだったはずだ。

ブアマンは現在、どう感じているのだろうか？「あまりにも多くのアイデアを詰めこみすぎたかもしれない。だが、アイデア自体は興味深いものだったし、この奇妙なストーリーを映画で語るのに不可欠な案だったと思う。ひょっとすると、一作にまとめるには多すぎた可能性はあるが、私はそうしたアイデアを統合し、筋の通った映画にしようと努力した」[註54]

公開後、『エクソシスト2』は自らの野心に溺れる結果となった。最終的に千四百万ドルと制作費用が膨れあがったにもかかわらず、全世界でわずか三千百万ドルの興行収益しか上げられなかったのだ。[註55]超特大ヒット作となるはずが、大失敗に終わり、その後十三年間、本シリーズは完全にストップした。また、世界中の興行主がこの大失敗に怖気（おじけ）づき、通常であれば大きな収入源であるにもかかわらず、その後しばらくホラー映画に及び腰になった。[註56]

「われわれは一作目の映画をもとにファンが抱いていた期待の犠牲となった」ブアマンは〈バラエティ〉誌に語っている。「私が犯した罪は、ホラー映画に彼らが求めていたものを提供しなかったこと。映画ファンというのは、野生動物みたいなものさ。私は闘技場を作りだしたが、そこに十分なキリスト教徒を送りこむことができなかったんだ」芸術的な主張に関して、彼は自分の意見を貫いた。「ナチュラリズムにはうんざりなんだ。問題は、この映画を観る人々が別の現実を期待していることだ。現在の状況では――『スター・ウォーズ』でもそれがわかる。非常に斬新だが、考えることを必要とされない映画だ――、観客は考えさせられる映画を嫌う。私は、自分が作ったのは、思慮深くて美しく、人に考えさせる映画だと思った」[註57]

しかし数年後、ブアマンはこう認めている。「あの映画がポシャッたのは、私にとって、とてもつらいことだった。実際、数年間、映画作りから離れたくらいだ。『エクスカリバー』で現場に戻ったが、あれには『エクソシスト２』よりもさらに苦労させられた。しかし後悔はしていない」[注58]

メリンを再演するよう言いくるめられたマックス・フォン・シドーは、「実は『エクソシスト２』を観たことがない」と認めてから、スウェーデン人特有の青い目をきらめかせ、こう付け加えた。「観た人はそれほど多くなかったね」[注59]

補足　『エクソシスト2』のあらすじ

南アメリカの村に悪魔祓いにやってきたフィリップ・ラモント神父（リチャード・バートン）の信仰は、すでに揺らいでいた。ランケスター・メリン神父（マックス・フォン・シドー）の著作に感化されたラモントは、病人を治癒する能力を持つものの悪魔に憑かれているという少女の興味深い二面性に惹きつけられていた。しかし、悪魔に憑かれた少女は目の前で自分に火をつけ、悪魔祓いは失敗に終わる。それにもかかわらず、いや、ひょっとするとそれだからこそ、ラモントはジャロス枢機卿（ポール・ヘンリード）から、四年前のリーガン・マクニール（リンダ・ブレア）の悪魔祓い中に死んだメリン神父について調査を依頼される。大いなる善が、悪魔の形をとった大いなる悪を引き寄せると信じていたメリンは、バチカンから異端信仰の嫌疑をかけられたのだった。教会はそうした思想から距離を置こうとしていた。

ラモントは、シャロン・スペンサー（キティ・ウィン）とニューヨークに住む、十七歳になったリーガンを訪ねる。彼女の母で女優のクリス・マクニールは、映画の撮影で留守にしていた。リーガンの悪魔祓い以降、シャロンは神秘論者となり、リーガンの幸せを願って献身的に世話をしていた。リーガンはまた、光を放つシンクロナイザーと呼ばれる催眠装置を通してふたりの人間の思考を繋ぐ方法を研究している精神科医、ジーン・タスキン博士（ルイーズ・フレッチャー）の治療を受けている。タスキン博士は、リーガンが悪魔に取り憑かれていたというのはまったくの間違いで、すべて思考が紡ぎだした妄想だと証明するため、その装置を使ってリーガンの記憶を探りたいと考えていた。ラモントは少女が悪魔に憑かれていたことは間違いないと言い張り、タスキンと対立する。だがラモントはまもなく、シンクロナイザーを使えば、メリン神父が死んだときの状況をリーガンから知ることができると気づく。また、予知ができるかもしれないとも考えた。

シンクロナイザーによって、リーガンとタスキンの思考が繋がる。途中で、何かがおかしいと気づいたラモントは、シンクロナイザー装置のヘッドバンドを付ける。リーガンのビジョンが、悪魔（カレン・ナップ）を呼び寄せたのだ。回想のなかから実世界に現れた悪魔がタスキンの心臓をつかむ。間一髪のところでラモントはタスキンを救った。それでもなお、タスキンは悪魔の憑依を信じようとはせず、リーガンの身に起こった現象は宗教ではなく精神医学で説明できると主張する。

タスキン博士に協力を拒まれると、ラモントはシャロンとともに、廃屋となったジョージタウンのマクニール家を訪れる。シャロンはいまだ、かつての経験に悩まされており、以前リーガンが使っていた寝室に入ることを嫌がった。[註1]

ニューヨークでは、タスキン博士がついにラモント神父に、リーガンとシンクロナイザーで繋がる許可を出す。しかしラモントが見たのは、リーガンの悪魔祓いのビジョンではなかった。彼はイナゴの悪魔パズズの背中に乗って過去にタイムスリップし、空を飛んでアフリカの山の急斜面にあるジェプティの村に行く。ラモントはそこで、メリン神父がエチオピア人の少年コクモ（ジョーイ・グリーン）を悪魔祓いする光景を目撃した。そして、コクモに作物を食べてしまうイナゴと戦う能力があることを見てとる。憑依に無防備な少年の善のパワーは、ラモントが抱いていた、大いなる善が限りない悪を引き寄せるという理論を裏付けていた。

一方、ニューヨークにあるタスキンの精神科クリニックでは、リーガンが、自閉症の少女（ダナ・プラトー）と会話を交わす。どの医者も、その少女に口をきかせることができなかったが、リーガンは話しかけることで彼女を治癒した。タスキン博士は、人の思考に入りこむ能力には素晴らしい利点があるが、その能力を使うときには注意が必要だとリーガンに警告した。

ラモントはエチオピアに行って、大人になったコクモを見つけると宣言するが、枢機卿にこの申し出を却下された。枢機卿の指示に逆らい、エチオピアに向かったラモントは、急傾斜の岩柱の頂上に建つコプト教会に至る道を見つける。（パズズのおかげで、）先代の僧侶が転落死したビジョンを見たラモントは、それを打ち明けたために、僧院長に悪魔崇拝者と糾弾され、信徒から石を投げつけられる。悪夢のような幻覚を見たあと、イスラム教徒から売春婦を捜していると勘違いされたものの、ラモントはついに大人のコクモ（ジェームズ・アール・ジョーンズ）を見つける。彼は科学者となり、〝良い〟イナゴを〝悪い〟イナゴと交配させることで大量発生を防ぐ方法を研究していた。

調査を続けるラモントは、メリン神父がイエズス会の学者テイヤール・ド・シャルダンと意を同じくしていたことを知る。ふたりは、超自然的な能力（リーガンやコクモが持つ特殊な能力）は世界の人々を団結させる賜物（たまもの）であるが、人々に統合される準備ができていなければ、善どころか害をもたらすと考えていた。

いまやパズズに取り憑かれたラモントは、感情的な決着をつけるべく、リーガンをジョージタウンに連れていくことを決意し、列車に乗る。シャロン（同じく取り憑かれた）とタスキン博士は飛行機で追いかけようとするが、パズズが空港に向かうふたりを足止めするため交通事故を引き起こし、飛びたった飛行機を乱気流で包んだ。リーガンと列車に乗ったラモントは、完全に取り憑かれていた。

ジョージタウンの家に到着したラモントは、リーガンがかつて拘束されていた二階の寝室に向かった。そこには、別のリーガン（悪魔パズズ）がいた。そのリーガンは、恐ろしい取り憑かれた様相から魅惑的な十代のリーガンに姿を変え、ラモントに無限のパワーを差しだし、彼を誘惑する。ラモントはその誘惑に負けそうになるが、憑依に関してすべて覚えている実際のリーガンに、現実に引き戻される。ラモントがパズズ／リーガンにつかみかかると、イナゴの大群が家を襲い、建物が崩れ落ちていく。ラモントはパズズ／憑依されたリーガンの胸から心臓をつかみだし、彼女を殺す（このときには、リーガンとパズズは分離している）。本物のリーガンは、幼いコクモが使ったのと同じ能力を使ってイナゴの大群を追い払う。

そのさなか、シャロンとタスキン博士が空港からタクシーで到着していた。運転手が彼らを乗せたまま、タクシーで門に突っこむ。運転手は死に、タスキン博士は後部座席で身動きが取れなくなる。シャロンは車から抜けでたものの、タスキンが何もできずに見守るなか、漏れたガソリンに自ら足を踏み入れて炎に包まれ、パズズに身を捧（ささ）げる。黒焦げになったシャロンはタスキン博士の腕のなかで息絶える。リーガンとラモントが家の外に現れる。タスキン博士は、憑依が本当に存在すると信じる。彼女が見守るなか、リーガンとラモントとリーガンは、人間の進化の次の段階を求め、日の出に向かって歩み去る。

補足　ふたつの『エクソシスト2』

ジョン・ブアマンの『エクソシスト2』のオリジナル・カットは、二時間三十分だと言われている。しかし残念なことに、このバージョンは保存されていない。一一七分に及ぶ最初の劇場公開版からどこを削除すべきか（その後一一〇分に削られた）を決定するさい、一九七七年六月二十七日月曜日、ブアマンはウエストウッドのビレッジ・シアター（客は、短気なことで有名なUCLAの学生たち）で行われた一般試写会に参加し、観客が笑った箇所をすべて削除した。その後、新たな映像を少し追加したバージョンが、全米の映画館に送られた最初の劇場公開版に取って代わり、国外では最初からそのバージョンが使われた。[註1]また、一〇二分のバージョンが存在したという噂もある（立証されていない）。下記で言及されているのは、現在入手可能なカット・バージョンとロング・バージョンのみで、その二バージョン[註2]の違いをすべて記載してはいない。より詳細な情報は、IMDbを参照のこと。

● カット・バージョンのオープニングには、スチール写真とアウトテイクを使用した導入部が登場する。
● カット・バージョンでは、リーガンの最初のタップダンス・シーンが削除されたため、アフリカにいるラモントとリーガンの思考が繋がるふたつ目のダンス・シーンがいきなり登場する。

- ラモントがバチカンの枢機卿を訪れるとき、ふたりは、磔（はりつけ）の十字架が描かれた巨大な壁画の前に立っている。ロング・バージョンでは、枢機卿の従者たちは部屋を出るとき、馬の尻付近にある隠された扉を開く。そのショットは、カット・バージョンには登場しない。
- ロング・バージョンでは、自閉症の少女の母親が、娘の疾患が治ったことを喜んで涙する。非常に感動するシーンだが、観客の笑いを誘ったため、カット・バージョンから削除されている。
- カット・バージョンでは、ワシントン国際空港に向かう途中のタスキンとシャロンが、交通事故の犠牲者を助けるために車を止めることはない。
- カット・バージョンには、プロスペクト通りの門に突っこんだあと、流血して痙攣（けいれん）するタクシー運転手のクローズアップ・ショットが挿入された。
- カット・バージョンには、ラモント神父が悪魔のリーガンに誘惑されるシーンはない。
- カット・バージョンでは、一作目の『エクソシスト』で悪魔のフルメイクをしたリンダ・ブレア演じるリーガンのアウトテイクが閃（ひらめ）く。
- ロング・バージョンでは、ラモントとリーガンは崩れ落ちる家からともに生き延びる。カット・バージョンでは、ラモントは崩れていく床のなかに姿を消し、そのあと姿を見せることはない。
- カット・バージョンの最後で、瓦礫（がれき）のなかから出てきたリーガンが意味深な目でタスキン博士を見る。そこでフレームがフリーズし、スクリーンが真っ白になり、エンドクレジットが流れる。

第十章　『エクソシスト3』

『エクソシスト3』のルールその一は、〝『エクソシスト2』の話はするな〟。『エクソシスト3』のルールその二は、〝どちらの『エクソシスト3』の話をしているんだ？――劇場公開版か、ディレクターズ・カット版か？〟である。

一九八三年刊行のウィリアム・ピーター・ブラッティの小説「Legion」をもとに制作された『エクソシスト3』は、オカルト殺人ミステリーである。ワシントンD.C.警察のウィリアム・キンダーマン警部補は、双子座殺人鬼の手口と酷似する生贄(いけにえ)殺人の捜査に乗りだす。双子座殺人鬼はとっくに死んだはずだが、どうやらまだ生きていて、同じく死んだはずのキンダーマンの友人、デミアン・カラス神父の体を乗っ取っているようだ。不信心な（信仰心を持たない）キンダーマンにとっては受け入れがたい事実だが、この事件は、超越性、つまり、現実世界の物理の法則を超えた現象としか説明がつかない。

「Legion／エクソシスト3」の創造の旅が始まったのは、一九八〇年七月二十四日だった。この日ブラッティは、八月八日に公開される『トゥインクル・トゥインクル・キラー・カーン』（一九八〇・日本劇場未公開）について、〈バラエティ〉誌のスティーヴン・クラインからインタビューを受けた。ひとつ説明を加えると、これは二度目の公開となる。というのも、最初は『The Ninth Configuration（九番目の形態)』というタイトルで二月二十九日に劇場公開されたのだが、大コケしたため、再公開される運びとなったのだ(配給もワーナー・ブラザースからユナイテッド・フィルム・ディストリビューション社に変更された)。そして、この多岐にわたるインタビューで、ブラッティは、執筆中の小説「Legion」はキンダーマン警部補の活躍を描いているが、「エクソシスト」の続編ではない、と語っている。

「ずっと、その後の作品を書くつもりではいたんだ。実際、『エクソシスト』が出来上がる前に、すでにこの物語を書こうと考えていた」ブラッティはそう説明する。「悪魔祓(ばら)いは登場せず、物も浮かず、家具も飛ばないが、僕にとっては、もっとずっと恐ろしい内容だよ」[註1]

十年後、ようやくこの願いが叶(かな)った。ところが、この夢は悪夢に変わる。

ブラッティが突き当たった最初の障害は、自身の哲学的思想を支える明確なストーリーを見つけることだった。たとえ誰もがそれを期待しているにせよ、再び悪魔祓いの物語を書く気にはなれない。とはいえ、十年のあいだに『エクソシスト２』による傷からすっかり立ち直っていたワーナー・ブラザースから、真の続編を作ってほしいと、目の前に人参をぶら下げられ続けていた。

初期の段階で、いくつかの問題が生じた。『エクソシスト２』の制作時と同様、真の続編を求めていたワーナーは、オリジナル映画からのアウトテイクを使って物語を拡張させてはどうかと提案した。しかしブラッティは、リーガン・マクニールは絶対に登場させないと言い張った。あの少女が憑依(ひょうい)された理由は、悪魔が周囲の人々を攻撃するためだったのだから、もはや彼女を登場させる必要はない。キンダーマン警部補を演ずるリー・J・コッブと、ダイアー神父を演じるウィリアム・オマリー神父の会話シーンの映像が残っていたため、ふたりの関係を掘りさげる案は理にかなっているように思えた。とはいえ、一九七三年にキンダーマンを演じたコッブは一九七六年に死去し、ダイアー役を演じたオマリー神父は聖職者に復帰していた。

一九七七年の『エクソシスト2』が大失敗に終わったあとも、ブラッティは奇跡的に続編の権利を保持していた。「Legion」の構想を思いたったのは、一九七〇年代後半、ブラッティとウィリアム・フリードキンが、ビバリーヒルズを拠点とするグループによる個人宅での映写会に参加したときのことである。彼はこの映写会で、何気なく双子座殺人鬼のアイデアをフリードキンに話した。するとフリードキンはすぐに、同じ会に出席していたプロデューサーのジェリー・ワイントローブの肩をとんとん叩き、「聞いてくれ」と言った。ワイントローブは、自分が契約していたユナイテッド・アーティスツ製作でその映画の監督を務めてほしいとフリードキンの説得を試み、企画の実現に向けて努力したが、制作には持ちこめなかった。

一九七九年、ブラッティは、『トゥインクル・トゥインクル・キラー・カーン』の脚本と監督を務めた（公開は一九八〇年）。「Legion」が一九八三年に出版されると、彼はまずプロデューサーのスティーヴ・ジャフィにその小説を見せた。ジャフィはオプション契約（小説の素材を使って映像化を検討できる独占的な期間を確保して、オプション期間終了時までに映像化するかどうかを選択する権利）を交わし、プロデューサーのカーター・デ・ヘイヴンに話を持ちこんだ。超特大ヒット『エクソシスト』の製作総指揮を執った男が、その公式な続編を映画会社ではなく独立系プロデューサーに持ちこんだ理由は不明だが、当時ワーナー・ブラザースはタイム社と合併中で、ブラッティの応援者だったジョン・キャリーもとっくに社を去っていた。いっとき、ロリマー・プロダクションズが興味を持ったものの実を結ばず[註3]、その後デ・ヘイヴンはようやく、モーガン・クリーク・エンターテインメント社の興味を引くことができた。

モーガン・クリークは、当時できたてほやほやだった。一九八八年に監督でプロデューサーのジョー・ロスと、ボルティモアの自動車部品を扱うビジネスマンであり資本家だったジェームズ・G・ロビンソンによって設立されたモーガン・クリークの社名はロスお気に入りの映画、一九四四年のプレストン・スタージェスの名作『モーガン・クリークの奇跡』に由来している。一九八九年の『メジャーリーグ』の大ヒットにより財政面で潤ったモーガン・クリークは、20世紀フォックスを主として様々な配給会社とアウトプット・ディール（供給側が提供する作品を全て引き受ける契約）を結んだ。少しのあいだ、ウィリアム・フリードキンを監督にできるかもしれないという望みもあったが、これは空振り（からぶり）に終わった。[註4]

「みんなでやることになっていたんだ」ブラッティは、フリードキンとのやりとりを回想する。「ところがある夜、ビリーがニューヨークの住まいに僕を呼んで、ローストディナーを振る舞ったあと突然、もうナイフを扱う映画はごめんだ、と言う。今回の映画とナイフになんの関係があるのかさっぱりわからなかったが、つまり、手を引く、ということだ。制作準備は整っていたから、よし、僕がやろうと言ったんだ」[註5]

これまで公開されたことのないブラッティの発言には、『エクソシスト3』の企画段階における裏事情が含まれている。ブラッティがてっきりファイナル・カットだと思って同意した『エクソシスト』の変更をめぐる長年の意見の相違を経て、彼とフリードキンは、一緒に「Legion」を映画化しようと決めた。「彼を監督にして、ヘムデイル（・フィルム・コーポレーション）にこの企画を持ちこもうと思って……「Legion」をもとにした最新草稿を読むかと訊（き）いたんだ。彼はそれを持ち帰って、翌朝、感想を述べた。『いい作品だ。素晴らしい。展開が早くて……きみが何をしようとしているかようやくわかった。ついに光が見えはじめた。やっと、きみの言わんとしていることがわかったよ。素晴らしい』とね。そこで、ロサンゼルスに戻って、契約を成立させることにした（ブラッティはヘムディルで製作するのをやめ、プロデューサーのジェリー・ワイントローブに会った）。脚本について話し合っていると、ビリーがいきなり、書き直す必要があると言いだした」『世紀の取り引き』（一九八三・日本劇場未公開）や『ランページ 裁かれた狂気』（一九八七）、テレビ映画『C.A.T.スクワッド／対ゲリラ特別襲撃班』（一九八六）、『C.A.T.スクワッド2／国際テロ〝パイソン・ウルフ〟の挑戦状』（一九八八）二作など、比較的軽い作品を続けて撮っていたフリードキンに、オスカーを獲った脚本家である自分の文章にケチをつけられ、ブラッティは唖然（あぜん）としたという。それから、彼はある事実に気づいた。「この映画が〝Legion〟と呼ばれていたときは、あの脚本は素晴らしかった。でも、〝エクソシスト：十五年後〟とか〝エクソシストなんちゃら〟と呼ばれるようになると、ファン待望の悩める子どもが登場する作品という期待に添わなくなる。つまり、求められていたのは（『エクソシスト』の）リメイクだったんだ[註6]」

以前、フリードキンはコラムニストのジョイス・ヘイバーに、こう語ったことがある。「どんなに大金を積まれても、『エクソシスト』の続編は撮らない。分配収益を百パーセントもらってもやらないよ。まあ、ワーナーに頼まれたわけではないが[註7]」厳密に言うと、そのとおりだった。フリードキンはワーナー・ブラザースではなく、ブラッティとワイントローブに頼まれたのだ。

ブラッティはこの発言について、説明する。「つまりはそういうことさ。ビリーは、自分のこととなると、『羅生門』（一九五〇）を地で行くタイプだった。つまり、どんなことに対する返事でも複数の視

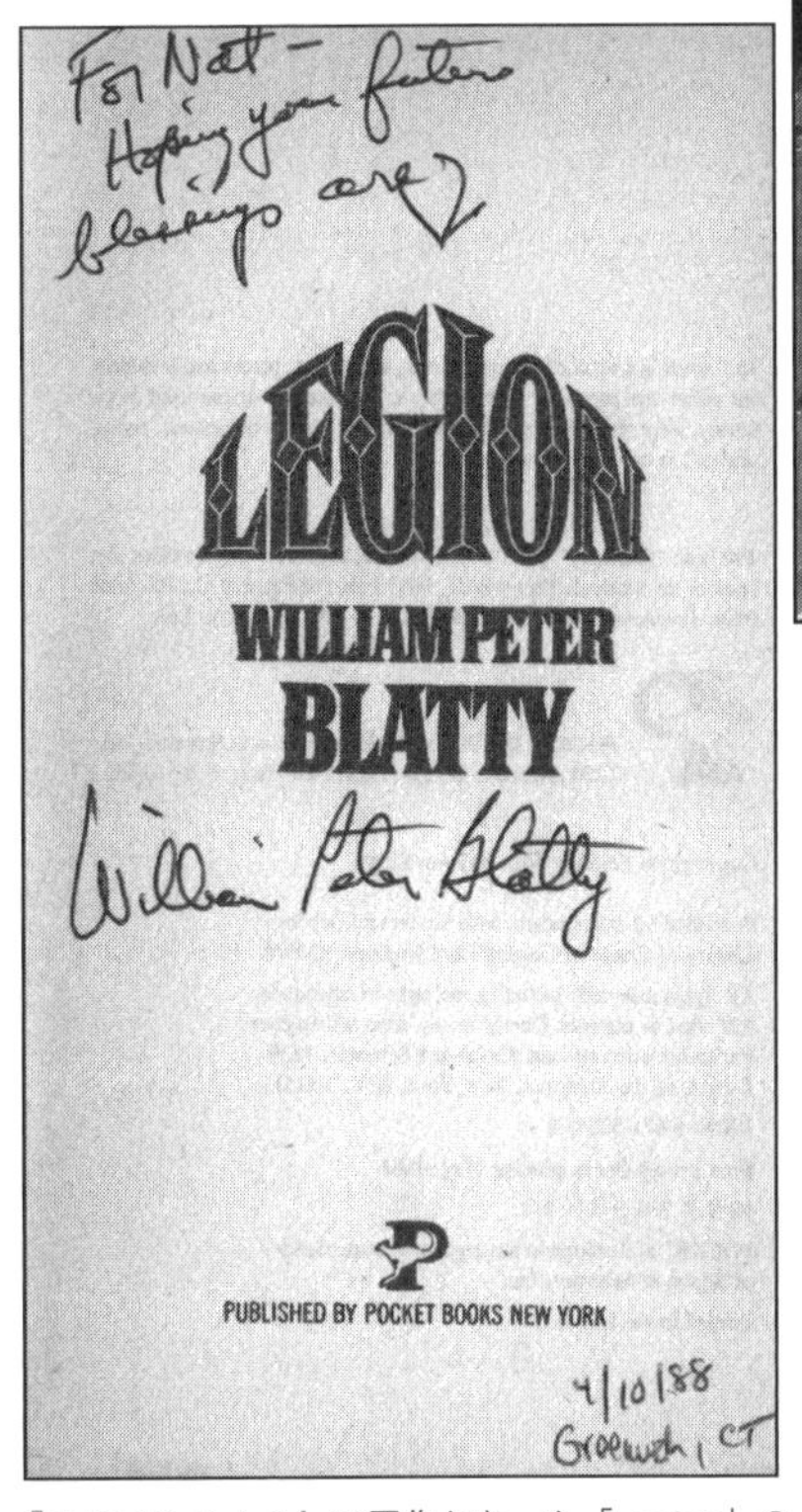

『エクソシスト3』の原作となった「Legion」のペーパーバック版の表紙と、ウィリアム・ピーター・ブラッティが著者のためにサインしたタイトルページ。ブラッティは三角のスペースから口絵の顔が覗く表紙のデザインが嫌いだったので、サインのさいに口絵のページを破り捨てた。

点から考え、そのどれが自分の望みかを検討する。ところが、ひとたび自分の仕事、つまり映画のこととなると、ビリーは非情なまでに正直だった。たとえ、その正直さによって自分の評判に傷がつくとか、評価が下がることになってもね」

こうして、フリードキンなしの『エクソシスト３』は、一九七三年の『エクソシスト』の〝公式な〟続編と聖別されたのである。[註8] モーガン・クリークは、制作予算に千三百万ドル、Ｐ＆Ａ（劇場公開時に必要な映画館に配給されるフィルム・プリントの現像費と映画の宣伝広告費の合計）に一千万ドルを上乗せし、五月十二日の制作開始を発表した。当時のタイトルは、『エクソシスト１９９０』[註9]。その後、タイトルだけでなく、様々な変更が行われることになる。

制作のあいだずっと、『エクソシスト３』には『エクソシスト』と『エクソシスト２』の影が付きまとっていた。セットで行われたインタビューで、ブラッティは、『エクソシスト』に登場したキンダーマン警部補が主要登場人物ではあるが、本作は一作目とはなんの関係もないことを何度も強調している。[註10] キンダーマン役にジョージ・Ｃ・スコットを配役したことが、状況をさらに複雑にした。[註11]「ジョージには、乗り越えなければならない問題があった」ブラッティは言う。「彼は神を信じていなかったし、キンダーマンをユダヤ人にしたくなかったんだ。あるとき彼とちょっとした言い合いになった。『台詞の調子に、こっそりユダヤ人っぽさを入れているだろ』と非難されたよ。実際、そのとおりだった」

ジェイソン・ミラーには、別の問題が生じた。ブラッティはミラーに再びデミアン・カラス役を演じてほしかったのだが、報道によれば〝スケジュールの衝突〟があった。しかし、これは表向きの理由にすぎない。悲しいことに、『エクソシスト』から十五年のあいだに、ミラーはアルコール依存症になり、台詞を覚えることも、演技を一定時間続けることもできなくなっていたのだ。[註12] カラス役を引き継いだのは、ブラッド・ドゥーリフだった。[註13] カラス神父と言えばジェイソン・ミラー、と誰もが連想する超有名な役を、かなり年下で体つきも異なる俳優に引き継がせるのはリスクを伴う選択だったが、ブラッティはドゥーリフの素晴らしい演技力がこの役を一新するに違いないと感じていた。ドゥーリフによると、制作陣全員が、「『エクソシスト２』は存在しなかったとみなしていた」という。[註14]

一九八九年六月五日、ワシントンD.C.のジョージタウン（今回、居住者たちが撮影を許可した）と、ジョージタウン大学の屋内で、本編撮影が始まった。一九八九年の七月初めには、ノースカロライナ州ウィルミントンにあるディノ・デ・ラウレンティス所有の撮影所に移り、八月中旬にそこで撮影を終了した。[註15] 制作中、ちょっとした問題が生じた。キンダーマンの義理の母シャーリー役として女優のシルヴィア・シドニーが撮影に入ったものの、途中で別の映画の仕事に行ってしまったのだ。必要な助言が得られなかったことを理由に、シドニーが撮影に戻るのを拒否したため、彼女に代わってバーバラ・バクスリーがシャーリー役を演じた。彼女の登場するシーンの一部は、映画の継続性を無視したピックアップ・ショット（本編撮影後の追加ショット）に見える。[註16]〝ナースX〟と称された看護婦役に、アイリーン・ブレナンが発表されたものの、のちに撤回され、最終的にヴィヴェカ・リンドフォースに決まった。また内輪では、女優ロイス・フォラカーが演じているのは〝ナース・メリン〟役だとジョークが飛んだ。

撮影中、ブラッティがモーガン・クリークの干渉を受けることはほとんどなかった。しかし、ブラッティと編集技師のトッド・ラムゼイが編集を終えたあと、事態は一変する。出来上がった作品は、ジェームズ・G・ロビンソンにも、初期に行われたリサーチ試写の観客たちにも、控えめに言っても好意的に受けとめられなかったのだ。[註17] ブラッティは実際、自分の脚本のままに撮った。その脚本とは、理解を超えた現象にさらされて現実への信念を失いかけるひとりの男を描いた、内面的な超自然サイコスリラーだった。しかしモーガン・クリークは、〝エクソシスト（悪魔祓い師）〟という言葉がタイトルに含まれているならば、悪魔祓いが登場しなくてはまずいと気づいた。これを修正するため、ロビンソンは脚本の書き直しとシーンの撮り直しに追加で九百万ドルを充（あ）てた。契約によると、ブラッティにはそれに従う義務があった（とはいえ、彼はのちに〝美術監督〟がすべてセッティングし、自分は〝アクション〟と言っただけだと語っている）。

そのとき、ジェイソン・ミラーのスケジュールが突然〝空き〟、モーガン・クリークが彼を雇うよう主張した。一九八九年四月二日、モーガン・クリークは、ジェイゾン・ミラーがカラス神父としてではなく、生贄殺人を行う連続殺人鬼の正体について重要な手掛かりを握る〝患者X〟として登場することを発表した。[註18] 商業的な効果を狙ったに違いないこの決断は、ブラッド・ドゥーリフの非凡な演技の質を脅かした。ドゥーリフを降ろし、ミラーを彼に代えることができるか？　否――ミラーには、ドゥーリフが完璧に演じた、カラス／ヴェナマンの長い独白を暗記することができなかった。そこで、キンダーマンがミラーのカラスとドゥーリフのカラスの両方を目にするという設定で、ふたりのカットを順番に挿入する案をブラッティが思いつき、ドゥーリフはそれに沿って自分のシーンを撮り直した。ミラーがセット入りすると、ブラッティは台詞を一行ずつ彼に伝え、手取り足取り彼を導いた。[註19]

多くの俳優が、悪役を演じるさい、観客の同情を誘う人物か、少なくとも自分自身が共感を抱ける人物として描こうとする。それについて、ドゥーリフはこう説明している。「私が演じた役柄は、ある意味、ふたつの世界のはざまに囚われ、復讐に取り憑かれている。だが、彼は正気を失ってしまったんだ。自分の受けた扱いによって狂気に駆られ、邪悪になるが、実のところ、人間味にあふれた男だと思う[註20]」

無理やりねじ込まれたサブプロットに登場する〝モーニング神父〟役には、ニコール・ウィリアムソンが抜擢された。憑依の徴候を感じとり、悪魔祓いをすべく患者Xの独房にやってくる神父である。患者Xとモーニング神父は、本来のストーリーラインとはまったく関係ないところで対決する。そして、大量の血液が飛び散り、動物の鳴き声や雷鳴が響き渡るなか、患者Xが神父を倒す。とはいえ、それが悪魔祓いであることに変わりはない。少なくとも、それを試みたことは間違いない。ブラッティは、カラスとモーニングのストーリーを繋げるためだけでなく、より断定的な結末を作りだすため、エンディングを書き直した。

ふたりのキャラを挿入カットで繋げる手法は、頭で考える分にはうまくいっているが、物語の流れ的には失敗に終わった。キンダーマンはミラーとドゥーリフとの繋がりをかろうじてたどっているようだが、観客は混乱した。ドゥーリフ／ミラーの変貌に反応するキンダーマンの表情をより頻繁に捉えていれば、わかりやすかったのかもしれないが、そうすると、ドゥーリフの独白の力強さが損なわれてしまう。やがて、キンダーマンが独房11号室の壁に釘付けにされ、床が割れて地獄が覗き——すべて彼の想像である——、意識を取り戻したモーニング神父が必死に患者Xに呼びかけ、天井に釘付けにされていたキンダーマンを助けるクライマックスへと突入する。ブラッティが書き直したエンディングでは、カラスが一瞬、双子座殺人鬼の憑依を逃れ[註21]、キンダーマンに自分を殺してくれと懇願した。それに応え、キンダーマンはカラスに、自分のために祈ってほしいと頼む。『エクソシスト』の終わりで交わされるダイアー神父とクリス・マクニールのやり取りと同様に、この希望に満ちた最後のやり取りは、キンダーマンがおそらく神を受け入れる準備があることを示している。

しかし、この新たな映像と特殊効果の撮影はうまくいかず、ブラッティのバージョンを「重苦しく、救いがない」と描写した第二班のプロダクション・マネージャー、ロナルド・コルビーによって撮り直しが行われた。視覚効果とプラクティカル・エフェクトを複雑に組み合わせた撮影は、通常であれば十二週間かかる量だったが、わずか三週間で終わらせねばならなかった。さらに、この撮影に雇われたカメラ技師のひとりが経験不足で、グレッグ・キャノンによる特殊メイク効果ショットの大半（床の下の地獄から飛びだす頭など）が使い物にならなかった。

とはいえモーガン・クリークは瞠目（どうもく）すべき努力により、駄作になると彼らが恐れていた作品を救った。『エクソシスト3』は、ハリウッドのかきいれ時である夏休みの後半、一九九〇年八月十七日に、最注目作品として20世紀フォックスにより全米公開された。公開一週目の収益は九三一万二二一九ドル。二週目には売上はがくんと落ち、最終的に全世界で三九〇二万四二五一ドルとなっている。[註22]

劇場公開版はその後、VHS、レーザーディスク、DVDという三つのホームビデオ媒体で発売された。その後、ブルーレイ革命により、新たなチャンスが生まれる。二〇一六年十月二十五日、シャウト！ファクトリー社が、『エクソシスト3』の劇場公開版と新しいディレクターズ・カット版を含む、二枚組のブルーレイ・コレクターズ・エディションをリリースした（日本では未発売）。ディレクターズ・カット版は、35㎜フィルムのトリミングされた映像やアウトテイク、制作中に使われたデイリーのVHS映写テープから再構築されたバージョンだった。こうした映像の画質と音質は劣悪だったが、ブラッティが善と悪、超越性に惹きつけられていることをより明確に示す、はるかに思索的な作風が滲みでている。

モーガン・クリークが、ブラッティ自身のバージョンを新しく構築するチャンスを差しだしたとき、マーク・カーモードも協力することにした。ブラッティとカーモードは、脚本集「The Exorcist and Legion」の出版（一九九八年、英国フェイバー&フェイバー社から刊行された）でタッグを組んだことがあった。ブラッティはカーモードに、シャウト！ファクトリー社のブルーレイ用に発掘されたあらゆる素材をもとに、『エクソシスト3』のオリジナル版を〝復活させる〟とは言わないまでも、監修してほしいと頼んだ。

カーモードとシャウト！ファクトリー社が作業を進めていくうちに、突然、ブラッティは迷いはじめた。「ビル（・ブラッティ）は、いくつかの要素に関して心変わりしはじめた。とくにプロローグに関してね」カーモードは思いだす。「ある時点で、ドゥーリフがカラスであると明確に示されるプロローグのあるバージョンが存在していたんだ。『エクソシスト』の最後でカラスが窓を突き破って階段を転げ落ちたあと、死体安置所に安置されているカラスをドゥーリフが演じている映像だ。それが見つかったあと、そのシーンは長いこと映画に含まれていたんだが、やがてビルが、やっぱり使わない、と言いだした。だが、シャウト！ファクトリー社がまとめたバージョンは、ビルがもともとやりたかったバージョン、モーガン・クリークの重役たちに見せたバージョンとよく似ていた。重役たちはこの作品を観たあと、秘書に発言を促した。秘書が『これが「エクソシスト」となんの関係があるんです？』と言うと、重役たちは続けた。『そのとおり。ジェイソン・ミラーを使わねばならん。悪魔祓いも入れる必要がある。それ以外には考えられん！』とね。

ビルは、ふたつの選択のあいだで板挟みになっていた。『協力しません』と言えば、ほかの者が監督を務めることになる。だが、彼らの提案を受け入れて、うまくいく方法を自分で探ってはどうか？ そうすればファイナル・カット（最終編集）も自分でできる。ここで思いだしてほしいのが、映画会社が提案した『エクソシスト3』のバージョンも、ビルの作品であることに変わりはない点だ。新しいエンディングを書いたのはビル自身だし、それを監督したのも彼だ。彼の映画であることに変わりはないんだが、彼が最初に作ろうとした作品ではない。彼が作ろうとした映画は、ディレクターズ・カット版だ。私はディレクターズ・カット版のほうが優れていて、より一貫していると思う。劇場公開版の『エクソシスト3』のエンディングは、まったく意味が通らない。ニコール・ウィリアムソン（モーニング神父）を入れたバージョンは支離滅裂だよ。だがあれは、ビルがこの企画を救おうとした結果だったんだ」

両バージョンを解体すると、面白い事実が見えてくる。同化ユダヤ人（完全にユダヤ教徒であることをやめてはいない）のキンダーマンが、なんとも奇妙な出来事に遭遇するのは、これが初めてではない。十五年前、映画監督バーク・デニングスの死を捜査していた彼は、証拠ではなく推理により、デニングスが十二歳のリーガン・マクニールに殺されたと結論づける。とはいえ、どうやって殺害されたのかはわからずじまい。事件を解決することはできなかった（小説でも映画でも、キンダーマンはリーガンの悪魔憑依を実際に目撃することはない）。しかし、『エクソシスト3』の大きな問題は、謎がまったくないところだ。悪役――双子座殺人鬼――の正体がすぐに判明するばかりか、その男は早いうちに自白する。謎があるとすれば、双子座殺人鬼がどうやってカラスを復活させたのか、独房に閉じこめられているのにどうやって殺害できたのか、である。これはどちらかというと、警部補のキンダーマンではなく、フーディーニが解くべき疑問に近い。とはいえ、この謎は、なぜ邪悪が存在し続けるのかを考察し、信仰を持たぬ人間がこの謎の追求に不利な理由を掘りさげるきっかけになる。

『エクソシスト３』に資金を提供するモーガン・クリークは、この刺激的な思想にはまったく興味がなかった。本作のタイトルは、最初は『Legion（レギオン）』であったが、それから『エクソシスト：十五年後』、『エクソシスト１９８０』、『エクソシスト３：レギオン』となり、やがて『ウィリアム・ピーター・ブラッティのエクソシスト３（劇場公開版）』、『ウィリアム・ピーター・ブラッティのレギオン（ブルーレイのディレクターズ・カット版）』と二転、三転した。

そして、それぞれのバージョンに熱心な擁護者がいる。ホラー映画研究家のティム・ルーカスは、劇場公開版を推す。「修正したバージョンは、『エクソシスト２』と同じくらい支離滅裂だと思う。劇場公開版には素晴らしい場面がいくつかあったし、キャラクター描写も力強かった。ブラッティの撮り方には、少し風変わりなところはあったがね。これは以前われわれがスリーパーと呼んでいた類（たぐい）の映画だと思う。はっとさせられるような意外な場面がところどころにあるが、可もなく不可もない凡庸な作品。傑作ではない」

『エクソシスト』に心酔しているマーク・カーモードは、一九九〇年の〈タイム・アウト〉誌ですっぱり、核心を突いた見解を述べている。「ブラッティの続編は、示唆という恐ろしい力を使って本能的な反応を引きだしたオリジナル版の手法を、意図的に避けている。言葉数の多い台詞が、不気味な悪意と、人為的だがはっと驚く衝撃シーンに遮られる。しかし、何よりも恐ろしいのは、ブラッド・ドゥーリフがカメラを真っ向から見据えて口にする、鬼気迫る連続殺人鬼の独白である。『エクソシスト3』は、不必要に大げさなクライマックスという例外を除けば、アドレナリン・ジャンキーにも知識人にも等しく刺激を与える、抑制の効いたホラー作品だ[註23]」

「エクソシスト」も「Legion」も、超常現象が登場するとはいえ、ミステリー（謎）として書かれている。なぜなのか？　ブラッティは「信仰の謎」を挙げるが、彼にとって、その謎はすでに、信仰に有利なように解決されている。したがって、その謎は、答えのなかではなく、それを探索する過程に存在するのだ。

　ミステリーというジャンルは、文学ジャンルのなかでもとりわけ幅が広い。数多くのサブジャンル（ノアール、アマチュア、ポリスプロシーデュラルなど）が存在するが、大まかには三つの分野に収まる。ひとつ目が、〝犯人捜し〟と呼ばれる推理もの。手掛かりを集めて犯人を突きとめていく主人公を読者が追っていく形式である。ふたつ目は、犯人が誰だかすでに読者が知っているタイプのミステリー。これは、刑事が犯人を追い詰め、捕まえる過程で緊迫感が生じる。三つ目は、解決策はなくとも、探求自体が、なるほどと思わせるアイデアを示すタイプのミステリーだ。「Legion」の原動力となっているのは、この三つ目のミステリーである。われわれはカラスが死んだことを知っている。双子座殺人鬼が死んだことも知っている。それから、双子座殺人鬼がどういうわけか戻ってきたことを知るが、彼が独房に入っていることがわかる。ミステリー（謎）は、どうやって、なぜ、これらの要素が共存しうるのか。そして名目上解決したとはいえ、決して真の犯人を罰することができない五つの殺人に、これらの要素がどう関わってくるのか。この作品で、われわれは実世界から離れる。最も重要な謎は、「どうしてこんなことが起こりうるのか？　なぜ神はそれを許すのか？」である。つまり、〝犯人捜し（誰が犯人か）〟ではなく〝理由探し（なぜそうなったのか）〟を題材にしたミステリーなのだ。

ブラッティは、悪役ではなくキンダーマンの人物像を複雑にすることで、この謎を解く障害を作りだした。キンダーマンは、どの登場人物よりもエキセントリックだ。シェイクスピアや聖句を引用し、映画を引き合いに出し、自宅の浴槽で泳ぐ鯉（こい）について話すキンダーマンは、まるでその場にいない人物のために演技を続けているかのように見える。彼はまた弱みも見せる。友人であるダイアーの死を知って泣き崩れ、危うく気を失いそうになり、同僚の刑事（グランド・L・ブッシュ）に支えられるのだ。キンダーマンの捜査手法には、とりたてて目新しいところはなく、実際、彼はツキに恵まれているにすぎない。最後には万事うまくいく、というダイアーの主張をエンディングで繰り返す小説のキンダーマンとは違い、映画のキンダーマンはとにかく困惑している。ブラッティが、謎解きよりも、信仰の謎に関心を抱いていたのは明らかだ。

「〝Legion〟（『エクソシスト3』）の主旨は、神が存在する、ということだ。それをどこまで的確に伝えられたかはわからないが、善人は勝つと思う」そう、善人は勝つのだ。しかし、映画で描かれる司祭たちがみな殺害されるか無力であること、そして、ユダヤ教を捨てた男（無神論者の役者が演じた）が事件を解決するものの、説明はされないことと、邪悪な〝主人〟が双子座殺人鬼を復活させるために新たな器を見つけるのかどうかは不明であるため、その論点は、信仰の謎と同じくらい宙ぶらりんの状態で残されている。

補足 小説「Legion」のあらすじ

一九八三年、ウィリアム・ピーター・ブラッティは、「エクソシスト」に続くファン待望の小説「Legion」を世に送りだした。これは「エクソシスト」の続編というより、そのなかで彼が掘りさげたテーマの延長だった。ブラッティは、ウィリアム・フリードキンの編集でそれがカットされた、あるいは一九七三年の劇場公開版を観た人々にこのテーマが伝わらなかったと感じていた。そのテーマとは、悪の存在が善の存在を前提として成り立つことである。小説には珍しく(通常、当然とみなされるため)、ブラッティは、この物語がフィクションであり、「登場人物、場所、出来事は、作家の想像もしくは創造の産物である」と但し書きを入れた。

第一部

第一章 三月十三日、日曜日。[註1] ワシントンD.C.。ウィリアム・キンダーマン警部補は、ジョージタウン大学のボートハウス付近で発見された十二歳の少年、トマス・キントリーの惨殺死体を調べている。被害者の傷は、悪名高い双子座殺人鬼の手口と酷似していたが、双子座殺人鬼は十二年前に処刑されたのだ。殺害現場の近くをふらついていた老婆が、シェルターに連れていかれる。

第二章　キンダーマンは、ジョセフ・ケヴィン・ダイアー神父と映画を観て、昼食をとる。ふたりは、十五年前のその日、リーガン・マクニールを助けるために自らの命を犠牲にしたカラス神父の友人で、どちらも相手が彼の死を乗り越える手助けをしていると思っていた。ダイアーは神を信じ、創造物である人類の素晴らしさに驚きを禁じえない。信仰を持たないキンダーマンは、人は機械的に日々の生活を送っているにすぎないと語る。ふたりが話し終わると、鑑識のアトキンスがキンダーマンに、キントリー少年の遺体から採取された指紋がどういうわけか、現場をうろついていた痩せた老婆のそれと一致したと告げる。

第三章　ヴィンセント・アムフォータス医師は、亡き妻アンの思い出に悩まされていた。そして、ジョージタウン病院で死を待つ患者を診察しながら、いっそう気を滅入らせていく。同僚のフリーマン・テンプルの陽気さにも心は晴れず、彼は上司に休暇を要請する。アムフォータスにとっては、時の流れがあまりにも遅く感じられた。

第四章　監察医から届いた薬物検査の結果、トマス・キントリーからは唯一、塩化サクシニルコリンが検出された。

第五章　十年以上も前に死んだ双子座殺人鬼が舞い戻ったように思われる状況に、キンダーマンと同僚は当惑する。キントリーに使われた薬品は、麻酔用筋弛緩剤だった。これを打てば、ひどい傷を負わされても意識が保たれる。殺害現場で見つかった老婆は朦朧としていて、彼女からは何も聞きだせなかった。キンダーマンが自宅に戻ると、妻のメアリーは夫がふさぎこんでいるのを見てとる。娘のジュリーが顔を見せる。キンダーマンはその夜、天使の夢を見た。翌朝彼は、神は苦しませるために人間を作ったのだろうかとふと考える。キンダーマンは別の殺害現場に呼びだされる。被害者の司祭は首を切り落とされていた。

第六章　三月十四日、月曜日。被害者は、ケネス・バーミンガム神父だと判明する。かつてジョージタウン大学の学長だった彼は、懺悔を聞いている最中に殺されたのだ。またしても双子座殺人鬼と同じ手口だった。懺悔を待っていた信者たちは、そのブースに年寄りの男がよろめきながら入っていくのを目撃していた。キンダーマンは捜査を進めながら、犯罪チームのメンバーに、進化について語る。[註2]

第七章　三月十五日、火曜日。キンダーマンは、ジョージタウン病院に検査で入院しているダイアー神父のもとを訪れる。ダイアーは、キンダーマンが持ってきたハンバーガーを見て、四旬節だが、病人だから食べてもいいんだと言う。ふたりは邪悪について話し合う。アムフォータス医師が病室に立ち寄る。彼がまだ妻の死を深く悲しんでいることは明らかだ。ダイアーは、バーミンガムが殺されたことを知っていた。キンダーマンはアムフォータスを横に呼び、痛みの本質と神の善性、なぜ小さな子どもが死ななければならないのか、について話す。そして、麻酔薬の塩化サクシニルコリンは、病院の医薬品ワゴンから誰でも簡単に盗めたことを確認する。

第八章　ボートハウスで見つかった老婆、ラズロ夫人は、ジョージタウン病院の精神科病棟の患者だった。どういうわけか、キントリーが殺害された朝、病院の外に出る許可を得ていたのだ。キンダーマンに質問されたテンプル医師と看護婦のアラートンは、なぜ彼女が出られたのかわからないと告げた。キンダーマンは、検査入院しているダイアー神父に再び会いに行く。双子座殺人鬼のファイルがキンダーマンのもとに届けられ、ラズロ夫人が死ぬ。その夜キンダーマンは夢を見る。目覚めたあと、双子座殺人鬼のファイルを調べる。殺人鬼の本名はジェームズ・ヴェナマン。犯行地域は、サンフランシスコに限られていた。ヴェナマンは子どもの頃に虐待されており、双子の兄弟ととても仲が良かった。ファイルを読み終わった直後、電話が鳴る。ダイアー神父が殺害されたという知らせだった。

第二部

第九章　三月十六日、水曜日。アムフォータス医師が、ダイアー神父に長い手紙を書く（彼が死んだことは知らないようだ）。彼は、妻が死んだあと分光器を使って記録をしたと書き、テープを封筒に入れる。そして、霊界とコンタクトを取ろうとした、声が聞こえた、と記した。[註3] 彼は〝私が死んだら〟開けるようにという指示とともに、その手紙をダイアー神父に宛てた封筒に入れた。

第十章　病院の責任者であるテンチ医師は、院内を封鎖して、患者を含む全員の身分証明書を確認せよというキンダーマンの指示に激怒する。手術用のハサミがひとつ、行方不明になっていた。首を切り落とせるほど頑丈で鋭い刃のハサミだ。キンダーマンは、今回の犯人は一般に公開されなかった事件の詳細を知っているから、模倣犯ではなく双子座殺人鬼本人に違いないと明かす。犯人はまた、〝K〟がつく名前の人物のみを狙っていた。ダイアーのミドルネームはケヴィン(Kevin)だ。キンダーマンはそのとき、ダイアーの病室の壁に書かれた文字に気づく。「It's a Wonderfull Life(素晴らしき哉(かな)、人生!)」。しかし、〝Wonderful〟の語尾の〝L〟が、ふたつ書かれていた。これもまた、双子座殺人鬼と同じ特徴だった。だが、殺害現場から採取された指紋はどれも、すでに死亡した双子座殺人鬼ジェームズ・ヴェナマンのものとは一致しなかった。

第十一章　三月十七日、木曜日。キンダーマンがデミアン・カラスの墓を訪れたあと、カラスを知っていたライリー神父に面会を申し入れる。キンダーマンは、マクニール事件にカラスが関わっていたことと、いまや故人となったケネス・バーミンガム神父はカラスに悪魔祓いの儀式を執り行う許可を与えた人物であったことをライリーに話す。ひとりの看護婦が数年前に精神科病棟に入ってきた患者12のことをキンダーマンに相談する。ずっと緊張病だったが、つい最近喋(しゃべ)りはじめ、司祭のことを口にしていた、と。キンダーマンはその患者に会いに行き、動揺する。患者12は、デミアン・カラスにそっくりだった。[註4]

第十二章　ワシントンD.C.の布教活動中、ジェームズ・ヴェナマンの父カール・ヴェナマンが、再び司祭職に復帰することを検討する。

第十三章　三月十八日、金曜日。キンダーマンとライリー神父はカラスの遺体を掘り起こす。だが、その遺体はカラスのものではなかった。キンダーマンは〝トミー・サンライト〟と呼ばれる患者12（ジェームズ・ヴェナマン）の個室に入る。その男は〝レギオン（Legion。ローマ軍団のこと。転じて、軍団、新約聖書に登場する悪霊や、それをモチーフとする怪物などを指すようになった）〟と名乗り、〝われわれは大勢だから〟と付け加えた。男は自分が双子座殺人鬼だと宣言し、自分が犯した殺人の詳細を挙げていく。ふたりが揶揄を含む不穏な会話をしたあと、モーニング神父が気絶する。その後キンダーマンはテンプル医師に、なぜそれほど多くの時間をモーニング神父と過ごすのかと尋ねる。キンダーマンは、テンプルが患者を病棟の外に出しているのではないかと疑っていた。さらに、カラスの死について調べていくうちに、カラスを検死した監察医が、その遺体が別の司祭のものだと気づいたことを突きとめる。カラスに何が起こったのか？

第十四章　自宅にいるアムフォータスが、失った愛する妻アンのことを思い、空想上の自分の身代わりと話しながら、転落死を遂げる。

第十五章　三月十九日、日曜日。キンダーマンは病院で、浴室の鏡に「私をレギオンと呼べ。われわれは大勢だからだ」と書いた頭のおかしい年輩の男と話をする。隔離病棟のサンライトを訪れると、彼は自分が看護婦を殺したことを認めた。だが、どうやって部屋を出たのかを尋ねるたび、サンライトは話題を変える。病棟に、ヴィンセント・コーナーという名の少年が入院してきた。キンダーマンは看護婦たちに、その少年から目を離さないよう警告する。のちに、その子どもは無事だとわかるが、看護婦が殺され、制服を脱がされた姿で発見された。キンダーマンは別の看護婦に文句を言う。看護婦の名札には、〝ジュリー・ファントッツィ〟[註5]とあった。キンダーマンは、誰かが自分の家族を殺すために自宅に向かっていると気づく。急いで家に戻ると、看護婦の白衣を着た精神科病棟の患者のひとりが、手術用のハサミで家族を殺そうとしていた。病院に戻ったキンダーマンはサンライトに詰め寄る。サンライトは子どもの姿になり、死ぬ。それと同時に、サンライトの父カールも脳卒中で死んだ。

第十六章　三月二十日、日曜日。ライリー神父は、実質的に二度、友人のカラス神父を失ったキンダーマン警部補を慰める。ふたりは一杯飲みに行く。

エピローグ

キンダーマンには誰が犯人だったのかはわからぬままだった。解剖の結果によると、ヴィンセント・アムフォータスには未治療の創傷があり、どちらにしろ余命二週間だった。四月、テンプル医師が脳卒中の発作に襲われる。同様の手口の殺人事件は看護婦の死を境に、一度も起こっていない。部下のアトキンスに休暇を取るよう勧められたキンダーマンは、アトキンスとハンバーガーを食べにホワイト・キャッスルに行き、自分の立てた仮説を話して聞かせる。おそらく、〝ビッグバン〟は、ルシファーの天国からの堕落なのだ、と。そして「カラマーゾフの兄弟」を例にとり、無垢（むく）だった子ども時代を思いだすことで邪悪を避けられるかもしれない、何よりも、人には親切にしなければならない、と言う。「それが、神が干渉できない理由だ。進化とは、人間があるべき姿に戻ることなのだから」と。

補足 『エクソシスト3』劇場公開版のあらすじ

劇場公開版とディレクターズ・カット版では、物語が進むにつれ、大小含め、様々な相違が生まれる。より明確な比較については、二百七十六頁からの「補足 『エクソシスト3』の劇場公開版とディレクターズ・カット版の違い」を参照のこと。

一九九〇年、ジョージタウン。

彫像や聖像が動きだし、教会が〝目を覚ます〟。扉が勢いよく開き、街なかのゴミや枯れ葉が教会のなかに吹きこみ、祈禱(きとう)を促すポスターが舞い散る。まるで夢を見ているように、カメラがプロスペクト通りから〝ヒッチコックの階段〟へと滑っていく。遠くで、司祭平服を着たひとりの神父が走っている。黒人の少年、トマス・キントリー（ジェームズ・バージェス）が薔薇(ばら)を差しだす。

ジョン・ダイアー神父（エド・フランダース）が、一九七五年に友人のデミアン・カラスが少女リーガン・マクニールを救うために転落死した長く急な階段を訪れる。[註1] 新聞が風に飛ばされて舞いあがる階段を見ながら、ダイアーは故人に思いを馳(は)せる。[註2]

ワシントンD.C.の自宅では、ウィリアム・キンダーマン警部補（ジョージ・C・スコット）もまた、

デミアンの死を悼んでいた

ダイアー神父が追悼ミサでデミアンのために祈りを捧げている頃、キンダーマン警部補は犯罪現場にいた。ジョージタウン大学のボートハウスの近くで、キントリーという少年が惨殺死体で発見されたのだ。

朝食時、ダイアーは学長（リー・リチャードソン）に、カラスの死を嘆くキンダーマンを慰めるため、一緒に映画を観に行き、昼食をとることを告げる。

キンダーマンは様々な文学作品を引用しながら、殺されたキントリーが双子座殺人鬼と同じ手口で殺害されていると同僚たちに告げる。しかし、双子座殺人鬼は裁判で有罪になり、十五年前に処刑されているのだ。

キンダーマンは帰宅後もこの恐ろしい事件を解決せねばという重圧を感じていた。娘のジュリー（シェリー・ウィルス）がダンス教室に出かけたあと、キンダーマンは、妻のメアリー（ゾーラ・ランパート）と義理の母（バーバラ・バクスリー）に、デミアン・カラスの命日だから、ダイアー神父を慰めに行くと告げる。

ダイアーとキンダーマンは、『素晴らしき哉、人生！』（一九四六）のリバイバル上映を観たあと、昼食をとりながら、カラス神父（ジェイソン・ミラー）[註3]について話す。キンダーマンは、なぜ善なる神が人殺しを許すのか、と尋ねると、ダイアーは、終末の時には万事うまくいく、人間はみな霊魂になるのだから、と返す。

カナヴァン神父[註4]（ハリー・ケリー・ジュニア）が、老婆の懺悔を聞いている最中に殺される。少し前に、看護婦アラートン（ナンシー・フィッシュ）と散歩していた老婆だ。殺害現場を調べていたキンダーマンは、司祭の手に双子座殺人鬼のトレードマークである双子座のシンボルが刻まれていることに気づく。のちに彼は、その神父が、キントリーに使われたのと同じ薬で動くことも助けを呼ぶこともできない状態にされ、切り刻まれたことを知る。

キンダーマンは、検査のために入院したダイアーに会いに行く。病室をあとにしたキンダーマンは、エレベーターの近くにある聖像の首が斬り落とされていることに気づかなかった。その後、彼は捜査班から、殺された少年と司祭の周囲で採取された指紋が、それぞれ異なる人物のものだと報告を受ける。

キンダーマンはなかなか眠れにつけず、うとうとしながら天使と有名人が出てくる夢を見る。夢のなかでダイアー神父が、取り憑かれたリーガンのようにベッドの上で飛び跳ねているときに、彼は病院からの電話で起こされた。ジョン・ダイアーが殺されたのだ。キンダーマンは呆然（ぼうぜん）としながらも捜査にかかる。またしても双子座殺人鬼と同じ手口で殺害されていた。彼は看護婦長のアラートンに質問し、クレリア（メアリー・ジャクソン）という名の患者が、ダイアーの死亡推定時刻に、廊下にいたことを知る。テンプル医師の立ち合いのもと、クレリア夫人に話を聞くが、緊張病の彼女がダイアーの殺人を目撃できたはずがないと気づく。それから、チェーンスモーカーのテンプル医師の案内で隔離病棟に向かうと、11号室から、〝ビル〟と自分を呼ぶ声を聞こえた。拘束衣を着て暗闇のなかに座る11号室の患者は、ジョン・ダンのソネット、「死よ驕（おご）るなかれ」をデミアン・カラスの声で読みあげ、最後に別の声で、「俺は二十一歳で死んだ」と言う。

一方、病院の責任者が、警察が病院を封鎖したことについてキンダーマンに抗議する。だが、キンダーマンが、双子座殺人鬼が戻ってきた、模倣犯に知りえない手口を使っているため本物に間違いないと告げると、責任者は引きさがった。双子座殺人鬼は語尾の〝L〟をふたつ書き、常に名前が〝K〟で始まる者を狙う。キンダーマンは感情を高ぶらせ、ダイアーの死の悲しみに耐えられず、泣き崩れる。その直後、首を切るのに最適な大型の重い手術用ハサミがなくなっていることがわかる。学長に話を聞きに行ったキンダーマンが疑問を口にすると、学長はカナヴァン神父もダイアー神父もリーガン・マクニールの悪魔祓いの件でカラスに関わったことを指摘した。そのとき、悪魔に取り憑かれたリーガンの声が聞こえ、オフィスのドアが軋(きし)み音とともに開き、明かりが点滅した。キントリー少年の母親がカラスと知り合いだったことを含め、ふたりはマクニール事件の概要を話し合う。[註5]

一方、寮にいるモーニング神父（ニコール・ウィリアムソン）は、ペットの鳥が死に、壁から十字架が落ち、プラスチックのキリスト像の傷から血が流れ、部屋のなかが暗くなると、不吉な予感に襲われた。

キンダーマンは、ダイアーの殺害現場で採取された指紋が年老いたクレリア夫人のものと一致したことに驚く。

テンプル医師は、自分のオフィスで、隔離病棟11号室にいる患者Xが、十五年前にC&O運河沿いをうろついていたところを警察に発見され、ずっと意識が朦朧としていたが最近凶暴になった、という説明を練習し、キンダーマンにそのとおり話した。11号室にいる男がカラスではないかと疑ったキンダーマンは、隔離病棟を訪れる。患者Xはカラス（ジェイソン・ミラー）にそっくりだった。しかし、彼は自分が双子座殺人鬼のジェームズ・ヴェナマン[註6]だと名乗り、〝K〟がつく犠牲者たちの殺人事件の詳細を語り、それを父カールのせいにした。また、彼は〝別世界〟の者たちの存在を仄(ほの)めかした。キンダーマンが、双子座殺人鬼は死んだと告げると、カラスの姿が突然ヴェナマン（ブラッド・ドゥーリフ）に変わる。ふたりの男（ドゥーリフとミラー）はめまぐるしく入れ替わるが、キンダーマンは、その違いを認識しない。キンダーマンは、ダイアー神父をどうやって殺したかを話しはじめた患者Xを殴りつける。[註7]

看護婦アラートンによると、11号室にいる男は、この一週間、失神と覚醒を繰り返していた。キンダーマンは、そのパターンを、最近の殺人事件の日程と結びつけ、看護婦から聞いた11号室の男が口にした言葉を教会の図書室で探す。それは、悪魔祓いの儀式を引用したものだった。キンダーマンがそれを読み進める。一方、教会ではモーニング神父も同じ本を学んでいた。

夜遅く、病院で、キーティング看護婦（トレイシー・ソーン）が殺される。犯行に使われたのは、行方不明になっていた大きなハサミだった。キンダーマンがキーティングの死を調べていると、看護婦アラートンに呼びだされ、テンプル医師のオフィスに連れていかれる。テンプルはそこで自殺していた。11号室のヴェナマンが、キーティング殺しは自分がやったと告白する。彼はキンダーマンに、なぜ自分の見かけがカラスなのかを説明した。死刑になったあと、彼は辺獄（リンボ）に閉じこめられ、ついにカラスの体を与えられたのだが、その体は階段を転落した衝撃でぼろぼろだったため、回復するまでに長い時間がかかったのだ、と。

その後、キンダーマンは病院で制服を剝ぎ取られた看護婦の遺体を見つける。その制服を着ているのは、認知症の患者（ヴィヴェカ・リンドフォース）だった。アラートン看護婦がジュリーという名札を付けているのを見たキンダーマンは、行方不明の認知症患者が自分の家に向かい、娘のジュリーを殺そうとしているのだと察する。[註8] 急いで家に向かったキンダーマンは、看護婦／患者からジュリーを救う。その後、患者は痴呆状態に戻った。

モーニング神父が病院に到着し、名無しの患者の悪魔祓いをするため11号室に入る。キンダーマンが来たときには、モーニング神父は皮膚が剝がれ、血だらけの状態で倒れていた。カラス／ヴェナマンがキンダーマンに怒りをぶつける。キンダーマンはプレッシャーに負け、悪を信じると言う。部屋の壁や床が裂け、意識を取り戻したモーニング神父が十字架をカラスに向け、憑依に抵抗してキンダーマンを救えと告げる。カラスはそのとおりにし、一瞬悪魔の憑依から逃れてキンダーマンに「いまだ！　撃ってくれ！」と叫ぶ。キンダーマンは、その言葉に従った。

カラスは司祭たちの墓地に埋葬される。[註9]

補足 『エクソシスト3』ディレクターズ・カット版のあらすじ

上映用プリントと、残っていたデイリーのVHSコピーを継ぎ接ぎし、シャウト！ファクトリー社が劇場公開版とともにブルーレイとしてリリースしたディレクターズ・カット版（日本未発売）は、内面的な意味で、より小説「Legion」に近い。両バージョンを比較することで（二百七十六頁からの補足を参照）、野心が実際主義と衝突した場合、何が起こるのかというユニークな教訓を得られる。

注釈――ジェイソン・ミラーによるカラス神父の印象的な演技を記憶に留めている人々へ。ディレクターズ・カット版では、最初に撮影されたウィリアム・ピーター・ブラッティの脚本どおり、カラスを演じているのはブラッド・ドゥーリフのみである。

一九七五年、ジョージタウン。限りなく続くように思われる長い階段を、誰かが転がり落ちてくる。彫像や聖像が動きだし、教会が〝目を覚ます〟。扉が勢いよく開き、街なかのゴミや枯れ葉が吹きこみ、祈禱を促すポスターがあちこちに舞いあがる。まるで夢を見ているように、カメラがプロスペクト通りから〝ヒッチコックの階段[註1]〟へと滑り、遠くに、司祭の平服を着た神父が走っているのが見える。黒人の少年、トマス・キントリー（ジェームズ・バージェス）が、薔薇を差しだす。まだ誰のものかはわからない声（ブラッド・ドゥーリフ）が聞こえ、カメラの視点が階段を転がり落ちていく。

一九九〇年、ジョージタウン。ジョセフ・ダイアー神父（エド・フランダース）が、十五年前に、悪魔に憑依された少女リーガン・マクニールを救うために自分の身を犠牲にした友デミアン・カラスの死を悼んで祈りを捧げる。その後ダイアー神父は、侍者の少年（ケヴィン・コリガン）に、昼食は同じくカラスの友人だったワシントンD.C.のウィリアム・キンダーマン警部補（ジョージ・C・スコット）ととると伝える。

キンダーマンは、ジョージタウン大学のボートハウスの近くで惨殺死体となって発見された少年キントリーの死を捜査している。一方、ダイアー神父は、カラスが転落死した長く急な階段を見下ろし、そのときのことを思いだす。昼ごろ、ダイアーは大学の学長[註2]（リー・リチャードソン）に、カラスの死を悲しむキンダーマンを元気づけるために、彼と一緒に映画を観に行き、昼食をとることを告げる。

キンダーマンは、様々な文学作品を引用しながら、殺されたキントリーが双子座殺人鬼と同じ手口で殺害されたと同僚たちに告げる。しかし、双子座殺人鬼は裁判で有罪になり、十五年前に処刑されていた。自宅に戻ったキンダーマンは、この恐ろしい事件を解決せねばという重圧を感じる。娘のジュリー（シェリー・ウィルス）がダンス教室のレッスンに出かけ、キンダーマンは、妻のメアリー（ゾーラ・ランパート）と義理の母（バーバラ・バクスリー）に、デミアン・カラスの命日だから、ダイアー神父を慰めに行くと告げる。ふたりはお互いに、相手のためだ、と思っている。

ダイアーとキンダーマンは、『素晴らしき哉、人生！』のリバイバル上映を観たあと、昼食をとりながら、デミアン・カラス神父（ブラッド・ドゥーリフ）について話す。キンダーマンは、なぜ神は人殺しをさせるのかと尋ね、ダイアーは、終末の時にはすべてうまく治まる、いずれ人間は死んで霊魂になるのだから、と返す[註3]。

カナヴァン神父[註4]（ハリー・ケリー・ジュニア）が、老婆の懺悔中に殺される。少し前に、看護婦アラートン（ナンシー・フィッシュ）と散歩していた老婆だ。犯罪現場を調べていたキンダーマンは、司祭の体に双子座殺人鬼のトレードマークである双子座のシンボルが刻まれていることに気づく。のちに彼は、その神父が、キントリーに使われたのと同じ薬物によって、身動きをとることも助けを呼ぶこともできない状態にされ、切り刻まれていたことを知る。

キンダーマンは、検査入院したダイアーに会いに行く。病室をあとにしたキンダーマンは、エレベーターの近くにある聖像の首が斬り落とされていることには気づかない。その後、彼は捜査班から、ふたつの殺害現場から発見された指紋が一致しないという報告を受ける。病院で、チェーンスモーカーのテンプル医師が、キンダーマンを隔離病棟に連れていく。キンダーマンは、11号室から、〝ビル〟と呼ぶ声を聞く。11号室で拘束衣を着て暗闇のなかに座る、〝患者X〟と呼ばれている男は、ジョン・ダンのソネット、「死よ驕るなかれ」を読みあげた。

病院の責任者が、警察の病院閉鎖について文句を言う。だが、キンダーマンが、双子座殺人鬼が戻ってきたことと、模倣犯に知りえない手口を使っているため、本物に違いないと告げると、彼は引き下がった。キンダーマンによると、双子座殺人鬼は語尾の〝L〟をふたつ書き、常に名前が〝K〟で始まる人物を狙う。緊迫感が漂うなか、キンダーマンはダイアーの死の悲しみに耐えられず、泣き崩れ、ダイアーのミドルネームはケヴィンだったと言う。その直後、首を切るのに最適な大きくて重いハサミが病院からなくなっていることが判明する。ライリー神父は、カナヴァン神父もダイアー神父もリーガン・マクニールの悪魔祓いの件でカラスに関わったことを指摘した。そのとき、悪魔に憑かれたリーガンの声が聞こえ、オフィスのドアが軋み音とともに開き、明かりが点滅した。学長は、マクニール事件の概要とともに、キントリー少年の母親がカラスと知り合いだったことをキンダーマンに告げる。[註5]

キンダーマンは、ダイアーの殺害現場の指紋が、緊張病を患う患者、年配のクレリア夫人の指紋と一致し、驚く。

テンプル医師は、自分のオフィスで、11号室の患者が十五年前、C&O運河沿いで見つかったのだという説明を繰り返し練習していた。ふらついていたところを発見され、やがて凶暴になったのだ、と。

キンダーマンは、患者X（ブラッド・ドゥーリフ）を訪れ、動揺する。その患者がデミアン・カラスそっくりだったのだ。[註6]

カラスの棺が司祭の墓地から掘り起こされると、なかに入っていた遺体はカラスのものではなかった。

キンダーマンは、11号室で、患者X——カラス——に詰め寄る。患者Xは、自分が双子座殺人鬼のジェームズ・ヴェナマンで、カラスではないと主張し[註7]、カレンという名の少女をどうやって殺害したか、ダイアー神父をどうやって失血死させたのかを詳しく描写しはじめた。それを聞いたキンダーマンは彼を殴りつけ、病室を出る。[註8]キンダーマンの痣になったこぶしの手当てをしながら、看護婦アラートンは、11号室にいる男はこの一週間、意識を失っては取り戻す状態を繰り返しているとキンダーマンに告げる。キンダーマンは、その行動パターンを、最近の殺人事件の日程と結びつける。[註9]

キンダーマンは、カラスの棺に入っていた遺体が、彼を埋葬する準備をしていたときに行方不明になったファイン神父のものだと学長から報告を受ける。キンダーマンは、解剖報告には、司祭の死因は恐怖による心臓発作のようだと書かれていたと言う。

その日の夜、悪魔祓いの儀式について読んでいると、娘のジュリーがぼうっとしながらキッチンに食べ物を取りに来て、ベッドに戻る。病院では看護婦キーティング（トレイシー・ソーン）が、何者かに殺され、行方不明だったハサミで首を切り落とされていた。

キンダーマンが患者Xの元に戻ると、彼は、ヴェナマンが死んだとき、マクニールの悪魔祓いを行ったカラスに復讐するため、〝主人〟が自分をカラスの遺体に入れたのだと明かす。しかし、階段を転げ落ちたときの損傷が治癒するまでには、何年もかかったのだ、と。さらに、カラスの魂は、自分の体を使って行われた恐ろしい行為を知って苦しんでいるという。彼は、自分がどうやって隔離病棟を出て殺人を犯したのか打ち明けることを拒否し、双子座殺人鬼が戻ってきたと新聞に発表するようキンダーマンに要求したあと、彼の〝不信心〟を治してやろうと申し出る。それから、彼は自分がカラスでないともう一度繰り返した。ただ彼にそっくりなだけだ、と[註10]。

キンダーマンが病院にいるときに、制服を剥ぎ取られた看護婦の死体が裸で見つかる。その制服を着ているのは、認知症の患者（ヴィヴェカ・リンドフォース）だ。看護婦アラートンは、眠っている患者Xをモニターしている。Xは昏迷（こんめい）状態だが、その脳波が（映画を観ている人々に）彼が憑依したことを仄めかす。看護婦アラートンの名札を見て、彼女の名前がジュリーだと知ったキンダーマンは、行方不明の患者が娘を殺すために彼の自宅に向かっていると推理する[註11]。急いで家に向かったキンダーマンは、看護婦／患者からジュリーを救う。その患者は、再び、痴呆状態に戻った。

患者Xの部屋に戻ったキンダーマンは、「祈ってくれ、デミアン。きみは自由だ」と言って、患者Xを撃ち殺す。

補足　『エクソシスト3』の劇場公開版とディレクターズ・カット版の違い

『エクソシスト3』を楽しむには、ブラッド・ドゥーリフはデミアン・カラスだが、常にそうではなく、ときにジェイソン・ミラーがデミアン・カラスであることを受け入れる必要がある。この理由だけをとっても、ディレクターズ・カット版のほうが理にかなっていると言えるだろう。というのも、カラスの体は双子座殺人鬼によって乗っ取られているとはいえ、ディレクターズ・カット版では、観客が目にするカラスはひとりだけだからである。ジェイソン・ミラーが『エクソシスト』のデミアン・カラス役として非常に有名になったことを考えると、この役にブラッド・ドゥーリフを配するのは大きなリスクを伴う決断だった。ウィリアム・ピーター・ブラッティら制作陣は、キンダーマンとダイアーが友人の死を悼みレストランで食事をするシーンで、壁に掛かっているカラスとイエスズ会の友人たちの写真を示すことで、観客をこの変化に慣れさせようとした。この映像は、劇場公開版からは削除されている。なぜか？　その頃には、ジェイソン・ミラーが再びカラス役を演じ、ブラッド・ドゥーリフは双子座殺人鬼――ほとんどの場合――を演じることが決まっていたからである。

よくできた脚本は、物語と登場人物を同時に発展させていく。ウィリアム・ピーター・ブラッティが様々なインタビューで語っているように、そのコツは、〝説明キャラ：モリス〟、つまり解説をする登場人物を、それとわからぬよう上手に物語のなかに入れることだ。映画のあらすじを書くと、どこにモリスが隠れているのかがわかる。『エクソシスト3』では、ブラッティがのちに脚本ではっきりさせねばならなかった、小説の構造に組みこまれていた仮定が明らかになる。

小説「Legion」（二六九ページ）は、刑事が主人公であるという意味でのみ、刑事の物語だ。実際、『エクソシスト』では、キンダーマン警部補はバーク・デニングスを殺した犯人（観客は、警部補がリーガンを疑っていると思わされる）[註1]を突きとめない。「Legion」でも『エクソシスト3』でも、犯人のジェームズ・ヴェナマンはすでに拘留され、自ら罪を告白する。それでは、解明せねばならないミステリー（謎）とは何か？　それはほかでもない、神の存在である。

ブラッティの『エクソシスト3』の脚本をじっくり読むと、彼が「Legion」の構造的欠陥を修正しようとしていたことがわかる。とはいえ、「Legion」の真の狙いは、「エクソシスト」および「Twinkle, Twinkle, "Killer" Kane」（のちに「センター18」と改題された）同様、結論ではなく、そこに至る過程を示すことなのだ。三冊ともに、またそこから作られた映画もある程度は、著者のメッセージの生命維持装置と捉えるべきだろう。そのメッセージとは、超越性、つまり、実世界とその物理的な法則を超えた力を持つ神の存在である。ブラッティは毎回、慈悲深い創造主が存在するはずの世界で、苦痛や邪悪を解決しようと奮闘する人物を取りあげている。「Legion」ではとくに、そこに焦点が当てられている。このの論点の懐疑的な部分を象徴するキンダーマンを主人公に据えたことは、大胆だと言わざるをえない。

キンダーマンはユダヤ教を捨てたユダヤ人で、読書家（おそらく独学者）であり、自分が魅力的な人間だと自惚（うぬぼ）れている。[註2] 一作目の『エクソシスト』においては、ユダヤ人のリー・J・コッブは、キンダーマン役にうってつけだった。しかし、無神論者で異教徒のジョージ・C・スコットがこの役を演じるには無理がある。コッブのキンダーマンは気さくで自然体だったが、スコットはそう演じているにすぎない。『エクソシスト3』の劇場公開版とディレクターズ・カット版における、作品の筋と意味合いに影響する相違点は、次のとおりである。[註3]

● ディレクターズ・カット版は、カラスがリーガンの寝室の窓から飛びだし、〝ヒッチコックの階段〟を転げ落ちていく白黒の映像で幕を開ける。これは、新たに撮影されたか、もしくは『エクソシスト』で使われなかったアウトテイクだ。画面に〝ジョージタウン 1975年〟という字幕が入り、それから、ポトマック川でボート競技（ローイング・スカル）をするカラー映像に切り替わり、〝ジョージタウン 1990〟と字幕が出る。

● キンダーマンとダイアーは、ワシントンD.C.の映画館で、『素晴らしき哉、人生!』を観る。映画のあとのランチで――ふたりとも何も食べていない――カラスを偲（しの）ぶ会話を交わすとき、壁にはカラスを含む集合写真が掛かっている。劇場公開版では、この写真のショットは削除され、神の存在と、最後はすべてがうまく治まるという会話に繋がる。

● キンダーマンが、検査（詳細不明）のために入院したダイアーの病室を訪れる。ディレクターズ・カット版では、カナヴァン神父が殺された話題になり、看護婦が、誰も見ていないときに病院の

●ワゴンから薬を盗むのは簡単だと漏らす。劇場公開版には、この手掛かりは含まれていない。

●隔離病棟の11号室の患者Xの背後は、ディレクターズ・カット版ではレンガの壁だが、劇場公開版では緩衝材を張った壁である。カラス（ジェイソン・ミラー）のときは緩衝材を張った壁、ヴェナマン（ブラッド・ドゥーリフ）のときはレンガだが、ドゥーリフの撮り直しシーンでは、ミラーの緩衝材を張った壁が使われている。どちらのバージョンでも、喋っている役者は違うが、同じ人物という設定だ。

●カールという父親を持つ双子座殺人鬼は、一見、標的をランダムに選んでいるように見えて、実は選んでいる。みな、名前のどこかに〝K〟が付くのだ（キントリー、カナヴァン、キーティング、看護婦ビアース（?）、ジョン・ケヴィン・ダイアー神父）。もちろん、キンダーマンの娘、ジュリーもそうだ。ディレクターズ・カット版と劇場公開版はそれぞれ、ミラーとドゥーリフが「ケヴィン」と口にする別テイクを使っている。

●キンダーマンとジョージタウン大学の学長が、十五年前のマクニールの悪魔祓いについて話し合ったあと、劇場公開版ではモーニング神父が登場するが、ディレクターズ・カット版では、このキャラ自体登場しない。

●劇場公開版では、テンプル医師と結論のでない会話を交わしたあと、動揺したキンダーマンが11号室から出てくる。ディレクターズ・カット版では、部屋のなかにいるのがデミアン・カラスだと気づいたために動揺しているということがはっきり示される。

●ディレクターズ・カット版と劇場公開版の最も大きな違いは、キンダーマンが11号室にいる患者

Xから、彼（双子座殺人鬼）がどうやってカラスの体——治癒するのに十五年かかった——を乗っ取ったのかを知る場面である。カラスは死んでいるにもかかわらず、棺から出たのだ。ディレクターズ・カット版では、カラスの棺がワシントンD.C.で掘り起こされ、そこから年配の司祭、ファイン神父の遺体が見つかる。ファイン神父はおそらく、死んだカラスが起きあがったショックで心臓発作を起こし、死んだのだろう。この復活に関しては何も語られていない。

● 患者Xと話したあと、劇場公開版のキンダーマンは悪魔祓いについて調べるが、ディレクターズ・カット版では調べない。劇場公開版ではまた、キンダーマンはドゥーリフの写真付きの双子座殺人鬼のファイルを見る。

● ミラーを入れて撮り直されたスコットとドゥーリフのシーンでは、部屋の壁には緩衝材が張ってある。

● ディレクターズ・カット版で、キンダーマンはヴェナマンの部屋を出て、学長のライリーに電話をかける。劇場公開版では、学長がモーニング神父を呼ぼうと提案する台詞が追加された。

● ナースXがキンダーマンの家でジュリーを殺そうとするとき、ディレクターズ・カット版ではヴェナマンは病室で気絶するが、脳が活発に働いていることを示す脳波の映像が挿入される。彼はそうやって精神を病んだ患者たちをコントロールし、思うがままに動かしているのだ。このシーンは劇場公開版にはない。

● ディレクターズ・カット版には、モーニング神父の血だらけの悪魔祓いのシーンは一切ない。

● 前述のとおり、キンダーマンと双子座殺人鬼の最後の対決が異なる。ディレクターズ・カット版では、キンダーマンはヴェナマンを殺し、デミアンに自分のために祈ってほしいと懇願する。劇場公開版では、デミアンが殺してくれと懇願し、キンダーマンがそれに従う。

両バージョンを観ることができるのは、モーガン・クリークとシャウト！ファクトリー社のおかげである。このブルーレイ（二〇二三年三月二十八日に米国で発売された「Collector's Edition The Exorcist III 4K Ultra HD 4K UHD」。日本では未発売）は、善と悪の異なる描き方に関する議論を提供しているばかりか、商業的な映画制作の過程を垣間見せてくれる。マイケル・フェルシャーとヘザー・バックリー制作の詳細な特典映像《Death, Be Not Proud: The Making of The Exorcist III（死よ驕るなかれ：メイキング・オブ・エクソシスト3）》では、『エクソシスト3』に携わった多くのクルーの非常に率直なインタビューによって、人々の記憶に刻みこまれたこの斬新な映画を数十年にわたって取り巻いてきた噂を解明する手掛かりが明かされている。

補足 『エクソシスト3』オリジナルのオープニングとエンディング

撮影されたもうひとつのオープニング・シーンは、編集されたものの、『エクソシスト3』のオープニングに使われることはなかった。死体安置所でふたりの監察医助手とともに、キンダーマンがデミアン・カラスの遺体を確認するシーンである。キンダーマンが立ち去ると、ふたりの助手は、窓から身を投げただけでなく殺されたことを示唆する痕跡がないか、紫外線ライトを使って慣れた手つきで遺体を調べていく。そのとき、死体安置所の明かりがちらつき、電圧計の針がわずかに動く。当時ウィリアム・ピーター・ブラッティは、死後の世界があることを示唆する、コンスタンチン・ローディブとフリードリッヒ・ユルゲンソンが行っていた静電気のノイズ・パターンに関する研究に興味を持っていたのだ。

ブラッティの脚本のオリジナルのエンディングでは、ナースXによって家族が殺されるのを阻止したあと、キンダーマンは隔離病棟にいる患者Xを訪れる。患者Xが目の前で静かに息絶えた直後、突然キンダーマンに襲いかかり、彼の首を絞める。ちょうどそのとき看護婦アラートンが独房に入ってくるが、キンダーマンを助けようとはしない。キンダーマンが我に返ると、首を絞められてなどいなかった――すべて幻覚だったのだ。アラートンはヴェナマンが十二時十分に死亡したと告げる。のちにキンダーマンは、ヴェナマンの父もまた十二時十分に死んだことを知る。〝カラスに似た男〟が、司祭専用の墓地に埋葬される。その後、キンダーマンは、学長になぜこのような苦しみが必要なのかと問いかける。

「人間を創るには、それしか方法がないのかもしれない」学長はそう答え、手術中、人は麻酔で痛みを感じなくとも無意識のレベルでは感じているのだが、目を覚ましたときには、それは消えている、と言う。「つまり、神の御許（みもと）に戻ったとき、この世で感じた痛みも消えているのかもしれない」と。彼のこの発言は、昼食時にダイアーがキンダーマンに告げた言葉の言い換えである。

補足「センター18」

ウィリアム・ピーター・ブラッティが、自己犠牲、神の存在、超越性というテーマに魅入られ（取り憑かれ？）たのは、一九七一年の小説「エクソシスト」が最初ではない。一九六六年にはすでに「Twinkle, Twinkle, "Killer" Kane」という小説で、当時まだ確立しきれていなかった様々な見解をダークコメディ・タッチで描いていた。『エクソシスト』後の一九七八年、「センター18」（原題：The Ninth Configuration）と改名して書き直されたこの物語は、精神病と思われる症状を患う二十七人の士官が収容された秘密の軍事療養所（こと収容所）、〝センター18〟に送られた、海兵隊の精神科医ハドスン・ケイン大佐の物語である。彼の任務は、その二十七人が、軍務を回避するために精神を病んだふりをしているのか、それとも本当に任務をこなすことができない状態なのかを見極めることだ。

アメリカで熱心な反戦運動が繰り広げられていた時代とあって、この種のはちゃめちゃさ（たとえば『M★A★S★H★マッシュ』（一九七八））が軍を風刺する隠れ蓑（みの）として使われることもあったが、「センター18」は、神からの賜物（たまもの）である生命と、聖なる声明としての犠牲的行為を熟考する作品である。もっとも、物語の始まりからは、そのテーマはうかがえない。センター18を任されたケイン大佐が目にするのは、各自、海兵隊の許可を得て、好き勝手に治癒を目指す常軌を逸した一団だ。ケインはまた、部下のリチャード・フェル大佐の協力を得て、恥ずべき兄弟ヴィンセントが戦時中行った大量殺人の裏に潜む理由を探ろうともしている。まもなくケインは、発射台まで行きながら、神のいない虚空を彷徨いたくないと任務を破棄した元宇宙飛行士ビリー・カットショーに興味を持つ。カットショーとケインは、神の存在と、人は実際に他者を救うために自分を犠牲にするかどうかについて議論を交わす。

　物語が進むうちに、ケイン本人は知らないが、彼もまた患者であることが明らかになる。センター18を任されているのはフェル大佐で、戦争中、恐ろしい虐殺を行った〝キラー〟ケインはハドスン・ケインその人であり、あまりの残虐行為に耐えられず、別人格を作りだしたのだ。それでもなお、贖いを強く信じるケインは、カットショーを正気に戻したい一心で彼にショックを与える（説得する？）ため、自分の手首を切る。

「センター18」で、ブラッティはテーマを伝えるため、殺人ミステリーではなく、お馴染みの領域――奇抜なコメディ――を媒介にしている。登場人物たちの状況と彼ら自身が笑えるだけでなく、真面目くさって口にされる台詞は、彼らのおかれている状況の異常さを強調している。唯一、ユーモアがまったくない人物はケインだ。これが彼の精神状態からきているにせよ、宗教的信念からきているにせよ（ブラッティは危険な綱渡りをしている）、彼は周囲の人々の完璧な引き立て役となっている。

「センター18」が小説から映画になるまでには、紆余曲折があった。もともとは、四百万ドルの予算で、ユナイテッド・アーティスツ・シアター（ユナイテッド・アーティスツ社とは別）関連のユナイテッド・フィルム・ディストリビューション社から公開される契約だった。ユナイテッド・フィルム・ディストリビューションが負担するのは予算の半分のみであったため、ペプシコーラ社が、キャッシュではなく、ハンガリーにある閉鎖資金（海外に持ち出せない資金）を担保にした信用貸しの形で、残りの半分を負担することになった。そのため、映画はブダペストで撮影せざるをえず、アメリカ軍の療養所がなぜゴシック様式の城なのかという説明が脚本に追加された。

この映画『The Ninth Configuration』は一九七九年十二月の公開が予定されていたが、途中でユナイテッド・フィルム・ディストリビューションが興味を失い、やがてワーナー・ブラザースが引き継ぎ、一九八〇年二月八日に公開された。しかし、興行成績が全く振るわず、ユナイテッド・フィルム・ディストリビューションが再び権利を得て、『トゥインクル・トゥインクル・キラー・カーン』というタイトルで、八月八日に改めて劇場公開された。特定のジャンルにまったくあてはまらないこの作品を公開した両社とも、あっぱれだと言わざるをえない。だが、どちらのタイトルも、映画ファンの足を劇場に向ける役には立たなかった。とはいえ、長年のあいだに、国内、海外、ホームビデオで五つの異なるバージョンがリリースされ[註1]、そのすべてが毎回、映画ファンの興味をそそり、作風と同じくらい個性的なファンベースを獲得していった。

「小説『Twinkle, Twinkle, "Killer" Kane』は、一九六六年、ダブルデイ社から出版された」ブラッティは語る[註2]。「構造や構築の面がだいぶ不足していた当時のバージョンは、のちの改作版『センター18』よりも『キャッチ＝22』に近かった。その後、長い年月をかけて、僕は脚本の意味を深めていったんだ。このバージョンには、『センター18』にある衝撃的な要素やミステリー、スリル、深遠な意味が欠けていただけでなく、コメディも足りなかった。いや、そうとも言えないな。『Twinkle, Twinkle, "Killer" Kane』では、ジョセフ・ヘラーが『キャッチ＝22』でしたように、言葉で遊んでみた。一言のギャグではなく、文体的なユーモアを取り入れたんだ。コメディの要素があるにせよ真面目な小説を書く場合、S・J・ペレルマンのような言葉遊びをするわけにはいかないからね」この作品のユーモアを最も的確に描写しているのは、映画版で犬にシェイクスピアを教えこむ男を演じたジェイソン・ミラーの「さしずめ、聖トマス・アクィナスが書いた、マルクス兄弟のコメディだな」という発言かもしれない。

「センター18」のハドスン・ケインの死は、「エクソシスト」のカラス神父の死よりもさらに、他者のために自らの命を捧げる高潔さを訴えている。ブラッティは、自分の命を奪うこと、つまり自殺は、自分の命を捧げることとは異なる、と頑として主張する。

生命が神からの贈り物であるとするなら、なぜ自分の命を与えることが、神の存在を証明することになるのか？「それに関しては撮影中、ずっと頭を悩ませていた」ブラッティは打ち明ける。「だから、別のバージョンを作った。別のエンディング、別の可能性をね。ただし、ここで、ふたつのことを頭に留めておいてほしい。映画のなかでも、自殺と自分の命を捧げる行為の違いに関しては、登場人物ふたりのあいだで注意深く定義されている。自殺は絶望に駆られた行為だ。それが本質的な違いだよ。人に命を与えるのは愛の行為なんだ。たとえばきみが、大勢の観光客、たくさんの女性や子どもたちと一緒に、エンパイア・ステート・ビルのてっぺんにいるとする。そこに、カラシニコフのマシンガンを持った狂人が飛びこんでくる。その見も知らぬ男が、『おい！　そこのおまえ！　十秒数え終わるまでにその窓から飛び降りなければ、マシンガンをぶっ放してここにいる者を皆殺しにするぞ。女も子どもも、全員な』と言う。そこできみは窓から身を投げるとしよう。これは絶望に駆られた行為か、それとも愛の行為なのか？　それが、私がはっきりと示した違いだ」[註3]

とはいえ、犠牲には多くの形がある。トマス・モアは、国王のカトリック教会逸脱を支持するより、ヘンリー八世に処刑されることを選んだ（結果的には、英国におけるカトリック教会の影響力を壊滅させることになった）。高潔さ、つまり信念を貫くことは、命を犠牲にすることよりも重要ではないか？

「もちろん、そうさ」ブラッティは続ける。「それが僕の伝えたかったことだ。この作品でも、同じことが示されている。高潔さを失うなんて――考えられない。ひとりの男が見知らぬ者のために命を差しだした。そうすることで、自分の教えを身をもって示したんだ。キリストのような行為だよ。生き続けるよりも、自らの信念を貫くほうが立派なことは間違いない。僕には、神が自ら死を選んだヴィンセント・ケイン（ハドスン・ケインの本名）を見下ろし、『ヴィンセント、そんなことをする必要はなかった。どうしてそんなことをしたんだ。カットショーは私に任せておけばよかったのに。だが、神はそんなきみを愛する。神はきみの愛と意図を愛する』と言っているところが見えた。自分が犠牲になることによってカットショーの病を治せるとケインが希望を抱いていたことが、彼の意図を裏付けているんだ」

この映画は興行記録を打ちたてはしなかったが、長年、多くの人々に影響を与えてきた。この作品に込められたメッセージは、「神はあなたを愛する」というグリーティング・カードのような甘ったるい文句ではなく、信仰の意味と義務とは何なのかという刺激的かつ知的な問いである。

「映画を観た人々が、思い悩むことはわかっている」ブラッティは言う。「あの映画が気に入らなくても、数週間とはいかないまでも何日かは、考えさせられるはずだ。それを期待していたわけじゃない。ただ、より大きな謎を提起することで、邪悪という問題に立ち向かう希望を与えようとしただけだ。神が存在しないならば、人々の善という謎をどう説明する？　これは、『世の中には悪や、罪のない人々の苦しみが蔓延(まんえん)しているのだから、神が存在するわけがない』という推定よりも、ずっと大きな謎だ」「Twinkle, Twinkle, "Killer" Kane」と「センター18」は、「エクソシスト」正史の重要な一部を占めている。この二作は、共感できる確固とした例によって宗教と信仰の道徳的教義を明確に示す物語を作るという、ウィリアム・ピーター・ブラッティの継続的な取り組みを包括しているのだ。これらの例は、説教としてではなく、人を惹きつけずにはおかない複雑な登場人物が、率直に——あるいは雄弁に——テーマを解明していく寓話の形で提示されている。このすべてが、自分の書くコメディに誰も興味がなくなったことを悟り、大衆を死ぬほど怖がらせようとした男が生みだしたものなのである。

第十一章『Dominion: Prequel to The Exorcist』と『エクソシスト ビギニング』

各映画制作会社が年に五十本の映画を世に送りだしていたハリウッドの最盛期、撮り直しやシーンのやり直しは制作過程の一部だった。MGM社では、映画は作る(メイク)のではなく、作り直す(リメイク)ものだと言われていた。極秘先行試写での観客の反応に応じて――ときに映画がまだ制作途中にあったとしても――、プロデューサー主任のアーヴィング・タルバーグの一存により、撮影を通じて脚本の最高の部分を引きだす、もしくは問題シーンが改善される前に、映画のワンシーンあるいは全体を撮り直すこともあったのだ。

俳優から監督、脚本家、クルーまで、当時は誰もが映画会社と契約を交わしていたとあって、彼らのスケジュールを再調整し、全員をまとめて呼び戻せば、撮り直しは不可能ではなかった。フリーランスの監督が別の映画の仕事にかかった場合でも、映画会社のお抱え監督のうち、手の空(あ)いている者を呼びだし、即座に引き継ぐことができた。たとえばチャールズ・ウォルターズは、『恋の手ほどき』〔一九五八〕で、ヴィンセント・ミネリ監督の一部の映像が使えないと判断されたあと、該当シーンを撮り直した。何でもこなすMGMお抱えの監督リチャード・ソープも、しばしば撮り直しを依頼された。ウィリアム・ウェルマンは『ターザンの逆襲』（一九三六）の一部をクレジットなしで撮り直した。一九四六年に封切られたデヴィッド・O・セルズニック脚本の『白昼の決闘』（一九四六）では、キング・ヴィダーが苛立ちを募らせ、制作から降りたため、セルズニック自身を含む六人の監督により、何度も撮り直しが行われた（クレジットされたのはヴィダーのみである）。20世紀フォックスで製作部門の責任者を務めていたダリル・F・ザナックは、ジョン・フォード監督が『怒りの葡萄』（一九四〇）を撮り終えたあと、彼の許可を得てエンディングを自ら書き直し、撮影したと言われている。この種の報道や噂は、作家主義（映画を、映画監督［作家］による個人の表現手段、表現物と見なすべきだとする考え、主張をもった「カイエ・デュ・シネマ」の映画批評理論）を掲げる者たちを大いに苛立たせたものの、ハリウッドの最盛期には、こうした手法は少しも珍しいことではなかった。

しかし、誰もがフリーランスである現在は、そうはいかない。一作の映画が仕上がると、俳優も監督もクルーも別の企画で様々な場所へと散っていくため、彼らを再び集めて撮り直しをするのは、猫を一か所に集めようとするに等しい。とはいえ、ポール・シュレイダーが監督した『Dominion: Prequel to The Exorcist』（二〇〇二年に撮影されたが、DVDとして発売されたのは二〇〇五年の五月二十日）が期待に添わないと判断したモーガン・クリーク・プロダクションズは、この問題に直面した。そこで彼らはこの作品をお蔵入りにし、新たにレニー・ハーリン監督を起用して、シュレイダー版とは九十パーセント異なる『エクソシスト ビギニング』を作り、二〇〇四年八月十八日に劇場公開した。

まもなく、ウィリアム・ピーター・ブラッティが、『Dominion』の支払いが行われなかったという理由でモーガン・クリークを提訴した。彼は二作の映画自体に反対していたわけではない。『Dominion』

の限定上映に際して九十三万ドル、二作目（すなわち撮り直し版）の本編撮影開始と同時に七十五万ドルが支払われるべきだった、と主張したのである。[註1]

この金額からも、モーガン・クリークが踏みきった撮り直しという決断がいかに大胆なものだったかがよくわかる。驚くべきことに、モーガン・クリークは十四年前にも、『エクソシスト3』で同じ決断を下していた（彼らは一九九六年にブラッティと和解したが、何について和解したのかは明らかにされていない）。ハーリン監督による『エクソシスト ビギニング』が封切られて初めて、モーガン・クリークはホームビデオ向けとはいえ、シュレイダーに『Dominion』を完成する許可をだし、その結果、この二作が比較されることになった。

どちらの作品にも称賛すべき点は多いが、この二作には大きな違いがある。ポール・シュレイダーの作品はアートとしての映画（フィルム）だったが、レニー・ハーリンが作ったのは娯楽映画（ムーヴィー）だった。

二作のタイムラインに注目してみよう。一九九七年のどこかで、[註2]脚本家ウィリアム・ウィッシャー（『ターミネーター2』（一九九一）、『ジャッジ・ドレッド』（一九九五））がモーガン・クリークの社長で友人でもあるビル・トッドマン・ジュニアから電話を受け、モーガン・クリークが『エクソシスト』フランチャイズの映画権を獲得したが、続編を書いて売りこむ気があるかと尋ねられた。そのときウィッシャーは、オリジナルの悪魔の蹄（ひづめ）の跡をたどるのは気が進まなかったのだが、それから、前日譚（ぜんじつたん）にしてはどうかと思いついた。トッドマンと会う前にシャワーを浴びているとき、この案が閃（ひらめ）いたのだという。「残っている物語はひとつだけだと思った。オリジナルの『エクソシスト』とブラッティの小説の内容を思い返してみると、メリン神父が呼びだされた理由は、彼が四〇年代後半にアフリカで悪魔祓（ばら）いの儀式を行ったからだ。でも、この悪魔祓いに関しては、ほとんど語られていない。[註3] よし、これは飛行機が飛び抜けられるほど大きな穴だぞ、と思った。第二次大戦後のアフリカにいる若いメリン神父、という案が閃いたのはそのときだ。だから、ビル・トッドマンと食事に出かけたとき、こう言ったんだ。『この前の話だが、実はちょっと思いついたことがある。続編は書けないと言ったが、面白いアイデアがあるんだ』僕の話を聞いて、トッドマンは『気に入った』と言ってくれた。カクテル・ナプキンにざっと条件やなんかのメモを書いたのは、そのときだったかもしれないな！」ウィッシャーはすべてが突然の思いつきから始まったことを思いだして笑うと、声を落として付け加えた。「三十五年ほどこの業界にいるが、あの映画は最悪の体験のひとつになった。始まりは良かったが、結果的にひどいことになったよ[註4]」

その後、モーガン・クリークのジェームズ・G・ロビンソンと会ったウィッシャーは、一気に現実に引き戻された。「これはホラー映画だ。何をおいても、ホラー映画でなくてはならない」ロビンソンは、頑なにそう主張したという。ウィッシャーは言い返した。「いいですか、ジム、『エクソシスト』は実際にはホラーじゃない。怖いというより心を騒がせる映画です。その点についてはブラッティが何度も力説していますが、あれは否定できないことを理由に神が存在すると証明している作品なんです。つまり、悪魔の存在が証明されれば、神も存在することになる、とね。だから一作目の映画に出てくる司祭たちと、この映画で僕が書いた若いメリンの信仰が試される過程を描く必要が生じる。彼らは信念、つまり神への信仰を失うが、皮肉なことに、自分たちを必死に滅ぼそうとする悪魔のおかげで信仰を取り戻すんです[註5]」

ロビンソンは、ウィッシャーの熱心な説明をひと言で切り捨てた。「とにかく、怖い話を書いてくれ」

ウィッシャーが初稿を提出すると、ロビンソンは明白な事実を指摘した——怖さが足りない、と。「だから、何か所か変更し、二度ばかり書き直した。そして兵士が逆さに磔になるみたいな、不気味でおぞましいシーンを付け加えた。ロビンソンは良くなったと言ったものの、まだ満足しなかった」ウィッシャーはさらに二回書き直したあと、身を引いた。[註6] ウィリアム・ピーター・ブラッティはどちらのバージョンにも目を通し、好ましくないと感じたと伝えられている。

それにもかかわらず、二〇〇一年、モーガン・クリークは、自分たちが選んだ監督であるジョン・フランケンハイマーにウィッシャーの最終稿を渡した。[註7] フランケンハイマーは即座にケイレブ・カーにそれを書き直しさせ、[註8] メリン役にリーアム・ニーソン、[註9] 憑依された少年チェチェ役にビリー・クロフォードを雇った。[註10] 一時期、ライアン・フィリップがフランシス神父役の候補に挙がったが、[註11] 最終的にはガブリエル・マンが演じることになった。[註12] また珍しいことに、〈ハリウッド・リポーター〉誌で「十歳から十四歳のアフリカ系アメリカ人の少年」という公募まで行われた。[註13]

しかし、フランケンハイマーは二〇〇二年六月五日、「健康上の問題」によりこの企画を降板すると発表し、慢性的な背中の痛みを緩和する脊髄手術のため、シダーズ・サイナイ医療センターに入院した。[註14] そして回復中、ゲイリー・シニーズとともに映画会社を立ちあげると発表したが、[註15] 術後の重篤な合併症により、七月六日に七十二歳で死去した。[註16]

フランケンハイマーの降板後、モーガン・クリークが声をかけたのはポール・シュレイダーだった。厳格なカルヴィン主義の家庭で生まれ育ち、宗教的な含みを持つ多くの作品（『タクシードライバー』

本〕、『Mishima: A Life In Four Chapters』〔一九八五・日本未公開〕、『最後の誘惑』〔一九八八／脚本〕、『魂のゆくえ』〔二〇一七〕など）を手掛けたシュレイダーは完璧な選択に思われたが、彼自身はこの映画のテーマを脅威とまではいかなくても、非常に難しいと感じた。

「私はいわば教会のなかで育ったようなもので、司祭になるため神学校にも通った」シュレイダーは英国の映画雑誌〈スクリーン・インターナショナル〉誌のジェイコブ・ニーレンダムにこう語っている。「『エクソシスト』が扱っていた論点のいくつかは、当時まだ若かった私の心に重くのしかかったものだ。信仰を持つ者として、避けては通れない問題だからね。その点にはいまだに興味を持っているから、このシリーズに新しい要素をもたらせるのではないかな」[註17]

シュレイダーはのちにDVDの解説で、こう語っている。「ホラー映画としてのあの脚本には、設定の発端に問題があった。私がこの仕事に加わる前から、〝フリードキンの『エクソシスト』は名作だから、あれとは違う作品を作らなければ〟という雰囲気が漂っていた。そのためのひとつの方法が、憑依される者を少女から少年に変えることだったが、それ以上に重要なのは憑依そのものの本質を変えることだった。そこで、憑依された少年チェチェ（ビリー・クロフォード）には障碍があり、そのせいで村の人々からつまはじきにされているが、憑依されたあと障碍が治り、逆に周囲の人々がどんどん正気を失っていく、という設定になったわけだ」

この変化は、（『エクソシスト』が実際に憑依された少年にインスピレーションを得ながら、実在しない少女を主人公にした事実を無視すれば）独創的だったものの、それにより別の問題が生じた、とシュレイダーは言う。「罪もない子どもが苦しめられ、刻々と破滅が迫る、という筋書きがホラーなわけだから、少年が苦しみから解放されて快方に向かうという筋書きは、ホラーという乗り物からエンジンを取り除くようなものだ。苦しむ無垢(むく)な子どもは、もういない。その子は回復している。だから、どれほどサウンド・エフェクトや仕掛けや工夫を凝らしても、ホラー映画の構造としては成りたたないんだ」[註18]

シュレイダーが制作チームを再編成し、撮影準備を整える頃には、リーアム・ニーソンは別の仕事を受けていた。そこで、若いランケスター・メリン役はステラン・スカルスガルドの手に渡った。スカルスガルドが偶然にも、オリジナルと続編でメリン役を演じたマックス・フォン・シドーと同じスウェーデン人だったことが、宣伝的には好都合だった。その頃にはウィッシャーもカーも、とうにこの企画を離れていた。名監督にして名脚本家のシュレイダーが、撮影用の脚本をどの程度手直ししたかを示す手掛かりは残っていない。

『Dominion』の制作開始とともに、最初はケニア、続いてウガンダの国境に近いトゥルカナ地方となるセットと景観が造られ、二〇〇一年の後半、モロッコで五週間にわたる屋外撮影が行われた。クリスマスが近づく頃、モーガン・クリークは現地の情勢が不安定になっているとの報告を受け、撮影陣をモロッコから引き揚げた。二〇〇二年の春には、モロッコよりもはるかに作業がしやすい、ローマにあるチネチッタ撮影所で屋内の撮影が始まっていた。[註19]

現代の映画、とくにジャンル映画では、物語が停滞すると、頻繁にカメラを動かす、あるいは回転させる手法を使うことが多いが、シュレイダーはあえてこの手法を避け、従来のビジュアル・アプローチを選んだ。「丹念に作るという伝統は、ほかの伝統と同じように変化し、廃(すた)れつつある。私は、四〇年代の映画のように見えるが、古くさく感じない洗練された映像を作りたかった」彼はそう述べている。

だが、その点がのちに問題となった。

『エクソシスト』は信仰の謎に関する物語だというウィリアム・ピーター・ブラッティの概念を引き継ぎ、メリン神父とフランシス神父は、失われた信仰と、邪悪および罪とは何かについて何度か議論を交わす。逆さ磔や、切断された首（洗礼者ヨハネ）、矢で射られたフランシス神父（聖セバスティアヌス）をはじめ、悪魔の堕落だけでなく地獄における苦しみを示唆する、地中に埋まった教会内の美術品などの宗教的な要素が様々なシーンに登場する。それよりも難しいのは、この映画が既存の道徳に反していることだ。つまり、フランシス神父はチェチェが神の祝福を受けた子だと確信するものの、やがて自分が悪魔の器にされかけている少年に祈りを捧げようとしていることに気づくのである（テレビ伝道師が同じ立場に置かれたら、果たして彼と同じように祈り続ける道を選ぶだろうか？）。

伝統的な撮影手法を重んじるシュレイダーは、CG映像をほとんど使っていない。一部、外観の修正（たとえば、崩れる建物の上から発泡スチロール製の岩を投げ落とす小道具係が映ってしまったため、デジタル処理で消した）や、本物のハイエナに演技をさせるのが到底不可能であることが判明したあと（訓練に何時間も無駄にした）第二班が撮影したハイエナのショットに、デジタル処理が施されている。

『Dominion』のデザインとテーマは見事に調和しているが、演技は釣り合っていない。神父の同僚の医師レイチェル・レズノを演じたクララ・ベラールの演技力不足で、スカルスガルドの演技が空回りしている。これは、その後『エクソシスト ビギニング』でイザベラ・スコルプコを相手に演じた彼の深みのある演技を見れば一目瞭然である。

『Dominion』は、登場人物の内面と心理のなかで動きが起こる思索的な映画だ。悪魔の出現は、意図的に、ハイエナの存在、吹き抜ける風、ハウディー船長の顔（不幸にも『マスク』〔一九九四〕のジム・キャリーにそっくりだった）、はじける音といった様々な形で巧みに表現されている。だが、古典主義、知性主義、聖書への言及は、ホラー映画とは相容れない。シュレイダーのファースト・カットを見たモーガン・クリークは、脚本の内容をよく知っていたにもかかわらず、その仕上がりに失望した。このファースト・カットには、タイトルに〝エクソシスト〟が含まれている（『Dominion: Prequel to The Exorcist（ドミニオン：『エクソシスト』の前日譚）』）のを目にした観客が期待するに違いない、グラン・ギニョール風の血なまぐさい残酷なエンディングが欠けている、と彼らは感じた。メリンと悪魔／チェチェの対決は、教会の地下にある洞窟における二人芝居となりはて、一方、外ではオーロラが狂気に陥った世界を照らしだす。チェチェに憑依した悪魔を祓い、医師レズノのいるクリニックに戻った最後のシーンで戸口から歩み去るメリン役のスカルスガルドは、『捜索者』〔一九五六〕のエンディングで、ひとり荒野へと去るジョン・ウェインを彷彿させる。

モーガン・クリークは、音楽スコア（アンジェロ・バダラメンティ作曲）とサウンドが出来上がる前に、『Dominion』のポストプロダクションを中止した。しかし、この映画を完全にお蔵入りにして制作を打ち切るのではなく、シュレイダーを降板させ、文字どおり一から作り直すという珍しい決断を下し[註20]、アクション映画の経験が豊富なレニー・ハーリンを監督に据えて撮り直しを行うことにした。シュレイダーの映像を見たハーリンは、九十パーセント使えないと判断し、ウィッシャーとカーが書いた脚本に〝磨きをかけるため〟、アレクシ・ホーリーを制作陣に加えた[註21]。〈ヴィレッジ・ヴォイス〉紙には、シュレイダーの手から〝もぎ取って〟ハーリンに手渡したのは、モーガン・クリークではなく、映画の上映

を予定していたワーナー・ブラザースだった、とする記事が掲載された。[註22]

シュレイダーの映画を撮り直すという難しい仕事を引き受けたハーリンは、圧倒的に不利な勝率に直面した。映画評論家お気に入りのシュレイダーは、『タクシードライバー』や『ハードコアの夜』〔一九七九〕、『ブルーカラー／怒りのはみだし労働者ども』〔一九七八・日本劇場未公開〕など知性に訴える作品で脚本あるいは監督、またはその両方を務めた。かたやハーリンは、『ダイ・ハード2』〔一九九〇〕、『クリフハンガー』〔一九九三〕、『ロング・キス・グッドナイト』〔一九九六〕、『ディープ・ブルー』〔一九九九〕、などで知られる一流のアクション映画監督であり、ふたりの持ち味はまさに対極にある。ハーリンの仕事は、『Dominion』を一般大衆が理解できる映画にすることであり、そのためにアクションや血なまぐさいシーンを入れる必要があれば、そうしなければならない。彼は撮り直しに六週間を与えられたが、その条件ははっきりしなかった。『Dominion』はシュレイダーが契約した映画であるため、監督としてクレジットされるのはシュレイダーであってハーリンではない。「全米監督協会（DGG）には映画一本につき監督はひとりだけ、という明確なポリシーがある」と、DGGの広報担当者モーガン・ランフは説明する。[註23]

四千万ドルかけて撮り直された映画が封切られたとき、監督としてクレジットされたのはレニー・ハーリンだった。

報道によれば、モーガン・クリークと誹謗(ひぼう)中傷行為禁止の条項を締結している[註24]シュレイダーは、一部の事柄に関して発言できないのだが、〈ロンドン・タイムズ〉紙にこう語った。「感情的なしこりが残る映画になるだろうとは思っていたが、まさか犠牲になるのが自分だけだとは予想していなかったよ。ただ、いつか自分の作品が認められるという希望を失ったことはなかった。レニーの映画の出来は気になっていた。まあまあ出来のいい映画になったらどうしよう、とね。ウィリアム・ブラッティと観に行ったんだが、私は映画の出来が悪くなればなるほど、気分が良くなった。ブラッティは逆にひどく不機嫌になった。映画が終わると、ロビーで毒づき、わめいていたよ。私は笑顔でこう言った。『ひょっとすると、私の映画が日の目を見るチャンスがあるかもしれないな』とね。今後の課題は、あれが作品として人の目に触れ、多少とも認められるかどうか、だ」[註25]

劇場公開に向けても、問題が起こった。リンダ・ブレアが『エクソシスト』の自分の映像が『エクソシスト ビギニング』の予告編に使われたと訴え、その報酬を要求したのだ。ワーナー・ブラザースはこの要求に応え、二百七十九ドル（九十三ドルの三倍。再利用された映像に対する映画俳優組合(SAG)の日給と同額）をオファーした。モーガン・クリークは、映画のなかのリンダ・ブレアの映像は、〝遺産〟である、と回答した。[註26]

ハーリンが優れた監督であることに議論の余地はないが、『Dominion』から『エクソシスト ビギニング』を作り直すに際して、たとえモーガン・クリークの視点から見た〝やってはいけない〟ことを知るためだとしても、シュレイダー版を指針にしたことは無視できない。シュレイダーと撮影監督のヴィットリオ・ストラーロは、『Dominion』のほとんどのシーンにおいて、カメラの位置を基本である目線の高さに保っている。同じくストラーロと組んだものの、ハーリンは常にカメラを動かし、より広範囲にわたる色彩を用いた。シュレイダーはフリードキン同様、技巧的干渉を最小限に抑え、素材自体に語らせる手法に徹したが、ハーリンは観る者を退屈させせないようカメラを絶えず動かし、中身よりビジュアルを重視した。『エクソシスト』のカット数はおそらく一〇〇〇程度。ハーリン自身がDVDの解説で語っているように、『エクソシスト ビギニング』のカット数は三〇〇〇ほどである。ハーリンはこの理由を、現代の観客及び視聴者は昔と比べて集中できる時間が短いため、絶えず映像に目を引きつけておく必要があるからだと語っている。ハーリン版のカメラは蠅のように飛び回っては急降下し、常にその動き自体に気を取られてしまう。この三十年で映画の形態がそのように変わったことは事実だが、奇妙なことに、そのせいで『エクソシスト ビギニング』は、『エクソシスト』ではなく『エクソシスト2』の前日譚に見える。

最初の脚本を書いたウィッシャーは、ハーリンの映画を観た感想をこう述べている。「上映会に行ったんだが、とにかく奇妙だった。まったく好きになれなかった。あれはやりすぎだね。だいたい、なんだって狼男が出てくるんだ？　レニーはやれと言われたことをやっただけではないかな。命令に従い、言われたとおりに作ったんだ。そして、それが劇場公開され――大失敗に終わった[註27]」

一年後、ウィッシャーのところに思いがけなくポール・シュレイダーから電話がかかってきた。「彼は、『おかしなものだな。一緒に映画を作ったのに一度も顔を合わせたことがないなんて』と言ったんだ。自分の作品がお蔵入りになったのを悲しんでいたが、弁護士をたててモーガン・クリークに要請し、DVDの発売にこぎつけた。こうして、あの映画のタイトルは、僕が最初に付けた『エクソシスト ビギニング（Exorcist: The Beginning）』から『Dominion: Prequel to The Exorcist』になった。最初の映画を撮り終えてからお蔵入りにし、脚本を書き直して、キャストはほとんど入れ替えずに監督だけすげ替え、全体を一から撮り直すなんて、僕が知っているかぎり初めてのケースだよ。トリビアル・

パスート（プレイヤーの一般的知識や文化についてのクイズに答える能力によって勝敗が決まるボードゲーム）の問題に出てきそうだ[註28]」

もっと興味深い問題は、『エクソシスト』の泉から、どれだけ水を汲みだせるのか、だ。答えは、のちに制作されたテレビシリーズ2シーズンと、二〇二三年に公開される劇場用映画最新作『エクソシスト　信じる者』を第一作とする三部作である。

補足　『Dominion: Prequel to The Exorcist』のあらすじ

ナチ占領下にある、一九四四年のオランダ。ナチス親衛隊の中尉が、村の司祭を務めるランケスター・メリン（ステラン・スカルスガルド）神父に、ドイツ兵を殺した村人が誰かを教えるか、その罪で処刑する教区民を十人選ぶよう命じる。メリンは代わりに自分を処刑してくれと申しでるが聞き入れられず、村人が皆殺しにされるのを防ぐため、やむなく十人の名前を口にする。罪なき人々を死刑に追いやった罪悪感から、メリンはこの恐ろしい事態が起こることを許した神への信仰を失う。

三年後、しばらく司祭職から離れているメリンは、英国の占領下にあるケニアの辺境地トゥルカナ地方のデラーティに考古学者として滞在していた。この村で、砂のなかから古代の教会が発見されたのだ。キリスト教がこの地域に広まる前に建てられたと思われるその教会は、建築直後に埋められていた。メリノール宣教会の若き司祭、フランシス神父（ガブリエル・マン）が、発掘の立会人という漠然とした任務で到着する。駐屯部隊長である厳格な英国軍将校グランヴィル少佐（ジュリアン・ワダム）、地元の通訳チューマ（アンドリュー・フレンチ）、ホロコーストを生き延びた医者のレイチェル・レズノ（クララ・ベラール）らがフランシスを迎える。

発掘された教会のなかは、完璧な状態に保たれていた。ただ、実際には教会ではなく聖ミカエルを祀る神殿で、そこには悪魔が堕落するまでの出来事を時系列順に描いた見事な壁画が飾られていた。メリンは、障碍があるためにトゥルカナ族から見捨てられた少年チェチェ（ビリー・クロフォード）を発掘現場で見かけ、話しかける。

教会の扉が閉じられ、略奪を防ぐために見張りの兵士が配置されるが、その兵士ふたりが宝飾品を盗みに忍びこむ。彼らはその後、教会のなかで残酷に処刑されているのが見つかった。グランヴィル少佐は村人を非難するが、村人はふたりの警備兵が抗いがたい力に駆られて互いに殺し合ったことを知っていた。その後、フランシスの教えているキリスト教が邪悪だと信じたトゥルカナ族の戦士ジョモが、学校に来た子どもたちを殺す。

チェチェはねじれた手足を治すために手術を受け、驚くほど早く回復する。それを見たフランシス神父は、この少年が神に祝福されていると信じる。だが、実はチェチェは悪魔に憑依されていたのだ。その憑依の力が強まるにつれ、チェチェの周囲の人々が正気を失っていく。グランヴィル少佐は地元の女性を処刑し、その罪悪感に苛まれて自害する。フランシス神父はチェチェに洗礼を施そうとして、彼が憑依されていることに気づいた。翌日、フランシス神父は聖セバスティアヌスのように矢で射ぬかれ、木に縛りつけられた姿で発見される。

神父の死に動揺したメリンは、かつての司祭服に袖を通し、チェチェ／悪魔との戦いに備えると、レイチェルとともに教会の地下にある洞窟に向かう。メリンはレイチェルに立ち去るよう告げ、チェチェ／悪魔と対決する。チェチェ／悪魔は、過去に遡り、ナチス親衛隊の中尉が村人を殺すのを防いでみろ、とメリンを挑発する。過去に戻ったメリンは、今度は中尉を撃つが、それでも歴史を変えることはできなかった。[註1] 現在に戻った彼の心からは罪悪感が消え、取り戻した信仰とともに悪魔祓いを行う。[註2] 外では、不気味なオーロラの下、英国軍兵士たちとトゥルカナ族の戦士たちが戦いに備えている。レイチェルは熱に浮かされたような様子でさまよいながら、自分の喉をかき切ろうとする。教会に埋められた邪悪な霊が掘り起こされたのだ。

メリンがチェチェに取り憑いた悪魔を祓うと、少年の手足はもとのねじれた状態に戻った。レイチェルは我に返り、周囲の人々も正気を取り戻す。英国軍兵士たちはトゥルカナを去り、メリンはバチカンに向かう。

補足　『エクソシスト ビギニング』のあらすじ

一五〇〇年前、のちにケニアと呼ばれる場所で、ひとつの部隊が殺し合いにより全滅した。唯一生き残ったのは、新たに設立されたローマカトリック教会の司祭だった。彼はその廃墟（はいきょ）のなかで、パズズと呼ばれる悪魔の像を見つける。

一九四六年、第二次世界大戦中、ナチ占領下のオランダで残酷とも言えるほど難しい選択を強（し）いられ、信仰を失ったランケスター・メリン神父（ステラン・スカルスガルド）は、エジプトのカイロで遺跡の発掘作業に参加していた。彼は古美術収集家のセメリア（ベン・クロス）に、ケニアのトゥルカナ地方の発掘現場に駐留している英国軍部隊に発見、押収される前に、悪魔の彫像（パズズ）を持ち帰ってほしいと依頼される。メリンは同意し、その発掘現場に向かう。そこでは、英国軍のグランヴィル少佐（ジュリアン・ワダム）とバチカンの宣教師フランシス神父（ジェームズ・ダーシー）、発掘現場の監督を務めるジェフリーズ（アラン・フォード）、戦時中の強制収容所での経験にいまなお悩まされている女性医師サラ・ノヴァク（イザベラ・スコルプコ）がそれぞれ、複雑な事情を抱えていた。現状を的確に把握しているのは、通訳のチューマ（アンドリュー・フレンチ）だけのようだった。

発掘により、キリスト教が伝道される一五〇〇年前に建てられた教会が掘り起こされた。奇妙にも、そこは崇拝の場ではなく聖ミカエルの神殿で、どういうわけか冒瀆(ぼうとく)されていた。そのうえ、発掘を手伝う村人はその一帯が呪われていると信じ、次々に掘るのをやめてしまう。

謎を解き明かすべく、メリンは以前その教会を探索した考古学者で、いまは施設に入っている学者のベシオン(パトリック・オケイン)を訪ねる。ベシオンはメリンと話すことを拒み、自分の喉を搔(か)っ切る。その精神病院を運営しているジオネッティ神父は、ベシオンが悪魔と「接した」と言い、メリンにカトリック教の悪魔祓いについて書かれたローマ典礼儀式書を手渡す。

メリンが発掘現場に戻ると、正常とは言えない出来事がいくつも起こっていた。少年がハイエナに引き裂かれて、その弟のジョセフ(レミー・スウィーニー)が催眠状態に陥ったばかりか、部族長の妻が蛆(うじ)虫(むし)に覆われた胎児を死産したのだ。メリンが教会のなかで見つけた通路をたどっていくと、人間を生贄(いけにえ)にするのに使われていたと思われる場所が見つかった。そこで、フランシス神父を問いただすと、神父が布教活動をしているのではないことがわかる。彼はこの大昔の教会がなぜ隠されていたのか、五十年前にここに送られた司祭たちとトゥルカナ族がなぜ全員姿を消したのか、その事実がなぜ隠蔽(いんぺい)されたのかを調査するためにバチカンから送られてきたのだった。メリンがさらに追及すると、フランシス神父は、バチカンは〝堕天使ルシファーが天を追われてこの地へやってきた〟と信じていることを打ち明けた。

歴史が繰り返されるかのように、英国軍の部隊とトゥルカナ族の戦士が戦う準備をはじめる。ジョセフが悪魔に憑依されていると信じたフランシス神父は、少年を教会の下にある神殿に連れていき、悪魔祓いを行う。しかし、突然、サラが現れ、フランシス神父を殺す。悪魔に憑依されていたのはサラだったのだ（サラはベシオンの妻で、夫とともに神殿に入り、悪魔に取り憑かれたのだった）。人間に憑依した悪魔の存在を信じたメリンは、悪魔が存在するなら神も存在するに違いないと気づき、眠っていた信仰を呼び覚ましてサラに憑依した悪魔と戦う。苦戦したものの、メリンは悪魔をサラから追いだし、ジョセフを救った。メリンとジョセフが神殿を出ると、一五〇〇年前と同じように兵士と部族が相争い、殺し合ったあとだった[註1]。

メリンはローマでセメリアと会い、パズズの彫像は見つからなかったと嘘をつく。そして、帽子をかぶり、黒い鞄（かばん）を手にして――二十五年後にワシントンD.C.でマクニール家に現れるのとまったく同じ服装で、バチカンで待つ仕事に向かう。

第十二章　テレビシリーズ

テレビネットワークがドラマの企画を発展させる過程と、悪魔が人に憑依(ひょうい)する過程には、多くの共通点がある。双方ともに、しつこい敵対者や、古くからの宿敵、独断的な信念、旧来のやり方（儀式）を有すると同時に、そのすべてが視聴者／観察者の魂とは大きくかけ離れているのだ。二〇一六年九月二十三日から二〇一七年十二月十五日にかけてフォックス・チャンネルで2シーズンにわたって放送された、全二十話のテレビシリーズ「エクソシスト」は、全員が同じ認識を持っていたはずでありながら、実際は、その認識の裏と表、つまり真逆の認識を抱いていた典型的な例だった。

二〇〇四年に劇場公開された『エクソシスト ビギニング』が不発に終わって以来、本フランチャイズは下火になっていた。モーガン・クリークとフォックス・ネットワークは、このシリーズを再び燃えあがらせるため『エクソシスト』をテレビシリーズとして復活させることを決断した。ところが、この決断は折悪(あ)しく、毎週テレビで決まった番組を観ていた視聴者が、新たに台頭した数々のストリーミング配信チャンネルでお気に入りのドラマを一気見しはじめる時期と重なった。

本シリーズの総指揮を執るショーランナーと脚本家に抜擢(ばってき)されたジェレミー・スレイターは、ウィリアム・ピーター・ブラッティのオリジナル作品を彷彿(ほうふつ)させつつも、それをさらに広げた物語を創りだす扉を開いた。映画『ラザロ・エフェクト』と『ファンタスティック・フォー』〔どちらも二〇一五〕、『ペット 檻の中の乙女』〔二〇一六〕、『Death Note／デスノート』〔二〇一七〕の脚本家として名を挙げたスレイターはまた、「アンブレラ・アカデミー」〔二〇一九～〕（のちに詳述する）の企画も発展させた。ホラーとスーパーヒーローに焦点を当てた作品を手掛けたことで、彼はハリウッドで最も儲かるジャンルの第一人者となったわけだが、「エクソシスト」のテレビシリーズは、成功が約束されたプロジェクトとは言い難かった。

「悪夢だった」と、スレイターは打ち明ける。モーガン・クリークからテレビシリーズ制作の話を持ちこまれたとき、彼はシリーズの全体的な発展を受け持つ契約を結んだ。その少し前に続編の企画を進めようとした（数年後にも、同様の試みをする）モーガン・クリークは、その当時、テレビシリーズのほうがヒットする確率が高いと考えたのだ。スレイターはあまり乗り気ではなかった。「僕の考えは固まっていたから、はっきりこう言ったんだ。『同じ物語をもう一度語ることはできない。オリジナルを超えるのはどうあがいても無理だ。せいぜい、それを引き延ばすことだけしかできない。しかも常にオリジナルの演技やセットと比べられる。失敗するのは目に見えている』とね。だから『テレビ向きにトーンダウンした冗長なリメイクを作るのではなく、「エクソシスト」を継承しつつ、現代のアメリカで起こる悪魔祓いを描いてはどうか』と提案したんだ。彼らはそのアイデアが気に入り、すっかり乗り気になった」

残念ながら、乗り気になったのはモーガン・クリークだけだった。スレイターとモーガン・クリークはあちこちでこの企画を売りこんだが、彼らの熱意に賛同したのはフォックス一社のみ。しかも、その理由は、フォックスの視聴者がオカルト番組を好むからではなく、一企業としてケーブルネットワークで認知度を上げるためだった。とはいえ、フォックスの熱意に励まされたスレイターは、ブラッティの祝福を求め、シリーズ制作の許可を得た。[註1]

しかし、オンライン・ニュースサイトの〈デッドライン・ハリウッド・デイリー〉がこのニュースを報道すると、ワーナー・ブラザースから横やりが入った。「ビル・ブラッティは、ワーナーに優先交渉権を与える契約のようなものをワーナーと交わしていた」スレイターは、モーガン・クリークからそう告げられたという。「三十年も前の話で、当時はとくに重要だとも思っていなかったから、ブラッティはその契約のことを失念していた。[註2] それはたんなる紙切れで、僕らには自由に制作する権利があると思い、ブラッティはモーガン・クリークにそう告げた。その言葉を鵜呑(うの)みにして、誰も僕らに百パーセントの権利があるかどうかを確認しなかったんだ。ワーナーはこう言ってきた。『そのシリーズは、フォックスとは作れない。私たちとしか作れない』と。僕は一度だけ、ワーナー・ブラザースの人々と会い、『エクソシスト』のドラマシリーズを売りこんだ。『フォックスが買いたがっているのは、こういう内容のドラマで、私はワーナーと組んでもかまわない』とね。だが、『いや、いや、われわれはきみたちの企画にはまったく関心がない。こちらで独自のドラマを練りあげる。ワーナーの「エクソシスト」テレビシリーズを作る』と、あっさり断られた」

結果的にワーナー・ブラザースはテレビシリーズの開発に失敗し、制作をあきらめたが、フォックスで制作されるエピソードごとに著作権使用料（金額は明らかにされていない）を要求した。双方が納得する金額で和解するのにあまりにも長い時間がかかったので、ゴーサインが出るころにはパイロット版のシーズンが過ぎており、スレイターは放送に間に合うよう大急ぎで作業を進めなくてはならなかった。「最初から制作が確定していたのは大きなメリットだったが、急いで進めなければならなかったために問題もたくさん生じた」スレイターはそう説明する。「物語の中心人物である神父ふたりをはっきり描きだせなかったのもそのひとつだ。ふたりの年齢は？　人種は？　背景は？　猛スピードで走ってくる列車が迫るなか、鉄橋や峡谷に激突しないことを願いながら、必至で線路を組み立てていく――そんな作業だった」

シーズン1は『エクソシスト』の隠れた続編だった。なぜ〝隠れた〟なのかというと、郊外の高級住宅地に住む一家で十代の娘が憑依される、というよくあるパターンの物語に見えるが、やがて、実は悪魔の報復だったことが明らかになるからだ。アンジェラ・ランス（ジーナ・デイヴィス）は、シカゴ郊外でほぼ理想的な暮らしを送っている。夫（アラン・ラック）が少し前に頭にひどい怪我（けが）を負ったものの、ふたりの娘ケイシー（ハンナ・カスルカ）とキャサリン（ブリアンヌ・ハウイー）はごくふつうのティーンエージャーだ。だが、ケイシーが憑依されると、この幸せが脅かされる。憑依現象に関して驚くほど詳しいアンジェラ・ランスは、自分が通う教会の活動的な司祭、トマス・オルテガ神父（アルフォンソ・ヘレラ）に悪魔祓いを依頼する。トマスはケイシーの症状を憑依だと認めるが、教会は悪魔祓いを許可しなかった。経験豊かだが問題を抱える悪魔祓い師、マーカス・キーン神父（ベン・ダニエルズ）が現れ、儀式が始まるのと同時進行で、高位司祭と街の名士からなるグループを介してバチカンに悪魔が入りこんでいくストーリーが語られる。中盤で、アンジェラ・ランスが実は十二歳のときに憑依されたリーガン・マクニールであることが判明する。アンジェラは、そのときの悪魔が娘に取り憑（つ）いて報復しようとしているに違いないと考えていた。その直後、母クリス・マクニール（シャロン・グレス）が、女優としてのキャリアアップに娘アンジェラ／リーガンの憑依を利用したことを謝るためにランス家を訪れると、一気に緊張感が高まる。

スレイターはこう説明する。「僕がプロジェクトに加わったときはすでに、ジーナ・デイヴィスの衝撃的な暴露シーンについて知っていた。ほら、最初はアンジェラ・ランスとして登場するが、シーズンの途中で、なんてこった、リーガン・マクニールだったのか、と視聴者の度肝を抜くんだ。でも、僕はこのどんでん返しを、シーズン1の共同製作者でショーランナーだったローリン・ジョーンズにしか教えなかった。もちろん、ジーナには話したよ。だが、それがうまくいくかどうか百パーセント確信がなかったから、フォックスに脚本が届くまで、彼らにも秘密にしていたんだ。制作会社とフォックスには絶対話してはいけないとわかっていた。このネタを明かしたが最後、彼らがいっせいに飛びつくのはわかっていたからね。そうなったら、無理やり第一話目に入れようとしたに違いない」

自宅の壁のなかからひっかくような音を聞いたアンジェラが、なぜすぐに憑依の兆候だとわかったのか、なぜケイシーを精神科医に見せることを頑なに拒み、すぐさまカトリックの悪魔祓いの儀式を求めたのかという説明は、脚本ではうやむやにされている。アンジェラは自分の体験から真実を知っていたが、その理由は誰にも話せなかったのだ。

シリーズの脚本家（スレイター、デヴィッド・グリム、アリッサ・クラーク、ヤセミン・イルマズら総勢十五人）は、ストーリーに深みを与えるこうした要素により、オリジナルの二時間の映画をもとに、十話からなるシーズン（一話四十二分）を作りだした。しかし、従来のテレビ番組のフォーマットに従わざるをえなかったことで、ストーリー展開やキャラクター描写に支障が出た。

スレイターによれば、「すべてのピースが適所にはまるまでには時間が必要だったから、シーズン1はじりじりと緊張を盛りあげていくスローな構成だった」という。「あれがネットフリックスのドラマなら、誰も気にしなかったはずだが、僕らのドラマはフォックス・チャンネルの金曜夜の枠に埋もれていたから、視聴者に忘れられてしまった。いったん視聴率が下がると、フォックスは〝映画のようなドラマを作ろう〟ではなく、〝もう少しテレビドラマらしさが必要ではないか〟と言いだした。その結果、囁(ささや)くような会話のシーンには不安感を醸しだすために低い地響きのような音などのトリックが使われ、迫りくる衝撃的なシーンを予感させる不気味な音楽が挿入され、暴力的なシーンはほぼ常にコマーシャルの直前に押しこまれた。〝大がかりなクリフハンガー（作中手法のひとつで、劇中の絶体絶命のシーンや新たな展開を見せるシーンで終わる）を作らなければ〟とか、視聴者が続きを観たくなるように〝ショッキングな場面が必要だ〟というところにばかり焦点が当てられたんだ。フォックスからうるさく言われたことも原因のひとつだが、僕自身、テレビドラマを作るのは初めてだったから、学ぶことが数えきれないほどあったし、試行錯誤の連続だった。気づくのに何週間かかかったが、ホラー作品では、実際に戦慄するシーンが始まる前に緊迫感を高め、視聴者を怖がらせる必要がある。先に不安にさせてから怖いシーンを見せるほうが、なんの前触れもなくいきなり恐ろしいシーンを入れるより、はるかに効果的なんだ」

時間をかけて語る手法に懸念を示したフォックスに対し、スレイターはこう告げたという。「これはセクシーなふたりの司祭が登場し、国内各地にカマロを走らせ、今週の悪魔祓いを披露する『エクソシスト』のテレビドラマ版じゃないんです」と。「『よし、今日はカーニバルで賑(にぎ)わう町に乗りつけて悪魔を祓い、来週はルイジアナに行って薄気味悪いゴシック様式の邸宅で悪魔をやっつけよう』みたいな作りでは、うまくいくわけがない。実際、うまくいかなかった。初回放送から第三話までに、視聴率が八十パーセントも落ちたんだ」

　テレビ特有のフォーマットもさることながら、憑依した少女が口にする卑猥な言葉にもテレビならではの制約があり、これに関してはプロデューサーたちも甘んじて従うしかなかった。フリードキンがブラッティに書かせた、魂を焼くような恐ろしい言葉は、有料のケーブル・チャンネルやストリーミング配信では問題ないが、地上波のテレビでは、アメリカ国内の放送内容を規制する連邦通信委員会（FCC）により禁じられている。[註3]言葉で視聴者を焼灼する自由を否定されたスレイターらは、通常のテレビ用語、すなわち暴力描写に頼らざるをえなかった。

「僕らは顔を見合わせ、こう問いかけるしかなかった。〝罰当たりな言葉を使わずに、視聴者を動揺させ、心理サスペンスを盛りあげるドラマを作れるのか？〟と。卑猥な言葉はブラッティとフリードキンが用いた最も効果的な道具のひとつだった。少女が吐く、聞くに堪えない罵詈雑言の数々が、どれほど恐怖を高めたことか。だが、最後は〝悪魔はそれぞれ性格が異なるかもしれないし、異なる形で出現する可能性もある〟と自分を納得させるしかなかった。六〇年代、あるいは七〇年代には、口汚い言葉は衝撃的で、テレビでは〝ダム（呪うという意味）〟とか〝ヘル（罵るさいの強調に使われるが、もともとは地獄という意味）〟という表現さえ許されなかったが、いまじゃ毒づくことはずっと一般的だから、昔のような意外性はない。その点に関しては、最初から妥協せざるをえないとわかっていた。R指定となる不適切な言葉や表現を使えないことにより、僕らは『エクソシスト』の貴重な部分を失うことになる。これを受け入れられるのか？　最終的には、フォックスでこのシリーズを作るのか、制作自体をあきらめるのかという選択を下すしかなかった。そして、僕らはフォックスでやることを選んだ。だが、あのドラマの一コマ一コマが戦いだったよ。どこまで卑猥な言葉を使えるか？　どの程度仄めかせるか？　何を見せられるか？　勝った戦いも多かったが、負けた戦いも多かった。『エクソシスト』が放映されたのは、テレビ番組が死に絶える寸前だった。いまテレビでは、文化的価値のある作品はまったく放映されていない。見ごたえのある番組はすべてネットフリックスか、ＨＢＯ Ｍａｘ（現Ｍａｘ）かディズニー＋で配信されている。つまり、僕らにとっては最悪のタイミングだったわけだ。『エクソシスト』が何年かあとに放映されていれば、それを配信するストリーミングサービスはいくつもあっただろうし、内容に関する制限はひとつもなかったはずだ。『エクソシスト』は、その変化の三年ほど前に作られた。それが僕らの不運だったんだ」

シーズン1のエンディングがお粗末であったため、打ち切りは避けられないように思われたが、フォックスはリニューアルの決断を先延ばしにした。なんの知らせも受けなかったスレイターは、テレビドラマ「アンブレラ・アカデミー」をネットフリックスに売りこみ、企画を進めた。ところが、フォックスがゴーをだしたほかのパイロット版がすべてポシャったため、彼らはスレイターに「エクソシスト」のシーズン2の制作を依頼したのである。脚本家やほかのスタッフを集めて次の十話を制作する時間がわずかしかないとあって、スレイターはやむを得ず「アンブレラ・アカデミー」の制作をほかの人々に託し、「エクソシスト」の制作に力を注いだ。

「苛立たしいなんてものじゃなかった。十話に百万ドル使える、高視聴率を獲得し、超話題作になること間違いなしの夢のような企画をあきらめて、テレビドラマ作りに戻らなくてはならなかったんだからね。しかも『シーズン2のマーケティング予算はゼロだ』と言われた。初めから失敗が確定しているようなものだったから、こう思ったのさ。どうせならリスクをおかそうじゃないか。決まりきったやり方を変えてみよう。シーズン3が作られる可能性はほぼまったくない。自分たちが興味深い、面白いと感じるドラマを作る方法を見つけよう、とね。しかし、フォックスの見解はその正反対だった。彼らによると、シーズン1が低迷したのは〝テレビドラマ〟らしさが足りなかったからで、シーズン2をテレビの基準に沿って作れば、十年続けられるはずだと考えたんだ。僕は自分たちが作ったものを心から誇りに思っている。だが、シーズン2はシーズン1とは違う意味で、妥協の産物になってしまった」

シーズン2では登場人物の幅を広げながら、悪魔がバチカンに潜りこむというサブプロットをさらに発展させている。また、被害者の魂が悪魔と溶け合い、悪魔祓いのできない状態になる〝統合〟という概念も導入された。『エクソシスト』の正史に〝統合〟を加えるのは、アン・ライスおよびステファニー・メイヤーがブラム・ストーカーの作りあげた吸血鬼の定義を拡張したのと似ている。シーズン2では、里子の親を務めるアンディ（ジョン・チョー）と児童相談所で働く彼の友人ローズ（リリー・ジュン・リー）が、保護施設に襲いかかる悪魔を撃退しなくてはならない。ワシントン州シアトルのはずれにある、報告はされていないが数々の憑依の歴史を持つ島で、トマス神父といまや教会から破門されたマーカス神父は悪魔に取り憑かれたアンディを救おうとする。シーズン2はフォックスがシーズン3を作ろうと考えた場合に備え、トマスとマーカスが意見を戦わせたあと、それぞれの道を行く場面で終わったが、シーズン3が作られることはなかった。[註4]

「シーズン2の終わりにシリーズの打ち切りが決まったときは、安堵（あんど）のため息をついた」と、スレイターは本音を吐露した。「友人たちの努力、ベン・ダニエルズとアルフォンソ・ヘレラのことを思うと悲しかったが、僕はすっかり敗北感に打ちのめされ、もう戦う気力が残っていなかった。祈ったのはあのときが初めてだよ。友人たちが仕事を失いませんように、とね」

テレビシリーズ「エクソシスト」のクリエイター兼ショーランナーを務めた、脚本家でプロデューサーのジェレミー・スレイター。
Photo © Luigi Novi/Wikimedia Commons.

テレビドラマ「エクソシスト」のあら捜しに夢中な評論家と視聴者は見逃したが、公平に見れば、このドラマシリーズはきわめて質の高いものだった。配役も演技も申し分なく、作風とシリアスな語り口（ドラマの設定は、いわば“信仰の飛躍”を要求していた）には称賛すべき一貫性があった。「エクソシスト」はさしずめ、ネットワークテレビの終焉とストリーミング配信の誕生の境界で進退窮まった、はぐれテレビ番組だったのだ。誰もが「エクソシスト」の成功を願っていたが、それぞれの願いが相容れないものだったのである。

補足　テレビシリーズのあらすじ

注釈——十四時間（全二十話）にわたるドラマを詳細に語っても混乱するだけだろう。ひと言で表すならば、このシリーズは、カトリック教会を破滅させ、全世界の人々を己のしもべにしようと謀る悪魔パズズの企みを描いている。

シーズン1

カトリック教会のシカゴ大司教区に配属された、新進気鋭の神父トマス・オルテガ（アルフォンソ・ヘレラ）は、マーカス・キーン（ベン・ダニエルズ）神父が、メキシコ・シティのスラム街で少年の悪魔祓いをして失敗する悪夢に悩まされる。ちょうど同じ時期に、トマスは教区に住む女性アンジェラ・ランス（ジーナ・デイヴィス）から、自宅の壁から奇妙な音が聞こえる、悪魔の仕業ではないか、と打ち明けられる。その音にはアンジェラの次女ケイシー（ハンナ・カスルカ）も気づいている。長女のキャサリン（ブリアンヌ・ハウイー）は、のちに明らかになるが運転中の事故で友人を失ったショックから立ち直れず、自室にひきこもっていた。アンジェラの夫で建築家のヘンリー・ランス（アラン・ラック）は、仕事中に足場が崩れて頭にひどい怪我を負って以来、その後遺症に苦しんでいる。

トマス神父は悪魔の仕業だというアンジェラの発言に懐疑的だったが、ランス家を訪れ、暗い屋根裏で憑依されたケイシーを見て、確信に至る。ヘンリーの謎めいた助言により、トマスはマーカス神父のもとを訪れる。マーカスはトマスの手に余る状況だと彼に警告するものの、彼の願いを聞き入れてシカゴにやってくる。トマスは期待を背負った新進気鋭の神父とはいえ、罪を犯していないわけではない。誓いを立てる前に関係を持っていたジェシカ（マウザム・マカー）とまだ連絡をとっており、禁欲の誓いを破る誘惑に駆られていた。

ケイシーが謎の〝セールスマン〟（ロバート・エメット・ラニー）と親しくなるにつれ、憑依が強まっていく。彼から他者を傷つける力を与えられたケイシーの状態が悪化し、アンジェラは娘を連れて次々に医者を訪ねる。やがて地下鉄の車両で嫌がらせをしてきた男を攻撃したことから、ケイシーは心ならずも入院させられ、監視下に置かれる。この試練のさなか、本音を打ち明けられるほど親しくなったトマスとアンジェラは、ケイシーには悪魔祓いが必要だと確信する。マーカスもこの結論に同意するが、ともに悪魔祓いを行うにはトマスでは経験不足だと彼に告げる。

しかし、教会はふたりの訴えを退け、悪魔祓いを禁じた。まもなく訪れるローマ教皇セバスティアンの警護責任者となったベネット神父（カート・エジアイアワン）が、マーカスのもとを訪れ、破門を宣告する。一方、慈善家マリア・ウォルターズ（キルステン・フィッツジェラルド）率いる教会関係者と財界人のグループが、ローマ教皇の訪問計画を立てる。マリアはまた、トマスの教会に十万ドル寄付する。

ケイシーを退院させたマーカスとトマスは、悪魔祓いをはじめる。それが治療ではなく虐待だと確信した姉のキャサリンが警察に連絡し、ケイシーは警官に連れ去られる。だが、その途中でケイシーは救急車をめちゃめちゃにし、ふたりの救急隊員を殺害した。ランス家に重苦しい雰囲気が立ちこめるなか、クリス・マクニールと名乗る女性が訪れる。ここで、アンジェラが、少女時代に受けた悪魔祓いによる世間の注目から逃れるために名前を変えた、クリスの娘リーガンであることが明らかになる。

教皇歓迎委員会は、実際は、教皇を暗殺し、悪魔を地上で復活させようと謀る悪魔崇拝者の集団だった。悪魔の目標は〝統合〟、すなわち、人間に憑依してその魂を完全に吸収し、悪魔祓いが不可能な状態にすることだ（〝統合〟は、このテレビシリーズのために考案された）。

クリスは、自分がついてきた嘘を嫌悪する娘のアンジェラ／リーガンと和解しようとする。ケイシーの憑依がもたらすストレスと、クリスの出現によって世間の詮索の目にさらされたことにより、ランス家は崩壊しはじめた。

マーカス神父は、ローマ儀式ではなく赦（ゆる）しを用いて悪魔祓いを試みるマザー・バーナデット（ディアナ・ダナガン）のいる女子修道院を訪れる。シカゴで人間の臓器を狙った一連の儀式的殺人事件が起こり、世の終末が示唆されると、悪魔祓いはいっそう急務となった。

マーカスとトマスは悪魔祓いを続行するため、ケイシーを修道院に連れていく。絶望的な状況を見てとったバーナデットは、魂を救うためケイシーに毒を飲ませてはどうかと提案した。ケイシーにしか見えない〝セールスマン〟が、彼女の魂をじわじわと奪っていくなか、娘の苦痛に気づいたアンジェラが、代わりに自分に取り憑けと悪魔に告げる。悪魔はケイシーからアンジェラに乗り移った。

いまや憑依され、パズズだと名乗るアンジェラ／リーガンは、クリスとマザー・バーナデットと尼僧たちを殺す。ベネットとマーカス両神父は囚（とら）われ、統合か死かの選択を迫られる。ふたりが決断するまえに、歓迎委員会の面々はマリアだけをその場に残し、教皇を迎えるために立ち去った。

まもなくトマスはアンジェラの悪魔祓いを行い、マーカスは教皇の暗殺計画を挫く。ケイシーは救われ、姉のキャサリンと再び心を通わせる。統合された悪魔崇拝者は、枢機卿を含め、ほとんどが生き延びた。

シーズン2

独創性に富んだウィリアム・ピーター・ブラッティの小説にインスピレーションを得たことが記されてはいるものの、その縛りから自由になったシーズン2は、結果として、前シーズンよりも的確かつ複雑な構成となり、後続シーズンへの伏線も敷かれている。深みを増したキャラクター、はるかに多彩なキャスト、より多様な特殊効果が登場するシーズン2では、バチカンを含めて、世界の至るところでひそかに悪魔の憑依が進んでいるというサブプロットもさらに発展する。全体として四つのストーリーが同時進行し、そのうち三つはシーズン終盤で併合される。

① アンディ・キム（ジョン・チョー）が運営する、ワシントン州のファミリーホームでは、しばらく前から悪魔の存在が感じられていた。やがて、アンディは徐々に憑依されていく。児童相談所の職員ローズ・クーパー（リー・ジュン・リー）は、里子のケイレブ（ハンター・ディロン）、トラック（サイラス・アーノルド）、ヴェリティ（ブリアナ・ヒルデブランド）、グレース（アメリー・エヴァ）、シェルビー（アレックス・バリマ）たちを見守る。

②　悪魔祓い師のトマス神父とマーカスが、ロレイン・グレアム（ロシェル・グリーンウッド）から娘のハーパー（ベアトリス・キトソス）の悪魔祓いの依頼を受け、シアトルに向かう。

③　謎の女性（のちにマウス［ズレイカ・ロビンソン］と呼ばれていることがわかる）が、ギーヨ枢機卿（トーリー・ハンソン）と、統合された彼の同僚たちを殺す。彼女はたったひとりで悪魔と戦っているのだ。これは何年も前、彼女がマーカス神父（ベン・ダニエルズ）と親しかった――ひょっとすると親しすぎたかもしれない――頃に始まった戦いだった。

④　四つ目のプロットラインでは、トマス神父（アルフォンソ・ヘレラ）と元神父であるマーカスがモンタナで、赤ん坊を亡くした若い女性シンディ（エリザベス・アレン）に憑いた悪魔を祓おうとする。町の人々（村人？）がシンディを〝救おう〟と、神父たちを襲う。トマスは、シンディが〝奇跡のような〟赤ん坊を抱いている夢を見た。その夢のなかでは、子どもたちがピニャータを割ると、どす黒い油が出てきた。トマスはまた、シンディの悪魔祓い中、悪魔が頭のなかに入りこむのを許す。物語のこの部分は、実質的にシーズン最後の第十話まで再浮上せず、そこでも曖昧にされる。

シーズン1同様、島で以前起きた悪魔による殺人、巧妙に挿入された『エクソシスト3』の要素、垣間見える同性愛、危機にさらされた子どもという共通テーマ、バチカン内部に忍びこむ悪魔の企みといった複数のプロットが絡み合っていく。

シーズン2の主軸は、数年前に妻のニコール（アリシア・ウィット）が入水自殺したことで心に傷を負った温厚なアンディ・キムがじわじわと悪魔に取り憑かれていく過程だ。里子のひとり、見るからに無垢なグレースは、アンディの想像が作りだした幻であるばかりか（グレースはアンディのハウディー船長なのだ）、死んだニコールに姿を変え、彼に子どもたちを殺すようけしかける。マーカスとトマスは、アンディから悪魔を祓おうと奮闘する。アンディは必死に自分の魂を失うまいとするが、儀式中、彼の思いは何度も過去へとさまよう。

シーズン最後では、マーカスが悪魔祓い師をやめ、自分の道を行くために旅立つが、シーズン1の第一話と同様、トマスが彼を連れ戻すことは明らかだ。

第十三章　新たな三部作

ウィリアム・ピーター・ブラッティは、『エクソシスト2』の制作に大きな不安を抱きながらも、本人いわく「めまいがするような大金」を提示されて同意した。その彼が生きていたら、テレビシリーズや、オリジナルの誕生五十周年を記念して二〇二三年に一作目が公開される新三部作について、どう思っていただろうか。

二〇二一年七月二十六日、ユニバーサル・ピクチャーズとピーコック（NBCユニバーサルのテレビジョン・アンド・ストリーミング部門が所有・運営するアメリカのビデオ・オン・デマンド・サービス）は、モーガン・クリーク・プロダクションズとブラムハウス・プロダクションズ製作による『エクソシスト』新三部作の世界配給権を四億ドルで獲得したと発表した。デヴィッド・ゴードン・グリーンが監督を務めるこの三部作では、エレン・バースティンが再びクリス・マクニールを演じ、レスリー・オドム・Jrが悪魔に取り憑かれたわが子を救うためクリスに助けを求める父親を演じる。原案はスコット・ティームズ、脚本はピーター・サットラー、製作総指揮にダニー・マクブライド（脚本にも関わった）、グリーン、ブラムハウスのジェイソン・ブラム、モーガン・クリークのデヴィッド・ロビンソンとジェームズ・G・ロビンソン、クーパー・サミュエルソン、クリストファー・H・ワーナーが名を連ねており、製作にはライアン・テュレックがクレジットされている。製作を指揮する面々は、

ホラー界のベテランばかりである。[註1]

とはいえ、ブラッティはすでに三部作を書いている、と語るのは、彼の友人でコラボレーターだったマーク・カーモードだ。「ブラッティと私はいつも、『エクソシスト』、『センター18』、『Legion』が〝信仰三部作〟だと話していた」それから、慎重にこう付け加える。「もちろん、知ってのとおり、ビルは今日言ったことが、翌日にはころっと変わることもあった。まあ、誰でもそういうことはあるし、彼には前言を翻す権利もあったからね」ブラッティは『エクソシスト2』とテレビシリーズを、ビジネス上の判断（以前、彼がミニ・テレビシリーズを計画していたことを忘れてはならない）だとみなしていた。

とはいえ、映画権をモーガン・クリークに売ったあとは、そうした選択権はなくなった。そして、この決断により、『エクソシスト3』、『Dominion: Prequel to The Exorcist』、『エクソシスト ビギニング』、テレビシリーズが生まれたのだ。

新作『エクソシスト　信じる者』は、二〇二三年十月六日（金曜日）に全米にて劇場公開、その後ピーコックでのストリーミング配信が予定されている。続編二作も、いまのところピーコックで配信される予定だ。

新三部作の製作発表と同時にすべてが極秘にされたため、監督や製作者らの見解を知る手掛かりは、現時点で熱のこもったプレスリリースのみだ。

「いまこそ、ピーコックとのコラボレーションを実現させ、ユニバーサルの有能なチームと再びタッグを組み、ブラムハウスとともに『エクソシスト』をよみがえらせる最高のタイミングだ」

モーガン・クリークのデヴィッド・ロビンソン社長は、月曜日にそう述べた。「デヴィッド・ゴードン・グリーン、ダニー・マクブライド、スコット・ティームズ、ピーター・サットラーは、世界中で大人気を博した物語の力強い続編をまとめあげた。本作を世界中のファンに披露する日が待ちきれない」

ブラムハウスを創設したCEOのジェイソン・ブラムは、こう語った。「ブラムハウスはこれまで、ユニバーサルのチームと素晴らしい協力関係を保ってきた。ありたがいことに、ドナ・ラングレーとジミー・ホロウィッツはデヴィッド（・ゴードン・グリーン）のビジョンを信じてくれたばかりか、配給に関しても先見の明があった。おかげで、映画の生命線とも言うべき配給に関して、素晴らしいサポートを得ることができた。『エクソシスト　信じる者』の劇場公開に全力を注ぐのはもちろん、上映後まもなくピーコックで配信を開始することで、ストリーミング視聴者のニーズにも応えることができる。モーガン・クリークのデヴィッド・ロビンソンをはじめとする、最高のチームと映画を作りあげていけることに心から感謝している」

オリジナル版と同じくエレン・バースティンがクリス・マクニール役を演じるこのリメイクは、いわゆる正統な『エクソシスト』作品だと言える。バースティンは一作目を撮り終えたあと、詳細には触れず、こう語った。「一作目の撮影は終了した。あとの二作については、まだ出演するかどうか決めていないの。まず、一作目がどう受けとめられるかを見てみなくては。ワーナー・ブラザースが『エクソシスト2』を作るとき、私は大金を提示されたけど、最初は断ったの。オリジナルのパクリはごめんだったから。その後も、続編の出演は断り続けた。この話が持ちあがったときも、大金を提示されたわ。それから、監督兼プロデューサーのデヴィッド・ゴードン・グリーンと会った。とても感じのいい人で、私は彼のアイデアが気に入った。気に入ってもらえるかもしれない』と言われたの。私はそれを読んで、『物語の一部をざっと書いてみます。融通を利かせるとも言われたけど、出たくないと言うと、出演を断った。出演料はこれまでの最高額、おそらく生涯で最高の額だったと思うけれど、断ったの。すると驚いたことに、彼らはその金額を倍にしたのよ」

アル・パチーノとアレック・ボールドウィンとともにアクターズ・スタジオの学長を務めるバースティンは、あることを思いついた。「あっさり断るには、あまりにも大金だったので、とりあえず、考えてみる、と答えた。電話を切ったあと、しばらくその場に座りこみ、『悪魔は、私がいくらでイエスと言うのかを訊いているんだわ』と思った。それから、思いついた。『これがあれば、ペース大学にアクターズ・スタジオの修士号取得奨学金制度を設立できる』とね」

一九四七年、エリア・カザン、シェリル・クロフォード、ロバート・ルイスが創設したアクターズ・スタジオは、俳優が安心して新たな繋がりを広げられる俳優養成所である。入るのは難しいが、いったん入学すれば生涯会員となり、同業者からの精神的なサポートも受けられる。アクターズ・スタジオの出身者がアメリカの俳優の演技に異なる定義を与えたと言っても、決して誇張ではない。マーロン・ブランド、ポール・ニューマン、ジュリー・ハリス、ジェラルディン・ペイジ、リー・J・コッブ、マリリン・モンロー、ブラッドリー・クーパーを筆頭とするスタジオ出身者には、スターにならずとも俳優業を続けている者が大勢いる。

「奨学金制度は、昔から望んでいたことなの」バースティンは続ける。「アクターズ・スタジオには素晴らしい養成プログラムがあるけれど、奨学基金がない。イェール大学や、ほかのたくさんの大学にはある。だからずっと、この制度を立ちあげたいと思っていたのよ。そのアイデアが頭に浮かんだとき、私はやろう、と決意し、彼らに連絡を入れたの。そして出演料をあげる交渉を行い、信じられないくらい良い条件で契約を結んだ。

そして、撮影は終わった。私が演じたのはクリス・マクニールよ。話せるのはそれだけ。あとの二作の出演には同意していないし、交渉にも応じていない。一作目がどうなるか、様子を見るつもりよ。クリス・マクニールをもう一度演じるかどうかは、一作目が公開されてから決めるわ」

新三部作に取りかかったデヴィッド・ゴードン・グリーンには、大きな重責がかかっていた。『ハロウィン』シリーズ（デヴィッド・ゴードン・グリーンによって立ち上げられたシリーズ。『ハロウィン』〔二〇一八〕『ハロウィン KILLS』〔二〇二一〕『ハロウィン THE END』〔二〇二二〕）を見事復活させ、一躍名を売ったグリーンは、『エクソシスト』の続編作りに目（と度胸）を据える前に、すでに多くのジャンル映画やテレビ・エピソードの製作、あるいは製作と監督の両方を務めていた。

二〇二二年四月の後半にこのメール・インタビューを行ったときには、まだ制作の途中だったため、グリーンもエレン・バースティン同様、映画の内容に関する事柄には口が重かった。本書が執筆されたのは映画公開の一年以上も前だが、この初期のインタビューを読むと、自分のキャリアと魂を『エクソシスト』に賭（か）けた男の姿が見えてくる。正確を期すために、グリーンの発言は、メール・インタビューと同じQ&A形式で再現した。

デヴィッド・ゴードン・グリーン（以下ＤＧＧ）　まだごく一部しか撮影していないから、この時点でインタビューを受けることに、ためらいがあると言えばある。リハーサルを重ね、ロケ地を見つけ、新たなアイデアを見出していく制作過程で、キャラクターとストーリーは大きな進化を遂げるものだからね。いまはごく初期の段階だから、どういう映画になるかという発言は控えたい。

――どのような経緯でこの企画に関わることになりましたか？　モーガン・クリークとブラムハウスから、話を持ちこまれたのでしょうか？　最初から三部作だったんですか？　それとも彼らが売り込みを歓迎しているという噂を聞いて、あなたがいきなり新三部作のアイデアを持ちこんだんですか？

ＤＧＧ　ブラムハウスとは何年も、複数の作品を一緒に手掛けていた。その彼らが、モーガン・クリークと「エクソシスト」の映画権について、しばらく話し合っていたんだ。私はサウスカロライナのチャールストンに住んでいるんだが、モーガン・クリークのデヴィッド・ロビンソンが同じ街に引っ越してきた。親しくなるうちに、私が『ハロウィン』シリーズを復活させたような形で、『エクソシスト』のオリジナル版をよみがえらせることができないだろうか、という話になった。この素材に大きな情熱と同じビジョンを抱くクリエイティブなグループが三つ揃ったわけで、これなら実現できる、と感じた。

――『エクソシスト』の正史にはすでにいくつも作品が存在しますが、どこまでその内容を取り入れなければならないと感じますか？

ＤＧＧ　テレビシリーズの最初の二話は観たよ。ルパート・ワイアット[註2]と話し、名作であるオリジナル作品の足跡をたどることについてどう思っていたのかを聞いてみた。彼はユーモアたっぷりな見方をしていた。私は本作をオリジナル版から派生した物語だと捉えているから、シリーズのほかの作品に忠実に作らなければならないという義務は感じていない。そうは言っても、ほかの作品はすべて観たが、われわれの映画は、それらの内容と相反するものにはなっていないと思う。『ハロウィン』シリーズでは、意図的にオリジナル映画のあとに登場した物語を一掃する判断を下したが、今回はそうはならない。

――この五十年、映画ファンは様々な『エクソシスト』を観てきました。新たな三部作に自分なりの味付けを加えつつ、どうやって彼らの期待に応える、あるいはそれを超えるつもりですか？

DGG　非常に困難で、ハードルの高い仕事であることはたしかだね。目標は、ウィリアム・フリードキンが見事に確立した作品の複製ではない映画を作ること。私の制作プロセスは彼とは違うが、衝撃的な出来事を的確に捉えるために、共同脚本家と莫大な量のリサーチを行い、クリエイティブなチームを作りあげた。その結果生まれたアイデアを、カメラの前で試したくてうずうずしているところだ。

――オリジナル映画にはまったくCGが使われておらず、観客を恐怖のどん底に突き落としたのは、実際に起こった現象を捉えた映像の持つ迫力でした。今日の映画ファンはCGを当然のように期待しています。この皮肉な事態にどう対処しますか？

DGG　いまのところ、どの重要な衝撃なシーンでもCGを使っていない。とは言っても、エレン（・バースティン）の話では、オリジナル版の撮影には百日かけたそうだが、私たちの映画にかけられるのはせいぜい五十日だと思う。だから、経済的な理由や、効率などを考慮に入れて進めることになるだろうね。

——オリジナルの『エクソシスト』が上映されたのは、あなたが生まれる二年前のことですね。最初に観たのはいつでしたか？

DGG 最初に観たのは、テキサス大学に入った年だ。図書館のVHSテープを、小さな仕切りのなかでヘッドホンを付けて観たんだが、それでも圧倒された。ある意味では、映画館とはまるで違う制限のある環境だったからこそ、あの映画のすごさがわかったとも言える。

——エレン・バースティンとの仕事はどんな感じでしたか？ どうやって、同じ役柄を再び演じてほしいと説得したんですか？

DGG 声をかけたのは脚本を書きはじめる前だ。エレンは、映画のコンセプトに興味を持ってくれた。その後一年ぐらいかけて脚本を仕上げるあいだ、彼女の意見を聞きたいときや閃き（ひらめき）が欲しいときなど、頻繁に連絡した。お互いに参考になる本を勧めたこともある。私がエレン・タッドの「The Infinite View」を勧めると、彼女からはゴントラン・ドゥ・ポンサンの「Kabloona」を勧められた。そのうち友情が芽生え、クリエイティブな面でお互いを信頼するようになった。ジョークを言って笑い合ったり、お互いを高め合うような刺激的なやりとりを交わしたんだ。私が一緒に映画を作る相手に求めるのは、そういうことなんだ。ジョージタウンでの出来事を経験したクリス・マクニールがその後どうなったか、真剣に議論することもあれば、ニューヨーク・シティの彼女の自宅で紅茶を飲みながら、バルコニーに巣を作った鳩の赤ん坊を眺めることもあった。

——『エクソシスト』はホラー映画だと言う人々もいます。ビリー・フリードキンとビル・ブラッティは初めから信仰の謎を描いた映画だと主張してきましたが、あなたはどう考えていますか？　また、あなた自身の作品を、なんと呼びますか？

DGG　私は常に、『エクソシスト』が素晴らしいドラマだと思ってきた。そこに描かれている信仰の謎が、われわれを引きこみ、観ている人に自問させる。新作がどんなものになるかはまだよくわからないが、未知の出来事に悪戦苦闘する家族の物語を描きたいと思っている。ホラーという枠にはまらないアプローチを試しているところだ。そうはいっても、この種の映画を不穏かつ楽しめる作品にするには、ホラー映画の貴重なテクニックも役立つと思う。

——これまでの『エクソシスト』作品の落とし穴や成功が、この新三部作において参考になるでしょうか？

DGG　同業者や彼らの野心は、なるべく、けなさないようにしている。制作中、われわれは毎日のように、多くの障害に直面するものだ。予算という制約に縛られ、制作に関して頻繁に口出しされる状況では、立派な意図があっても、道がそれることもあれば、最初の意図が完全に失われてしまうこともある。『エクソシスト2』と『エクソシスト3』には、素晴らしい要素が散見される。『エクソシスト』シリーズという枠の外で公開されていたら、もっと高い評価を得たんじゃないかな。

——宗教、憑依（ひょうい）、悪魔を信じていますか？

DGG　そうしたすべての事柄に関してオープンなんだ。既存の宗教を信じているわけではない

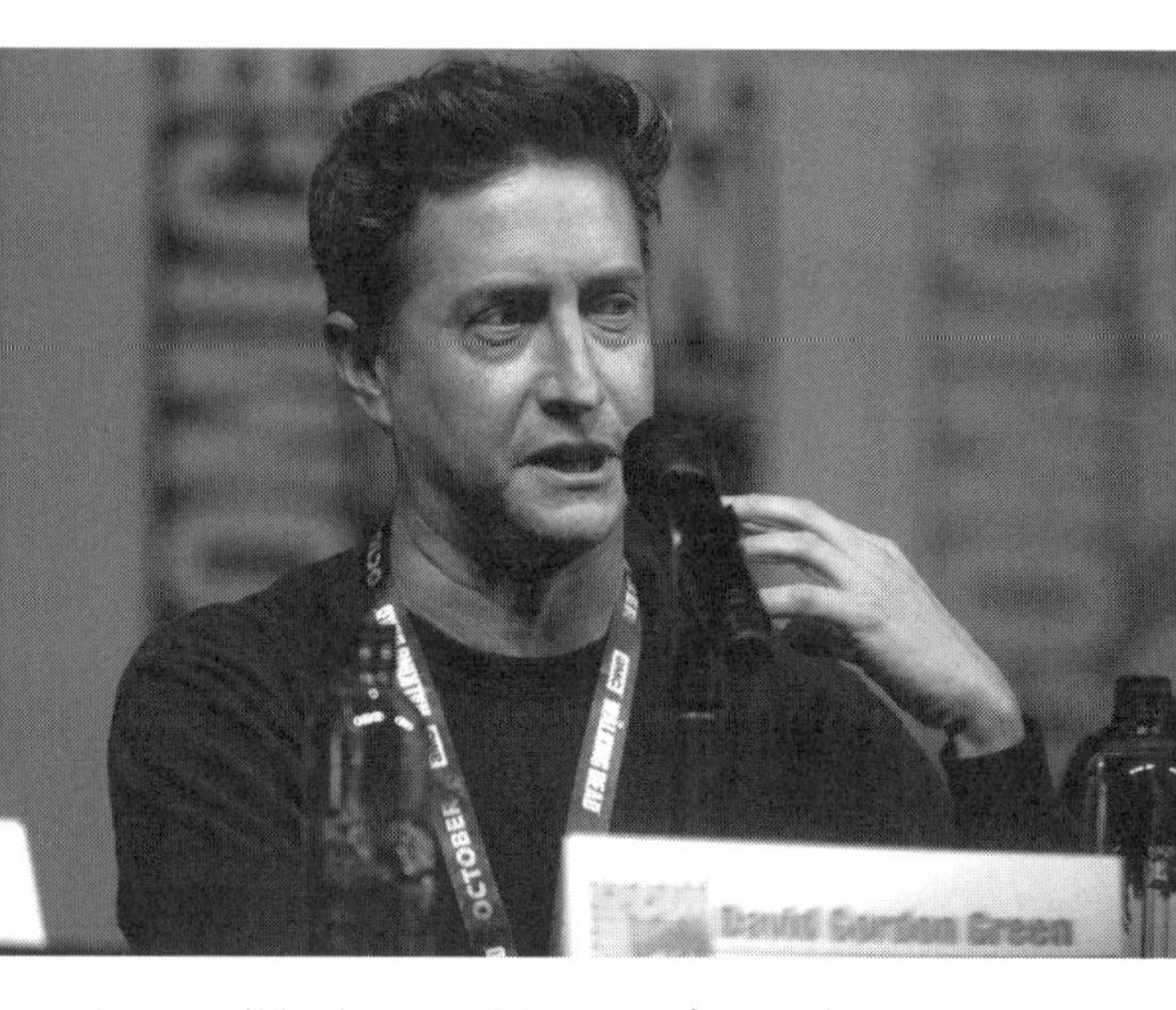

『エクソシスト 信じる者』の監督にして脚本家、デヴィッド・ゴードン・グリーン。2018年のサンディエゴ・コミコンにて。
Photo © Gage Skidmore/Wikimedia Commons

が、ほとんどの宗教には、たくさん学ぶことがあると思う。

――スコット・ティームズとピーター・サットラーとは、どういう経緯で一緒に仕事をするようになったんですか？ ふたりが、このプロジェクトにもたらしたものとは何でしょう？

DGG スコット・ティームズ、ピート・サットラー、ダニー・マクブライドとは長い付き合いなんだ。コラボレーションをした経験もある。われわれは、オリジナル版『エクソシスト』のファン、実績ある脚本家／監督として、四人で物語をまとめた。宗教的な背景も、信念も、親はどうあるべきかという考え方もそれぞれ異なるが、お互いに深く尊敬し合っている。仕事に対して厳しい基準を持っているところも似ている。ダニーとは、新作の『エクソシスト』と並行して、宗教をテーマにしたHBOのコメディシリーズを一緒に作っている（二〇一九年から放送されている「The Righteous Gemstones」のこと）。このふたつを同時に掘りさげていくのは、楽しい作業だ。ピートとは、これだというあらすじが決まったあと、一緒に入念なリサーチを行いながら、脚本を書いた。

第十四章　ビリー、地獄へ行く ――『悪魔とアモルト神父 ―現代のエクソシスト―』

二〇一七年、ウィリアム・フリードキンは『悪魔とアモルト神父 ―現代のエクソシスト―』〈日本劇場未公開〉で再び、ドキュメンタリー制作のルーツに戻った。当時、八十二歳である。二〇一一年に公開され、高い評価を受けることになる『キラー・スナイパー』〈日本劇場未公開〉を撮り終えたあと、とうにハリウッド映画に関心を失っていた彼は（ひょっとすると、その逆だった可能性もある）、グランドオペラ（主に神話や伝説にもとづき、合唱、バレエをとり入れ、豪華な舞台で演ずる大じかけな歌劇）の演出に取りかかった。オペラに関してほぼ何も知らないと自ら認めているにもかかわらず、二〇一五年にはトリノで『アイーダ』を、フィレンツェで『リゴレット』の演出を務め、耳の肥えたイタリアの聴衆を前に成功を収めた。また、ドイツとロサンゼルスでもオペラの演出を手掛け、同様に高評価を得ている。

二〇一六年四月、国際プッチーニ賞を受けとるためにイタリアに足を運んださい、フリードキンは友人を通して、噂（うわさ）に聞いていた人物と会う手はずを整えた。その相手も、フリードキンの噂は聞いていた。その人物とは、バチカンの悪魔祓い師（エクソシスト）、ガブリエーレ・アモルト神父である。一九二五年、イタリアのモデナに生まれ、一九五四年に叙階、一九八六年に司祭に任命された、当時まもなく九十一歳にならんとする使徒聖パウロ教会の宣教師、アモルト神父は、『エクソシスト』のファンだった。「特殊効果は少し、やりすぎだったが」と、フリードキンはアモルトの手紙から読みあげた。「われわれの仕事を理解してもらうきっかけになった」フリードキンはその返事で、ぜひ会いたいと伝え、司祭はすぐに、会うことに同意した。

アモルト神父と顔を合わせることは、フリードキンにとって、様々な感情を経験した長いスピリチュアルな旅の締めくくりとなった。彼はアモルトとの体験を綴った記事にこう書いている。「私は不可知論者だ。神の力や人間の魂は知りえず、認識できないと思っている[註1]」とはいえ、ガブリエーレ・アモルトと話をするうちに、一九七三年の映画で生々しく想像した光景を実際に自分の目で見てみたいという興味が深まったという。イタリアに滞在中、通訳者兼アシスタントのフランチェスコ・ジッペルの協力を得て、彼はついに、アモルト神父に会うことができた。

「神父様は」フリードキンは言った。「悪魔（サタン）との会話を記録しておられます。悪魔を見たことはありますか？」

アモルトはこう答えた。「サタンは純粋なる霊魂だ。欺くために、ほかの形をとって現れることが多い。悪魔祓い師には特殊な訓練が必要であり、また、個人的な敬虔さを持ち合わせているとされる存在でなければならない。暗闇のなかに一条の光を射しこませようと試みるなかで、その祈りはしばしば、荒々しい反応を引きだす[註2]」アモルトによると、悪魔祓いの依頼の手紙がひっきりなしに届くが、基準を満たすのは百件のうち一件か二件だと明かしている。依頼を引き受けることを考慮する前に、必ず、心理的および物理的な原因のすべてが調査されたことを確認する。二〇一六年の四月、〈ヴァニティ・フェア〉誌でアモルトをインタビューしたフリードキンは、映画監督としての本能に駆られ、アモルトの悪魔祓いを撮影する許可を求めた。

「許可は得られなかった」フリードキンは、そう報告する。「当然だ。そこで私は、もう少し厚かましく、こう尋ねた。『私に撮らせてもらえませんか、神父様？』すると二日後、『きみが撮影するのならいい。ただし、ひとりだけ。クルーも、照明もなしだ』と返事がきた」[註3]

彼が撮影を許可されたケースは、記事のなかではその名が「ロサ」とされているが、のちに監督したドキュメンタリーで「クリスティーナ」であることが明らかになる、四十六歳の女性だった。クリスティーナは、兄の恋人が自分に呪いをかけたこと、兄と恋人両方が悪魔崇拝者であることを確信していた。これは、真の憑依なのか？　アモルトによる八回にわたる悪魔祓いの儀式で、クリスティーナはのたうち回り、しきりにうなずき、獣のような声で吠え、目玉がぐるりと後ろにひっくり返り、体も心も自分ではどうにもできない状態に陥ったように見えた。各セッション後は、回復し、清められたと言い、ふだんの生活を続けた――そして、すっかり落ち着き、いつもどおりの姿で次の悪魔祓いセッションにやってきた。リーガン・マクニールの悪魔祓いとは違い、クリスティーナが悪魔祓いに訪れるとき（少なくともビデオで）は、まるで美容院を訪れるかのようにリラックスしていて、キリストの力を呼び起こしてサタンと戦う古代の儀式のようには思えない。ドキュメンタリーのためのインタビューでも、クリスティーナは落ち着き払い、意識もはっきりしている。

二〇一六年五月一日、フリードキンは小さなカメラを抱え、クリスティーナと彼女の兄、両親、親戚一同が集まっているアモルトの部屋に入った。予想どおり、儀式が始まると、別人格が現れた。クリスティーナは周囲の人々が必死に手足を押さえなければならないほど激しく暴れ、動物のような咆哮（ほうこう）をあげ、アモルトが祈り続けていると、昏倒（こんとう）した。この九回目の悪魔祓いのあと、彼女は体の力が抜け、治癒されたように見えた。しかし、アモルトが近くに座っている両親を祝福したとき、その祈りを聞いたクリスティーナが、再びのたうち回りはじめた。九度目の悪魔祓いは失敗したばかりか、彼女の状態はさらに悪化したように見えた。フリードキンは、そのすべてをビデオに収めている。

覗（のぞ）き見のような要素を払拭しきれないこのドキュメンタリーで、フリードキン（ドキュメンタリーのホストを務めた）は、悪魔祓いに代わる医療的な治療法を精力的に探っている。アメリカでクリスティーナの症状をたくさんの医者に見せ、様々な医学的所見を集めたのだ。そのどれも、憑依を支持はしなかったものの、完全に否定してはいない。コロンビア大学で臨床精神医学の教授を務めるマイケル・B・ファーストは、こう述べている。「定義された精神疾患にあてはまる。典型的な症状だ。おそらく、この患者の症状は、われわれが解離性トランスと憑依障害と呼ぶものだね。この障害に関して、広く知られた精神病理学研究はない。セラピー技法としての悪魔祓いが効果をあげる可能性はある」[註4] フリードキンは、部屋に集まったコロンビア大学の医師たちに尋ねた。「これが無意識的な詐欺だと思われますか？」彼らはみな、「思わない」と答え、女性の行動を、宗教的な用語ではなく精神医学用語で説明した。

テルアビブ医療センターの脳神経外科医教授であるイツァーク・フリード医学博士は、「信じていなければ、体験することはできない」と述べるフリードキンに対して、より理論的にこう説明している。「人間はそれぞれの置かれた環境や状況に大きく影響される」と。つまり、宗教的な背景を持つ者であれば、ほかの人々が受け入れなくとも、その現象を受け入れる可能性があるのだ。「きみは、私が悪魔祓いを信じるかと聞いたね。私はそれを、行動的な現象であると考える。私がカトリックの司祭、あるいはユダヤ教のラビであれば、別（の説明がある）だろう」要するに、『エクソシスト』のなかで医者が言ったように、「犠牲者が憑依という現象を信じていることが、こうした症状をもたらす原因となっている。しかし、同様の論理で、悪魔祓いの効き目を信じる者がそれを受ければ、症状が消滅することもある」のである。

フリードキンは、イタリアの撮影旅行を終わらせる前、もう一度クリスティーナにインタビューを申しこんだ。彼女は、アラトゥリという村の小高い丘で彼と会うことを承知した。しかし、彼とプロデューサーが到着すると、クリスティーナの姿はなかった。携帯に電話をかけ、どこにいるのかと尋ねると、クリスティーナは怒りだし、村の教会に来るようふたりに告げた。フリードキンによると、彼がその教会に（カメラなしで）到着すると、クリスティーナの兄から、悪魔祓いを録画したメモリー・カードを渡さないと殺すと脅されたという。仲裁に入ったクリスティーナは、世界中の人々に映像を見てほしいと言った。フリードキンとプロデューサーは無言で、教会とアラトゥリを立ち去ったという。

ガブリエーレ・アモルトはそれ以降、悪魔祓いを行わず、五か月後、二〇一六年九月十六日に死去した。

手元に悪魔祓いの映像が残ったばかりか、命拾いしたフリードキンは、ドキュメンタリー制作者としての創造の炎を再び燃えあがらせ、『エクソシスト』研究家でＢＢＣプレゼンターのマーク・カーモードに、のちに六十九分となるドキュメンタリーのナレーションを依頼した。「悪魔とアモルト神父 ―現代のエクソシスト――」と題され、二〇一七年に放映されたこのドキュメンタリーは、フリードキンが制作したなかで最も私的な作品であり、それまでのどの作品よりも、彼自身について知ることができる。フリードキンはまた、このドキュメンタリーの導入部で、実際に悪魔憑きの少年が住んでいたとされるコテージ・シティの家の前に立ち、解説をしている。通りの名前と番地は伏せたが、フリードキンが公にその家が実際の事件が起こった場所であると認めたのは初めてのことだった。四十五年の月日を経て、彼は再び、スタート地点に戻ったのである。

ドキュメンタリーの最後で、彼はジョージタウンにある〝エクソシストの階段〟の下に立ち、こう結んでいる。「多くの医師同様、クリスティーナの症状の原因は私にもわからない。この宇宙には、われわれに計り知れないほど深い次元が存在するというのが私の結論だ。邪悪が存在することはわかっている。また、善も存在する。悪魔がいるなら、天使もいるに違いない[註5]」と。

ここで注目すべき問いは――常にその先端で映画界を挑発してきたウィリアム・フリードキンは、自分の発言を心から信じていたのか、である。『ガーディアン／森は泣いている』（一九九〇）に関してフリードキンと対談して以来の友人であるマーク・カーモードは、「悪魔とアモルト神父」の最終脚本を書いてほしいと彼に頼まれ、驚いたという。

「初期のラフ・カットが送られてきたので、それが悪魔憑きの映像作品ではなく、疑念に関する作品であることが興味深いと彼にEメールを送った。あれは間違いなく、憑依への疑念をテーマにした作品だったからね。これは彼が言ったことだが、（『ハムレット』を引用して）『天と地には、おまえの哲学などには思いもよらぬことがある』というのが彼の見解だった。この題材に関する彼の見解は『実は、さっぱりわからない』だった。言うまでもなく、（一九四九年の）悪魔憑き事件は現在、誤りであることがほぼ証明されたと言っていい。報道内容が事実でなかったことは、みな知っている。ついでに言えば、事実であるかどうかは関係ない。重要なのは、ビル・ブラッティが〈ワシントン・ポスト〉紙で読んだとき、あの記事の内容が彼の琴線に触れたことだ。そこが素晴らしいところなんだ。『エクソシスト』は信仰に関する映画だが、『悪魔とアモルト神父 —現代のエクソシスト—』は、疑念に関する作品なんだよ」

第十五章　憑依入門

ステファニー・メイヤーの小説シリーズ「トワイライト」が、「ドラキュラ」でブラム・ストーカーが確立した吸血鬼の法則を変えたのと同様に、悪魔憑依(ひょうい)の指針となるリストは、ウィリアム・ピーター・ブラッティの「エクソシスト」によって書き替えられた。カトリック教会の教義によると、対象となる人物が下記の症状を多く示すほど、憑依の可能性が高まる。

- 外見の変化
- 部屋が寒くなる
- これまで知られていない言語を話す
- 教会、聖句、そして／もしくは聖職者に対する激しい憎悪
- 声の変化
- 論理的に知りえない出来事の知識
- 超常的な怪力
- 他者を言葉で、あるいは身体的に攻撃する

●物が動く（テレキネシス）

これらの指標には、現代人が憑依と結びつける、首が回るとか、嘔吐物を噴出する、股間をつかむ、浮遊するといった、映画に登場するような行動も含まれる。このような症状が現れた時代によって、またその時代の医学および精神医学の知識がどの程度あるかによって、迷信に縛られる人々の数は増減する。知識とは、そういうものである。

悪魔祓いのローマ典礼儀式書（一五七〇年、教皇ピウス五世により公布されたローマミサ典礼）を軽視してはならない。悪魔祓いのローマ儀式は、多くの手順から成る複雑な儀式――実際は、苦行――で、遂行には長い時間がかかるばかりか、それを執り行う司祭だけでなく祈りに加わる者、ときには犠牲者を取り押さえる人々にとっても、非常に体力を消耗させられる行為だ。

ひとたび儀式を行う司祭が憑依の証拠を手に入れ、司教から執行許可を得て――これには時間がかかり、精神科医による診断も必要――ようやく、悪魔祓いが始まる。司祭は常に、憑依した悪魔による嘘や侮辱、汚い手段に留意せねばならない。憑依された人間から悪霊が逃げだしたように見えても、実際は隠れているだけで、のちに再度出現し、人に怪我を負わせたり、自信を喪失させることも珍しくない。

敬虔な準備作業ののち、悪魔祓いの儀式は、詩篇第五十四篇「神よ、御名によってわたしを救い、御力によってわたしをさばいてください」という祈りとともに始まる（ここでは儀式全体は記載しないが、インターネットでアクセスできるし、バチカンから書籍を購入できる。後述参照）。その後、神の力を想起させる、ヨハネによる福音書1：1‐14の教訓に続き、キリストが使徒たちに「全世界に行って、すべての造られたものに福音を宣べ伝えなさい」と告げるマルコによる福音書16：15－18が続く。キリストが悪魔を追い払ったことを示唆するルカによる福音書（10：17－20と11：14－22）の教訓が読みあげられたあと、「なんじ、汚れたる悪霊よ。去れ！」というお馴染みの文句から始まる祈りが続き、同じ意味を持つ一千語ほどの言葉が聖書の引用とともに繰り返される。続いて、「聖母マリアの賛歌」（ルカによる福音書1：46－55）、「ザカリアの賛歌」（ルカによる福音書1：68－79）、テ・デウム、アタナシオス信条が交読されたあと、悩める者から悪魔が祓われたと仮定して、その者をさらなる苦悩から救うよう神に求める一般的な祈りの言葉が口にされる。

非公式な悪魔祓いでは、聖ミカエル、詩篇第六十八篇の祈り（「神は立ち上がり、敵を散らされる。神を憎む者は御前から逃げ去る」）を含む、より短い儀式が行われる。どちらの儀式でも、祈りを捧げるために片膝を折り、聖水が降りかけられる。

二〇一四年、バチカンは公式に国際エクソシスト協会を承認した。この協会は、信者から悪魔を解き放つ活動に従事する三十か国二百五十人におよぶ司祭から成っており、会長のフランチェスコ・バモンテ司祭は、「悪魔祓いは慈善のひとつであり、悩める人のためのもの」であると〈ロッセルバトレ・ロマノ〉紙に語った。フランシス教皇自身、二〇一三年、憑依された男の額に手を置いて四体の悪魔を祓ったと言われている。[註1]

悪魔祓いの儀式が、完成した形で生まれたのか、それとも、おぞましくも不幸な試行錯誤を通して進化したのかは知られていない。しかし、憑依と悪魔祓いが存在するのは、キリスト教に限らないことはわかっている。

「アルケミスト　錬金術師ニコラ・フラメル」シリーズを含む数多くの著作を生みだしているアイルランド人のベストセラー作家、マイケル・スコットは、民族学と、古くから伝わる神話に造詣が深い。「悪魔は人種や文化を問わず、あらゆる神話に存在する」スコットは説明する。「すべての文化に悪魔が存在する。光があるとするならば、闇もある。イヴが悪魔や蛇に物理的に取り憑かれていたのではなく蛇の霊魂に憑かれていたことを根拠にして、アダムとイヴが最初の悪魔憑き物語だと主張する者もいる。当然ながら、イヴ以前には、アダムの最初の妻、リリス（女性の悪霊）がいた。エデンの園を出て、壁の外で吸血鬼を含む悪魔と交わったリリスは、あらゆる吸血鬼の母であり、最初に存在した悪魔だとされている。[註2]

すべての文化に悪魔が存在し、あらゆる文化に神と憑依が存在する。しかし、憑依を邪悪と捉えない文化もある。憑依を悪と捉えるのはキリスト教徒だけであり、これは教会の責任だ」

カトリック教会は、一一〇〇年代に禁欲主義を掲げ、一四〇〇年代には怠惰を売り物にして金儲けをしたように、悪魔祓いという産業を作りあげることで、その権力と影響力を揺るぎないものにした。スコットはこう語る。「結局のところ、カトリック教会においては、あらゆる教区に悪魔祓い師がいる。教会はいまだに悪魔祓い師を訓練している。バチカンのウェブサイトでは、購入に大司教からの手紙が必要であるとはいえ、〝悪魔祓いとその祈禱（De Exorcismis et Supplicatrionibus Quibusdam）〟なる本が公式に売られている。ここで問題となるのは、現在一億人の信者を持つカトリックの教義が、悪魔祓いの効果を固く信じていることだ。現在の教皇だけでなく前回の教皇、その前の教皇もみな、自ら悪魔祓いを執り行ってきた。バチカンには悪魔祓いの学校まである。カトリック教徒は悪魔祓いに効果があると信じている。要するに、うまくいくと信じれば、うまくいく、というわけだ。いまこうして私たちが話しているあいだも、世界のどこかでカトリック教の司祭が悪魔祓いを行い、その一部は恐ろしい結果を招いている」

一作目の『エクソシスト』でとりわけ衝撃的なのは、リーガンに取り憑いた悪霊が自分は悪魔だと宣言するシーンだ。スコットはこう分析する。「(憑依の)ほとんどのケースは、悪魔によるものではない。地獄には階級があり、じっくり調べていくと、その階層のトップには悪魔がおり、その下に様々な準悪魔がいることがわかる。地獄の主君、地獄の元帥、悪霊、準悪霊、邪鬼などだ。いちばん偉い悪魔がじきじきに出向くことはない。ほとんどの場合、人に取り憑くのは、たいして重要でない悪霊だ」彼はまた、取り憑かれた人間が悪魔祓いを受けた直後に再び憑依される現象がないとは言いきれないと、冗談ではなく真剣に語っている。

サタンとは何者なのか? ユダヤ教の聖書を研究するラビのスタン・レヴィンによると、「Ha'satan(サタン)という単語は、〝敵〟を意味する。民数記22章では、天使はサタンではなく、敵として機能する誰か(何か?)である。民数記22章は、ヘブライ人に呪いをかけるためにバラク王に雇われた、バラムと呼ばれるモアブの預言者について記された章だ。バラク王に会いに行く道中、バラムが乗ったロバは道ばたで天使を見つけるが、バラムには見えない。旧約聖書の民数記22:22には、『ところが、彼が(王に会いに)出発すると、神の怒りが燃え上がった。主の御使いは彼を妨げる者となって、道に立ちふさがった。バラムはろばに乗り、二人の若者を従えていた』とある。私が唯一発見した、サタンが人の姿をとる例は、歴代誌第一21:1のなかに登場する。歴代誌を書いた者は、タナハ(ユダヤ教聖書)

で起こった出来事をしばしば婉曲化する傾向のある、歴史の修正論者だった」[註3]十戒で偶像崇拝が禁じられていることを考えると、スコットのこの分析は、擬人化された悪魔を否定する有力な論拠だと言えよう。[註4]

信仰三部作を執筆するさい、ブラッティの原動力となったのは、悪魔の存在を示すことで神の存在が証明されるという点だった。スコットはブラッティの主張を認識してはいるが、「理屈をあてはめているだけだ」とそれを否定し、別の理論を展開している。つまり、悪魔は神が無力な証拠である、と。「神の寵児（ちょうじ）だった光を掲げる者、堕天使ルシファーの物語がある。ルシファーは神の人間に対する扱いに不満を持ち、反逆し、〝私の神は、老いた怒れる神だ〟という名言を口にする。神は地上を作りだし、〝気に入らない〟からと、洪水、疫病を引き起こし、ロトの妻を塩柱に変えてしまった。あまり良い神とは言えないな。ルシファーは、〝あんたの人間の扱い方が気に入らない〟と食ってかかった。天国に反乱が起こり、ルシファーが大天使ミカエルと戦い、天使が二分される。大規模な戦いにより、天使たちが地上に堕ちた。ルシファーは、取引の一部として地上を与えられ、統治することになった。だから、地上では天国の規則に従わなくていい。地上は、悪魔、つまり地獄の規則のもとにある。キリストが荒野で四十日断食したとき、悪魔は彼を山に連れていき、〝お前にこのすべてをやろう〟と言うことができた。というのも、地上を治めているのは神ではないから、悪魔は世界を差しだせる立場にあったわけだ。世界は悪魔のもので、われわれはみな地獄にいるのだ、と」

それから、スコットはこう結論づけた。「しかし、それは関係ない。物語というのは、些細（ささい）な点に焦点を当てて作られる。（ブラッティは）ちっぽけな物語を取りあげ、様々な要素を付け加えて、素晴らしいと同時に奇抜なストーリーを作りあげた。首が回ったり、緑の嘔吐物が噴射したり、そういう衝撃的な物語をね。そして、彼は人々に感銘を与えた。それが映画の持つ力だ。重要なのはそこだよ。説教壇にいるひとりの司祭が、十二人の聴衆を前に、この少女が取り憑かれた、と告げたのではない。あの映画は世界中の人々にこの映像を届け、突如としてそれが一大現象になった。そして、しばらく経ってから、アモルト神父のところに戻ってきたわけだ『トワイライト』や『ハリー・ポッター』など、読みはじめたとたんに悪魔主義者になってしまうような物語を、人々から遠ざけたいと思っている人々のところに」

第十六章　信仰の謎

はじめに神は天と地とを創造されたかもしれないが、サタンを作りだしたのは宗教である。ユダヤ教の聖書で描かれるサタンは、人間をそそのかして自分の望みどおりに操る存在であって、赤い肌に角、とがった尻尾（しっぽ）を持ち、自身の意志で邪悪な行いをする悪魔とは異なる。サタンは旧約聖書のヨブ記やゼカリヤ書に登場するものの、ユダヤ教では有形の存在だとみなされていないため、〝登場する〟という言い方は正確ではない。つまり、民数記や列王記、サムエル記でサタンを本質的に邪悪な存在として描いたのは、キリスト教徒である。新約聖書のマタイ、マルコ、ルカによる福音書で、キリストをそそのかして初めて、サタンの存在が明確に示されたのだ。

最初の天使のひとりだったサタンは、創世記の前から存在する。そして、神と仲たがいし、文字通り天から落ちた時期は、はっきり特定されていない。サタンはイヴをそそのかした蛇だと推定されているものの、聖書のほかの部分同様に、この出来事も故意に曖昧にされている。やがてジョン・ミルトンが、大半の人々が旧約聖書の挿話を題材にしたと信じる形で一大叙事詩『失楽園』を書き、この出来事を脚色したことにより、サタンは天国で神に仕えるよりも地獄を統（す）べることを選んだ、とみなされるようになったのである。さらに、ギュスターヴ・ドレ以降の画家たちがせっせとこの堕天使を描き、サタン、ルシファー、ミスター・スクラッチ、悪魔、ベルゼブブ、44号と呼び名は違えど、誰もがサタンと聞いて思い浮かべる身体的特徴を作りだした。

「アダムの堕落は、ユダヤ教の概念ではない」ラビのスタン・レヴィンは説明する。「しかし、創世記第八章から派生した可能性はある。大洪水のあと、ノアは神に動物の生贄を捧げた。旧約聖書の創世記8：21には、『主は宥めの香りをかいで、御心（彼自身）に言われた。〝人に対して大地を呪うことは二度とすまい。人が心に思うことは、幼いときから悪いのだ。わたしは、この度したように生き物をことごとく打つことは、二度とすまい〟[註1]』とある」レヴィンはさらに、蛇がイヴを道徳的にではなく性的に誘惑したと主張し、これまでの教えを打ち砕いている。「エデンの園の蛇は、キリスト教の観点では悪魔とは関係がない。蛇を指し示す形容詞は、ヘブライ語で〝subtle（捉えがたい）〟を意味するArumである。（これははからずも、創世記2：25の〝人とその妻とは、ふたりとも裸〈Arumim〉であったが、恥ずかしいとは思わなかった〟で使われている〝裸〟と同じ単語だ）。旧約聖書の創世記3：1には、『さて主なる神が造られた野の生き物のうちで、へびが最も狡猾であった。へびは女に言った、〝園にあるどの木からも取って食べるなと、ほんとうに神が言われたのですか〟』とある。イヴは、善悪の知識の木をのぞけば、どの木からも食べていいと説明したが、蛇がサタンであるとは一度も記されていない」それどころか、蛇はイヴに性交の知識を与えたアダムの男性器だとする解釈も存在する。

旧約聖書でサタンが不正確に描写されていることを踏まえると、『エクソシスト』での定義もまた論点となる。悪魔はリーガンを通してカラスに「おれは悪魔だ」と告げるが、カラスは懐疑心をあらわにし、クリスに、「私は精神病院で、たくさんの患者を診てきました。これは、たとえばあなたが、自分はナポレオン・ボナパルトだと言うのと同じです」と言っている。実際、リーガンに取り憑いているのはサタンではなく、アッシリアとバビロニアの神話で風をつかさどる悪霊パズズだ。パズズの姿は、ニーナワーの発掘現場の小像および、映画のクライマックスでリーガンの寝室に現れる幻として登場する。

しかしサタンは、アブラハムの宗教（ユダヤ教、キリスト教、イスラム教）すべてにとってと同様、ウィリアム・ピーター・ブラッティにとって非常に重要だった。解明できないがゆえに重くのしかかる超越性という思想と、善と悪という陰陽の概念を取りあげるウィリアム・ピーター・ブラッティの全作品において、程度の差こそあれ、サタンは重要な要素なのだ。ブラッティの神の存在の証は、生命の驚異などというありきたりで現実離れした考えではなく、実体を持つ悪魔が存在するなら神も存在するに違いないという、数学的とも言えるような実利的な論拠なのだ。実際、「世界に存在するすべての邪悪の責任が悪魔にあるのならば、世界に存在するすべての善をどう説明するのか?」という問いは、彼の著作「エクソシスト」、「Legion」、「センター18」のなかで何度も口にされるか示唆されている。しかし、宗教的な教義に浸かったこの論拠は間違っている。なぜなら、リンゴが存在することはオレンジが存在する証拠にならないように、悪魔が存在することが天使の存在の証拠とはならないからだ。これは、哲学者エピクロス（紀元前三四一年〜紀元前二七〇年）の論理に直結している。

もし悪を妨げる意思はあってもその力が無いならば、神は全能とは言えない。力はあるが意思が無いならば、神は邪悪である。神に力も意思もあるならば、悪はどこから来るのか。力も意思もないなら、なぜ神と呼ぶのか?

スコットランド人の哲学者デイヴィッド・ヒューム〔一七一一~一七七六〕は、著書「自然宗教をめぐる対話」[註2]〔一七七九〕のなかで、このエピクロスの思想をさらに掘りさげている。以下がその要約である。

神が全知なら、あらゆる苦悩を知っているに違いないが、なぜ助けないのか。神が遍在するのなら、あらゆる苦悩をその目で見ているに違いないが、なぜ人々を助けたいと思わないのか。神が全能なら、苦悩を止める力があるに違いないが、なぜ恐ろしい出来事が起こるのを止めようとしないのか。神が無制限の慈悲を持つなら、人々を愛し苦悩を止めたいと思うに違いない。愛にあふれた神は、人々が苦しむところなど見たくないのではないか?

宗教を作りだした者たちにとって、この論理を取り除くことは恐るべき難題だった。〝神の働きは不可思議だ〟という格言だけでは、疫病に苦しむ人々や、家族を亡くして失意のどん底にいる遺族、〝神の所業(天災)〟と呼ばれる恐ろしい出来事の被害者たちをなだめることなど、とうていできない。無関心な神は、無能な神と同じくらい人を失望させる。ひょっとすると、擬人化した悪魔がいかに都合の良い存在かは、これで説明がつくかもしれない。トム・ソーヤーのように、神は常に善を成そうとしているが、ときにサタンが邪魔に入るのである。[註3]

一九七八年の小説「センター18」と一九八〇年の映画『トゥインクル・トゥインクル・キラー・カー

ン』で、ブラッティは、いささか表面的にではあるが、説得力のある議論を展開し、この種の問題を躱(かわ)している。この作品では、海兵隊の精神科医、[註4]ハドスン・ケイン大佐（映画で演ずるのはステイシー・キーチ）が、もと宇宙飛行士のビリー・カットショー大尉（スコット・ウィルソン）と、善と悪の本質について議論を交わす。

ケイン：神はわたしたちのことに介入できないのかもしれない。
カットショー：ああ、気づいてたよ。
ケイン：神が介入できないのは、そうすることで、将来の何らかの計画がだいなしになるからだ。人間の何らかの進化と世界は想像もできないほど素晴しく、これまでに生きたあらゆる苦しむものが涙を流したり痛みを感じたりしただけのことはある。
カットショー：おれなら、くだらないからくたばれというな。[註5]
ケイン：世界に悪があるから神は死んだ。そう君は確認してるのか。[註6]
カットショー：正解。
ケイン：それなら、世界に善があるから神は生きてると思わないのはどうしてだ。

（東京創元社・大瀧啓裕訳より抜粋）

実際、善と悪は道徳的には同種である。たとえば、悪人が心臓発作を起こして死ぬ。彼を愛する者にとってはつらいことだが、世界の残りの人々にとっては良いことだ。住宅地を焼きつくす山火事は自宅を失った人々には災難だが、それによって土地が一掃され、家を建てるために伐採された森が再び戻ってくるのは喜ばしいことだ。つまり、視点が不動産開発業者であるか、生態系であるかによって善は悪になり、悪は善になる。

詰まるところ、ブラッティは（ケインを通して）、自身が抱く神への信念の根拠を分析ではなく利便性に据え、言葉では説明できない事柄を正当化するために科学の正確さを都合よく歪めたのだ。

地球に生命が自発的に出現するためには、数億の蛋白分子が〝九番目の形態（the ninth configuration）〟となる必要がある。しかし、地球の大きさを考えると、偶然にこの蛋白分子がひとつ現れるまでどれほど長くかかるか、わかるだろうか。およそ十から二四三乗億年だ。私は、たんに神を信じるより、その概念のほうがずっとずっと素晴らしいと思う。

ブラッティは、真実の追求ではなく実利主義を選ぶことで、イエズス会士として受けた教育を歪曲し、〝信仰の謎〟と自身が説明する論理へのあらゆる異議を退けている。ただし、彼にとって、信仰は謎ではない。なぜなら、彼は信仰を持っているからだ。このご都合主義は、〝パスカルの賭け〟と呼ばれる考え方によく似ている。フランスの数学者であり物理学者、思想家であるブレーズ・パスカルによる未完の著作「パンセ」で提起されたのは、〝人は神がいると仮定して生きたほうがいい。なぜなら、神が存在しなければ、いくつかの快楽を犠牲にしているだけに過ぎないが、神が実在する場合は、死後、栄光のなか天国に行けるからだ〟と、理性ではなく賭けで信じるべきだとする、何とも皮肉な考え方だった。評論家たちは、パスカルが神の存在を証明したわけではないと指摘し、おそらく思想家としての意見と物理学者としての意見との間に矛盾が生じたために、こういう考え方に至ったのだろうと述べている。「パンセ」は、パスカルの死から八年後の一六七〇年に刊行されたのだが、彼がこの賭けに勝ったかどうかを知るのは、本人のみである。

　ブラッティが描く登場人物はみなこの矛盾と格闘するが、彼らが住む世界は、理論的ではなく実利的である。ブラッティは小説「Legion」で、この思想のなかにキンダーマンを引き入れているものの、彼は結局、双子座殺人鬼——実際は誰にしろ——が死ぬのをなすすべもなく見守るしかない。映画版は、よりドラマチックだ。『エクソシスト3』の劇場公開版で、カラスはヴェナマンの霊魂を一瞬、自分の体から追いだし、キンダーマンに「いまだ、撃ってくれ」と告げる。『エクソシスト』同様、カラスはこの行為によって、再び自らの命を犠牲にしたのだ（とはいえ、この犠牲で誰の命が救われたのかは不明である）。しかし、ディレクターズ・カット版では、この処刑の口火を切るのはキンダーマンで、彼は「私のために祈ってくれ、デミアン。きみは自由だ」と言って、カラスを撃ち殺す。言葉どおりに解釈すると、キンダーマンは殺人罪に問われるべき（慈悲のための殺人ではあるが）であり、彼の犠牲が『エクソシスト』のカラスや「センター18」のケインの自己犠牲と同じなのかという疑問が生じる。前述のとおり、「私のために祈ってくれ」というキンダーマンの言葉は、彼が神の存在を認めたことを示唆している。キンダーマンの行為は、小説「Legion」のエンディングを「エクソシスト」のエンディングと同じくらい、道徳的に複雑なものにした。

「よし」とマーク・カーモードはため息をついて言った。「私に説明させてほしい。というのも、ビル

（ブラッティ）と私は、まったく同じ内容の会話を交わしたことがあるんだ。小説のなかでは、双子座殺人鬼の父親が死んで初めて物語が終わる。父親が死に、患者Xも死ぬ。それが小説の結末だ。（ビルは）それが映画ではうまくいかないと感じた。たんに同時に死ぬだけでは足りない。『映画のエンディングが必要だ』と、彼は言っていた。だが、ブラッティが思いついたのは、キンダーマンが基本的にカラスと同じ行動を取るエンディングだった。キンダーマンは、双子座殺人鬼を殺すことで自分を犠牲にする。というのも、彼には、自分がその行為により刑務所行きになることがわかっているからだ。警部としてのキャリアも人生も終わることになる。まさに『エクソシスト』のエンディングと同じさ。ビルのバージョンは、キンダーマンが自分を犠牲にする、というものだった。慈悲の行為により、刑務所行きになるんだ。ところが、ほかに様々なことが起こっている劇場公開版では、肝心のその部分が失われてしまった。モーニング神父が天井に張りつく場面なんかを見たジョージ・C・スコット（キンダーマン役の俳優）は、マドンナが登場して歌わないかぎりプロデューサーたちは満足しないだろう、と言っていたよ。そして、銃を撃つ例のシーンが、間違って解釈されることになった。『いまだ、ビル（キンダーマン）。撃ってくれ、おれを殺してくれ』という台詞のあと、バン！　銃声が鳴り響く。キンダーマンが『Legion』でとった行動は、カラスの『エクソシスト』の行為同様、犠牲的行為だと（ブラッティが）捉えていたのは間違いない」

果たしてブラッティは、神の存在を論じる、超自然現象をまじえた刑事物語を作りだすという目的を達成できたのか？　信仰を喚起させる方法として神をサタンのアンチテーゼと設定したことは、ほかの映画監督や脚本家のように日没やバッハの音楽を使うよりも、ずっと野心的な試みだった。ブラッティは自身の意図をはっきり示した。とはいえ、結局は、多くの人々が『エクソシスト』をホラー映画とみなしている、という振り出しに戻ることになる。

ティム・ルーカスは、こう主張する。「あの映画にもっと高潔な理由があったことはさておき、とんでもなく衝撃的な作品だったことはたしかだ。おぞましい映像や、思わずびくっとするような独特のサウンド・エフェクトもたっぷりあった。あれは間違いなくホラー映画、しかも最高のホラー映画のひとつだ[註7]」

「『エクソシスト』は、崇高な映画だ」二〇一九年のドキュメンタリー「ウィリアム・フリードキン：リープ・オブ・フェイス」〔日本劇場未公開〕で、特殊効果ではなく映画のテーマに焦点をあてたアレクサンダー・O・フィリップは、そう述べる。「どのジャンルかと訊かれれば、ホラーだと言わざるをえないだろう。あの映画を偉大な作品にしているのは、われわれ全員が共感できる、本質的かつパワフルな人間の感情を描いていたことだ。映画の中核には、理解できないものにわが子を奪われつつある母親がいる。この場合、その理解できないものとは悪魔の憑依であるわけだが、自分の理解を超える状況で大切な人を失うという概念は、程度の差こそあれ、われわれの誰もが共感できる。感情に訴えることを念頭において作られた映画だったからこそ、『エクソシスト』はこれほど人々の心を打つのだと思う」

『エクソシスト』の制作中には、フリードキンは、両方の側の意見を述べている。ピーター・トラヴァースとステファニー・リーフには、「『エクソシスト』の編集中は、人知を超えている部分はなるべく控えめにして、なるべくホラーの要素を強めようとした[註8]」と語っている。しかし、その後長い年月を経て、彼はホラー映画と呼ぶのを拒否し、背後にある哲学的な意味を強調した。いちばん新しいインタビュー、二〇一六年の〈ヴァニティ・フェア〉誌の記事では、「私は悪魔祓いが本物だと信じてあの映画を作った。今日まで一度も、あれをホラー映画だと思ったことはない」[註9]と語った。真逆の見解だが、彼はころっと気を変えたわけではない。これは、作品の導きに身を任せ、その進化とともに理解を深めていく彼の創作プロセスの表れなのだ。

こう書くと、まるでホラー映画を作ることが不名誉であるようだが、ある意味では、彼らはホラー映画を作ったのだ。とはいえ、『エクソシスト』で恐ろしいのは、当然ながら、映像ではなく、それに込められたメッセージである。この作品を真似ようとした多くの後続作品は、この点を理解しようとしなかった、あるいは理解しそこねた。『エクソシスト』の力強さは、ショッキングなシーン（恐ろしい現象が起こりはじめるのは、三十分近く経ってからだ）だけでなく、映画全体に満ちている圧倒的な真実味なのだ。人々はみな、ホラー映画に登場するフランケンシュタインやドラキュラ、ミイラ、狼男、はたまたフレディ・クルーガーやマイケル・マイヤーズ、ジェイソン・ボーヒーズといったキャラが実在しないことを知っている。しかし、二千年の宗教活動により、サタンは数億人の信徒たちに実在するとみなされている。たとえて言えば、ドラキュラは映画館からついてくることはないが、自宅のドアを開けたときにサタンがそこで待ちかまえている可能性はあるのだ。

ブラッティとフリードキンは、文化的な恐怖をうまく利用した。その後に続く作品もこの金鉱を掘りあてようとしたが、彼らが掘りあてたのは、ブラッティとフリードキンのような金鉱ではなく、火打石だった。パイロテクニック、ノイズ、メイクアップ、ＣＧＩが使われたにもかかわらず、また観客が〝エクソシスト（悪魔祓い師）〟の一語を含む映画にどんな期待を抱いていたかに関係なく、あの映画が観客を震えあがらせたのは、人々が心に抱える不安を焚きつけたからだった。キリスト教徒、無神論者、イスラム教徒、仏教徒、道教信者、異教徒の別なく、人は自分が強く信じているものを攻撃されたときに、恐怖を感じる。これまでの五十年間、『エクソシスト』はこの点で、様々な後続作品と、これまで作られたどんな〝ホラー映画〟をも凌いできた。これからも、その記録を更新していくことだろう。

あとがき——マーク・カーモード、とっておきの逸話を語る

『エクソシスト』に登場するジョージタウンの家の横にある階段は、一九三五年に公開されたアルフレッド・ヒッチコック監督によるイギリスのサスペンス映画『三十九夜』にちなんで、〝ヒッチコックの階段〟と呼ばれていた。しかし、この密(ひそ)かなオマージュは、一九七三年に『エクソシスト』が公開されたことで一変する。ハロウィンの一日前の二〇一五年十月三十日、ワシントンD.C.は、この七十五段のすり減った石段を〝エクソシストの階段〟と正式に命名した。以来、この階段は観光名所のひとつとなってきたが、英国の映画評論家で『エクソシスト』の最大のファンを自負するマーク・カーモードがにんまりしながら語るように、ここを訪れるのは観光客だけではない。

「面白い話がある。東海岸にいたときに、ちょうど丸一日体が空(あ)いたので、メリーランド州ベセスダにいるビル・ブラッティに電話したんだ。『丸一日空いたから、会いに行こうかな』すると彼が『いいとも。楽しそうだ。どこへ行きたい?』と言うから、『ビル、ベセスダから近い、ジョージタウンはどうかな? 街を歩きながら、近況を話そうじゃないか』と返した。彼が『ほんとに?』と訊(き)くので、『ビル、なあ、食事はトゥームズ（映画に登場する大学構内の居酒屋）でしょう』と言うと、『トゥームズだと、ハンバーガーだな』

とつぶやき、『まあ、トゥームズだからな』と言う私に、『トゥームズでハンバーガーを食べるのはいやだが、街をぶらぶらするのはかまわない』と応じた。それで私はビルとの会話を録音するため、テープレコーダーを携えて出かけたんだ。

『エクソシスト』の階段の上には、当然ながら観光客が大勢いた。日本人が多かったな。誰も彼も写真を撮っていた。私とビルが階段を見下ろしていると、そのうちのひとりがビルを見て、連れ合いと近づいてきた。『写真を撮ってくれませんか？』と頼まれたビルが『いいよ』と答え、カメラを受けとった。そのふたりは階段のてっぺんに立ち、ビルが写真を撮った。『あのふたりに、あんたがビルだって教えてあげたほうがいいかな？』と訊くと、彼は低い声で『とんでもない！』と制した。

世界のどこかに、『エクソシスト』の階段を巡礼し、そのてっぺんに立った自分と連れ合いの写真を持っている人間が存在する。しかも、その写真を撮った男がウィリアム・ピーター・ブラッティ本人だとはまったく知らずにね」

付録　ウィリアム・ピーター・ブラッティとの対談

一九九〇年に出版されたウィリアム・フリードキンの伝記に向けてリサーチを行っているとき、ウィリアム・ピーター・ブラッティはなかなかつかまらなかった。私を避けていたわけではない（われわれはすでに知り合いだった）、とにかく一か所にじっとしていなかったのだ。ロサンゼルス、ハリウッド北部、アスペン、ワシントンD. C. ——ようやく連絡がついたときには、コネチカット州グリニッジにいた。私は当時、マサチューセッツ州ケンブリッジに住んでいたから、ブラッティが次の街に移動する前に、車に飛び乗り、制限速度が許すかぎりの速さで駆けつけた。ブラッティはいつものように温かく、ひたむきで、引用したくなるような名言をたっぷり口にした。自嘲するような口調とはいえ、率直に物を言う男でもある。ハリウッドには率直すぎたのかもしれない。対談を終えると、ブラッティは「ナット、そうでなくても厄介なことが山ほどあるんだ！」と言って、一部をオフレコにしてほしいと頼んできた。われわれはその後も（オフレコで）連絡を取り合っていたが、それから長い年月と多くの葬儀を経たいま、この付録と本文のあちこちに、当時のインタビューから適切な議論を抜きだし、復元することにした。一部は本文からの抜粋だが、意味を明確にするためだけに少し手を入れている。

ナット・セガロフ（以下セガロフ）　『エクソシスト』はハリウッドにおけるそれまでのどんな作品をも凌駕(りょうが)する傑作だったために、ポール・モナシュにはまったく理解できなかったという印象を持っているんだが。

ウィリアム・ピーター・ブラッティ（以下ブラッティ）　そのとおり、彼は理解しなかった。実際、僕としては「（ポール・）モナシュ氏の存在を神に感謝」したいね。なぜかと言えば、ちょっとした規模から、超有名どころ、いまにも潰れそうな怪しい独立系の会社も含めて、ここからパナマまでのありとあらゆる映画会社に脚本を見せたが、誰ひとり興味を持たなかったんだから。僕が受けとるのは謄写印刷された断りの返事ばかり。お定まりの「わが社の製作スケージュールに合わない」というやつさ。ストーリー部門は、そういう手紙を書くのが主な仕事なんだろうな。言うまでもないが、モナシュは当時、あのレベルではひっぱりだこのプロデューサーだった。『明日に向って撃て！』やテレビシリーズの「ペイトン・プレイス物語」で大ヒットを飛ばし、（ワーナー・ブラザースの）トップに駆けのぼった。その重役たちが僕の脚本を読んだんだよ。ジョン・キャリーもそのひとりだった。彼はその後、ヒット間違いなしだと確信を持ったと言ってくれた。あまりにも怖くて、愛犬のジャーマン・シェパードをベッドの上に引っぱり上げようとしたそうだ。ところが、ふだんはベッドに上がろうものならこっぴどく叱(しか)られているシェパード犬は、情けない声で鳴きながら、床に爪を食いこませて必死に抵抗し、とんだ大格闘になったらしい！

セガロフ　当時はすでに売れっ子脚本家で、あちこちに声をかけて、自分の作品を売りこむ必要などなかったと思っていたが。

ブラッティ　とんでもない。コメディ作家としてはある程度の評判を得ていたから、山を張って書いたコメディの脚本はよく売れた。だが、『エクソシスト』はコメディじゃなかったから、みんなから「ふざけてるのか?」という反応が返ってきた。「ブラッティ? コメディ作家だろ? それが〝悪魔祓い師(エクソシスト)〟だって?」とね。そういう経験は初めてじゃない。コメディではない脚本をエージェントから提案されるたびに、ボツにされてきたからね。まあ、いずれにせよ、僕が見つけた(ポール・モナシュからの)メモにも同じようなことが書いてあった。そこに書かれていた提案が実行されていたら、何が起こったかは誰にもわからないな。僕が最初に書きあげた脚本が撮影されていたらどうなっていたかわからないのと同じように。

セガロフ　編集室に入れてもらえなかったというのは、本当なのかい?

ブラッティ　『羅生門』と同じで、いろんな説がある。どれが本当なのか、僕自身、よくわからないんだ。ファースト・カット(最初の編集)が終わったあと、ある時点でワーナー・ブラザースにポストプロダクションから締めだされたのは事実だ。ファースト・カットは、僕がビリー(・フリードキン)に観せてもらったバージョンだ。申し分ない出来で、まさに名作だった。だが、僕らが劇場で観たのは、それとは違うバージョンだった。[註1]

セガロフ　つまり、そこから再編集された?

ブラッティ　いくつかのシーンが削除され、そのせいで全体の構造が崩れた。実際、支離滅裂になってしまった。たとえば、リーガンが、母のクリス・マクニールのホームパーティに紛れこみ、歩きまわるショットがあった。にこにこと嬉しそうにしている。実際、映画のその時点まで、リーガンはずっとそうだ。だが突然、絨毯にお漏らしをする。そして次のシーンでは、母のクリスが浴室でリーガンにこう言い聞かせている。「お医者様が言ったでしょ。お薬を飲めばすぐ治るわ」と。医者？　どの医者のことだ？　薬？　この台詞はどこから出てきたんだ？　それだけじゃない、パーティではどうしてあんなに普通で、健康そうだったんだ？　僕はそれが気になって仕方がなかった。[注2]あの映画の構造には、そんなふうに少し話が飛ぶ箇所がいくつかあった。その理由は、ビリーが言ったように――そのうちきみにも同じことを言うと思うが――、あれがヒットするとは思いもしなかったからだ。だが、それよりはるかに深刻なのは、映画の道徳的中核を削除したことさ。そのすべてが、たったひとつの短いシーンに包括されていたんだ。小説の核となった場面――メリンとカラスが悪魔祓いの儀式の合間にひと息入れ、会話するシーンにね。カラスは、なぜリーガンが憑依されたのかという疑問を口にする。目的はなんだ？　堕天使ルシファーには少女に憑依するよりましな仕事、あるいはもっと邪悪な仕事がないのか？　メリンは小説で、こう説明する。「悪霊の目標は、取り憑く犠牲者にあるのではなく、われわれ……われわれ観察者が狙いなんだと。やつの狙いは、われわれを絶望させ、われわれのヒューマニティを打破することにある。いいかね、デミアン。やつはわれわれをして、われわれ自身が窮極的には堕落した者、下劣で獣的、尊厳のかけらもなく、醜悪で無価値な存在であると自覚させようとしておる」神が存在するとしても、こんなわれわれを愛してくれるわけはない、とね。このシーンが何を伝えていたか、物語のなかでどういう役目を果たしていたかは、改めて説明するまでもない。しかし、それだけじゃない。作品の楽しみ方と認識という観点からして、あのシーンは、嘔吐や猥褻な言動といったおぞましい場面に夢中になったことで観客が抱いた罪悪感を払拭していたはずなんだ。あの会話は、「なぜ?」という疑問に答えているんだからね。だが、その答えを削ったことによって、観客は衝撃的な場面に吐き気を催すことになった。あのシーンを削除したことが、真に比類なき傑作となる可能性を秘めていた映画を、よくできたスリラーにしてしまったと思う。

セガロフ　ビリーは、「私はカトリック教会のコマーシャルを作っていたわけじゃない」と言っている。

ブラッティ　ああ。彼はそう言った。そのとおりにね。

セガロフ　ウィリアム・オマリーによれば、「ビリーは、〝どうしろと言うんだ。喉から天使が飛びだすところでも描けと言うのか?〟と言った」そうだね。「世界のあらゆる邪悪をルシファーの仕業だとするなら、世界のあらゆる善をどう説明する?」という台詞については、どう考えている?

ブラッティ　そう、あれは映画のテーマにとって、非常に重要な会話だった。クリス・マクニールが世界に存在する悪について話しているとき、ダイアー神父は「この世の悪の姿を見て、悪魔の存在を推定なさるなら、この世の善を、どう説明なさるおつもりです?」と口にする。もちろん、彼女には答えられない。でも彼女が、なるほど、いい質問だ、と考えはじめるのは明らかだ。ワシントンで撮影しているとき、僕たちはマリオット・ホテルに泊まっていたんだが、ある晩、僕の部屋にビリーから電話がかかってきて、「来てくれ。これを聞いてもらいたいんだ」と呼びだされた。ビリーの部屋にはクリス役のエレン・バースティンとダイアー神父役のオマリー神父がいて、僕らは話をした。彼らはこのシーンの稽古をしていたんだ。エレンとビル・オマリーがシーンを演じた。ひどい出来だった。彼らはもう一度演じた。すると（ビリーが）、「さて、賢い脚本家さんの意見を聞こうか。どう思う？」と尋ねてきた。だから僕は、「このまま映画に入れるんだったら、削除したほうがいいな」と言った。そうやって、このシーンが失われることになったんだ。

セガロフ　きみはオスカーを獲得し、フリードキンは獲り損ねた。『エクソシスト』が監督よりも脚本のほうを評価されたことに、満足感みたいなものは感じている？

ブラッティ　たしかに僕はオスカーを獲った。そして、それによって苦しんできた。ビリーやほかの人たちがオスカーを獲れなかったことには長いこと、ひどく悩まされてきた。そのせいで、アカデミーの理事たちに嫌われることになった。彼らは、僕がインタビューで、ビリー・フリードキンにオスカーを授与せず、別カテゴリーだった『スティング』を選んだと非難したことを、ずっと根に持っていると思う。僕がなぜオスカーを獲ったのかは謎だな。あの映画はヒットするという確信があったが、最優秀脚本賞に選ばれたときはびっくりした。（フリードキンが賞を獲れなかったのは）シャーリー・マクレーンに言わせれば、反動だそうだ。業界紙を開くたびに、新しい『エクソシスト』の広告を目にするから、そのうちに吐き気（原文ママ）を催すようになったんだ。

セガロフ　『エクソシスト』の宣伝をしていたとき、われわれは悪魔祓いのローマ儀式を実際に見た人物が長々と綴（つづ）ったパンフレットを借りたんだが、写実的で、心をかき乱される内容だった。

ブラッティ　そのケースは、アメリカで行われ、僕が確かな情報を得ることのできたわずか二件の悪魔祓いのうちのひとつだ。一九二八年にアイオワ州のアーリングで行われた。もうひとつのケースのほうは、僕が「エクソシスト」を書きはじめたときには、悪魔祓いに関わった人々は全員死んでいた。議会図書館で見つかったアイオワのケースに関する唯一の文献は、ばか正直で敬虔な人物が書いたのだろうと思わせるものだった。その手の記録はあまり信頼できない。だが、アイオワのケースを担当した悪魔祓い師――疑いの余地なく、絶対にばか正直ではなかった――とようやく連絡がついた。彼はこの件については触れたがらず、被害者の身元を暴露するような情報は何ひとつ口にしなかった。彼からの最初の手紙には、ただこう書かれていた。「ひとつだけ確かなことは、これが本物だということです。それについては当時もまったく疑いを持っていなかったし、いまもまったく持っていません」と。それが、あの小説を書く原動力となった。なぜなら、僕のリサーチは常に同じ疑問で終わるからだ。たくさんの憑依と悪魔祓いについて読んだとしても、結局、こう自問することになる。「彼らは何者だ？　真実を語っているのか？　思い違いをしているのか？」僕の心には様々な疑いがひしめいていたが、このケースでは、西欧の現代社会に、いまなお存命の関係者がひとりいるだけじゃない。彼は、悪魔祓いを行った本人なんだ！　つまり僕が言いたいのは、一九四九年の（コテージ・シティでの）悪魔祓いに基づいて「エクソシスト」を書いたと報道され、噂され、仮定されているが、とんでもない。彼らは完全に間違っている。もちろん、そのケースのおかげで憑依に興味を持ち、その後、それを題材に小説を書く決心を固めることになったのはたしかだけどね。[註3]

セガロフ　映画が公開されると一大現象が巻き起こり、憑依に関するデマや噂が飛び交ったね。リンダ・ブレアが憑依されたという噂があったのを覚えている。もちろん、ばかばかしい噂だったが。

ブラッティ　それだけじゃない、僕が当時住んでいた家には、黒い彫像を飾った真っ黒な地下室があって、そこで僕が黒ミサを行っているという噂もあった。ああいう噂は、どうやって広まるのかな？

元妻の友人が、ある女性からこんな話を聞いたこともあった。僕らがロサンゼルスを離れることにした理由は、生まれてきた子どもが憑依されていて両眼がなかったからだ、とね。

セガロフ　信仰を新たにした伝道師を名乗り、宗教をカルトに仕立てあげる人々がいる。「エクソシスト」の著者として、どう思う?

ブラッティ　まあ、宗教的な衝動というのは止められないものだ。僕は超越性、つまり物理的な限界を超えた現象や存在を信じている。僕らの体のありとあらゆる細胞が、僕らがどこから来たか、誰なのかを知っていて、それを宗教的に表現したがっているのだ、とね。僕らはそれを忘れ、たえず抑えつけては、また掘り起こすことを繰り返しているんだ。ただ、この世界に無神論者がいる理由だけは、どうしても解せない。説明が必要なのはそっちのほうだよ。「エクソシスト」は、エマヌエル神殿のラビ、カーシュナー同様、その問いを提起していると思う。「なぜ善人に悪いことが起こるのか?」と。「エクソシスト」はそう問いかけたが、答えてはいない。[註4]

セガロフ　宗教と神に、それほど深い関わりがあるのかどうか、私にはわからないな。

ブラッティ　じっくり考えてみるといい。面白いと思うよ。

当時住んでいたボストンに戻るため、別れを告げようとすると、ブラッティは僕に、新しく出版された「Legion」のペーパーバック版（二百四十五頁参照）をくれた。表紙には三角形の穴があいている。口絵に描かれた犯人の顔が読者を覗(のぞ)き見るように、出版社がデザインしたのだ。

「このデザインは大嫌いだ」ブラッティは吐き捨てるように言った。「僕にはなんの相談もなく、勝手にこうしたんだ。安っぽいったらない。ワシントンにいるとき、ペーパーバックが出たと友人が電話で知らせてくれたので、書店に行ったんだ。なかなか見つからなかった。ようやく見つけると、身の毛もよだつほど気味悪い表紙だったから、書店で僕だと気づかれないうちにこっそり店を出たよ」

そう言うと、ブラッティは僕にくれた本の該当の口絵ページを引きちぎり、別のページにサインをして、謎めいた笑みを浮かべて差しだした。そのサインには、〝ナット、願わくばきみのあらゆる祝福が……〟とあり、そのあとに本のタイトル〝レギオン〟（であれ）と書かれていた。

僕が録音装置とノートをしまうと、ブラッティがこう言った。「ところで、食事はしたのか？」

「いや。インタビューに応じるという電話をもらってすぐ車に飛び乗ったんだ。気が変わらないうちに、と思って」

「だったら、これを持っていくといい」彼は冷蔵庫からハムの塊を取りだして分厚く切ると、ふた切れのライ麦パンのあいだにはさみ、紙ナプキンに包んで僕に渡した。「気をつけて」

ブラッティの母親がそこにいたら、息子を誇りに思ったに違いない。

謝辞

私が最初に『エクソシスト』について取りあげたのは「Hurricane Billy: The Stormy Life and Films of William Friedkin」〔一九九〇・未邦訳〕を書いたときだった。それから長い年月が経ち、様々なことが変わった。当時の『エクソシスト』はたんなるヒット作だったが、その後名作となった。本書を執筆するにあたり難しかったのは、できるだけ多くの出典元にあたり（悲しいことに、他界した人々が多い）、後知恵なしで本作の歴史を綴ることだった。

多くの人々が、当時もいまも、厚意により、多くの情報や素材を私に提供し、また知り合いに私を紹介してくれた。インタビューを行った人々の名は、引用元として記している。彼らに心から感謝したい。当時もいまも、様々な形で手を差し伸べてくれた人々の筆頭がマーク・カーモードだった。マークによれば、『エクソシスト』は二百回以上見たが、そのたびに新しい発見があるという。彼が一九九七年、英国映画協会のために（そしてブルームズベリー出版社のためにその後、数回にわたり）行った『エクソシスト』の解説は、入手の容易な、計り知れない価値を持つ資料である。本書の共同献辞を捧げるだけでは、とうてい十分とは言えない。マークの学識、寛大さ、才能、そして何よりも三十年以上にわたる友情は、どれほど大げさに述べても誇張しすぎることはない。

リー・ソベルにも感謝したい。リー・ソベル著作権代理エージェンシーは、すぐさまケンジントン出版社との契約にこぎつけてくれた。ケンジントン社のスティーヴン・ザカリアスと本書の編集者を担当したジェームズ・アバーテにも、その助言と支持を感謝する。

映画芸術科学アカデミーが運営するマーガレット・ヘリック図書館の認証アーキビスト（永久保存価値のある情報を査定、収集、整理、保存、管理し、閲覧できるよう整える専門職）であるハワード・プラウティには、言葉に尽くせぬほどの助けを得た。ヘリック図書館の館長マット・スティーヴンソンとアーキビスト／リサーチ主任のルイーズ・ヒルトン、献身的なスタッフたちも同様である。ヘリック図書館とハリウッドの歴史の詳細を保存しているその職員たちは、映画を研究する人間にとって欠かせない情報の供給源だ。映画芸術科学アカデミーが、オスカーを授与する人々を選出し、授賞式を行うだけだと思っている人は、ヘリックのアーカイブを訪れるといい。また、国立映画アーカイブのジェネヴィーヴ・マックスウェルとエリザベス・ユールは、アーカイブがコロナウイルスの流行により一般公開を中止していたときに助けの手を差し伸べてくれた。

ハリウッドは重役によって支配されている業界だが、実際にそれを運営しているのはアシスタントたちだ。その多くが、エージェンシーの依頼人と私を繋げてくれた。また長年のあいだに、無数の専門家、友人、同僚のありがたい助言を得てきた。ミシェル・ベガ、ヨラム・ベン＝アミ、マイケル・ブラッティ、ロビン・ブラムナー、ジル・ブーランジェ、シエラ・バイロンズ、サミー・カーン、ティタ・カーン、マイケル・キアヴェリーニ、ドナルド・H・クラギン、メアリー・クロス、アデレ・ジョセフ・カーカルト、リチャード・ドーキンズ、デレク（フォトフェスト）、アンソニー・ディサルヴォ、パトリック・ドネガン、ドウェイン・エプスタイン、カール・ファジック、ゲイリー・フレダー、マイケル・ジアニーノ、セオ・グルック、エドガー・グロス、ロバート・ホフラー、デヴィッド・キトレッジ、バリー・クロスト、ジム・ランディス、パメラ・A・リフランダー、トニ・セント・クレア・リリー、ハワード・マンデルバウム（フォトフェスト）、ジェニファー・ネアン・スミス、ジェームズ・ロバート・パリッシュ、パメラ・A・ペリー、ショーン・レドリッツ、ヘレン・リース、メラニー・ルース・ローズ、ディーク・ロッセル、ジョエル・サールズ、イザベル・セイフ、トッド（フォトフェスト）、ローレント・ヴァショーなどである。

言うまでもなく、私の最大の感謝はビリー・フリードキンに捧げる。彼は何年も前に伝記を執筆するのを快く承諾し、多大な協力とともに励ましてくれただけでなく、見直しすら求めなかった。ビリー・フリードキンを監督として尊敬することは誰にでもできる。だが、ひとりの人間として尊敬できることは、特権である。

注釈・引用元

序文　極秘の試写

註1「この通りの、この家に住む少女に、人知を超えるようなことが起こっている。頼みの綱として、ひとりの男が送られた。エクソシストだ」

註2「観客を嘔吐させることを広告キャンペーンとして利用した映画は、ほかにも数本ある。なかでも、ホールマーク・リリーシング配給の『残酷！女刑罰史』（１９７０）は、劇場鑑賞券の購入者全員に嘔吐袋（いまやコレクターズ・アイテムとなっている）を配ったことで有名だが、『エクソシスト』が観客を嘔吐させると話題を呼んだのは、宣伝でもなんでもない。有名映画雑誌〈ビデオ・ウォッチドッグ〉誌の発行者ティム・ルーカスは次のように語る。「嘔吐袋を宣伝に使った映画はほかにもあった。マリオ・バーヴァが監督した『血みどろの入江』（１９７１）ですら、この羨むべき殊勲を得ている」

註3トム・カウイチェックは、今日までその映画（『エクソシスト』）を一度も観ていないと付け加え、「私は映画ファンではないんだ」と説明している。２０２２年3月19日のインタビューより。

註4『スティング』を製作したユニバーサル・ピクチャーズは、『エクソシスト』のせいで興行成績が振るわなかったとこぼした。しかし、アカデミー賞授賞式で最後に笑ったのは彼らだった。

第一章　ふたりのウィリアム

註1「The Story Behind The Exorcist」［未邦訳］ピーター・トラヴァース、ステファニー・リーフ著（Crown Publishers／１９７４）に掲載されたウィリアム・ピーター・ブラッティの発言より。

註2「死の舞踏　恐怖についての10章」［ちくま文庫・安野玲訳］スティーヴン・キング著（Berkeley Books／１９８１）より。「〝フィッシュ〟・チアー」はベトナム戦争の反戦歌。

註3　「The Monster Show: A Cultural History of Horror」［未邦訳］デヴィッド・J・スカル著〈Farrar, Straus and Giroux／２００１〉より。

註4　アメリカ全土で盛んになった女性運動を受け、ハリウッドは、全盛期のベティ・デイヴィス、ジョーン・クロフォード、ジェーン・ラッセル、アイリーン・ダンに匹敵するヒロイン役を作りだした。１９７０年代には、バーブラ・ストライサンド、ダイアン・キートン、ジェーン・フォンダ、リヴ・ウルマン、フェイ・ダナウェイ、メリル・ストリープ、サリー・フィールド、ジル・クレイバーグ、シシー・スペイセク、そしてもちろん、エレン・バースティンが主役を演じた。

註5　ウィリアム・フリードキンの出生証明書にある情報。２０１７年にデイミアン・チャゼルが『ラ・ラ・ランド』で受賞するまで、フリードキンは長年、最年少のアカデミー賞監督賞受賞者だと報じられていたが、これは事実ではない。１９７２年、『フレンチ・コネクション』を受賞したのは32歳とされていたが、実際は当時36歳だった。当時の最年少受賞者は『スキピイ』〈１９３１〉で受賞時32歳だったノーマン・タウログである。

註6　ウィリアム・フリードキンはのちに母の名前で、ロサンゼルスのジュールズ・スタイン眼科学研究所に寄付をした。

註7　「Hurricane Billy: The Stormy Life and Films of William Friedkin」［未邦訳］ナット・セガロフ著〈William Morrow & Co／１９９０〉より。ウィリアム・フリードキンの発言で出典が明記されていないものはすべて、著者が行った長編インタビューからの引用である。「Hurricane Billy」に使われているのは、数回にわたるインタビューのほんの一部に過ぎない。

註8　「Hurricane Billy: The Stormy Life and Films of William Friedkin」［未邦訳］ナット・セガロフ著〈William Morrow & Co／１９９０〉より。

註9　「Hurricane Billy: The Stormy Life and Films of William Friedkin」［未邦訳］ナット・セガロフ著〈William Morrow & Co／１９９０〉より。

註10　「The Friedkin Connection: A Memoir」［未邦訳］ウィリアム・フリードキン著〈Harper Collins／２０１３〉より。

註11　著者によるインタビュー――ウィリアム・ピーター・ブラッティ〈１９８８年4月10日〉より。

註12　「I'll Tell Them I Remember You」［未邦訳］ウィリアム・ピーター・ブラッティ著〈W. W. Norton & Co／１９７３〉より。この部分をはじめとするウィリアム・ピーター・ブラッティの発言の引用で出典が明記されていないものは、W. W. Norton & Co に帰する。

註13　「William Peter Blatty on The Exorcist: From Novel to Screen」［未邦訳］ウィリアム・ピーター・ブラッティ著〈Bantam Books／１９７４〉より。

註14　著者によるインタビュー――ウィリアム・ピーター・ブラッティ〈１９８８年4月10日〉より。

註15　著者によるインタビュー――ウィリアム・ピーター・ブラッティ〈１９８８年4月10日〉より。

第二章　実際の事件

註1　偶然だが、著者はちょうど同じ頃、メリーランド州シルヴァー・スプリングで育った。

註2 〈Town of Cottage City〉website——https://www.cottagecitymd.gov/about. より。

註3 "Priest Frees Mt. Rainier Boy Reported Held in Devil's Grip—Ritual of Exorcism Repeated" ビル・ブリンクリー〈ワシントン・ポスト〉〔1949年8月20日〕より。公平を期すために申し添えると、この見出し（「司祭が悪魔に取り憑かれたマウントレーニアの少年を救う——幾度となく行われた悪魔祓いの儀式」）は編集者が書いたもので、ブリンクリーが書いた記事自体は、ここまで扇情的ではなかった。

註4 ビル・ブリンクリーは「エクソシスト」のインスピレーションとなった記事の執筆者として記憶されているが、実はこの悪魔祓いに関する記事が新聞に掲載される1年前に処女小説を世に出し、「Don't Go Near the Water」、「The Fun House」、「Peeper」などの作家として成功を収めた。悲しいことに、鬱病を患い、1993年11月22日に自らの手で命を絶った。

註5 「The Real Story Behind the Exorcist: A Study of the Haunted Boy and Other True-Life Horror Legends from Around the Nation's Capital」［未邦訳］マーク・オプサスニック著〔Xlibris／2006〕より。

"The Exorcism of Ronald Hunkeler" カイル・T・コッブ http://www.lastgasps.com/page71.html. より。

著者によるインタビュー——マーク・オプサスニック〔2021年6月10日〕より。

註6 カトリック教会は2種類の悪魔祓いを行う——内輪の儀式と厳かな儀式である。大司教の許可が必要なのは後者のみで、ロナルド・E・ハンケラー少年が受けた悪魔祓いの儀式はこちらだった。

註7 ウィリアム・ピーター・ブラッティは慎重を期し、決してそうは言わなかったが、「エクソシスト」執筆時に、この日記を参照した可能性が濃厚だ。

註8 「日記」の引用は以下より。——〈the Sun/UK〉／〈Wikipedia〉William Bowdern／"The Real-Life Exorcism of Ronald Hunkeler—the Terrifying True Story That Inspired The Exorcist"〈Geek Slop〉http://altereddimensions.net/2016/ ronald-hunkeler-exorcism-inspired-the-exorcist.

第三章　小説

註1 ブラッティは偽物を見分けることを自慢していたグルーチョ・マルクスを、完全に煙に巻いた。司会にして相棒のジョージ・フェネマンが偽物（インチキ野郎）を取り逃がしたことを叱ると、グルーチョは「そんなことはない。もう十四年も、フェネマン（インチキ野郎）を雇っているのだから」と答えた。

註2 当時、ノエル・マーシャルは女優のティッピ・ヘドレンと結婚していた。

註3 「William Peter Blatty on The Exorcist: From Novel to Screen」［未邦訳］ウィリアム・ピーター・ブラッティ著〔Bantam Books／

1974）より。

註4 「William Peter Blatty on The Exorcist: From Novel to Screen」［未邦訳］ウィリアム・ピーター・ブラッティ著（Bantam Books／1974）より。

註5 「William Peter Blatty on The Exorcist: From Novel to Screen」［未邦訳］ウィリアム・ピーター・ブラッティ著（Bantam Books／1974）より。このパンフレットのコピーは、最初の劇場公開時の宣伝担当者たちのあいだで、ひそかに回覧された。その後、以下のサイトで公開されている。https://nonpareilonline.com/news/earling-site-of-last-sanctioned-exorcism/article_f943f041-ba99-528c-bdce-7ec7f88a0d29.html.

註6 ブラッティの時系列には一貫性がない。著書「I'll Tell Them I Remember You」（Barrie and Jenkins／1974）では、1969年7月に執筆をはじめたとしているが、小説「エクソシスト」の40周年記念版の覚書では日付には触れず、執筆中に母が亡くなったと書いている。しかし、母メアリーが亡くなったのは1967年だった。

註7 「William Peter Blatty on The Exorcist: From Novel to Screen」［未邦訳］ウィリアム・ピーター・ブラッティ著（Bantam Books／1974）より。

註8 「William Peter Blatty on The Exorcist: From Novel to Screen」［未邦訳］ウィリアム・ピーター・ブラッティ著（Bantam Books／1974）より。

註9 「The Friedkin Connection: A Memoir」［未邦訳］ウィリアム・フリードキン著（Harper Collins／2013）より。フリードキンは説明を端折っている。このときはまだ、原作は映画会社に売られていなかった。

註10 「The Exorcist (BFI Film Classics)」［未邦訳］マーク・カーモード著（The British Film Institute, Bloomsbury Publishing／1997・1998・2003・2020）より。

註11 1972年9月、マサチューセッツ州ケンブリッジのオーソン・ウェルズ・コンプレックス内にある映画学校で、著者がポール・モナシュに行ったインタビューより。

註12 著者がポール・モナシュに行ったインタビューより。「Bridget Loves Bernie」は、（IMDbによれば）異宗婚をテーマに1972年から73年にかけて放映されたテレビシリーズである。

註13 「The Exorcist (BFI Film Classics)」［未邦訳］マーク・カーモード著（The British Film Institute, Bloomsbury Publishing／1997・1998・2003・2020）より。ポール・モナシュを強引に追い払ったあと、ウィリアム・ピーター・ブラッティは31・7パーセントの分配収益とモナシュに支払われるはずだった60万ドルを受け取ることになった。

註14 「William Peter Blatty on The Exorcist: From Novel to Screen」［未邦訳］ウィリアム・ピーター・ブラッティ著（Bantam Books／1974）より。ブラッティは、マーク・ライデルの名は出さず、自分が観た映画の監督を〝エドムンド・ド・ヴィアー〟と呼んだ。

補足　小説「エクソシスト」のあらすじ

註1　小説には、メリン神父は心臓が悪く、ニトログリセリンの錠剤が必要だという記述はない。小像（パズズの顔像）は、発掘現場で見つかったわけでもないし、聖ヨセフのメダルの近くにあったわけでもない。これらは、映画のために付け加えられたシーンである。「『ビリー（・ブラッティ）、どうして聖ヨセフのメダルがニーナワーの4000年前の発掘現場にあるんだ？』と訊くと、ビリーは『反響さ』とだけ言った。彼から引きだせた答えはそれだけだった」　1980年3月3日に著者がウィリアム・ピーター・ブラッティに行ったインタビューより。

註2　ロケ地での撮影の慣習に倣い、クリス・マクニールも快適な個人宅を借りた。クリスとリーガンがロサンゼルスに帰るためワシントンD.C.を立ち去る最後のシーンでもわかるように、これはクリスが所有する家ではない。

註3　映画のワシントン・シークエンスは、ハロウィーン直前の秋に始まる。映画『エクソシスト』に年号は登場しないが、『エクソシスト3』で、それが1975年であったことが明らかにされる。

註4　宇宙飛行士は、小説でも映画でも名前が付いていない。そのため、彼が実は「センター18」に登場するビリー・カットショーで、発射台でリーガンの発言を思いだして任務を放棄したのだと思いたくなるが、そうではない。時系列が食い違う。

註5　映画では、クリス・マクニールの前でカラスの母の死が話題になる。酔いつぶれたカラスは、母が地下鉄の階段を下りていく記憶、聖ヨセフのメダルや、見たはずのないメリンに関わる光景などが入り混じった夢を見る。これらの予知的な画像は、〝反響〟を作りだすため、編集中に追加された。

註6　ウィリアム・ピーター・ブラッティがのちに、映画に付け加えたかったと感じたシーンのひとつ。この若き神父は、カラスの夢の一部となるはずだった。

註7　映画では、医学を専門とする医師が精神医学に対して抱く不信感がより強調されている。

註8　現在、〝エクソシストの階段〟と呼ばれる97段のこの階段は、最初は〝ヒッチコックの階段〟と呼ばれていた。恐ろし気だったからではなく、ヒッチコックの1935年の名作、『三十九夜』にちなんで、そう名づけられた。ここで面白い事実をひとつ。ワシントンD.C.の北西地区36番通りとプロスペクト通りの角にあるこの家は、フローレンス・マホニーが所有していた。彼女はMPAA（アメリカ映画協会）の会長ジャック・ヴァレンティに説得され、映画での使用を許可した。当時、この家を借りていたのは、テキサスの上院議員ロイド・ベントセン（1921〜2006）だったが、撮影時には居住していなかった。

註9　論理派の人々は、娘がこんな振る舞いをしたのを見たら、どんな母親でも医者をあきらめ、悪魔祓い師を探すはずだと指摘する。制作陣は長年にわたり、このシークエンスはスタントがうまくいかなかったために削除したのだと主張してきた。どちらも、もっともな理由に思える。

註10 小説の時間軸は、映画よりも短い。小説ではこの時点で、物語が始まってから、まだひと月経っていない。映画では、カラス夫人は足の怪我で四か月入院し、退院したあとに亡くなったとされている。

註11 映画でリーガンは、自慰行為の官能的な動きではなく、十字架を足の間に突き刺している。制作陣は、性的満足のためのシーンだと誤解されるのを避けるため、〝自傷行為〟だと主張した。「個人的には、もっと仄めかす形になると思っていた」ウィリアム・ピーター・ブラッティは、英国映画協会から出版される本（「The Exorcist (BFI Film Classics)」［未邦訳］）のために行われたインタビューで、マーク・カーモードにそう語っている。「あの子の胸から下は、何も映してほしくなかった。十字架は、カメラのフレームの外に保っておきたかった。そして、もう一度映ったときに、血がついているのが見える。太腿なんかを映さずに、観客の想像で補ってほしかった」と。脚本の最終稿は、ブラッティの主張を裏付けている。

註12 この短い言及が、『エクソシスト2』、『Dominion: Prequel to The Exorcist』、『エクソシストビギニング』で重要な意味を持つ。

註13 小説では、リーガンの症状の原因となり得る医学的および心理的な可能性をすべて排除するための説明を、長々としている。この小説を購入した読者はすでにそれを知っていると考えるべきだろう。脚本を組み立てるうえで、これが大きな問題となった。

註14 エルヴァイラが警察から麻薬のリハビリ・プログラムを提供されたと仄めかすことで、悪から善が生まれることもあると示している。このサブプロットは、物語の流れをスムーズにするために映画から削除された。憑依を否定しながらも、リーガンを守りたい一心で、彼女の枕の下に十字架を置いたのは、カール（エルヴァイラの父）である。

註15 映画の悪魔祓いのシーンのテンポをあげるために、クリス・マクニールとシャロン・スペンサーがリーガンに注射するシーンはカットされた。

註16 クリス・マクニールが出演する映画の12週間の撮影スケジュール（4月から6月まで）は終了したと思われるが、誰がバーク・デニングス監督の後を引き継いだのか、クリスがリーガンのもとに留まりながらどうやって演技の仕事を続けたのかは説明されていない。

註17 小説のなかではキンダーマンとダイアー神父は会ってもいなければ話してもいないため、この会話は奇妙だが、これはふたりのあいだに〝カサブランカ〟風の友情が芽生えたことを示唆している。ふたりの友情は小説「Legion」とその映画化『エクソシスト3』で非常に重要になる。

第四章　『エクソシスト』の制作

註1 「William Peter Blatty on The Exorcist: From Novel to Screen」［未邦訳］ウィリアム・ピーター・ブラッティ著（Bantam Books／1974）より。

註2　“The Exorcist: From the Subliminal to the Ridiculous” ティム・ルーカス、マーク・カーモード〈ビデオ・ウォッチドッグ〉誌・第6号（1991年7・8月）より。

註3　「The Fear of God: 25 Years of “The Exorcist”」（BBC／1988）のインタビューより。

註4　ジェフ・キシェロフによるインタビュー「American Television」（1996年5月15日）https://www.emmytvlegends.org より。
加えて、たいへんなストレスに疲労困憊したスミスは、主治医のローレンス・エドウィンに頼み、フリードキン宛てに休養を求める手紙を書いてもらった。〈William Friedkin Papers／映画芸術科学アカデミー（AMPAS）〉（1973年2月15日）より。

註5　スティーヴン・J・エイブラムソンによるインタビュー「American Television」（2003年2月24日）https://interviews.televisionacademy.com/interviews/rick-baker より。

註6　著者によるインタビュー——ディック・スミス（2006年7月15日）より。

註7　「The Fear of God: 25 Years of “The Exorcist”」（BBC／1988）のインタビューより。

註8　1972年のニック・スバロからフリードキンに宛てた手紙より。〈William Friedkin Papers／映画芸術科学アカデミー（AMPAS）〉（日付なし）。

註9　ジョーダン・レオンドポウロスはインタビューの要請に応じなかった。

註10　〈William Friedkin Papers／映画芸術科学アカデミー（AMPAS）〉より。

註11　〈William Friedkin Papers／映画芸術科学アカデミー（AMPAS）〉より。

註12　恐ろしい動脈造影検査のシーンでX線技師を演じるポール・ベイトソンは、本物の技師だった。しかし、ベイトソンには別の顔もある。1979年、彼はジャーナリストのアディソン・ヴェリルを殺害した罪で有罪になり、最低禁固20年の刑を宣告された。その後、警察はゲイを狙ったほかの殺害事件と彼を結びつけようと、捜査を進めた。この連続殺人事件にインスピレーションを得て、ウィリアム・フリードキンはニューヨークのゲイS&Mコミュニティにおける一連の未解決惨殺事件を題材にした『クルージング』（1980）の脚本を書き、監督した。原作はジェラルド・ウォーカーの同名小説。ベイトソンは2003年に仮釈放され、2012年にこの世を去った。〈William Friedkin Papers／映画芸術科学アカデミー（AMPAS）〉より。

註13　「The Fear of God: 25 Years of “The Exorcist”」（BBC／1988）のインタビューより。

註14　ステイシー・キーチはのちに、ウィリアム・ピーター・ブラッティの映画『トゥインクル・トゥインクル・キラー・カーン』（1980・日本劇場未公開）で主役を演じる。

註15　「光の帝国」ルネ・マグリット。この絵を参考にした写真。（著者——私には、これが何かはっきりわからない。絵の写真だろうか？）。映画史のなかで最も有名になったこの写真を撮ったのはジョッシュ・ウェイナーだった。巻末注に注釈はつけられないため、解説をそのまま挿入する。

註16 ニューヨーク・フィルム・アカデミーでのコメントより〔2016年4月19日投稿〕。https://www.youtube.com/watch?v=pLCvMA4KM1I

註17 シュロイメ・アンスキーが1916年に書いた戯曲『ディブック 二つの世界のはざまで』は、〝ディブック〟と呼ばれる古代の悪霊に憑依された女性を描いている。ロシア語で書かれ、アンスキー本人によりイディッシュ語に翻訳され、1918年に出版された。

註18 2018年10月22日、映画芸術科学アカデミーでの発言より。

註19 「The Story Behind The Exorcist」［未邦訳］ピーター・トラヴァース、ステファニー・リーフ著〔Crown Publishers／1974〕より。

註20 「The Fear of God: 25 Years of "The Exorcist"」〔BBC／1988〕のインタビューより。

註21 「The Exorcist (BFI Film Classics)」［未邦訳］マーク・カーモード著〔The British Film Institute, Bloomsbury Publishing,／1997・1998・2003・2020〕より。

註22 "The Curse of The Exorcist"〈E! True Hollywood Story〉〔2004年8月15日〕

註23 「The Friedkin Connection: A Memoir」［未邦訳］ウィリアム・フリードキン著〔Harper Collins／2013〕より。

註24 「The Story Behind The Exorcist」［未邦訳］ピーター・トラヴァース、ステファニー・リーフ著〔Crown Publishers／1974〕より。

註25 「The Fear of God: 25 Years of "The Exorcist"」〔BBC／1988〕のインタビューより。

註26 「The Fear of God: 25 Years of "The Exorcist"」〔BBC／1988〕のインタビューより。

註27 エレン・バースティンはこう付け加えている。「あの子のことは大好きだった。あの役を演じることでどんな影響を受けるかとても心配だったけれど、悪い影響は受けずに撮影を終えたわ。大変だったのはそのあとよ」バースティンは、リンダ・ブレアに敬意を払い、詳細は控えた。著者によるインタビュー――エレン・バースティン〔2022年2月1日〕より。

註28 フリードキンのお墨付きを凌ぐ肩書などないだろうが、エレン・バースティンは2000年にアクターズ・スタジオの共同学長となった。

註29 「The Story Behind The Exorcist」［未邦訳］ピーター・トラヴァース、ステファニー・リーフ著〔Crown Publishers／1974〕より。

註30 〈William Friedkin Papers／映画芸術科学アカデミー (AMPAS)〉より。

註31 「The Exorcist: The Strange Story Behind the Film」［未邦訳］ハワード・ニューマン著〔Pinnacle Books／1974〕より。

註32 著者によるインタビュー――ナンシー・ハーディン〔2022年3月26日〕より。

註33 1973年2月16日付の手紙〈William Friedkin Papers／映画芸術科学アカデミー (AMPAS)〉より。このファイルには、筆者不明の書類が40ページもある。1973年11月2日、フリードキンは著作権代理人であるフランクリン・ヘラーに、いま書いている原稿を仕上げられそうもないと打ち明けた。翌日ヘラーはフリードキンに、「ベテラン作家のボブ・トマスがメイキング本を作り

たがっているが、『トマスの記者魂を目覚めさせないように』彼の質問をそらすことにする」と告げた。

註34 このライバル本が、ピーター・トラヴァースとステファニー・リーフの共著による「The Story Behind The Exorcist」［未邦訳］である。フリードキンは結局、「The Friedkin Connection」［未邦訳］〔Harper Collins／2013〕まで、回顧録を出さなかった。

註35 夫妻はカリフォルニア州シャーマン・オークスに住んでおり、写真撮影を行うときはそこに動物を連れてきた（99頁参照）。

補足 映画『エクソシスト』のあらすじ

註1 映画『エクソシスト』では、パズズの名前は一度も出てこない。制作陣はこの名前がいかに間抜けに聞こえるかに気づいていた。

註2 リーガンの粗相により、パーティがお開きになったと思われる。

註3 この台詞が言及している一回目の検査シーンは、劇場公開版『エクソシスト』から削除されたが、ホームビデオ版とディレクターズ・カット版で復元された。

註4 ディレクターズ・カット版をはじめとする拡張版では、ここでメリンとカラスが悪魔の意図について意見を交わす。

註5 リーガンはダイアー神父に会ったことはないが、司祭服のカラーを見て、記憶を呼び起こされる。本来は小説と同じように、ダイアーがちょうど家を出てきたキンダーマンと顔を合わせ、その後ふたりは、キンダーマンとカラスのあいだに芽生えたような友情を育むことになる。このシーンは撮影されたが、劇場公開版からは削除された。

第五章 撮影（地獄を目指して）

註1 著者によるインタビュー――テレンス・ドネリー〔2021年8月2日〕より。

註2 バド・スミスの編集日誌〈William Friedkin Papers／映画芸術科学アカデミー（AMPAS）〉より。

註3 ウィリアム・フリードキンとリンダ・ブレアは撮影中、仲を深めた。乗馬が得意なリンダは1973年10月16日付の手紙で、フリードキンに馬術大会の参加費を援助してほしいと頼んでいる。当時フリードキンは、女優／ダンサーのジェニファー・ネアン・スミスと交際していた（ふたりはのちに子どもをもうけ、セドリックと名づける）。リンダは、思いきって結婚に賭けてみるのが「怖い」のはわかる「けど、馬に賭けてみたらどうかな？」と書いている。フリードキンがどう応じたかは、記録されていない。〈William Friedkin Papers／映画芸術科学アカデミー（AMPAS）〉より。

註4 〈ハリウッド・リポーター〉誌のマーヴィン・ジョーンズは、リンダ・ブレアが心理療法に通っているとウィリアム・ピーター・ブラティが語ったという記事を書いた。トークショーでも、ある女優が同じ噂を口にしている。ウィリアム・フリードキンは記

事の撤回を求めたが、やがてリポーターの顧問弁護士ロバート・イェール・リボットが、その記事に提訴の理由になり得るものは何もない、とエド・グロス（フリードキンのマネージャー）を説得した。

註5 映画の公開時、著者は天井の装置がはっきり見えるフルフレームの16㎜フィルムを観ることができた。

註6 ちなみに、バーク・デニングス役は、モデルとなったJ・リー・トンプソン自身が演じることになっていたが、制作が始まる前に彼の気が変わった。

註7 「William Peter Blatty on The Exorcist: From Novel to Screen」［未邦訳］ウィリアム・ピーター・ブラッティ著〔Bantam Books／１９７４〕より。回転のなかほどで、別のショットが挿入された。対照的に、テレビシリーズ「エクソシスト」〔２０１６〕の第一話では、悪魔が少年をベッドから持ちあげて首を１８０度ひねり（CG映像）、憑依された少年が死ぬ。

註8 著者によるインタビュー――ウィリアム・ピーター・ブラッティ〔１９８８年4月10日〕より。

註9 「William Peter Blatty on The Exorcist: From Novel to Screen」［未邦訳］ウィリアム・ピーター・ブラッティ著〔Bantam Books／１９７４〕より。

註10 〈ニューヨーク・タイムズ〉〔１９７１年12月16日〕より。「（フェルト・フォーラムにおける）最後の演目は、稀代の魔術師と謳われた、まさにそう呼ぶに相応しい偉大なるリチャルディだった……リチャルディはこの演目を、完璧な幻覚の抵抗と呼ぶ。かん高い音を発する電気鋸で女性が体を真っぷたつにされ、血がほとばしる。前もって、気の弱い人には向かないと警告が流れるが、火曜日の夜の観客に気の弱い人間はいなかったらしく、全員が、舞台に上がって切断された死体をその目で見るという招待を受け入れた」

註11 白昼に撮影し、フィルターをかけて映像を暗くして夜に見せかける時間を節約するための技法。うまくいった試しはないが、夜間にクルーを働かせずにすむ。ウィリアム・フリードキンは、回顧録「The Friedkin Connection」のなかで、このやりとりがなされた場所はワーナー・ブラザースで、その製作部門を率いるチャールズ・グリーンロウとそのアシスタント、エド・モーリーの発言だったと特定している。

註12 著者によるインタビュー――ウィリアム・ピーター・ブラッティ〔１９８８年8月10日〕より。

註13 エレン・バースティンの記憶では、監督がセットで発砲したのは一度だけである。

註14 「The Exorcist: The Strange Story Behind the Film」［未邦訳］ハワード・ニューマン著〔Pinnacle Books／１９７４〕より。

註15 著者によるインタビュー――テレンス・ドネリー〔２０２１年8月2日〕より。

註16 著者によるインタビュー――エレン・バースティン〔２０２２年2月1日〕より。

註17 インタビュー――ビリー・ウィリアムズ〈Web of Stories: Life Stories of Remarkable People〉https://www.youtube.com/ playlist?list

=PLVVOr6CmEsFxBGKQuGhZS7KbsYR8vWyP5 より。

註18 ウィリアム・フリードキンはイラクでの経験に関する、驚くほど綿密な２０００語の回顧録を書いた。その未発表の原稿は、映画芸術科学アカデミー（ＡＭＰＡＳ）の図書館が所蔵するフリードキンのファイル〈William Friedkin Papers〉に含まれている。

註19 インタビュー――ビリー・ウィリアムズ〈Web of Stories: Life Stories of Remarkable People〉https://www.youtube.com/ playlist?list=PLVVOr6CmEsFxBGKQuGhZS7KbsYR8vWyP5 より。

補足　『エクソシスト』の呪い

註1 「The Exorcist: The Strange Story Behind the Film」［未邦訳］ハワード・ニューマン著〈Pinnacle Books／１９７４〉より。

註2 著者によるインタビュー――シャーリー・マクレーン〈１９８８年10月〉より。

第六章　悪魔は細部に宿る

註1 ニコラ神父は、「Diabolical Possession and Exorcism（悪魔の憑依と悪魔祓い）」と題した１１２ページもの論文で、憑依の正当性を説いた。彼は、憑依のように見える多くのケースは、すべてを神の御業とみなす「過度の信仰」によるものだと説明し、憑依を5つのカテゴリーに分類している。詐欺、自然の要因、超自然現象、悪霊の影響、奇跡である。神父はこう語る。「ウィリアム・ピーター・ブラッティ氏の小説の80パーセントが、インスピレーションとなった実際のケースに忠実である。15パーセントは、歴史的な憑依に関する記述からきている。したがって、純粋に創作された部分はごくわずかしかない」〈William Friedkin Papers／映画芸術科学アカデミー（AMPAS）〉より。

註2 著者によるインタビュー――ウィリアム・ピーター・ブラッティ〈１９８０年3月3日〉より。

註3 クリス・マクニールは、慣習に縛られないタイプに見えるよう、品のない話し方をする設定だった。だが、リーガンは違う。そこで悪魔の「カラスのお袋は地獄の淫売だ」という台詞は、テレビ放映版では「カラスのお袋は地獄で朽ちてる」となった。また、制作時のトラック（YouTube で見られる）でリンダ・ブレアの実際の声を聞けば、なぜマーセデス・マッケンブリッジの声が代わりに使われたかを理解できるはずだ。

註4 著者によるインタビュー――ケン・ノーディン〈１９８８年〉より。

註5 このテープは、ウィリアム・ピーター・ブラッティが自身の宗教コンサルタントから、こっそり入手したものだとされている。

註6 著者によるインタビュー――クレイグ・マッケイ〈２０２１年7月26日〉より。

註7　直線であれば二社の距離はわずか8キロだが、1970年代のロサンゼルスの道路事情を考えると、おそらく片道30分はかかったに違いない。

註8　〈インディペンデント（UK）〉（1962年8月27日）https://www.independent.co.uk. より。

註9　"The Exorcist: From the Subliminal to the Ridiculous" ティム・ルーカス、マーク・カーモード〈ビデオ・ウォッチドッグ〉誌・第6号（1991年7・8月）より。執筆者ふたりは、リサーチ・アシスタントとしてデニス・ダニエル、サム・ステットソン、ブレット・ウッドをクレジットしている。

註10　「メディア・セックス」［リブロポート・植島啓司訳］ウィルソン・ブライアン・キイ著（Penguin Publishing Group／1997）、「7　エクソシスト・マッサージ・パーラー」より。

註11　1985年から2016年にかけて、ティム・ルーカスと妻のドナは、184号分の〈ビデオ・ウォッチドッグ〉誌を刊行した。この雑誌では、独立系、大手映画会社を問わず、古典とされる名作から現代作品まで、数多くのホラー映画が細かく分析された。

註12　著者との書面でのやりとり、2021年7月6日。

註13　著者との書面でのやりとり、2021年7月16日。

註14　赤ん坊のイエス・キリストを抱くヨセフの妻マリアの肖像が刻まれたそのメダルは、キリストの誕生を記念し、1500年代にピウス5世によって発行された。

註15　ポストプロダクションのこの時点で、2時間の本作はカット・ワークプリントのリール6本（1本が600メートル強）と、同時に投影されるサウンドミックス用〝スロップ〟プリントを収めた、同じ長さの磁気フィルム・リール、6本になっていたはずだ。

註16　著者によるインタビュー——テレンス・ドネリー（2021年8月2日）より。

註17　〈William Friedkin Papers／映画芸術科学アカデミー（AMPAS)〉より。

註18　"Gross to File"〈ハリウッド・リポーター〉ウィル・タッシャー（1973年11月5・6・20・23日、1974年1月7日）より。

註19　『A Decade Under the Influence』（IFC Films／2003）での、ウィリアム・フリードキンの発言より。

補足　本物らしさについて

註1　『A Decade Under the Influence』（IFC Films, 2003年）での、フリードキンの発言より。

註2　ただし、前述のとおり、嘔吐物が噴出するショットは別だ。

註3　"The Curse of The Exorcist"〈E! True Hollywood Story〉（2004年8月15日）より。

註4　技術基準の管理者、映画芸術科学アカデミー。

註5 この事実は、情報源によって相違がある。憑依のシーンは、無関係な機械音を取り除くために、間違いなく「アフレコされた」か重ね録りされている。ポストプロダクションで台詞がアフレコされたのは、エレン・バースティンがすでに指摘しているように、クリス・マクニールがカラスに悪魔祓いを依頼する橋の上のシーンだ。ウィリアム・フリードキンは、背景音を完全に消したかった。囁き合っての会話は、屋外では現実的ではないが、このシーンのふたりの感情的な動きを表現するための選択だった。

註6 長年にわたり、ウィリアム・フリードキンは、プレッシャーのかかる騒がしいセットではなく、録音スタジオというリラックスした環境で、俳優に台詞の言い直しや、微妙なニュアンスの付け直しをさせることが多かった。「アフレコ」、あるいはADR（映像素材に編集段階で音を新しく加えたり修正したりする作業。吹き替え）により、該当シーンが復元されたり、俳優の演技が修正されることもあった。別の情報源によると、フリードキンが『エクソシスト』で唯一アフレコを使ったのは、橋の上でクリスがカラスに悪魔祓いを頼むシーンだけだとされている。背景が完全に静寂であることにより、私的な会話の緊迫感がひしひしと伝わってくる。

補足　カラスの死

註1 「The Exorcist and Legion」［未邦訳］ウィリアム・ピーター・ブラッティ著（Faber and Faber／１９９８）より。

註2 著者によるインタビュー――ウィリアム・ピーター・ブラッティ（１９８０年3月3日）より。

註3 著者によるインタビュー――ウィリアム・ピーター・ブラッティ（１９８０年3月3日）より。

註4 ウィリアムフリードキンの許可を得て、作品から大幅に引用させてもらった。「ウィリアム・フリードキン　リープ・オブ・フェイス」［２０１９・日本劇場未公開］より。

註5 著者によるインタビュー――マーク・カーモード（２０２２年4月27日）より。

第七章　地獄のような大混乱

註1 ワーナー・ブラザースはそうなることを予見していたのかもしれない。というのも、この映画の上映条件は、〝自主〟上映、つまり、配給会社が上映館を定額で借りあげ、利益を独占するという契約だった。そのため、興行主の利益となるのは館内の売店の売上しかなく、それも大勢の群衆が押しかけたことにより、ごくわずかしかなかった。

註2 著者によるインタビュー――ウィリアム・ピーター・ブラッティ（１９８８年4月10日）より。

註3　著者によるインタビュー――マイケル・フィンラン〔2022年3月19日〕より。

註4　1974年3月11日付のエドガー・グロスの補足記録より。〈William Friedkin Papers／映画芸術科学アカデミー（AMPAS）〉

註5　実際は28と4分の1秒になる。バド・スミスによって準備された。映像とフレームの解析は〈William Friedkin Papers／映画芸術科学アカデミー（AMPAS）〉の写真セクションを参照のこと。

註6　アイリーン・ディーツ・エルバーが1974年2月1日に映画俳優組合（SAG）の全国事務局長チェスター・L・ミグデンに行った最初の申し立てに関しては、1974年3月4日付のエルバーのミグデン宛ての手紙を参考にしている。〈William Friedkin Papers／映画芸術科学アカデミー（AMPAS）〉

註7　1974年2月3日にワーナー・ブラザースの広報部門より出されたプレスリリースより。

註8　ジェラルド・リプスキーからフリードキンへの1974年3月1日付の手紙。1974年3月4日付のエドガー・グロスの補足記録より。〈William Friedkin Papers／映画芸術科学アカデミー（AMPAS）〉

註9　1974年4月8日付のエドガー・グロスの補足記録より。〈William Friedkin Papers／映画芸術科学アカデミー（AMPAS）〉

註10　"What It Was Like Being the Demon in The Exorcist" トマス・ホブス〈New Statesman's Network〉〔2020年2月5日〕https://www.newstatesman.com/culture/film/2020/02/we-arguedover- crucifix-scene-what-it-was-being-Demon-exorcist. より。

註11　著者によるインタビュー――ウィリアム・ピーター・ブラッティ〔1988年4月10日〕より。

補足　X-ソシスト

註1　オハイオ州対ジャコベリス、1964年。

註2　映画監督スタンリー・キューブリックはその後、『時計じかけのオレンジ』がR指定に査定し直されるよう編集を行った。『肉体の悪魔』に関しては、本書を執筆している現時点で、ワーナー・ブラザースからケン・ラッセル監督によるオリジナル・カットをホームビデオ版として発売する許可は出ていない。

註3　178頁からの「補足　ウォレン夫人の公言」を参照のこと。

註4　彼はまた、ウィリアム・フリードキンによる大論争を巻き起こした映画『クルージング』〔1980〕が〔成人映画［X指定］ではなく〕R指定になるよう助力した。スターンは2021年4月13日、96歳でこの世を去った。

補足　ウォレン夫人の公言

註1　実を言うと、当時サック・シアターズの宣伝担当部長だった著者も、同じく起訴された。

第八章　再考につぐ再考

註1　著者によるインタビュー――テレンス・ドネリー（2021年8月2日）より。

註2　〈William Friedkin Papers〉／映画芸術科学アカデミー（AMPAS）〉より。

註3　映画によってはレーザーディスクに解説トラックが収録されることもあったが、DVDメディアの誕生とともに、こうした特典映像は瞬く間に人気を博し、主流となった。しかし意外にも、業界の事情通によると、DVDを購入する人々の大半が、めったに特典映像を見ないという。

註4　著者によるインタビュー――ロバート・アルトマン（1993年）より。

註5　著者によるインタビュー――マーティン・スコセッシ（1993年6月24日）より。

註6　『アラビアのロレンス』や『ワイルドバンチ』、『おかしなおかしなおかしな世界』など、監督の意志に反して配給会社が削除した映像を復元した〝復刻版〟は、これとは別である。

註7　この発言は、2000年に発売されたDVDの特典映像に含まれている。

註8　ジョン・キャリー（1930〜2011）は、アメリカの映画製作における最後の黄金時代とみなされていた1970年代半ば、業界で最も尊敬されていた映画会社重役のひとりだった。キャリーがゴーサインを出した主な映画は、『大統領の陰謀』『時計じかけのオレンジ』『ブレージングサドル』『狼たちの午後』『ミーン・ストリート』『ギャンブラー』『スーパーマン』『炎のランナー』『エクソシスト』など。彼は2000年にアカデミー賞アーヴィング・G・タルバーグ賞を受賞した。

註9　編集に使われた映画の「ワークプリント」は、接合や油性鉛筆のしるし、引き裂かれたフレームによって損なわれ、ミックスされる前の簡易サウンドトラックが付いていた。

註10　DVDの特典映像より。

註11　このシリーズは、ウィリアム・ピーター・ブラッティが自分の小説とはなんの繋がりもないとこきおろした2016〜2017年のテレビシリーズとも、2023年に1作目が公開される新3部作ともまったく関係がない。しかし、ブラッティとウィリアム・フリードキンがフルリメイク版の制作を考えているという2009年の発表とは、関係があるかもしれない。ジェイソン・ストリンジャー〈セメタリー・ダンス〉誌（2009年11月11日）より。

註12 １９９８年11月22日の著者との書面によるやりとりと、２０２１年10月８日に行ったマーク・カーモードとの著者インタビューより。

註13 細かい違いや、その相違点を生んだコラボレーションにおける（ときにはその欠如による）プロセスについて詳しく知りたい読者には、マーク・カーモード著の良書「The Exorcist (BFI Film Classics)」を勧める。

註14 ウィリアム・ピーター・ブラッティは「The Fear of God: 25 Years of “The Exorcist”」（ＢＢＣ／１９８８）のなかでも同じことを述べている。マーク・カーモードは、このときふたり一緒に行ったインタビューを、自書「The Exorcist (BFI Film Classics)」の〝夜更けに、ふたりのビルと〟と題したエピローグで使った。

註15 ＤＶＤの特典映像のインタビューより。

註16 ２０２１年７月16日付の著者との書面によるやりとり。

註17 ２０００年発売のＤＶＤの特典映像より。

註18 映画芸術科学アカデミー（ＡＭＰＡＳ）における２０１８年10月22日の発言より。

註19 著者によるインタビュー――アレクサンダー・Ｏ・フィリップ（２０２２年４月１日）より。

註20 映画が製作されたあと20作の絵画すべてが破棄されたため、この見解を熟考することは不可能だ。また、こうした絵画がピカソの側から見るべきなのか、それともカメラの側から観るべきなのか、という疑問が残っていることは言うまでもない。

註21 ２００１年、ターナー・ネットワークが、『エクソシスト』のディレクターズ・カット版の劇場公開と同時に、ワーナー・ブラザースとして同作品のプレゼンテーションを予定していると知って、ウィリアム・フリードキンとウィリアム・ピーター・ブラッティは腹を立てた。ふたりはＣＢＳ、ワーナー、ターナーのあいだで交わされたスイートハート・ディール（一方の当事者が特に有利な条件を提供する取引や契約、またはその他の合意）を公然と非難し、２５０００ドルの和解金を安すぎるとして蹴った。２００１年５月16日付の、バート・フィールズの書簡より。〈William Friedkin Papers／映画芸術科学アカデミー（AMPAS)〉

註22 書籍「The Exorcist (BFI Film Classics)」のための、マーク・カーモードによるウィリアム・フリードキンとウィリアム・ピーター・ブラッティのインタビューより。

註23 ＤＶＤの特典映像より。

第九章　『エクソシスト２』

註1 「これまで観たなかで最悪のクズ映画。とんでもない面汚しだ」ウィリアム・フリードキンの発言。ポッドキャスト〈The Movies That Made Me〉、シーズン２第１話より。

註2　“The Unusual Horror Sequel Martin Scorsese Preferred to the Original” カラム・ラッセル〈Far Out〉誌（日付なし）https://faroutmagazine.co.uk/horror-martin-scorsese-favourite-original-the-exorcist/

註3　通常、興行収入の半分が映画会社の利益となる。これに付帯収入は含まれない。〈BoxOfficeMojo.com〉

註4　この殻を打ち破ったのは、『ロッキー3』（1982）だった。『ゴッドファーザー』（1972）と『スター・ウォーズ』（1977）でさえ、二作目の興行収入は一作目を超えていない。

註5　“ホヤ”はジョージタウン大学陸上部のマスコットの名前。

註6　〈New York〉（1974年12月23日）より。

註7　「エクソシスト3」のブルーレイに収録された、マイケル・フェルシャーによるインタビューより。＊同コメントが収録されたブルーレイは日本未発売。

註8　アディソン・ヴェリルは、〈バラエティ〉（1976年9月9日）のレデラーに関する包括的なインタビュー記事で、彼の発言をほとんど引用していない。

註9　「The Making of Exorcist II: The Heretic」［未邦訳］バーバラ・パレンバーグ著（Warner Books／1977）より。

註10　親子間のジェネレーションギャップを描いた映画『ゼネレーション』（1971）は、1969年に撮影された。

註11　ブルーレイのジョン・ブアマンのコメンタリーより。＊同コメンタリーが収録されたブルーレイは日本未発売。

註12　著者によるインタビュー――ルイズ・フレッチャー（2022年4月23日）より。

註13　〈デイリー・バラエティ〉1975年11月11日より。

註14　〈デイリー・バラエティ〉1975年11月15日より。

註15　〈ハリウッド・リポーター〉1976年2月5日より。

註16　〈デイリー・バラエティ〉1976年9月8日より。

註17　1200万ドルという額が頻繁に口にされるものの、実際に『エクソシスト』にかかった製作費は、はっきりわかっていない。映画会社は当初、540万ドルで製作できると考えた。最終的にかかった金額は誰も知らないが、サミュエル・ゴールドウィンの言葉（と回想）によれば、「ヒット作の製作費ほど安いものはない」のだ。

註18　〈ロサンゼルス・ヘラルド・エグザミナー〉1975年8月26日より。

註19　〈デイリー・バラエティ〉1976年1月30日より。

註20　〈ハリウッド・リポーター〉1976年2月2日　ジョン・ヴォイトは、ワシントンD.C.のアメリカ・カトリック大学で教鞭をとっていた先見性に満ちた司祭、ギルバート・V・ハートキー神父の演劇プログラムを修めたことで知られている。当時は、学期の始まりは4月だった。

註21　〈デイリー・バラエティ〉アーミー・アーチャード（１９７６年４月８日）より。

註22　「The Making of Exorcist II: The Heretic」［未邦訳］バーバラ・パレンバーグ著（Warner Books／１９７７）より。

註23　〈デイリー・バラエティ〉（１９７６年４月21日）より。

註24　この奇妙な出来事は、「Guiding Royalty: My Adventure with Elizabeth Taylor and Richard Burton」［未邦訳］（ヨラム・ベン＝アミ、ナット・セガロフ著／BearManor Media／２０１８）で語られている。

註25　〈デイリー・バラエティ〉（１９７５年11月11日）より。

註26　〈バラエティ〉１９７５年４月28日より。

註27　実際には、光学合成のために本物のイナゴが数匹ブルースクリーンの前にワイヤーで吊るされたが、ほかの無数のイナゴは、発泡スチロールで包み、茶色に塗ったピーナッツだった。著者によるインタビュー――ウィリアム・ピーター・ブラッティ（１９８８年８月10日）、及び「The Making of Exorcist II: The Heretic」［未邦訳］バーバラ・パレンバーグ著（Warner Books／１９７７）より。

註28　『エクソシスト２』のブルーレイに収録された、マイケル・フェルシャーによるインタビューより。＊同インタビューが収録されたブルーレイは日本未発売。

註29　「The Making of Exorcist II: The Heretic」［未邦訳］バーバラ・パレンバーグ著（Warner Books／１９７７）より。

註30　〈ロサンゼルス・ヘラルド・エグザミナー〉（１９７６年９月19日）より。

註31　「The Making of Exorcist II: The Heretic」［未邦訳］バーバラ・パレンバーグ著（Warner Books／１９７７）より。

註32　ＡＦＩカタログの記載と、ＩＭＤｂに記載された公開日より。

註33　『エクソシスト３』のブルーレイに収録されたマイケル・フェルシャーによるインタビューより。＊同インタビューが収録されたブルーレイは日本未発売。

註34　〈ハリウッド・リポーター〉ゲリー・レヴィン（１９７６年５月２日）、〈ロサンゼルス・タイムズ〉グレッグ・キドリー（１９７６年５月22日）より。

註35　「The Making of Exorcist II: The Heretic」［未邦訳］バーバラ・パレンバーグ著（Warner Books／１９７７）より。

註36　〈ハリウッド・リポーター〉（１９７７年６月20日）より。

註37　〈ハリウッド・リポーター〉（１９７７年６月20日）より。

註38　著者によるインタビュー――ウィリアム・ピーター・ブラッティ（１９８８年４月10日）より。

註39　２０１３年４月14日　https://www.youtube.com/watch?v=2D4cPXpvHjI

註40　２０１２年３月４日　http://www.money-into-light.com/search/label/ Review%3A%20EXORCIST%20II%20-%20THE%20HERETIC

註41　〈バラエティ〉（１９７７年６月22日）より。

註42 〈ウォール・ストリート・ジャーナル〉（1977年6月30日）より。

註43 〈デイリー・バラエティ〉（1977年7月1日）より。

註44 ブルーレイのジョン・ブアマンのコメンタリーより。＊同コメンタリーが収録されたブルーレイは日本未発売。

註45 著者によるインタビュー――ウィリアム・ピーター・ブラッティ（1988年4月10日）より。ＩＭＤｂに掲載されたバイオグラフィーによれば、ブアマンはカトリックの学校で学んだが、プロテスタントとして育てられた。北アイルランド紛争のさなかだったことを考えると、これは珍しいことだった。

註46 "Alien Ancestry" マーク・カーモード〈Kermode Uncut〉（2017年3月19日）より。

註47 これには、観客も影響を受けた。〈ヴィレッジ・ヴォイス〉（（1977年6月13日）の記事によれば、ロサンゼルスで上映されたさい、観客の若い女性ふたりが「『エクソシスト2』のこのシーンで実際に催眠状態に陥った。ワーナー・ブラザースの重役は、『エクソシスト2』の公開時に生じた医学的な問題は（映画会社の）責任ではないと主張したものの、オリジナルの『エクソシスト』を観て具合が悪くなった人々には治療費を払っている」。これが一作目の『エクソシスト』によって引き起こされたような集団反応を引きだすための、宣伝目的の仕掛けだったのかどうかはわかっていない。

註48 website〈TheDigitalCinema.info〉のライター。

註49 ポッドキャスト〈Projection Booth〉のクリエイターで映画史研究者のマイク・ホワイトは、ブルーレイに収録された短縮バージョンに関して、同様に説得力のある発言をしている。＊同短縮バージョンが収録されたブルーレイは日本未発売。

註50 Professional Films/Robbins Nest が1977年に製作した宣伝映像のインタビューより。

註51 法的な理由から、実際はそっくりさんだった可能性がある。この映画は、リーガンがシャロンに自分が曲げたスプーンを見せることにより、物議を醸したユリ・ゲラーをからかっているのだ。リーガンは感心しているシャロンに、片手を開き、2本のスプーンを使ったトリックであることを示す。

註52 Professional Films/Robbins Nest が1977年に製作した宣伝映像のインタビューより。

註53 ブルーレイ、特典映像より。＊同特典映像が収録されたブルーレイは日本未発売。

註54 ブルーレイ、コメンタリーより。＊同コメンタリーが収録されたブルーレイは日本未発売。

註55 Box Office Mojo ／ IMDb より

註56 "Spook Pix Cycle Over?"〈バラエティ〉（1977年8月16日）より。

註57 〈バラエティ〉（1977年6月28日）より。

註58 ブルーレイ、コメンタリーより。ブアマンは『エクソシスト2』の監督の話を持ちかけられる前、『エクスカリバー』（当時は〝マーリン〟というタイトルだった）を作ろうとしていた。＊同コメンタリーが収録されたブルーレイは日本未発売。

註59 著者によるインタビュー――マックス・フォン・シドー〈1980年12月11日〉より。

補足『エクソシスト2』のあらすじ

註1 継続性に関していまだに疑問とされているのは、なぜジョージタウンの家が空き家になったままなのか、である。この家は、『クラッシュ・コース』の撮影が終わるまでのマクニール一家の仮の住まいだったわけだが、もとの所有者は、まるで消え失せてしまったかのように一度も登場しない。

補足 ふたつの『エクソシスト2』

註1 〈バラエティ〉ジョセフ・マクブライド〈1977年7月11日〉より。

註2 シャウト!ファクトリー社のデラックス・ブルーレイ版に収録。〈バラエティ〉誌〈1977年6月19日〉によれば、ハリウッドではすでにブアマンの編集したバージョンは『エクソシスト3』と呼ばれていた。＊デラックス・ブルーレイ版は日本未発売。

第十章『エクソシスト3』

註1 〈デイリー・バラエティ〉スティーヴン・クライン〈1980年7月24日〉より。

註2 〈ハリウッド・リポーター〉〈1985年1月8日〉より。

註3 〈ハリウッド・リポーター〉〈1981年3月31日〉より。ロリマー・プロダクションズは、1969年にアーウィン・モラスキー、マーヴ・アデルソン、リー・リッチによって創設された。社名は当時アデルソンの妻だったロリとサンディエゴのマクレラン＝パロマーという空港名を合わせたものだった。複雑すぎてここには書けないが、ロリマー・プロダクションズは実に波乱に富んだ社史を持つ。

註4 当時、テレビ映画の制作（「C．A．T．スクワッド」）と、低予算のスリラー（『ランページ／裁かれた狂気』『ガーディアン／森は泣いている』）を監督していたウィリアム・フリードキンにとっては、彼が手掛けたなかで最も有名な作品の続編を監督してほしいという申し出は、経済的にも監督としても魅力的だったはずだ。この時期、著者はフリードキンの伝記「Hurricane Billy」を執筆中で、彼とは頻繁に連絡を取っていたが、大金を生みだすであろうこのオファーについて、彼が口にしたことは一度もなかった。

註5 とくに断りがないかぎり、これを含む本章のウィリアム・ピーター・ブラッティの発言は、シャウト！ファクトリー社から発売された『エクソシスト3』のディレクターズ・カット版に収録されたマイケル・フェルシャーのインタビューから引用している。

註6 1979年、ウィリアム・フリードキンは、ニューヨークのゲイS＆Mコミュニティを標的にした殺人事件を描き、物議を醸した『クルージング』の脚本および監督を務めた。そのなかで、犠牲者はナイフで殺されている。＊デラックス・ブルーレイ版は日本未発売。著者によるインタビュー――ウィリアム・ピーター・ブラッティ〈1988年4月10日〉より。ブラッティとフリードキンのこの会話は、私がブラッティをインタビューした前夜に交わされた。

註7 〈ロサンゼルス・タイムズ〉〈1974年2月5日〉より。

註8 〈ハリウッド・リポーター〉ウィリアム・ピーター・ブラッティ〈1981年2月17日〉より。

註9 〈デイリー・バラエティ〉〈1989年4月17日〉より。

註10 〈ロサンゼルス・タイムズ〉ウィリアム・ピーター・ブラッティ〈1989年2月26日〉より。この発言は、ブラッティをのちのち悩ませることになる。

註11 ウィリアム・ピーター・ブラッティによれば、マーロン・ブランドが興味を示したが、3週間しか空きがないと言われたそうだ。

註12 インタビュー――ブラッド・ドゥーリフ『エクソシスト3』ブルーレイ特典映像より。＊同インタビューが収録されたブルーレイは日本未発売。

註13 ウィリアム・ピーター・ブラッティは、初期の脚本を書いた『カッコーの巣の上で』にビリー・ビビット役で出演していたドゥーリフを知っていた（プロデューサーのマイケル・ダグラスはブラッティの脚本をボツにした）。

註14 『エクソシスト3』のブルーレイに収録された特典映像のメイキング、《死よ驕るなかれ》のインタビューより。＊同特典映像が収録されたブルーレイは日本未発売。

註15 〈バラエティ〉〈1989年7月12日〉より。

註16 シルヴィア・シドニーは撮影途中で、ディズニー・チャンネルのテレビ映画『The Witching of Ben Wagner』の撮影に向かった。彼女の映っているシーンの撮り直しを迫られた『エクソシスト3』のプロデューサーたちは、シドニーに契約時に取り決めた全額を支払うことに異議を唱えた。マリリン・ベック〈Long Beach Press-Telegram〉〈1989年10月19日〉より。その後のマリリン・ベックの記事によると、シドニーの当時のエージェントはベックに、シドニーが両方の作品をこなすことに「まったく支障ない」と言ったのは自分だと認めたという。〈Long Beach Press-Telegram〉〈1989年10月21日〉より。

註17 〈USAトゥデイ〉〈1990年8月21日〉より。

註18 〈ロサンゼルス・タイムズ〉〈1989年4月2日〉より。

註19 ジェイソン・ミラーはその後いくつかの作品に出演し、2001年に62歳で他界した。

註20 『エクソシスト3』のブルーレイに収録された、マイケル・フェルシャーによるインタビューより。＊同インタビューが収録されたブルーレイは日本未発売。

註21 〝憑依〟と言えるかは疑問である。双子座殺人鬼は「主人」（おそらくサタン）の助けによってカラスの遺体に入りこむことができたが、この殺人鬼自身は悪魔として描かれていないからだ。

註22 Box Office Mojo より。https://www.boxofficemojo.com

註23 〈タイム・アウト〉（１９９０年11月）より。

補足 小説「Legion」のあらすじ

註1 この日付はテレビシリーズ「エクソシスト」（２０１６～２０１７）の第1話のなかでさりげなく触れられている。

註2 これは１９６６年の小説「Twinkle, Twinkle, "Killer" Kane」に込められたウィリアム・ピーター・ブラッティの所見と繋がる。また、１９７８年のリライト時に付けられたタイトル「センター18」（原題は〝The Ninth Configuration〟〈九番目の形態〉）も、この所見と関係がある。

註3 ウィリアム・ピーター・ブラッティは、死後の世界の存在を立証しようとするコンスタンチン・ローディブ博士とフリードリッヒ・ユルゲンソンのそれぞれの研究を参考にして、この場面を書いた。

註4 小説に出てくる患者12は、映画ではわかりやすく患者Xとされた。

註5ウィリアム・モリス・エージェンシーのトニー・ファントッツィは、ウィリアム・フリードキンの最初のエージェントだった。また、小説でも映画でも、キンダーマンが病院の看護師ジュリーを見て、自分の娘に危険が迫っていることに気づいた根拠は、明確にされていない。

補足 『エクソシスト3』劇場公開版のあらすじ

註1 小説「エクソシスト」では、カラスは１９７１年5月16日に死ぬ。映画で彼が死ぬのは１９７５年10月9日だ（Exorcist Wiki, https://exorcist.fandom.com/wiki/Damien_Karras）。小説「Legion」では、カラスの命日は3月13日とされている。この日付の不一致を解決する試みは、一度もなされていない。

註2 映画全体を通して、一枚の新聞や、塵一つない通りを風に吹かれて飛ばされるごみが、言語に絶する霊もしくは魂の存在を表すモチーフとして使われている。実際、『エクソシスト』まで遡っても、カラスは常に階段を上っている。このモチーフはさらに掘

りさげられ、『エクソシスト3』では一枚の紙（〝ヒッチコックの階段〟で二度映る）が舞いあげられるか、並行に横切っていき、決して落ちていくことはない（ブラッティが構想を練っていたが撮影されなかった、エピローグに関する彼自身の描写も参照のこと）。

註3　オリジナルのディレクターズ・カット版では、最初から最後までブラッド・ドゥーリフのみがカラスを演じるが、再編集されたバージョンでは、ドゥーリフとジェイソン・ミラーの両方がカラスを演じている。

註4　小説では、カナヴァン神父の名はバーミンガム神父だ。『エクソシスト』では、実際の神父であるトマス・バーミンガムが、マクニール家の悪魔祓いを許可する司教として自身を演じた。おそらくブラッティは、〝K〟がつく人物を狙うという殺人鬼の手口に沿うよう、彼の名前を変更したのだろう。

註5　カラスは、リーガンの話すわけのわからない言語を録音する。『エクソシスト』で男性の言語学研究所の所長が難なく解読してカラスに説明したように、これは英語を逆に読んだものだ。『エクソシスト3』では、このテープを解読した人物がキントリーの母親に変更された。〝K〟の付く人間にする必要があったために違いない。

註6　小説「Legion」ではVennamun（ヴェンナマン）と綴られている。

註7　ジェイソン・ミラーとブラッド・ドゥーリフが頻繁に切り替わるため、この時点でキンダーマンがそれに気づくことになっているのかどうかははっきりしない。もっとも、この数シーンあと、キンダーマンがジェームズ・ヴェナマンの写真を見たときに流れるサウンドが、ふたりの男が同一人物だとキンダーマンが気づいたことを示している。

註8　この繋がりは、小説同様、映画のなかでもはっきり説明されていない。

註9　これらのショットの一部は、ディレクターズ・カット版でキンダーマンがカラスの遺体を掘り起こさせるシーンに使われた。

補足　『エクソシスト3』ディレクターズ・カット版のあらすじ

註1　マクニール家の借家として使われた実際の家は、1972年の『エクソシスト』撮影時に増築された寝室部分がなくなっていることがわからないよう、注意深く撮影された。オープニング・タイトルにはニコール・ウィリアムソンのクレジットが残っているが、このバージョンに彼は登場しない。

註2　学長の名前はライリー神父だとするバージョンもいくつかある。

註3　前述のモチーフ同様、『エクソシスト3』では紙きれが（〝ヒッチコックの階段〟を二度）上と横に飛び、下には落ちない。また、ふたりの男がそれぞれの友情を懐かしく思いだす映像が追加された。

註4　小説では、カナヴァン神父の名はバーミンガム神父だ。『エクソシスト』では、実際の神父であるトマス・バーミンガムが、マクニー

ル家の悪魔祓いを許可する司教として自身を演じた。おそらくブラッティは、〝K〟がつく人物を狙うという殺人鬼の手次に沿うよう、彼の名前を変更したのだろう。

註5 カラスは、リーガンが話すわけのわからない言語を録音する。『エクソシスト』で言語学研究所の所長が難なく解読してカラスに説明したように、これは英語を逆に読んだものだ。『エクソシスト3』では、このテープを解読した人物がキントリーの母親に変更された。〝K〟の付く人間にする必要があったために違いない。

註6 つまり、彼はブラッド・ドゥーリフ演じるデミアン・カラスのように見える。

註7 『エクソシスト3』の劇場公開版では、観ている人は、ブラッド・ドゥーリフがカラスを演じていることになかなか気づかないかもしれない。

註8 ブラッド・ドゥーリフとジェイソン・ミラーが入れ替わらないため、高まる緊張感が絶妙な効果をあげている。

註9 オリジナルの脚本では、回想シーンで、暗闇を怖がる双子の兄弟のトミーの部屋の電気が消されたことに激怒したジェームズ・ヴェナマンが双子座殺人鬼になってゆく過程が描かれている。もしもこの回想シーンが撮影されたのだとしたら、どちらのバージョンもボツにされたか、あるいは失われたに違いない。

註10 質の悪いＶＨＳであっても、ブラッド・ドゥーリフの長い独白シーンは、驚くほどの深みと迫力で観る者を圧倒する。

註11 この繋がりは説明されていない。

補足『エクソシスト3』の劇場公開版とディレクターズ・カット版の違い

註1 ウィリアム・ピーター・ブラッティの脚本では、この点がより明確にされている。カラスが二階の寝室でメリンの死体を発見したとき、リーガンから話を聞こうと、キンダーマンが階下に到着する。

註2 ウィリアム・ピーター・ブラッティは終始、キンダーマンを創作するにあたって、ピーター・フォークのコロンボは観たことがなかったと主張していた。

註3 より詳細な比較リストについては、以下を参照のこと。https://www.imdb.com/title/tt0099528/alternateversions/?ref_=tt_ql_trv_5

補足「センター18」

註1 時間も９９分から１４０分と様々だが、ブラッティが承認したのは、アメリカ国内で最初に劇場公開された１１８分のバージョ

ンだけである。

註2 著者によるインタビュー――ウィリアム・ピーター・ブラッティ〈1980年3月3日〉より。このインタビューが掲載されるのは、初めてである。

註3 もちろん、これはカラシニコフを振り回す男が約束を守ると信頼できることを仮定しての話だ。『Dominion: Prequel to The Exorcist』と『エクソシスト ビギニング』でも似たようなシーンが登場し、大きな効果をあげている。

第十一章 『Dominion: Prequel to The Exorcist』と『エクソシスト ビギニング』

註1 〈ニューヨーク・タイムズ〉キャスリーン・ビリー〈2005年6月8日〉より。

註2 ジョッシュ・チェトウィンドが1997年7月14日付の〈ハリウッド・リポーター〉誌に記事を掲載したときには、ウィリアム・ウィッシャーは契約をすませていた。

註3 映画のなかでは、「数か月の悪魔祓いで死にかけたことも」とだけ言及されている。

註4 著者によるインタビュー――ウィリアム・ウィッシャー〈2021年7月30日〉より。

註5 著者によるインタビュー――ウィリアム・ウィッシャー〈2021年7月30日〉より。

註6 『エクソシスト3』でも同じ事態が起こった。モーガン・クリークはウィリアム・ピーター・ブラッティの脚本を承認し、その後、彼がその脚本に忠実に作った映画を却下したのだ。

註7 〈ロサンゼルス・タイムズ〉〈2001年8月14日〉より。興味深いことに、ジョン・フランケンハイマーがウィリアム・フリードキンの『フレンチ・コネクション』〈1971〉の続編、『フレンチ・コネクション2』〈1975〉を監督したあと、今度はフリードキンが、『ブリンクス』〈1978〉から降ろされたフランケンハイマーのあとを引き継ぐことになった。まさに〝ハリウッドらしい出来事〟である。

註8 〈ハリウッド・リポーター〉〈2000年11月9日〉より。

註9 〈ハリウッド・リポーター〉〈2001年10月30日〉より。

註10 〈ハリウッド・リポーター〉〈2002年1月11日〉より。

註11 〈ハリウッド・リポーター〉ゾリアンナ・キット〈2002年1月23日〉より。

註12 〈ハリウッド・リポーター〉〈2002年3月22日〉より。

註13 〈ハリウッド・リポーター〉〈2001年1月30日〉より。

註14 〈バラエティ〉アーミー・アーチャード〈2002年5月21日〉、〈ロサンゼルス・タイムズ〉〈2002年6月5日〉より。

註15　2002年8月10日の〈TVガイド〉に掲載された回顧禄形式の記事。
註16　のちに、脊髄手術中、重度の転移性がんが見つかったと発表された。
註17　〈スクリーン・インターナショナル〉ジェイコブ・ニーレンダム（2002年11月1日）より。
註18　2005年2月7日に録音されたDVDのコメンタリーより。
註19　〈バラエティ〉（要約記事）（2002年10月23日）より。
註20　〈デイリー・バラエティ〉（2003年9月18日）より。
註21　〈ハリウッド・リポーター〉クリス・ガードナー（2003年11月19日）より。
註22　〈ヴィレッジ・ヴォイス〉（2004年8月25日）より。
註23　〈バラエティ〉デイヴ・マクナリー（2003年11月3日）より。
註24　〈バラエティ〉（2004年5月）より。
註25　〈ロンドン・タイムズ〉ジェイムズ・クリストファー（2005年3月25日）より。この頃、シュレイダーはすでにDVD用に自分の作品の編集を終えていた。
註26　〈バラエティ〉アーミー・アーチャード（2004年8月17日）より。
註27　映画の興行成績を集積・分析するウェブサイトBox Office Mojoによると、『エクソシスト ビギニング』の全世界の総収入は7811万21ドル、『Dominion: Prequel to The Exorcist』は25万1495ドルである。
註28　著者によるインタビュー――ウィリアム・ウィッシャー（2021年7月30日）より。

補足『Dominion: Prequel to The Exorcist』のあらすじ

註1　回想シーンでは、メリンがナチの将校を自ら殺したために、虐殺が起こる。メリンが実際に過去に行ったとすれば、彼は許されない罪を犯したことになる。その罪悪感とどうやって折り合いをつけるのか。たとえこれが空想だったとしても、同じことが言える。

註2　『エクソシスト』で、バーミンガム神父は、メリン神父には悪魔祓いの経験があると言う。「12年（ほど）前アフリカで（行った）。数か月の悪魔祓いで死にかけたことも（ある）」と。ここで欠けているのは、『エクソシスト』で悪魔がメリンに挑戦的に口にする「今度こそ、おまえが敗ける番だ」という台詞への言及である。『エクソシスト』で描かれたのが1975年であったことを考えれば、メリンがアフリカで悪魔祓いを行ったのは1947年ではなく、1962年か63年ということになる。アフリカの悪魔祓いの時期は、『エクソシスト2』でも整合性がとれていない。

補足　『エクソシスト ビギニング』のあらすじ

註1　サラがどうなったのかは、わからないままだ。

第十二章　テレビシリーズ

註1　ふたりは一度電話で話したことがあり、ジェレミー・スレイターにはこれが励みになったが、ウィリアム・ピーター・ブラッティが他界する前に顔を合わせるチャンスはなかった。ブラッティがある時点で、「エクソシスト」を自分で3時間のミニ・テレビシリーズにすると主張したと言われているが、結果的にこの案が実現することはなかった。

註2　ブラッティがワーナー・ブラザースに与えた『エクソシスト2』の製作権はこの続編のみに当てはまり、続くモーガン・クリークとの「Legion」（『エクソシスト3』）の契約は、異なる知的財産権となると考えられる。モーガン・クリークはのちに『Dominion: Prequel to The Exorcist』と『エクソシスト ビギニング』で、それを利用したのではないかと言われている。したがって、ワーナー・ブラザースが、『エクソシスト』に登場したキャラクターをテレビシリーズで使用することが著作権侵害――オリジナル・キャラクターの知的財産権はワーナーにあった――だとみなしたのも、もっともである。

註3　将来のレイティングなしの放映を想定して、別バージョンを撮影しておくことは簡単だったはずだが、なぜか実行されなかった。

註4　事情通は、トマスとマーカスが別々の道を行くことを決意するシーンは、モーテルの237号室だったことに気づくだろう。あとは想像にお任せする。

第十三章　新たな三部作

註1　該当クレジットは、現時点における暫定的なものである。

註2　テレビシリーズ「エクソシスト」10話の製作総指揮を執ったプロデューサー。

第十四章　ビリー、地獄へ行く――『悪魔とアモルト神父―現代のエクソシスト―』

註1　"The Devil and Father Amorth: Witnessing 'the Vatican Exorcist' at Work" ウィリアム・フリードキン〈ヴァニティ・フェア〉（2016

年10月31日〉より。

註2　“The Devil and Father Amorth: Witnessing ‘the Vatican Exorcist’ at Work” ウィリアム・フリードキン〈ヴァニティ・フェア〉〈２０１６年10月31日〉より。

註3　レイモンド・アロヨによるウィリアム・フリードキンへのインタビュー。テレビ番組「The World Over」〈２０１８年８月９日〉より。https://www.youtube.com/watch?v=RB9du1L2QDM&t=142s

註4　“The Devil and Father Amorth: Witnessing ‘the Vatican Exorcist’ at Work” ウィリアム・フリードキン〈ヴァニティ・フェア〉〈２０１６年10月31日〉より。

註5　「The Devil and Father Amorth（悪魔とアモルト神父）」のＤＶＤは米 Amazon で購入できる。https://www.amazon.com/Devil-Father-Amorth-William-Friedkin/dp/B07B94XWQG/ref=sr_1_2?dchild=1&keywords=the+devil+and+father+amorth&qid=1628391307&s=movies-tv&sr=1-2　＊日本版は未発売。

第十五章　憑依入門

註1　〈ガーディアン〉〈２０１４年７月２日〉より。

註2　リリスは聖書には登場しない。リリスは、創世記１の女性の創造と、創世記２のイヴの創造の整合性を保とうとしたユダヤ教律法学者の解説で創りだされた女性だ。このふたりは明らかに異なる女性だが、創造されたばかりの神話が間違って解釈されないよう整合性を図らねばならなかった。

註3　タナハ（Tanakh）は、Torah（法）、Nevi'im（預言者）、Ketuvim（書物）の頭字語である。

註4　ラビ・レヴィンはまた、ヘブライ語聖書（ユダヤ教の聖書）には悪魔による憑依の物語はひとつもないことに注目している。もっとも、「ディブック」や「Kabbala」のようなユダヤ文学には、憑依が登場する。「『ディブック　二つの世界のはざまで』を参考にするならば」と、ラビ・レヴィンは言う。「ユダヤ人のリーガンは、悪霊に取り憑かれていた可能性はあるが、それが悪魔だったことはありえない」

第十六章　信仰の謎

註1　人間は生まれたときから邪悪だという記述は、創世記にはない。したがって、原罪も存在しない。これは、キリスト教の聖書を解釈するなかで取り入れられた概念だった。

註2　ノーマン・ケンプ・スミスが序論を書いた、デヴィッド・ヒュームの宗教論集『自然宗教をめぐる対話』（岩波文庫・犬塚元訳）（Indianapolis: Bobbs-Merrill／１９８０）。

註3　「神はなぜ私の祈りに答えてくださらないのか？」という問いに対する答えもある。「神は答えたのだ。その答えは否だった」である。

註4　物語のなかで、ケインは実際には精神科医ではないが、それは無視しよう。ウィリアム・ピーター・ブラッティもまた、海兵隊に精神科医はおらず、これは彼がこの物語のために作りだした設定だと認めている。

註5　E・B・ホワイトの名言の引用。

註6　「神は死んだ」と言えば、かつては存在していたに違いないことを必然的に示唆する。ウィリアム・ピーター・ブラッティには、ほかの人々同様、神の手なしで進化した世界を想像することができないのだ。

註7　２０２１年7月16日付の著者との書面によるやりとり。

註8　『The Story Behind The Exorcist』［未邦訳］ピーター・トラヴァース、ステファニー・リーフ著（Crown Publishers／１９７４）のインタビューより。

註9　"The Devil and Father Amorth: Witnessing 'the Vatican Exorcist' at Work" ウィリアム・フリードキン〈ヴァニティ・フェア〉（２０１６年10月31日）より。

付録　ウィリアム・ピーター・ブラッティとの対談

註1　ウィリアム・ピーター・ブラッティが言及しているこれらの失われたシーンは、のちのバージョンで復元された。

註2　この齟齬をはじめとする辻褄の合わない点は、のちに発売されたＤＶＤとブルーレイで指摘されている。

註3　『The Friedkin Connection: A Memoir』［未邦訳］ウィリアム・フリードキン著（Harper Collins／２０１３年）では、ウィリアム・フリードキンが、ジョージタウン大学のロバート・J・ヘンレ神父に、実際のケースで憑依された少年のおば（これはティリーもしくはハリエットおばさんだったに違いない）を紹介されたことが明らかにされている。フリードキンはそのおばに、あなたとあなたの甥の身元は決して明かさない、と保証した。

註4　ウィリアム・ピーター・ブラッティは自分のメイキング本で興味深い考察を述べている。「『エクソシスト』は、憑依だと信じないイエズス会のヒーローとは対照的に、自分の娘が憑依されていると信じるようになる無神論者のヒロインに関する物語である」

「エクソシスト」の遺産
THE EXORCIST LEGACY : 50 YEARS OF FEAR

2024年1月26日　初版第一刷発行

著　ナット・セガロフ

訳　富永晶子
カバーデザイン　石橋成哲
本文組版　IDR
編集協力　魚山志暢

発行人
後藤明信
発行所
株式会社 竹書房
〒102-0075
東京都千代田区三番町8-1
三番町東急ビル6F
email：info@takeshobo.co.jp
http://www.takeshobo.co.jp
印刷所
中央精版印刷株式会社

INDEX

人物

あ行

か行

さ行

た行

な行

は行

ま行

や行

ら行

わ行

作品

数字・英文

あ行

か行

さ行

た行

な行

は行

ま行

や行

ら行

わ行

その他

作品データ

エクソシスト *The Exorcist*

製作国：アメリカ
全米公開日：1973/12/26
全米リバイバル公開日：1979/4/11
日本公開日：1974/7/13
上映時間：122分
製作：ワーナー・ブラザース／ホヤ・プロダクションズ
全米配給：ワーナー・ブラザース
日本配給：ワーナー・ブラザース
アスペクト比（縦：横）：1:1.85
音声：モノラル／6チャンネル・ステレオ［リバイバル］
上映フォーマット：35mm ／ 70mm［リバイバル］

スタッフ
監督：ウィリアム・フリードキン
原作・脚本・制作：ウィリアム・ピーター・ブラッティ
製作総指揮：ノエル・マーシャル
撮影：オーウェン・ロイズマン 、ビリー・ウィリアムズ（イラク・シークエンス）
編集：エヴァン・A・ロットマン 、ノーマン・ゲイ
プロダクション・デザイン：ビル・マーレイ、ジーン・ルドルフ
特殊メイク：ディック・スミス

キャスト
エレン・バースティン、マックス・フォン・シドー、リー・J・コッブ、ジェイソン・ミラー、リンダ・ブレア、キティ・ウィン、ジャック・マッゴーラン、ウィリアム・オマリー、ルドルフ・シュントラー、バートン・ヘイマン、ピーター・マスターソン

エクソシスト　ディレクターズ・カット版

全米公開日：2000/9/22
公開年月日：2000/11/23
上映時間：132分
音声：DTS-ES ／ Dolby Digital EX ／ SDDS

エクソシスト２ *Exorcist II The Heretic*

製作国：アメリカ
全米公開日：1977/6/17
日本公開日：1977/7/16
上映時間：118分
製作：ワーナー・ブラザース
全米配給：ワーナー・ブラザース
日本配給：ワーナー・ブラザース
アスペクト比（縦：横）：1:1.85
音声：モノラル
上映フォーマット：35mm

スタッフ
監督：ジョン・ブアマン
脚本：ウィリアム・グッドハート
製作：ジョン・ブアマン、リチャード・レデラー
撮影：ウィリアム・A・フレイカー
プロダクション・デザイン：リチャード・マクドナルド
音楽：エンニオ・モリコーネ
編集：トム・プリーストリー
特殊効果：チャック・ガスパー、ウェイン・エドガー、ジム・ブラント、ジェフ・ジャーヴィス、ロイ・ケリー
特殊視覚効果：アルバート・J・ホイットロック
特殊メイク：ディック・スミス

キャスト
リンダ・ブレア、リチャード・バートン、ルイーズ・フレッチャー、マックス・フォン・シドー、キティ・ウィン、ポール・ヘンリード、ジェームズ・アール・ジョーンズ、ネッド・ビーティ、ジョーイ・グリーン

エクソシスト３　*The Exorcist III*

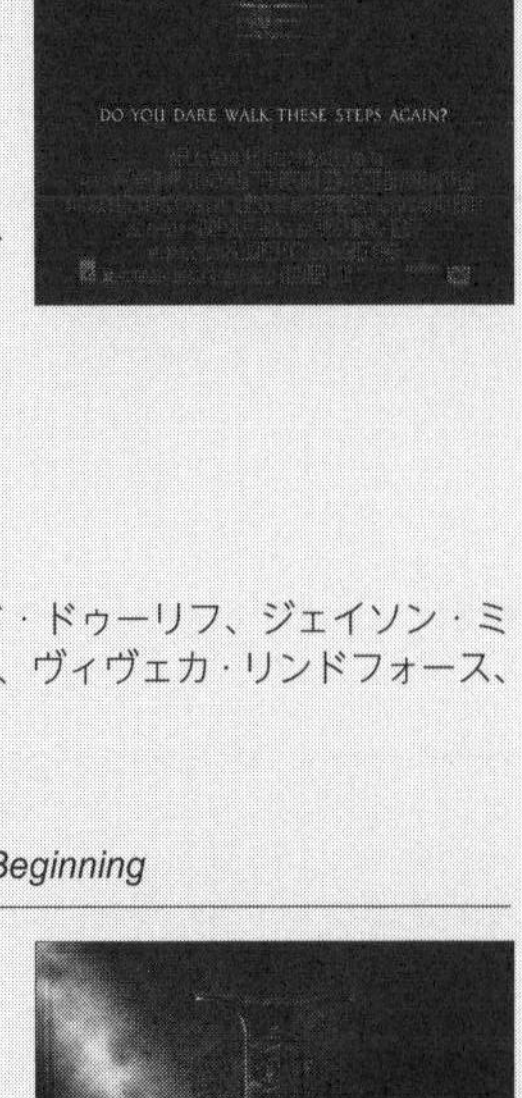

製作国：アメリカ
全米公開日：1990/8/17
日本公開日：1990/11/9
上映時間：110 分
製作：モーガン・クリーク・エンターテインメント
全米配給：20 世紀フォックス
日本配給：20 世紀フォックス
アスペクト比（縦：横）：1:1.85
音声：Dolby Stereo
上映フォーマット：35mm

スタッフ
監督・脚本・原作：ウィリアム・ピーター・ブラッティ
製作総指揮：ジェームズ・G・ロビンソン、ジョー・ロス
製作：カーター・デ・ヘブン
撮影：ゲリー・フィッシャー
プロダクション・デザイン：レスリー・ディーリー
音楽：バリー・デ・ヴォーゾン
編集：トッド・ラムジー、ピーター・リー・トンプソン

キャスト
ジョージ・C・スコット、エド・フランダース、ブラッド・ドゥーリフ、ジェイソン・ミラー、ニコール・ウィリアムソン、スコット・ウィルソン、ヴィヴェカ・リンドフォース、ナンシー・フィッシュ

エクソシスト　ビギニング　*Exorcist : The Beginning*

製作国：アメリカ
全米公開日：2004/8/20
日本公開日：2004/10/16
上映時間：114 分
製作会社：モーガン・クリーク・エンターテインメント／ドミニオン・プロダクションズ
全米配給：ワーナー・ブラザース
日本配給：ギャガ=ヒューマックス
アスペクト比（縦：横）：1:2.39
メディアタイプ：35mm
音声：DTS ／ Dolby Digital ／ SDDS
上映フォーマット：35mm

スタッフ
監督：レニー・ハーリン
原案：ウィリアム・ウィッシャー 、ケイレブ・カー

脚本：アレクシ・ホーリー
製作：ジェームズ・G・ロビンソン
制作総指揮：ガイ・マケルウェイン、デヴィッド・C・ロビンソン
撮影：ヴィットリオ・ストラーロ
プロダクション・デザイン：ステファノ・マリア・オルトラニ
音楽：トレヴァー・ラビン
編集：マーク・ゴールドブラット
特殊メイク：ゲイリー・タニクリフ

キャスト
ステラン・スカルスガルド、ジェームズ・ダーシー、イザベラ・スコルプコ、レミー・スウィーニー

DOMINION: PREQUEL TO THE EXORCIST

製作国：アメリカ
全米公開日：2005/5/20
日本公開日：未公開
上映時間：117分
製作会社：モーガン・クリーク・エンターテインメント
全米配給：ワーナー・ブラザース
アスペクト比（縦：横）：1:1.78
メディアタイプ：35mm
音声：DTS ／ Dolby Digital ／ SDDS
上映フォーマット：35mm

スタッフ
監督：ポール・シュレイダー
脚本：ウィリアム・ウィッシャー、ケイレブ・カー
製作：ジェームズ・G・ロビンソン
制作総指揮：ガイ・マケルウェイン、デヴィッド・C・ロビンソン
撮影：ヴィットリオ・ストラーロ
プロダクション・デザイン：ジョン・グレイスマーク
音楽：アンジェロ・バダラメンティ
編集：ティム・シラノ

キャスト
ステラン・スカルスガルド、ガブリエル・マン、クレア・ベラー、ビリー・クロフォード

エクソシスト［TV シリーズ］ The Exorcist

製作国：アメリカ
全米放映日：シーズン1　2016/9/23 ~ 12/16（全 10 話）
　　　　　　シーズン2　2017/9/29 ~ 12/15（全 10 話）
時間（1話）：45 分
製作会社：モーガン・クリーク・エンターテインメント／ニュー・ネイバーフッド・プロダクションズ／ 20 世紀フォックス・テレビジョン
放映局：フォックス・チャンネル
アスペクト比（縦：横）：9:16 HD
音声：Dolby Digital

スタッフ
クリエイター：ジェレミー・スレイター
監督：ルパート・ワイアット、マイケル・ナンキン、クレイグ・ジスク、ジェイソン・エンスラー、ジェニファー・ファング、ティンジ・クリシュナン、ルイス・ミリト、ビル・ジョンソン、タイ・ウェスト、キム・ソヨン、アレックス・ガルシア・ロペス、スティーブン・A・アデルソン、ミーラ・メノン、エリザベス・アレン・ローゼンバウム
脚本：ジェレミー・スレイター、ヘザー・ベルソン、ドレ・ライアン、アダム・シュタイン、デヴィッド・グリム、ローラ・マークス、シャリース・カストロ・スミス、マーカス・ガードリー、フランクリン・ジン・ロー、マニー・コト、レベッカ・キルシュ、アリッサ・クラーク、M・ウィリス、ショーン・クラウチ
原作：ウィリアム・ピーター・ブラッティ「エクソシスト」より
製作総指揮：ジェレミー・スレイター、ローリン・ジョーンズ、ロイ・リー、デヴィッド・ロビンソン、ジェームズ・G・ロビンソン、バーバラ・ウォール、ルパート・ワイアット、ショーン・クラウチ、ジェイソン・エンスラー
製作：ジャド・リー、シャリース・カストロ・スミス、ロバート・M・ウィリアムズ・Jr

キャスト
アルフォンソ・ヘレラ、ベン・ダニエルズ、カート・エジアイアワン、ハンナ・カスルカ、ブリアン・ハウィー、アラン・ラック、ジーナ・デイヴィス、リー・ジュン・リー、ブリアナ・ヒルデブランド、ジョン・チョー、ズレイカ・ロビンソン、ジェイソン・エンスラー、デラン・サラフィアン

エクソシスト　信じる者 The Exorcist: Believer

製作国：アメリカ
全米公開日：2023/10/6
日本公開日：2023/12/1
上映時間：111 分
製作会社：ブラムハウス・プロダクションズ／モーガン・クリーク・エンターテインメント
全米配給：ユニバーサル・ピクチャーズ
日本配給：東宝東和
アスペクト比（縦：横）：1:1.85
音声：Dolby Atmos ／ Dolby Digital
上映フォーマット：DCP ／ IMAX ／ Dolby Cinema

スタッフ
監督・脚本・制作総指揮：デヴィッド・ゴードン・グリーン
脚本：ピーター・サットラー
原案：スコット・ティームズ、ダニー・マクブライド
製作総指揮：ダニー・マクブライド、ステファニー・アレイン 、ライアン・テュレック、アティラ・ユセル
製作：ジェイソン・ブラム、デヴィッド・ロビンソン、ジェームス・G・ロビンソン
キャラクター創造：ウィリアム・ピーター・ブラッティ
撮影：マイケル・シモンズ
プロダクション・デザイン：ブランドン・トナー=コノリー
音楽：アマン・アッバシ、デヴィッド・ウィンゴ
編集：ティモシー・アルヴァーソン
特殊メイク：クリストファー・ネルソン、アナ・マリア・アンドリクソン

キャスト
レスリー・オドム・Jr、リディア・ジュエット、オリヴィア・オニール、エレン・バースティン、/ アン・ダウド、ジェニファー・ネトルズ、ノーバート・レオ・バッツ

参考文献

個々の記事やインタビューに関する引用については374頁から「注釈・引用元」を参照。本書の執筆に際しては、以下の文献を参考とした。

「Guiding Royalty: My Adventure with Elizabeth Taylor and Richard Burton」〔未邦訳〕
ヨラム・ベン＝アミ、ナット・セガロフ著／BearManor Media／ 2018

「エクソシスト」The Exorcist〔創元推理文庫／宇野利泰 訳〕
ウィリアム・ピーター・ブラッティ著／Harper & Row／1971

「The Exorcist: Fortieth Anniversary Edition」〔未邦訳〕
ウィリアム・ピーター・ブラッティ著／Harper／2011

「The Exorcist and Legion」〔未邦訳〕
イントロダクション：マーク・カーモード／Faber and Faber／1998

「I'll Tell Them I Remember You」〔未邦訳〕
ウィリアム・ピーター・ブラッティ著／Barrie and Jenkins／ 1973

「Legion」〔未邦訳〕
ウィリアム・ピーター・ブラッティ著／Simon & Schuster／ 1983

「センター18」The Ninth Configuration〔東京創元社／大瀧啓裕 訳〕
ウィリアム・ピーター・ブラッティ著／Tom Doherty Associates Books（reprint）／1978

「William Peter Blatty on The Exorcist: From Novel to Film」〔未邦訳〕
ウィリアム・ピーター・ブラッティ著／Bantam Books／1974

「The Friedkin Connection : A Memoir」〔未邦訳〕
ウィリアム・フリードキン著／Harper Collins／2013

「William Friedkin Papers, Margaret Herrick Library, Academy Foundation of the Academy of Motion Picture Arts and Sciences」〔未邦訳〕

「The Exorcist（BFI Film Classics）」〔未邦訳〕
マーク・カーモード著／The British Film Institute／1997・1998・2003・2020

"The Mysteries of Faith: Misinformation and Missing Scenes in The Exorcist. Video Watchdog, no.6（July/August 1991）

「メディアセックス」Media Sexploitation〔リブロポート／ 植島啓司 訳〕
ウィルソン・ブライアン・キー著 ／Prentice Hall Direct／1976

参考文献

「死の舞踏　恐怖についての10章」Stephen King's Danse Macabre〔ちくま文庫／安野玲 訳〕
スティーヴン・キング著／Berkeley Books／1981

"The Exorcist: From the Subliminal to the Ridiculous." Video Watchdog, no.6（July/August 1991）
ティム・ルーカス、マーク・カーモード著

「The Exorcist: The Strange Story Behind the Film」〔未邦訳〕
ハワード・ニューマン著／Pinnacle Books／1974

「The Making of Exorcist II: The Heretic」〔未邦訳〕
バーバラ・パレンバーグ著／Warner Books／1977

「Hurricane Billy: The Stormy Life and Films of William Friedkin」〔未邦訳〕
ナット・セガロフ著／William Morrow／1990

「The Monster Show: A Cultural History of Horror」〔未邦訳〕
デヴィッド・J・スカル著／Farrar, Straus and Giroux／2001

「The Story Behind The Exorcist」〔未邦訳〕
ピーター・トラヴァース、ステファニー・リーフ著／Crown Publishers／1974

【著】
ナット・セガロフ
Nat Segaloff
作家、プロデューサー、ジャーナリスト。ロサンゼルス在住。ヒューゴー賞とローカス賞にノミネートされたこともあり、ウィリアム・フリードキン監督について書いた「Hurricane Billy: The Stormy Life and Films of William Friedkin」を含め、映画監督・プロデューサーや映画史に関する書籍を多数、執筆している。かつて〈ボストン・ヘラルド〉紙において映画業界を取材し、A & E の看板番組である「Biography」シリーズや、The Learning Channel、New World、Disney、Turner Classic Movies、USA Network の番組制作にも携わっている。
『エクソシスト』の元広報担当者のひとりとして、人生における〝恐怖の章〟を本書で締めくくった。
〈オフィシャルサイト〉NatSegaloff.com

【訳】
富永晶子
Akiko Tominaga
翻訳者。英国王立音楽大学修士課程修了。訳書に『メイキング・オブ・フラッシュ・ゴードン』『メイキング・オブ・ハウス・オブ・ザ・ドラゴン ターガリエン王朝創造の裏側』『ボヘミアン・ラプソディ オフィシャル・ブック』『デヴィッド・ボウイ　CHANGES』（以上竹書房）、『ニューヨーク 1997 ジョン・カーペンター映画術』『ファースト・マン オフィシャル・メイキング・ブック』『ゴジラ vs コング アート・オブ・アルティメット・バトルロワイヤル』（以上 DU BOOKS）、『THE STAR WARS BOOK はるかなる銀河のサーガ 全記録』（共訳・講談社）など。